67

4e édition

ASSISTANT TERRITORIAL (QUALIFIÉ) DE CONSERVATION DU PATRIMOINE ET DES BIBLIOTHÈQUES

Jean-Yves Thiébault

Françoise Thiébault-Roger

vuibert

ADMINISTRATION

concours

Couverture : Anne Bordenave & Jano de Bazoges

ISSN : 1285-2953

ISBN : 978-2-7117-1665-4

Sommaire

* les candidats choisissent cette épreuve ou l'écrit de langue.

Introduction

1. La fonction publique territoriale

I – Présentation

Les fonctionnaires territoriaux travaillent dans les collectivités territoriales, c'est-à-dire :

– les communes : ce sont 36 773 communes qui emploient la majorité des fonctionnaires territoriaux, dans les mairies, les musées, les bibliothèques, etc. ;

– les départements : environ 100 000 ;

– les régions : quelque 5 000 ;

– les offices de HLM.

Au total, c'est plus de 1,7 million d'agents titulaires qui travaillent pour la fonction publique territoriale.

Filières	Effectifs arrondis [1]
Sport : piscine, éducation physique, animation sportive	18 496
Sécurité : police municipale	20 410
Sapeurs-pompiers professionnels	42 657
Sanitaire et social : action sociale, assistance médicale ou paramédicale, petite enfance, action sanitaire	225 803
Culture : bibliothèque et documentation, musique, danse, art dramatique, arts plastiques, patrimoine (archives, musées)	65 361
Technique : architecture, eaux et assainissement, bâtiment et travaux publics, espaces verts, mécanique, transports, protection de l'environnement	696 067
Administration : administration générale, gestion et finances, ressources humaines, communication, animation économique, état civil, aménagement urbain, affaires sociales, action sociale, etc.	357 232
Animation : périscolaire, animation de quartier, développement social ou rural, activités de loisirs, etc.	67 297

II – Recrutement

Le recrutement des fonctionnaires territoriaux se fait par le CNFPT (Centre national de la fonction publique territorial) ou par les **centres de gestion** départementaux.

Les concours organisés par le CNFPT sont nationaux (les épreuves sont les mêmes pour tous les candidats) alors que chaque centre de gestion organise son propre concours, au niveau d'un département ou de plusieurs départements.

1. Données au 31 décembre 2002.

À la différence de la fonction publique d'État qui offre un emploi à chaque lauréat de ses concours, dans la fonction publique territoriale, les candidats reçus à un concours sont d'abord inscrits sur une liste d'aptitude. Ensuite, ils doivent chercher eux-mêmes un emploi en faisant acte de candidature spontanée ou en répondant aux petites annonces qui paraissent dans la presse.

Les concours externes les plus fréquemment organisés par la fonction publique territoriale sont ceux d'adjoint administratif, d'agent technique, d'agent technique qualifié, d'agent spécialisé des écoles maternelles, d'agent de maîtrise, d'auxiliaire de puériculture et de rédacteur.

Il existe une cinquantaine de concours dont dix-huit de catégorie A (bac + 3), dix-huit de catégorie B (bac ou bac +2) et quatorze de catégorie C (aucun diplôme exigé, ou BEP).

2. Le ministère de la Culture et de la Communication

Les services de l'administration centrale du ministère de la Culture et de la Communication comportent plusieurs directions, délégations et différents établissements dont voici la liste (les directions notées en gras sont développées ci-dessous afin d'apporter quelques éléments d'information aux candidats).

Les services de l'administration centrale

Direction de l'Administration générale (DAG)

Direction de l'Architecture et du Patrimoine (DAPA)

Direction des Archives de France (DAF)

Direction du Développement des médias (DDM)

Direction du Livre et de la Lecture (DLL)

Direction de la Musique, de la Danse, du Théâtre et des Spectacles (DMDTS)

Direction des Musées de France (DMF)

Délégation aux Arts plastiques (DAP)

Délégation au Développement et à l'Action territoriale (DDAT)

Délégation générale à la Langue française et aux Langues de France (DGLFLF)

Centre national de la cinématographie (CNC)

Directions régionales des Affaires culturelles (DRAC)

Services départementaux de l'Architecture et du Patrimoine (SDAP)

Mission interministérielle pour la qualité des construction publiques (MIQCP)

Établissements publics sous tutelle

I – La direction de l'Administration générale

a) Sa mission

La direction de l'administration générale assure trois types de missions principales :

– la gestion, en tout ou partie, des moyens humains, matériels, immobiliers, informatiques et financiers mis à disposition des services de l'administration centrale du ministère de la

Culture et de la Communication et des services extérieurs (nationaux ou déconcentrés) du ministère ainsi que de certains établissements publics ;

– la coordination en matière juridique, budgétaire, fiscale et professionnelle, des relations du ministère avec ses établissements publics, avec les directions régionales des Affaires culturelles (DRAC) et les autres ministères (budget, fonction publique, intérieur...) ;

– les études et recherches sur les aspects scientifiques, technologiques, sociologiques et économiques du domaine culturel.

b) Son organisation

– Mission de la communication interne (MCI).
– Service du personnel et des affaires sociales (SPAS).
– Sous-direction des affaires financières et générales (SDAFG).
– Sous-direction des affaires juridiques (SDAJ).
– Département des études et de la prospective (DEP).
– Département des systèmes d'information (DSI).
– Mission de la recherche et de la technologie (MRT).

c) son budget (exercice 2005)

2,8 milliards d'euros dont 725 millions d'euros de subventions de fonctionnement aux établissements publics.

II – Direction des Archives de France

C'est l'une des directions du ministère de la Culture et de la Communication. Elle est distincte des **Archives nationales** qui sont un des services d'archives publics placés sous son autorité.

Elle met en œuvre une base d'orientation et de recherche archivistique qui donnera progressivement accès à la description de tous les fonds conservés dans les services d'archives publics français.

a) Historique des Archives de France

C'est la Révolution qui a créé une administration spécifique des archives pour répondre à des besoins nouveaux : conservation des archives des institutions nouvelles, regroupement des fonds des administrations de l'Ancien Régime, prise en charge des archives saisies comme biens nationaux. Le décret du 7 septembre 1790 crée les Archives nationales mais le texte fondamental est la loi du 7 messidor an II (25 juin 1794). Elle a le mérite d'une triple création :
– la centralisation des archives de la Nation ;
– l'établissement de leur publicité en opposition avec la pratique antérieure du secret d'État ;
– la création d'un réseau archivistique national.

En ce qui concerne les documents conservés en province, le texte fondamental est la loi du 5 brumaire an V (26 octobre 1796) qui crée un service d'archives par département.

Jusqu'en 1884, les Archives nationales d'une part, le réseau des archives locales (archives départementales, communales et hospitalières) d'autre part, évoluent séparément. Les premières sont un grand établissement de l'État dont le rattachement ministériel a varié jusqu'en 1870 pour se stabiliser à l'Instruction publique. Elles s'installent en 1808 à l'hôtel de Soubise, où elles se trouvent toujours. Les archives locales relèvent, quant à elles, d'un bureau du ministère de l'Intérieur. La monarchie de Juillet et le second Empire sont pour elles la vraie période de l'organisation : mise en place des règlements et des méthodes, dotation en personnels spécialisés avec les élèves de l'École des chartes, lancement des collections d'inventaires imprimés.

C'est de la fusion au sein du ministère de l'Instruction publique des Archives nationales et du bureau des archives du ministère de l'Intérieur que naît en 1897 la **direction des Archives**, devenue en 1936 **direction des Archives de France**. Celle-ci est depuis 1959, date de création du ministère des Affaires culturelles d'André Malraux, une des directions du ministère de la Culture.

La loi du 3 janvier 1979 sur les archives, accompagnée de ses décrets d'application datant du 3 décembre, est venue réunir en un corpus cohérent l'ensemble des règles de gestion des archives publiques et de protection des archives privées, qui s'appliquent à tous les organismes publics, nationaux ou locaux.

b) Sa mission

La **loi du 3 janvier 1979** pose comme principe que la conservation des archives est organisée « dans l'intérêt public, tant pour les besoins et la justification des droits des personnes physiques ou morales, publiques ou privées que pour la documentation historique de la recherche », finalités auxquelles la loi du 22 juillet 1983 a ajouté une obligation de mise en valeur culturelle.

La direction des Archives de France est chargée de proposer au ministre de la Culture, les choix stratégiques à opérer en matière d'archives et de les mettre en œuvre. Elle exerce un rôle à la fois de conseil, d'incitation, de réglementation, d'évaluation et de contrôle en ce qui concerne la collecte, le tri, le classement, la description, la conservation et la communication, tant aux chercheurs qu'à l'ensemble des citoyens, des archives publiques autres que celles des ministères des Affaires étrangères et de la Défense.

Afin de garantir le respect de la légalité et l'application de normes scientifiques et techniques uniformes, elle exerce son contrôle sur les **Archives nationales**, sur les services d'archives régionaux, départementaux et communaux ainsi que sur les services d'archives des organismes autorisés, à titre dérogatoire, à gérer leurs archives définitives.

En ce qui concerne les archives privées, elle veille, par le biais du contrôle des exportations, d'une politique d'acquisitions sur le marché et de classement comme archives historiques, à la sauvegarde des fonds et documents présentant, du point de vue historique un intérêt national. Elle assure, plus généralement, le traitement, la communication et la valorisation des fonds qui sont confiés aux services publics d'archives.

Enfin, elle veille à ce que soient assurées la diffusion et la mise en valeur du patrimoine archivistique sur l'ensemble du territoire et anime le réseau de près de 800 services d'archives nationaux, régionaux, départementaux et communaux au travers notamment de journées d'études, réunions interrégionales, cycles de formation. Son action est soutenue, en région, par les directions régionales des Affaires culturelles (DRAC).

c) Son organisation

Organes consultatifs de la direction des Archives de France

Conseil supérieur des archives

Créé par un arrêté du 21 janvier 1988 modifié par arrêtés du 17 janvier 1990 et du 13 septembre 1999, le Conseil supérieur des archives est consulté sur la politique du ministre chargé de la culture en matière d'archives publiques et privées. Il est également consulté sur les programmes de publication et de recherche, sur les questions liées au développement des nouvelles technologies dans les services d'archives, ainsi que sur le classement des archives privées en tant qu'archives historiques. Il se prononce sur toute question qui lui est soumise par le directeur des Archives de France. Il examine le rapport d'activité de la direction des Archives de France.

Il comprend un président et un vice-président nommés pour trois ans par le ministre chargé de la culture, dix-sept membres de droit, onze personnalités qualifiées nommées pour trois ans par le ministre chargé de la culture, un représentant de chaque organisation syndicale représentée au comité technique paritaire de la direction des Archives de France.

Participent aussi aux discussions avec voix consultative les inspecteurs généraux et les chefs de service de la direction des Archives de France, les chefs de centres d'Archives nationales et toute personne désignée par le directeur des Archives de France en fonction de l'ordre du jour.

Il se réunit au moins une fois par an à l'initiative de son président. Il peut créer en son sein des commissions spécialisées pour suivre toute question entrant dans le champ de ses compétences.

Haut Comité des célébrations nationales

Créé par arrêté du 23 septembre 1998 et composé de spécialistes éminents des grands domaines historiques, il est chargé de conseiller le ministre chargé de la culture pour définir les objectifs et les orientations de la politique des célébrations nationales et de proposer les anniversaires susceptibles d'être inscrits, chaque année, parmi les célébrations nationales. Son président est M. Jean Leclant, secrétaire perpétuel de l'Académie des inscriptions et belles lettres. Son secrétariat est assuré par la direction des Archives de France.

Délégation aux célébrations nationales

Créée en 1974 et placée sous l'autorité du directeur des Archives de France en 1979, elle a pour objectif, à l'occasion des anniversaires célébrés (centenaires, cinquantenaires ou leurs multiples), d'attirer l'attention sur les événements, les œuvres, les personnages importants de notre histoire et de profiter de l'intérêt ainsi suscité pour faire le point des connaissances et les rendre accessibles à un large public. Elle a un rôle d'incitation et de coordination : elle établit les listes des anniversaires à venir qui sont soumises au Haut Comité des célébrations nationales ; elle conseille les porteurs de projet et instruit les demandes de subventions présentées par des organismes justifiant d'une mission ou d'une implantation nationale ; elle coordonne, si besoin, les initiatives et veille à leur valorisation, en diffusant l'information sur les célébrations et manifestations annoncées ; elle pilote les opérations et les programmes d'envergure nationale. Elle publie une brochure annuelle présentant les événements célébrés et réalise des outils de sensibilisation – notamment des expositions sur affiches – pour mieux faire connaître les plus importants ; elle tient à jour, sur le site Internet du ministère de la Culture et de la Communication (« Événements culturels »), une rubrique consacrée aux célébrations nationales où figurent notamment les manifestations organisées à l'occasion des anniversaires. Elle assure le secrétariat du Haut Comité des célébrations nationales.

Les Archives nationales, placées sous l'autorité des Archives de France, sont constituées de cinq centres. Sont conservés :

– des documents antérieurs à 1958 et les archives des chefs de l'État au **Centre historique des Archives nationales**. Situé à Paris dans le Marais, le Centre historique des Archives nationales conserve et communique les archives de la France depuis les Mérovingiens jusqu'en 1958. Aux archives des organismes et établissements d'Ancien Régime supprimés à la Révolution, se

sont ajoutées, au fil des siècles, les archives des administrations centrales de l'État, des archives privées, les minutes des notaires parisiens. L'histoire du CHAN commence à la Révolution française.

– *des documents majoritairement postérieurs à 1958* au **Centre des archives contemporaines**. Situé à Fontainebleau (Seine-et-Marne), le Centre des archives contemporaines, dont les collections s'inscrivent dans le prolongement du Centre historique des Archives nationales, reçoit, traite, conserve et communique les archives des administrations centrales de l'État postérieures à 1958. Il s'appuie pour la collecte, pour le traitement ainsi que pour le conseil et l'assistance aux services versants, sur un réseau d'antennes permanentes (les Missions des Archives nationales) installées à Paris auprès des différents départements ministériels et coordonnées par le Service des Missions.

– *des documents sur les anciennes possessions françaises outre-mer* au **Centre des archives d'outre-mer**. Situé à Aix-en-Provence (Bouches-du-Rhône), **le Centre des archives d'outre-mer** conserve les archives de l'histoire coloniale française et de la présence française en Algérie. Cependant, ne s'y trouvent pas les archives relatives aux protectorats (Maroc et Tunisie) conservées au ministère des Affaires étrangères.

– *des fonds d'entreprises, de syndicats, d'associations, d'architectes* au **Centre des archives du monde du travail**. Inauguré et ouvert au public en octobre 1993 à Roubaix (Nord), **le Centre des archives du monde du travail** a pour mission de collecter, de traiter, de conserver et de mettre à la disposition du public les fonds d'archives dits « du monde du travail ».

– *des microformes originales des documents conservés dans les autres centres (nationaux ou territoriaux)* au **Centre national du microfilm**. **Le Centre national du microfilm**, construit dans le parc du château d'Espeyran, est le centre des **Archives nationales** consacré à la conservation des collections de microfilms de sécurité et de complément des archives nationales et territoriales.

On compte 10 200 lecteurs et 118 600 communications aux Archives nationales.

Et 168 000 lecteurs, 678 000 séances de travail et 3 142 000 communications aux archives départementales.

Le secteur du livre : quelques chiffres-clés (mars 2006)
– 65 300 titres de livres édités et 488 millions d'exemplaires produits par 307 maisons d'édition
– 52 maisons d'édition produisent plus de 200 titres par an et éditent 80 % du total des titres
– la production en 2004 : 60 972 titres (+ 10,3 %)
– la production en 2005 : 61 761 titres (+ 1,3 %)
– la production commercialisée en 2004 : 52 231 nouveautés et nouvelles éditions (+ 18,3 %)
– la production commercialisée en 2005 : 53 462 nouveautés et nouvelles éditions (+ 2,4 %)
– le poids des livres de poche en 2004 : 22,6 % de la production en titres, 30,8 % des exemplaires vendus, 14,7 % des ventes des éditeurs
Les prêts dans les bibliothèques en 2003
– bibliothèques municipales (BM) : 161,6 millions de volumes (+ 0,6 %)
– bibliothèques universitaires (BU et BIU) : 13,1 millions de volumes (+ 2,6 %)
La lecture en 2002
– 72 % des Français de plus de 15 ans ont lu au moins 1 livre au cours des 12 derniers mois (hors bandes dessinées et revues)
– 33 % ont lu moins d'un livre par mois
– 18 % ont lu 1 ou 2 livres par mois
– 11 % ont lu au moins 3 livres par mois

III – La direction du Livre et de la Lecture

Les bibliothèques publiques en France

Les bibliothèques publiques françaises dépendent essentiellement des collectivités territoriales ; on recense ainsi en 2005 :

1. **2 913 bibliothèques municipales** (sous la responsabilité des communes ou groupements de communes) dont 946 ont une discothèque et 718 une vidéothèque, 1 123 annexes ;

– elles desservent 64 % de la population française ; 35 000 personnes y travaillent dont 24 200 emplois rémunérés dont 14 600 spécifiques ; leurs surfaces atteignent 2,3 millions de m^2, soit 5,68 m^2 pour 100 habitants ;

– fonds : leurs collections s'accroissent et se diversifient : 90,5 millions d'imprimés (livres et périodiques), 8,4 millions de phonogrammes musicaux, 1,4 million de vidéogrammes ;

– acquisitions : 4,9 millions d'imprimés, 223 000 abonnements, 606 000 phonogrammes et 199 000 vidéogrammes :

– 1 464 bibliothèques offrent un accès public à Internet sur 7 421 postes.

– lecteurs : 31% de la population française fréquente une bibliothèque municipale, 5,6 millions d'inscrits soit 17,5 % de la population à desservir, dont 35,1 % d'enfants ;

– prêts : plus de 208 millions de documents dont : 164,9 millions d'imprimés, 31,8 millions de disques et 11,4 millions de vidéogrammes.

2. **97 bibliothèques départementales de prêt (BDP)** (sous la responsabilité des départements) qui desservent plus de 17 000 communes de moins de 10 000 habitants, desserte tout public assurée à 95 % par des dépôts de documents dans les lieux fixes.

– emploi environ 2 650 personnes ;

– collections : 23 millions d'imprimés, 2,3 millions de disques, 502 000 vidéos, 95 900 disques optiques numériques. Parmi ces 97 B.D.P, 83 possèdent d'autres types de documents tels que diapositives, affiches, cartes postales, etc. ;

– dépôts de plus de 16,1 millions de documents dans les bibliothèques des 17 000 communes desservies.

3. **Les bibliothèques municipales à vocation régionale (BMVR)**. De grands équipements municipaux, destinés à être des pôles d'équilibre de la Bibliothèque nationale de France (BNF) et des acteurs privilégiés de la coopération régionale ont été créés grâce au programme des bibliothèques municipales à vocation régionale (loi du 13 juillet 1992). Soutenu par l'État à hauteur de 40 %, ce projet a donné lieu à la naissance de douze grands établissements de lecture publique en région : les bibliothèques de Châlons-en-Champagne, La Rochelle, Limoges, Marseille, Montpellier, Nice, Orléans, Poitiers, Reims, Toulouse et Troyes sont déjà ouvertes ; la dernière née, à Rennes a été inaugurée en mars 2006.

En un peu plus de dix ans, ce programme a permis de créer plus de 150 000 m^2 de planchers supplémentaires, cumulés aux quelque 63 000 m^2 annuels construits à l'heure actuelle en France.

La BNF est répartie sur plusieurs sites, chacun ayant sa spécificité. Ainsi, les collections imprimées et audiovisuelles sont consultables sur le site François-Mitterrand, les collections « spécialisées » (manuscrits, estampes, cartes, partitions, etc.) sur le site Richelieu-Louvois, sur le site de l'Arsenal, ou à la Bibliothèque-Musée de l'Opéra.

La Bibliothèque nationale de France accroît ses collections par dépôt légal, dons, échanges internationaux et acquisitions onéreuses.

La BNF offre également, sur tous ses sites, une place importante aux ressources électroniques en plein essor : de fait, les lecteurs peuvent consulter sur place plus de 200 titres de cédéroms et bases de données (références bibliographiques, texte intégral), un nombre croissant de périodiques en ligne et la bibliothèque numérique, collection encyclopédique de textes et d'images. Une partie des documents numérisés est accessible à distance sur le site Gallica.

Le site François-Mitterrand

Il se compose de deux bibliothèques :

– une bibliothèque d'étude généraliste et encyclopédique en haut-de-jardin (collections d'étude dans toutes les disciplines scientifiques, artistiques, historiques, juridiques ou littéraires) : 300 000 ouvrages en libre accès, 3 500 abonnements de périodiques, 3 000 films et 10 000 enregistrements musicaux, réseau de 250 bases de données, bibliothèque numérique et accès à Internet ;

– la bibliothèque patrimoniale de recherche en rez-de-jardin : l'ensemble de la production française imprimée depuis les débuts de l'édition y est regroupée ; au total une collection de 10 millions de documents en magasins constamment enrichie par des acquisitions étrangères de niveau recherche, et par des acquisitions françaises et étrangères contemporaines en toutes disciplines.

Soit environ 290 000 volumes, et 4 000 périodiques auxquels il convient d'ajouter les mêmes documents électroniques en réseau qu'en haut-de-jardin, et les documents audiovisuels et multimédias du dépôt légal, c'est-à-dire 95 000 films, 900 000 enregistrements sonores, et 60 000 multimédias et cédéroms.

Le site Richelieu-Louvois

Sur ce site, l'on peut trouver les départements dits « spécialisés » qui ont pour mission de conserver et de communiquer les documents autres qu'imprimés :

– estampes et photographie (15 millions de pièces par acquisitions et dépôt légal) ;

– manuscrits occidentaux et orientaux (225 000, dont une collection de manuscrits orientaux en plus de 100 langues sur des supports très divers) ;

– cartes et plans (600 000 cartes manuscrites ou imprimées, 104 globes, 10 000 atlas) ;

– monnaies, médailles et antiques, département fondé sur la collection des rois de France (530 000 pièces) ;

– musique qui reçoit le dépôt légal de la musique imprimée et inclut la Bibliothèque-Musée de l'Opéra (en tout 2 millions de documents) ;

– arts du spectacle (3 millions de documents divers autour des arts de la scène et du cinéma).

Le site de l'Arsenal

L'on peut y trouver les fonds de la bibliothèque de l'Arsenal, riches en littérature et histoire des idées du XVIe au XIXe siècles (1 million d'imprimés, 14 000 manuscrits).

La Bibliothèque-Musée de l'Opéra

Cette section du département de la Musique possède des collections liées à l'activité de l'Opéra de Paris et du théâtre de l'Opéra-Comique (documents musicaux, iconographiques, archives, etc.).

Fréquentation de la BNF (données 2004)

– Site Tolbiac : 680 000 lecteurs, soit une moyenne de 2 336 lecteurs par jour pour le « haut du jardin » et 310 000 lecteurs soit 1 060 lecteurs par jour pour le « rez-de-jardin »

– Autres sites : 77 000 lecteurs et 261 000 documents communiqués

• la maison Jean Vilar à Avignon ;

• la bibliothèque du centre Georges-Pompidou (Beaubourg) ;

• la bibliothèque de la Cité des Sciences et de l'Industrie (La Villette) ;

a) Mission de la direction du Livre et de la Lecture

La direction du Livre et de la Lecture, en tant qu'administration centrale, assure un rôle d'évaluation et de réglementation dans le domaine du livre et de la lecture.

Elle s'appuie pour la mise en œuvre de la politique de l'État sur les directions régionales des Affaires culturelles et leurs conseillers pour le livre et la lecture.

Elle exerce la tutelle sur la Bibliothèque nationale de France (BNF), la Bibliothèque publique d'information et le Centre national du livre.

En matière de lecture publique, elle suit les questions relatives au fonctionnement et à l'équipement des bibliothèques ; elle impulse et coordonne les politiques de développement de la lecture ; elle collecte les données statistiques nécessaires à l'évaluation de ces politiques et assure le contrôle technique des bibliothèques municipales et des bibliothèques départementales de prêt. Ce contrôle technique est assuré grâce à l'Inspection générale des bibliothèques, service du ministère chargé de l'Éducation nationale qui est mis à la disposition de la direction du Livre et de la Lecture pour les bibliothèques relevant de sa compétence.

En matière patrimoniale et documentaire, elle suit les questions de conservation, de mise en valeur et d'enrichissement – notamment par l'exercice du droit de préemption – des fonds patrimoniaux des bibliothèques. Elle veille à la diffusion et au renouvellement des savoir-faire ; elle assure la coordination entre le réseau des bibliothèques et la Bibliothèque nationale de France, en particulier en matière de dépôt légal, de constitution des collections et de catalogage.

En matière d'économie du livre, elle traite des questions posées par la création, l'édition, la diffusion, la distribution et la promotion du livre en France et à l'étranger ; elle contribue notamment au développement des entreprises d'édition et de librairie, à l'intégration des nouvelles technologies, au renforcement de l'exportation, ainsi qu'aux études et recherches sur la lecture et l'économie du livre.

Ses moyens : en 1999, ses moyens d'intervention sont de 20,73 millions d'euros, dont 9,91 millions d'euros en crédits déconcentrés gérés par les DRAC. En outre, elle répartit, conjointement avec la Direction générale des collectivités locales (DGCL) du ministère de l'Intérieur, les crédits du concours particulier de la dotation générale de décentralisation consacrés aux bibliothèques (143,36 millions d'euros en 1999).

Les subventions de fonctionnement des établissements publics dont elle exerce la tutelle sont les suivantes en 1999 :

– bibliothèque nationale de France : 91,81 millions d'euros ;

– bibliothèque publique d'information : 3,62 millions d'euros ;

– centre national du livre : 274 000 euros, auxquels s'ajoutent les crédits du Fonds national pour le livre (17,68 millions d'euros).

En outre, la direction du Livre et de la Lecture suit les carrières et les effectifs des personnels de bibliothèques affectés au ministère de la Culture et de la Communication, soit près de 1 800 agents.

b) Son organisation

Les services de la direction du Livre et de la Lecture

- Bureau des affaires générales
- Département du développement de la lecture et des bibliothèques territoriales
- Département des politiques documentaires et patrimoniales
- Département de l'économie du livre
- Service de la communication
- Missions
- Centre de documentation

Les Trésors nationaux

Les trésors nationaux sont des biens culturels qui, présentant un intérêt majeur pour le patrimoine national au point de vue de l'histoire, de l'art ou de l'archéologie, ont fait l'objet d'un refus temporaire de sortie du territoire concrétisé par un « refus de certificat », au sens de la loi n° 92-1477 du 31 décembre 1992 modifiée. Plus d'une trentaine d'œuvres majeures étaient concernées par ces dispositions au moment de l'édition de ce document.

Pour les œuvres considérées comme « trésor national », dès que le certificat d'exportation est refusé, et dans les 30 mois qui suivent, l'administration peut faire une offre d'achat au propriétaire, la détermination du prix étant confiée à des experts en cas de refus de ce dernier. Ensuite, l'État peut maintenir son offre d'achat. Si le propriétaire la repousse, le certificat est à nouveau refusé (le refus de certificat pourra désormais être renouvelé indéfiniment, alors qu'auparavant l'œuvre était au bout de 3 ans automatiquement libre de sortie). Si, au contraire, l'État renonce à l'acquisition, l'œuvre peut quitter le territoire national.

Quant à la délivrance des certificats d'exportation par l'État à des biens n'ayant pas le caractère de trésors nationaux, elle est simplifiée. Désormais, le certificat est accordé automatiquement aux biens culturels importés en France depuis moins de 50 ans ; la durée de validité qui était de 5 ans devient illimitée pour les œuvres qui ont plus de cent ans d'âge. Elle est de 20 ans pour les œuvres qui ont entre 50 et 100 ans d'âge. Enfin, la durée du refus de certificat, s'il n'y a pas d'offre d'achat de la part de l'État, passe de 36 à 30 mois.

Enfin, la loi n° 2002-5 du 4 janvier 2002 (voir en annexe) relative aux musées de France a institué deux dispositifs entièrement nouveaux comportant des avantages fiscaux importants pour les entreprises qui contribueront au maintien sur le territoire national des trésors nationaux.

Fiscalement très incitatives et valorisantes pour les entreprises, ces deux dispositions sont les suivantes :

– la première ouvre droit à une **réduction de l'impôt sur les sociétés égale à 90 % des versements effectués** par une entreprise pour l'acquisition par **l'État ou toute personne publique** d'un trésor national destiné à une collection publique, la réduction étant plafonnée à 50 % de l'impôt dû ;

– la seconde instaure une **réduction d'impôt égale à 40 % des dépenses d'acquisition** consacrées par une **entreprise** à l'acquisition **pour son propre compte** d'un trésor national.

IV – La direction des Musées de France

En 2006, on recense 34 musées nationaux et 1 075 musées classés et contrôlés, dont 32 musées municipaux classés :

– 75 % de ces musées sont municipaux (72,5 %) ou intercommunaux (2,4 %). Les autres sont départementaux (8,8 %), associatifs (13,8 %), de fondations (0,6 %) ou autres (1,8 %);

– ce sont à 50,3 % des musées à vocation pluridisciplinaire. L'autre moitié se répartit en musées des Beaux-Arts (6,7 %), d'Art contemporain (3,1 %), d'Archéologie (10,8 %), d'Histoire (6,6 %), d'Ethnologie, des Sciences et Techniques (22,5 %);

On compte 1 191 musées. Les principales fréquentations : Le Louvre : 775 000 ; Versailles : 3 253 000 ; Orsay : 2 590 000 ; musée de l'Armée : 842 000 ; grande galerie de l'Évolution : 757 000 ; mémorial de Caen : 560 000 ; palais des Beaux-Arts de Lille : 544 000 ; musée Picasso : 482 000 ; musée du Débarquement : 413 000 ; musée Carnavalet : 395 000 ; musée de la Marine : 340 000 ; centre national d'Art et de la Culture Georges-Pompidou : 5,3 millions ; cité des Sciences et de l'Industrie : 2,8 millions de visiteurs pour un total des entrées de plus de 30 millions de visiteurs.

Dans la catégorie des musées, on peut également ranger les monuments historiques. On compte 2 400 monuments ouverts à la visite. Outre la tour Eiffel, les cinq monuments appartenant à l'État – les plus visités sont les suivants : abbaye du mont Saint-Michel : 1 132 000 ; arc de triomphe de l'Étoile : 1 047 000 ; la Sainte-Chapelle : 689 000 ; le château de Chambord : 646 000 ; le château du Haut-Koenigsbourg : 516 000.

– le public du musée du Louvre se répartit harmonieusement dans les tranches d'âge, avec une dominante de 18-25 ans (24 %). Les moins de 18 ans et les plus de 50 ans représentent chacun 18 %, et les adultes entre 26 et 49 ans comptent pour 40 % du total;

– le public du Louvre est majoritairement étranger, à 62,6 %;

– c'est un public d'actifs, à 47 %, et d'étudiants ou de scolaires à 38 %. Les cadres supérieurs, professions libérales et chefs d'entreprises représentent 16 %, les ouvriers et employés 12,4 %, les enseignants 9,7 %, et les professions intermédiaires 8,3 %;

a) L'historique

C'est à partir des collections royales, de la confiscation des biens du clergé et des émigrés que la Révolution constitue les premières collections publiques. La République naissante fait dresser l'inventaire scrupuleux des « tableaux, dessins et statues », des « modèles de machines » et des séries d'histoire naturelle qui ont vocation à rejoindre le Muséum central des arts créé en 1793 au Louvre, mais aussi le musée des sciences et techniques et le Muséum d'histoire naturelle. Sous le Consulat, l'arrêté consulaire du 14 fructidor an IX (1er septembre 1801) répartit entre quinze grandes villes de province (dont Bruxelles, Mayence et Genève) les premiers grands dépôts de l'État, amorçant une politique qui tout au long du XIXe siècle viendra enrichir les collections locales.

L'organisation et les modes de fonctionnement des musées étaient jusqu'alors plus le fait de textes partiels et de jurisprudences diverses que de textes systématiques. Seuls les musées de beaux-arts avaient véritablement fait l'objet, le 17 avril 1945, d'une ordonnance qui en définissait « l'organisation provisoire ». Par ailleurs, les musées d'histoire naturelle étaient régis par le décret n° 48-734 du 27 avril 1948 relatif à l'organisation du service national de muséologie des sciences naturelles.

La loi du 4 janvier 2002 a suppléé cette lacune en instituant un statut spécifique destiné aux « musées de France », musées répondant à des critères scientifiques et culturels précis. Cette appellation réservée aux établissements qui en auront fait la demande constitue désormais un label clairement identifiable par le public.

b) Son organisation

Les missions et l'organisation de la direction des Musées de France ont été fixées par un arrêté en date du 5 août 1991, complété par un arrêté du 22 janvier 1992.

La direction des Musées de France propose et met en œuvre la politique de l'État en matière de patrimoine muséographique par :

– l'achat d'œuvres d'art (avec la possibilité d'exercer si nécessaire le droit de préemption de l'État dans les ventes publiques) ;

– la conservation, la protection, la restauration, l'étude et l'enrichissement des collections ainsi que le développement de la recherche ;

– la diffusion et la présentation des collections au public ;

– le suivi des programmes d'architecture et de muséographie, tant dans les musées nationaux que dans les musées de France ;

– la préparation et la mise en œuvre des politiques de formation des professionnels des musées ;

– le contrôle scientifique et technique sur la gestion des collections de plus de 1 000 musées appartenant à des collectivités territoriales et à des associations ;

– l'observation du marché de l'art et du mouvement des œuvres ;

– les collaborations internationales dans tous les domaines concernant l'activité des musées ;

– la définition et l'application du cadre législatif et réglementaire des musées et des collections publiques ;

– le contrôle de la circulation des biens culturels dans le cadre de la loi du 31 décembre 1992 modifiée par la loi du 10 juillet 2000 ;

– l'autorité de la tutelle sur les musées nationaux.

Elle assure, le cas échéant, conjointement avec les directions d'administrations centrales d'autres ministères, la tutelle de l'État sur les établissements suivants :

– la Réunion des musées nationaux, établissement public industriel et commercial ;

– le musée du Louvre, le musée et le domaine national des châteaux de Versailles et du Trianon ;

– les musées Rodin, Henner et Gustave-Moreau, établissements publics administratifs ;

– le musée du quai Branly (Arts premiers), établissement public administratif ;

– l'École du Louvre, établissement public administratif ;

– l'Institut national d'histoire de l'art, établissement public administratif ;

– l'Union centrale des arts décoratifs, association loi 1901 ;

– pour le ministère de la Culture et de la Communication, elle partage avec la Ville de Paris le financement et le contrôle du musée d'Art et d'Histoire du Judaïsme, association loi 1901.

La direction des Musées de France exerce l'ensemble de ces missions compte tenu des règles générales de la déconcentration administrative territoriale et en liaison étroite avec les directions régionales des Affaires culturelles.

c) L'inspection générale des musées

Sa mission

Placée auprès du directeur des musées de France, l'Inspection générale des musées participe à la définition de la politique nationale des musées. Elle contribue à la mission de contrôle et d'expertise qui incombe à l'État à l'égard des musées de France aux termes de la **loi du 4 janvier 2002 (voir en annexe)**.

Elle assure une mission de réflexion et de conseil sur les problèmes scientifiques et techniques des musées et suit la réalisation des projets, en liaison avec les départements concernés de la Direction.

Les missions de l'Inspection générale sont essentiellement culturelles et scientifiques. Elle est, dans ce domaine, et en étroite liaison avec les directeurs régionaux des affaires culturelles, un interlocuteur privilégié des collectivités territoriales, et apporte son concours à la mise en œuvre de leur politique à l'égard des musées. Elle apporte son concours au directeur des musées de France dans l'exercice de la tutelle sur les musées nationaux.

Son organisation

L'Inspection générale des musées rassemble quinze conservateurs regroupés par grands domaines de collections : archéologie, histoire, beaux-arts, arts du XXe siècle, ethnologie. Au titre du contrôle technique, ils peuvent effectuer des missions d'inspection générale ou des missions particulières d'inspection, notamment des missions d'inspection des collections de musée.

L'Inspection générale veille à l'équilibre géographique et à la cohérence scientifique du réseau des musées sur l'ensemble du territoire. Elle apporte aide et conseil aux responsables des musées pour la définition de leur projet scientifique et culturel, pour la programmation muséographique et pour l'enrichissement des collections, qu'il s'agisse d'un musée à créer ou à rénover. Elle assure, en liaison avec les préfets, les directeurs régionaux des affaires culturelles et les conseillers pour les musées, la cohérence des relations de la direction avec les collectivités et les organismes gestionnaires de musées.

Aux termes de l'article 9 du décret n° 2002-852 du 2 mai 2002 pris par l'application de la loi du 4 janvier 2002 relative aux musées de France, les missions d'inspection générale et d'inspection sont diligentées par l'Inspection générale des musées, conjointement, le cas échéant, avec les inspections ministérielles et les services techniques compétents.

d) Organismes dépendant de la direction des Musées de France

La Réunion des Musées de France

Créée en 1895 et transformée en établissement public à caractère industriel et commercial par un décret du 14 novembre 1990, la Réunion des musées nationaux a pour mission première d'acquérir des œuvres d'art destinées à enrichir les collections nationales. Elle a considérablement développé ses missions de diffusion culturelle à travers l'organisation de grandes expositions, l'édition et la commercialisation d'ouvrages et de reproductions (elle est devenue aujourd'hui l'un des premiers éditeurs d'art en France).

En outre, la Réunion des musées nationaux gère les espaces commerciaux et édite guides et catalogues de plusieurs musées de région (Grenoble, Lyon, Rouen, etc.). Les recettes de la Réunion des musées nationaux proviennent de la perception de tout ou partie du droit d'entrée et de la contrepartie de prestations diverses (visites, conférences, etc.) dans 33 musées nationaux, et du résultat de ses activités commerciales (éditions de guides, de catalogues, d'images, de films vidéo, de CD-Rom, de moulages et autres produits dérivés).

Le Centre de recherche et de restauration des musées de France (C2RMF)

Le Centre de recherche et de restauration des musées de France a été constitué en 1998 par la fusion du Laboratoire de recherche des musées de France et du Service de restauration des musées de France. La partie laboratoire occupe le site souterrain du Carrousel et la partie restauration, les sites de la Petite Écurie du Roi à Versailles et du pavillon de Flore au Louvre.

Le C2RMF comprend cinq départements : affaires générales, documentation, recherche, restauration et conservation préventive. Le Centre rassemble environ 160 agents permanents qui travaillent sur trois sites : deux d'entre eux, le laboratoire du Carrousel et les ateliers de Flore, étant situés à Paris, au palais du Louvre, et le troisième, les ateliers de la Petite Écurie du Roy, à Versailles. À ces quelque 160 agents – de formation très diverse, puisque parmi eux se trouvent aussi bien des conservateurs, documentalistes et administratifs que des physiciens et chimistes, ingénieurs et techniciens du ministère de la Culture ou du CNRS – doivent être ajoutés plus de 300 restaurateurs, de statut libéral et de toutes spécialités, qui viennent de façon régulière travailler dans ses locaux.

Ses missions sont les suivantes :

– mise en place de programmes de recherche sur les matériaux et les techniques des œuvres conservées dans les musées ou susceptibles d'y entrer ;

– mise en œuvre, dans le domaine de la conservation, d'études sur les mécanismes de vieillissement et de dégradation des matériaux, sur les méthodes de prévention, sur les matériaux et techniques à utiliser lors des opérations de restauration ;

– participation à la mise en œuvre (validation, suivi, et évaluation des résultats) des programmes de conservation et de restauration des collections mis en œuvre par les musées nationaux et les musées classés et contrôlés. L'une des importantes missions du Centre de recherche et de restauration des musées de France est de contribuer à la mise en œuvre de ces programmes en exerçant, dans ce domaine, le contrôle technique de l'État, tel qu'il a été déterminé dans le cadre des lois de décentralisation. Des réunions sont, pour ce faire, organisées, chaque année, par les directions régionales des Affaires culturelles, au cours desquelles les projets sont présentés par les conservateurs et les responsables scientifiques des collections, en présence du représentant de la DMF, des experts de l'Inspection générale des musées et du département de l'architecture et de la muséographie, et de ceux du Centre de recherche et de restauration des musées de France ;

– rédaction d'un rapport complet sur chaque œuvre qui lui est confiée.

Il bénéficie de l'enveloppe « Recherche » du ministère de la Culture et de la Communication et est associé au CNRS pour la partie laboratoire de ses activités (UMR 171).

Service des bibliothèques, des archives et de la documentation générale (SBADG)

Le SBADG existe depuis le 1er janvier 1999 par regroupement du service des bibliothèques et des archives des musées nationaux d'une part, et du centre de documentation d'autre part en un service à compétence nationale, qui faisait auparavant partie du département des affaires juridiques, informatiques et financières de la direction des Musées de France.

Le service des bibliothèques, des archives et de la documentation générale des musées nationaux a pour mission de :

– constituer, conserver, cataloguer et offrir à la consultation les collections documentaires nécessaires aux travaux de recherches menés dans les musées nationaux ;

– rassembler dans un centre ouvert au public une documentation générale relative aux musées.

Ces missions sont définies par l'arrêté du 16 décembre 1998, prenant effet au 1er janvier 1999.

Pour ce qui concerne la partie bibliothèque, le service joue un rôle de bureau technique central, assurant les acquisitions de la plus grande partie des bibliothèques des musées nationaux et le traitement des ouvrages d'une dizaine d'entre elles, pour lesquelles les notices sont entrées sur le catalogue collectif informatisé avec le logiciel GEAC-Advance depuis 1993. Des formations sont assurées pour les bibliothécaires et documentalistes du réseau, notamment dans le cadre de la conversion en cours des catalogues papier dans la base informatique commune. En outre, l'atelier de reliure effectue dans la mesure de ses capacités des travaux pour les bibliothèques du réseau et les archives.

Le Centre de documentation

Il a vocation à regrouper l'ensemble des informations sur la vie des musées, dans tous les domaines : architecture, muséographie, collections, actions vers le public, personnels, aspects juridiques.

Il est ouvert à tous les professionnels des musées : conservateurs, documentalistes, médiateurs, architectes… et également aux professionnels du tourisme et de l'économie. Largement informatisé, ce Centre de documentation travaille en liaison avec les bibliothèques et les autres centres de France.

Dépositaire depuis 1996 du très riche fonds documentaire de l'ICOM, le Centre de documentation est le plus important au monde pour tous les domaines de la muséologie.

L'École du Louvre

L'École du Louvre est un établissement d'enseignement supérieur dispensant des cours d'histoire de l'art, d'archéologie, d'épigraphie, d'histoire des civilisations et de muséologie.

L'École est implantée à Paris dans des locaux situés au sein du palais du Louvre.

Fondée en 1882, elle bénéficie, depuis le 1er janvier 1998, d'un statut d'établissement public à caractère administratif dépendant du ministère chargé de la Culture.

L'enseignement de l'École se décompose en trois cycles d'études sanctionnés chacun par un diplôme spécifique (un premier cycle de trois ans, un deuxième cycle de deux années et un troisième cycle de trois ans) et en une classe préparatoire aux concours de conservateur du patrimoine.

Parallèlement à la formation des élèves, l'École du Louvre :

– permet à des auditeurs libres de bénéficier de certaines des prestations offertes aux élèves ;

– organise, hors cursus universitaire, des cycles de cours, de conférences ouverts au plus large public (cours du soir, cours d'été, cours en région et Outre-mer, cours de la ville de Paris) et des formations spécialisées destinées aux professionnels de certains secteurs patrimoniaux (cours professionnels).

L'ensemble de ces prestations est ouvert à des personnes souhaitant les suivre au titre de leur formation continue. Par ailleurs, l'École du Louvre participe, en tant qu'établissement d'enseignement supérieur, à la recherche scientifique dans le domaine de l'histoire de l'art en organisant, chaque année, des colloques (Rencontres de l'École du Louvre), et en réalisant des publications (manuels, actes de colloques, etc.). Toutes les informations sur les activités de l'École, les programmes d'enseignement, les publications ainsi que le catalogue général de la bibliothèque de l'établissement, peuvent être consultées sur le site *http://www.ecoledulouvre.fr*

L'Institut national d'histoire de l'art (INHA)

Créé par le décret du 12 juillet 2001, l'Institut national de l'histoire de l'art est un établissement public à caractère scientifique, culturel et professionnel. Placé sous la tutelle des ministères de la Recherche, de l'Enseignement supérieur, et de la Culture, il a pour mission de développer l'activité scientifique et de contribuer à la coopération de recherche internationale dans le domaine de l'histoire de l'art et du patrimoine.

Il assure :

– la constitution, la conservation, l'enrichissement et la valorisation de ses collections propres et des collections qui lui sont confiées, réunies en bibliothèque ;

– l'accès aux ressources documentaires sous toutes leurs formes et leur diffusion ;

– l'initiation à la recherche, à l'utilisation des techniques documentaires et à la conservation des collections ;

– l'entretien, la gestion et la mise en valeur des biens qui lui appartiennent ou qui sont mis à sa disposition pour l'accomplissement de ses missions.

e) Musées de l'État relevant d'autres directions du ministère de la Culture

Hormis la direction des Musées de France, plusieurs directions et établissements publics du ministère de la Culture gèrent ou contrôlent d'importantes collections nationales : c'est le cas de la direction de l'Administration générale en ce qui concerne la tutelle sur le Centre national d'art et de culture Georges Pompidou (musée national d'Art moderne-MNAM) et sur la Cité des sciences et de l'industrie, de la direction des Archives de France (musée de l'Histoire de France aux Archives nationales), de la direction du Livre et de la Lecture (Bibliothèque nationale de France, Bibliothèque – musée des Arts du spectacle, musée de l'Opéra, musée du Cabinet des médailles), de la direction de la Musique, de la Danse, du Théâtre et des Spectacles (musée de la Musique à la Cité de la Musique de La Villette), de la direction de l'Architecture et du Patrimoine (musée des Monuments français, musée des Plans et reliefs à l'Hôtel des Invalides), du Centre national de la cinématographie (musée du Cinéma Henri Langlois au palais de Chaillot).

f) Musées relevant d'autres tutelles ministérielles

Le ministère de l'Éducation nationale et de la Recherche (Muséum national d'Histoire naturelle, musée de l'Homme, palais de la Découverte, musée national des Techniques, CNAM, musée national de l'Éducation à Rouen, etc.), le ministère de la Défense (musée de l'Armée, musée national de la Marine, musée de l'Air et de l'Espace, etc.), le ministère de l'Économie, Finances et Industrie (musée de la Monnaie à Paris, musée des Douanes à Bordeaux, musée de la Poste), le ministère de la Justice (musée national de la Légion d'Honneur et des Ordres de Chevalerie, musée de l'Ordre de la Libération), le ministère des Sports (musée national du Sport), ainsi que l'Assistance publique (musée de l'Assistance publique – Hôpitaux de Paris) et la Société nationale de radiodiffusion Radio-France (musée de Radio- France) gèrent également des collections publiques nationales.

g) Musées de l'Institut de France

Différentes fondations relevant de l'Institut de France gèrent une dizaine de musées : musée Condé et musée vivant du cheval à Chantilly (Fondation d'Aumale), château de Langeais (Fondation Siegfried), château de Castries (Fondation duc et duchesse de Castries), bibliothèque Thiers (Fondation Dosne-Thiers), musée Jacquemart-André à Paris et à l'abbaye royale de Chaalis (Fondation Jacquemart-André), musée du manoir de Kerazan (Fondation Astor), musée « Île-de-France » à Saint-Jean-Cap-Ferrat (Fondation Ephrussi de Rothschild), musée Marmottan Monet et bibliothèque Marmottan (Fondation Paul Marmottan), musée Claude Monet à Giverny (Fondation Monet), Villa grecque « Kérylos » à Beaulieu-sur-Mer (Fondation Théodore Reinach), maison de l'Institut de France à Londres (Fondation Edmond de Rothschild), château d'Abbadia à Hendaye (Fondation Antoine d'Abbadie), Maison familiale de Louis Pasteur (Fondation de la maison Familiale de Louis Pasteur).

h) Musées de la Ville de Paris

La Ville de Paris gère les musées municipaux suivants : musée d'Art moderne au palais de Tokyo, musée de la maison de Balzac, musée Bourdelle, musée Carnavalet, Les Catacombes, musée Cernuschi, musée Cognac-Jay, musée Jean Moulin, mémorial du Maréchal Leclerc de Hautecloque et de la Libération de Paris, musée de la Mode et du Costume au palais Galliéra, pavillon des arts, musée du Petit-Palais, maison de Victor Hugo, Hauteville House, musée de la Vie romantique, musée Zadkine, Maison européenne de la Photographie. Le musée d'Art et d'Histoire du Judaïsme, installé dans l'hôtel de Saint-Aignan, est un musée associatif qui relève à la fois de l'État et de la Ville de Paris (voir aussi rubrique : les musées nationaux relevant de la DMF).

Partie 1

Assistant territorial de conservation du patrimoine et des bibliothèques

I. Présentation générale

1. Présentation de la profession

1. Textes réglementaires de référence

– décret n° 2005-1140 du 8 septembre 2005 modifiant le décret n° 92-902 du 2 septembre 1992 relatif aux conditions d'accès et aux modalités d'organisation des concours pour le recrutement des assistants territoriaux de conservation du patrimoine et des bibliothèques ;

– décret n° 95-34 portant échelonnement indiciaire applicable aux assistants territoriaux de conservation du patrimoine et des bibliothèques ;

– décret n° 95-33 du 10 janvier 1995 portant statut particulier du cadre d'emplois des assistants territoriaux de conservation du patrimoine et des bibliothèques modifié par décret n° 95-1116 du 19 octobre 1995 ;

– décret n° 93-159 du 29 janvier 1993 relatif à l'organisation de la formation initiale d'application des assistants territoriaux de conservation du patrimoine et des bibliothèques ;

– décret n° 92-902 du 2 septembre 1992 relatif aux conditions d'accès et aux modalités d'organisation des concours pour le recrutement des assistants territoriaux de conservation du patrimoine et des bibliothèques, modifié par décret n° 95-1117 du 19 octobre 1995 ;

– décret n° 92-907 du 2 septembre 1992 relatif aux modalités d'organisation des examens professionnels d'accès au grade d'assistant territorial de conservation du patrimoine et des bibliothèques ;

– arrêté du 19 février 2003 relatif aux concours pour le recrutement dans le cadre d'emplois des assistants territoriaux de conservation du patrimoine et des bibliothèques ;

– décret n° 2002-879 du 3 mai 2002 modifiant le décret n°92-902 du 2 septembre 1992 fixant les conditions d'accès et les modalités d'organisation des concours pour le recrutement des assistants territoriaux de conservation du patrimoine et des bibliothèques.

2. Conditions d'activité

Les assistants territoriaux de conservation du patrimoine et des bibliothèques constituent un cadre d'emplois culturels de catégorie B.

Le cadre d'emplois des assistants territoriaux de conservation du patrimoine et des bibliothèques comprend les grades d'assistant de conservation de 2e classe, d'assistant de conservation de 1re classe et d'assistant de conservation hors classe.

Les assistants territoriaux de conservation du patrimoine et des bibliothèques sont affectés en fonction de leur formation, dans un établissement correspondant à l'une des spécialités suivantes de la conservation :

– musées ;

– bibliothèques ;
– archives ;
– documentation.

Les assistants de conservation assurent les travaux courants dans les établissements ou services où ils sont affectés.

Ils sont également chargés du contrôle de la bonne exécution des travaux confiés aux fonctionnaires appartenant aux cadres d'emplois de catégorie C ainsi que de leur encadrement. Lorsqu'ils sont affectés dans les bibliothèques, ils sont chargés de la promotion de la lecture publique. Dans chacune de leur spécialité, ils contribuent au développement d'actions culturelles et éducatives.

2. Conditions de recrutement

1. Conditions générales

Pour pouvoir se présenter au concours, il faut être :

– de nationalité française ou ressortissant d'un État membre de l'Union européenne, ou d'un État faisant partie de l'AEEE (Accord sur l'Espace économique européen). Au moment de son recrutement, la collectivité employeur appréciera la condition de nationalité au vu des fonctions à exercer ; le cas échéant, la nationalité française pourra être exigée ;

– en situation régulière au regard du Code de service national pour les hommes nés au plus tard le 31 décembre 1978 ou avoir satisfait à l'obligation de recensement et, le cas échéant, avoir participé à l'appel de préparation à la défense pour les jeunes hommes nés après le 31 décembre 1978 et les jeunes femmes nées après le 31 décembre 1982 ;

– au moment de sa nomination, le candidat doit faire la preuve qu'il remplit les conditions physiques exigées pour l'exercice de la fonction et qu'il jouit de ses droits civiques ; le cas échéant, les mentions inscrites au casier judiciaire (bulletin n° 2) doivent être compatibles avec l'emploi postulé.

2. Conditions d'accès au concours externe

Le concours externe est ouvert, dans l'une des spécialités, pour 40 % au moins des postes à pourvoir, aux candidats titulaires du baccalauréat de l'enseignement secondaire ou d'un diplôme homologué au niveau IV suivant la procédure définie par le décret [1].

Les mères élevant ou ayant effectivement élevé au moins trois enfants sont dispensées de toute condition de diplôme.

Les sportifs de haut niveau, figurant sur la liste des sportifs de haut niveau fixée chaque année par le ministre chargé de la jeunesse et des sports, sont dispensés de toute condition de diplôme.

Commission de recevabilité

Une Commission est créée auprès du Président du Centre national de la fonction publique territoriale qui a pour mission de se prononcer sur la recevabilité des demandes d'admission à concourir émanant de candidats ne possédant pas l'un des diplômes réglementairement requis mais titulaires d'un diplôme d'un niveau équivalent ou supérieur au baccalauréat.

La commission peut entendre les candidats si elle le juge utile ; elle est souveraine et indépendante et ne se réunit qu'une seule fois après la clôture des inscriptions.

1. Pour les candidats non titulaires des diplômes requis ou titulaires de diplômes étrangers non européens.

La commission comprend, outre son président, conseiller membre du corps des tribunaux administratifs et des cours administratives d'appel, six membres dont :

– deux membres de l'enseignement supérieur nommés par le président du CNFPT ;

– un représentant du ministre chargé de l'Enseignement supérieur ;

– un représentant du ministre chargé de la Culture ;

– deux fonctionnaires territoriaux de catégorie A, dont un appartenant au cadre d'emplois des attachés territoriaux de conservation du patrimoine et titulaires du grade le plus élevé dans ce cadre d'emplois.

La commission de recevabilité n'est pas compétente pour se prononcer sur les diplômes délivrés dans un État membre de l'Union européenne ou dans un État partie à l'Accord sur l'Espace économique européen (voir ci-dessous) autre que la France.

Les titulaires d'un diplôme étranger délivré hors Union européenne ou hors État faisant partie de l'AEEE devront :

– joindre la traduction (traducteur agréé) avec la copie du diplôme ;

– soit se rapprocher du service culturel de l'ambassade ou du consulat du pays concerné pour signature de l'attestation ;

– soit fournir une attestation délivrée par le ministère de l'Éducation nationale (voir les adresses ci-dessous) :

– pour les diplômes professionnels (CAP, BEP, baccalauréat professionnel, brevet professionnel), s'adresser à :

Éducation nationale
Direction de l'enseignement scolaire
Bureau DESCO A6
142, rue du Bac
75007 PARIS

– pour les diplômes Bac + 2 (BTS, DUT...), s'adresser à :

Direction de l'enseignement supérieur
Bureau DES A8
97-99, rue de Grenelle
75007 PARIS

– pour les diplômes Bac + 3 et au-delà, s'adresser à :

Délégation aux relations internationales et à la coopération
Bureau DRIC B4
4-6, rue Danton
75006 PARIS

– baccalauréats généraux et technologiques (niveau régional), s'adresser à la Délégation aux relations internationales et à la coopération (DARIC) du rectorat de chaque académie.

Pour les candidats titulaires de diplômes européens :

Commission d'assimilation des diplômes européens

Sauf cas particulier, les titulaires de diplômes délivrés dans d'autres États européens que la France et désireux de se présenter à un concours d'accès à la fonction publique territoriale soumis à une condition de titre ou de diplôme, doivent préalablement formuler une demande d'assimilation de ce diplôme auprès de la commission créée auprès du ministre chargé des collectivités locales dont le secrétariat est assuré par la direction générale des collectivités locales.

Les décisions d'assimilation ont un caractère individuel.

États d'origine des diplômes concernés

Sont concernés les diplômes délivrés dans les États de l'Union européenne suivants : Allemagne, Autriche, Belgique, Danemark, Espagne, Finlande, Grèce, Irlande, Italie, Luxembourg, Pays-Bas, Portugal, Royaume-Uni, Suède, ainsi que les trois autres États faisant partie de l'accord sur l'Espace économique européen, à savoir l'Islande, le Liechtenstein et la Norvège.

En revanche, ne sont concernés ni la Suisse (qui n'a pas ratifié l'accord sur l'Espace économique européen), ni les États d'Europe centrale ou orientale ni, *a fortiori*, tout autre État.

Aux termes de l'article 5 de l'arrêté fixant les règles de saisine et de fonctionnement de la commission d'assimilation, **le candidat adresse sans délai et au plus tard à la date de clôture des inscriptions du concours d'assistant territorial de conservation du patrimoine et des bibliothèques, sa demande d'assimilation par lettre recommandée avec accusé de réception au secrétariat de la commission à l'adresse suivante** :

Ministère de l'Intérieur
Direction générale des collectivités locales
Sous-direction des élus locaux et de la fonction publique territoriale
Bureau FP1
Secrétariat de la commission d'assimilation, pour l'accès aux concours de la fonction publique territoriale, des diplômes délivrés dans d'autres États parties à l'accord sur l'Espace économique européen
Place Beauvau
75800 PARIS Cedex 08

En toute hypothèse, le candidat doit fournir à l'appui de sa demande d'assimilation :

– une copie certifiée conforme de son diplôme ;

– lorsque le diplôme est rédigé dans une langue différente, sa traduction en français par un traducteur assermenté ;

– des précisions (qui peuvent figurer sur le diplôme) sur le niveau exigé pour préparer ce diplôme et sur la durée des études nécessaires pour l'acquérir ;

– le diplôme français ou le niveau du titre requis pour lequel la demande d'assimilation est formulée ;

– l'adresse à laquelle la décision motivée de la commission devra être notifiée au candidat ;

– la délégation régionale du CNFPT organisatrice du concours d'accès à la fonction publique territoriale auquel s'inscrit le candidat (*cf.* le dossier d'inscription) ;

– le concours d'accès à la fonction publique territoriale auquel s'inscrit le candidat ;

– la date de début des épreuves de ce concours (*cf.* calendrier) ;

– lorsqu'un candidat a déjà obtenu une décision favorable d'une commission d'assimilation compétente pour des concours d'accès à la fonction publique de l'État ou à la fonction publique hospitalière pour lesquels la même condition de diplôme est requise, il peut d'emblée joindre cette décision à son dossier d'inscription au concours d'assistant territorial de conservation du patrimoine et des bibliothèques.

Le candidat transmet à la délégation organisatrice du CNFPT, la décision qu'il reçoit de la commission d'assimilation. En tout état de cause, cette décision doit être notifiée par le candidat avant le premier jour des épreuves du concours.

3. Les conditions d'accès au concours interne

Le concours interne est ouvert, dans l'une des spécialités, pour 40 % des postes à pourvoir, aux fonctionnaires et agents publics ainsi qu'aux agents en fonction dans une organisation internationale intergouvernementale. Les candidats doivent justifier, au 1er janvier de l'année en cours, de quatre ans au moins de services publics effectifs, compte non tenu des périodes de stage ou de formation dans une école ou un établissement ouvrant accès à un grade de la fonction publique.

4. Les conditions d'accès au troisième concours

Le troisième concours est ouvert, dans l'une des spécialités, pour 20 % au plus des postes à pourvoir, aux candidats justifiant de l'exercice, pendant une durée de quatre ans au moins, d'une ou plusieurs activités professionnelles, d'un ou de plusieurs mandats de membre d'une assemblée élue d'une collectivité territoriale ou d'une ou de plusieurs activités accomplies en qualité de responsable d'une association.

Les activités professionnelles mentionnées ci-dessus doivent correspondre à la participation à des activités de développement culturel, éducatif ou patrimonial dans des établissements ou structures à vocation culturelle ou éducative.

3. Le dossier de candidature

1. Pièces à fournir pour le concours externe

– un dossier individuel d'inscription délivré par le CNFPT dûment rempli et signé ;

– les copies du baccalauréat et du diplôme sanctionnant deux années de formation technico-professionnelle dans l'une des spécialités (archives, bibliothèque, documentation, musée) requis pour participer aux épreuves du concours ;

– la commission de recevabilité des diplômes pour l'accès au concours externe d'assistant qualifié de conservation du patrimoine et des bibliothèques ayant été supprimée par l'article 1er du décret n° 2005-1142 du 8 septembre 2005 et afin de faciliter l'instruction des dossiers, les candidats sont dorénavant invités à présenter le relevé des notes dans chaque unité de valeurs (UV) ou matière pour chacun de leurs diplômes (contenu de formation) ;

– toute pièce que l'administration jugera utile de demander pour l'instruction des dossiers

2. Pièces à fournir pour le concours interne

– un dossier individuel d'inscription délivré par le CNFPT dûment rempli et signé ;

– un état détaillé des services publics effectifs accomplis depuis la date d'entrée dans la fonction publique comportant le (ou les) visa(s) de (des) l'autorité(s) compétente(s) (formulaire délivré par le CNFPT) ;

– une copie de l'arrêté justifiant du grade ou de l'emploi détenu au moment de l'inscription avec indication de l'échelon détenu et de l'indice y afférent ou une copie du contrat, et du dernier avenant le cas échéant, pour les agents non titulaires ;

– toute pièce que l'administration jugera utile de demander pour l'instruction des dossiers.

3. Pièces à fournir pour le troisième concours

– un dossier individuel d'inscription délivré par le CNFPT dûment rempli et signé ;

– pour les candidats qui justifient d'une ou plusieurs activité(s) professionnelle(s) une fiche établie conformément à un modèle fixé par arrêté du ministre chargé des collectivités territoriales permettant de préciser le contenu et la nature de cette activité, exemplaire délivré par le CNFPT, « attestation professionnelle pour les candidats aux troisièmes concours », dûment remplie et signée ;

– pour les candidats qui justifient de l'accomplissement d'un mandat de membre d'une assemblée élue d'une collectivité territoriale, toute pièce attestant le respect de cette condition ;

– pour les candidats qui justifient d'une activité en qualité de responsable d'une association, les statuts de l'association à laquelle ils appartiennent ainsi que les déclarations régulièrement faites à la préfecture du département ou à la sous-préfecture de l'arrondissement où l'association a son siège social. Est considérée comme responsable d'une association toute personne chargée de la direction ou de l'administration à un titre quelconque d'une association régie par la loi du 1er juillet 1901 relative au contrat d'association ;

– toute pièce que l'administration jugera utile de demander pour l'instruction des dossiers.

4. Les épreuves du concours

1. Le concours externe

A. Les épreuves d'admissibilité

Les épreuves d'admissibilité du concours externe de recrutement des assistants territoriaux de conservation du patrimoine et des bibliothèques comprennent :

1) un questionnaire de six à dix questions destinées à vérifier les connaissances du candidat dans la spécialité choisie au moment de l'inscription. Chaque question appelant une réponse courte ou développée (durée : 3 heures ; coefficient : 2) ;

2) un résumé en 200 mots maximum et une analyse d'un texte à caractère culturel (durée : 3 heures ; coefficient 3).

B. Les épreuves d'admission

Seuls les candidats ayant été déclarés admissibles à l'issue des épreuves précédentes sont autorisés à se présenter aux épreuves d'admission qui s'organisent de la façon suivante :

1) une conversation à partir d'un texte ou de documents portant sur la spécialité choisie par le candidat et permettant d'apprécier ses connaissances dans ce domaine, ainsi que son aptitude à exercer les fonctions d'assistant de conservation du patrimoine et des bibliothèques (durée : 30 minutes, après une préparation de même durée ; coefficient : 3) ;

Le jury de chaque concours comprend au moins six membres, dont :

a) deux fonctionnaires territoriaux, dont un au moins de catégorie A appartenant au cadre d'emplois des attachés territoriaux de conservation du patrimoine et titulaires du grade le plus élevé dans ce cadre d'emplois ;

b) deux personnalités qualifiées ;

c) deux élus locaux.

2) une épreuve écrite facultative de langue, choisie par le candidat au moment de son inscription au concours, comportant la traduction :

a) soit, sans dictionnaire, d'un texte dans l'une des langues étrangères suivantes : anglais, allemand, italien, espagnol, grec, portugais, néerlandais, russe ou arabe moderne ;

b) soit, avec le dictionnaire, d'un texte dans l'une des langues anciennes suivantes : latin, grec (durée : 2 heures ; coefficient : 1).

Pour cette épreuve, seuls les points supérieurs à la moyenne sont pris en compte.

OU

– une épreuve orale portant sur le traitement automatisé de l'information (durée : 20 minutes, avec préparation de même durée, coefficient : 1). Voir programme page 194.

Pour ces épreuves, seuls les points au-dessus de 10 sont pris en compte ; ils s'ajoutent au total des notes obtenues aux épreuves obligatoires et ne sont valables que pour l'admission.

2. Le concours interne

A. L'épreuve d'admissibilité

L'épreuve d'admissibilité du concours interne de recrutement des assistants territoriaux de conservation du patrimoine et des bibliothèques consiste en la rédaction d'une note à partir d'un dossier portant sur une situation à laquelle un assistant de conservation du patrimoine et des bibliothèques peut être confronté dans l'exercice de ses fonctions. La situation est relative à la spécialité choisie par le candidat au moment de son inscription (musée, bibliothèque, archives, documentation) (durée : 3 heures ; coefficient : 3).

B. Les épreuves d'admission

Seuls les candidats ayant été déclarés admissibles à l'issue des épreuves précédentes sont autorisés à se présenter aux épreuves d'admission qui s'organisent de la façon suivante :

1) une conversation à partir d'un texte ou de documents portant sur la spécialité choisie par le candidat et permettant d'apprécier ses connaissances dans ce domaine, ainsi que son aptitude à exercer les fonctions d'assistant de conservation du patrimoine et des bibliothèques (durée : 30 minutes, après une préparation de même durée ; coefficient : 3) ;

2) une épreuve écrite facultative de langue, choisie par le candidat au moment de son inscription au concours, comportant la traduction :

a) soit, sans dictionnaire, d'un texte dans l'une des langues étrangères suivantes : anglais, allemand, italien, espagnol, grec, portugais, néerlandais, russe ou arabe moderne,

b) soit, avec le dictionnaire, d'un texte dans l'une des langues anciennes suivantes : latin, grec (durée : 2 heures ; coefficient : 1).

OU

Une épreuve orale facultative portant sur le traitement automatisé de l'information (durée : 20 minutes, avec préparation de même durée, coefficient : 1). Voir programme page 194.

Pour ces épreuves, seuls les points au-dessus de 10 sont pris en compte ; ils s'ajoutent au total des notes obtenues aux épreuves obligatoires et ne sont valables que pour l'admission.

3. Le troisième concours

A. L'épreuve d'admissibilité

L'épreuve d'admissibilité du troisième concours de recrutement des assistants territoriaux de conservation du patrimoine et des bibliothèques consiste en la rédaction d'une note à partir d'un dossier portant sur une situation à laquelle un assistant de conservation du patrimoine et des bibliothèques peut être confronté dans l'exercice de ses fonctions. La situation est relative à la spécialité choisie par le candidat au moment de son inscription (musée, bibliothèque, archives, documentation) (durée : 3 heures ; coefficient : 3).

B. Les épreuves d'admission

Seuls les candidats ayant été déclarés admissibles à l'issue des épreuves précédentes sont autorisés à se présenter aux épreuves d'admission qui s'organisent de la façon suivante :

1) un entretien ayant pour point de départ un exposé du candidat sur son expérience, destiné à apprécier ses qualités d'analyse et de réflexion, ainsi que sa motivation à exercer les missions dévolues à son cadre d'emplois (durée : 20 minutes, dont 5 minutes au plus consacrées à l'exposé ; coefficient : 3) ;

2) une épreuve orale de vérification des connaissances du candidat dans la spécialité choisie par lui au moment de son inscription (musée, bibliothèque, archives, documentation) (durée : 20 minutes, auxquelles s'ajoutent les 20 minutes consacrées à la préparation de l'épreuve, coefficient 3) ;

3) une épreuve écrite facultative de langue, choisie par le candidat au moment de son inscription au concours, comportant la traduction :

a) soit, sans dictionnaire, d'un texte dans l'une des langues étrangères suivantes : anglais, allemand, italien, espagnol, grec, portugais, néerlandais, russe ou arabe moderne,

b) soit, avec le dictionnaire, d'un texte dans l'une des langues anciennes suivantes : latin, grec (durée : 2 heures ; coefficient : 1).

OU

Une épreuve orale facultative portant sur le traitement automatisé de l'information (durée : 20 minutes, avec préparation de même durée, coefficient :1).

Pour ces épreuves, seuls les points au-dessus de 10 sont pris en compte ; ils s'ajoutent au total des notes obtenues aux épreuves obligatoires et ne sont valables que pour l'admission.

Voir programme page 194.

5. Après le concours

1. Inscription sur la liste d'aptitude

À l'issue des épreuves d'admission, les jurys arrêtent, pour chacun des concours externe, interne et troisième, dans la limite des places mises au concours, une liste d'admission distincte par concours. Cette liste fait mention de la spécialité choisie par le candidat.

Le délégué régional de la délégation régionale ou interdépartementale arrête la liste d'aptitude de chaque concours par ordre alphabétique. Cette liste fait mention de la spécialité choisie par le candidat.

L'inscription sur la liste d'aptitude ne vaut pas recrutement. Il appartient aux lauréats de se rapprocher des collectivités qui ont déclaré des emplois vacants, seules investies du pouvoir de nomination.

L'inscription sur la liste d'aptitude est valable un an, renouvelable deux fois sur la demande de l'intéressé(e), dans le mois qui précède le terme de la 1re et de la 2e année d'inscription.

Le décompte de cette période de trois ans est suspendu, le cas échéant, durant l'accomplissement des obligations du service national ou en cas de congé parental ou de maternité.

Lorsqu'il est mis fin au stage par l'autorité territoriale en raison de la suppression de l'emploi ou pour toute autre cause ne tenant pas à la manière de servir, le fonctionnaire territorial stagiaire est, à sa demande, réinscrit de droit sur la liste d'aptitude.

Il y demeure inscrit jusqu'à l'expiration du délai de trois ans à compter de son inscription initiale (sous réserve de demander son renouvellement) ou, si aucun concours n'a été organisé dans ce délai, jusqu'à la date d'organisation d'un nouveau concours.

La liste d'aptitude prend fin au terme des trois années possibles ou jusqu'à l'établissement de la liste d'aptitude suivante.

Par ailleurs, lorsque le candidat admis est déjà inscrit sur une liste d'aptitude à un concours d'un même grade d'un même cadre d'emplois, son inscription sur une nouvelle liste d'aptitude est subordonnée au choix de la liste sur laquelle il souhaite être inscrit.

À cet effet, il adresse à l'autorité organisatrice de chacun des concours, dans un délai de quinze jours à compter de la notification de son admission, par lettre recommandée avec accusé de réception, sa décision d'opter pour son inscription sur la liste d'aptitude choisie et de renoncer à l'inscription sur une autre liste.

2. La nomination

Les candidats inscrits sur la liste d'aptitude prévue à l'article 4 du décret n° 91-847 du 2 septembre 1991 modifié et recrutés sur un emploi d'une des collectivités ou établissements publics mentionnés à l'article 2 de la loi du 26 janvier 1984 modifiée sont nommés assistants de conservation stagiaires pour une durée d'un an par l'autorité territoriale investie du pouvoir de nomination.

3. La formation initiale

Au cours de leur stage, les assistants doivent suivre une formation, éventuellement discontinue, d'une durée totale de trois mois. Cette formation comprend des sessions théoriques d'une durée totale de deux mois et des stages pratiques d'une durée totale d'un mois accomplis en totalité ou en partie hors de la collectivité employeur.

4. La titularisation

La titularisation des stagiaires intervient, par décision de l'autorité territoriale, à la fin du stage d'un an, au vu notamment d'un rapport établi par le président du Centre national de la fonction publique territoriale.

Lorsque la titularisation n'est pas prononcée, le stagiaire est soit licencié s'il n'avait pas auparavant la qualité de fonctionnaire, soit réintégré dans son cadre d'emplois, corps ou emploi d'origine.

Toutefois, l'autorité territoriale peut, à titre exceptionnel et après avis du président du CNFPT, décider que la période de stage est prolongée d'une durée maximale de neuf mois.

Dans un délai de deux ans après leur titularisation, les assistants de conservation doivent suivre une formation d'adaptation à l'emploi, éventuellement discontinue, d'une durée totale de trois mois. Cette formation comprend deux mois de sessions théoriques et un mois de stages pratiques accomplis en totalité ou en partie hors de la collectivité employeur.

6. La carrière

1. L'avancement d'échelon et de grade

Le grade d'assistant de conservation de 2e classe comprend treize échelons. Le grade d'assistant de conservation de 1re classe comprend huit échelons. Le grade d'assistant de conservation hors classe comprend sept échelons.

La durée maximale et la durée minimale du temps passé dans chacun des échelons, des grades et classes sont fixées comme indiqué dans le tableau récapitulatif page suivante.

A. L'accès au grade d'assistant de conservation de 1re classe

Peuvent être nommés assistants de conservation de 1re classe, après inscription sur un tableau d'avancement, les assistants de conservation de 2e classe comptant au moins deux ans d'ancienneté dans le 7e échelon de leur grade.

Le nombre des assistants de conservation de 1re classe ne peut être supérieur à 25 % du nombre des assistants de conservation de 1re classe et des assistants de conservation de 2e classe de la collectivité ou de l'établissement.

L'inscription au tableau d'avancement pour le grade d'assistant de conservation de 1re classe, des assistants de conservation de 2e classe devant suivre la formation d'adaptation à l'emploi ne peut intervenir qu'au vu d'une attestation établie par le président du CNFPT et certifiant que l'intéressé a suivi cette formation.

B. L'accès au grade d'assistant de conservation hors classe

Peuvent être nommés assistants de conservation hors classe, après inscription sur un tableau d'avancement :

– les assistants de conservation de 1re classe ayant atteint le 5e échelon de leur grade ;

– les assistants de conservation de 2e classe ayant atteint le 7e échelon de leur grade et les assistants de conservation de 1re classe sans condition d'ancienneté qui ont satisfait à un examen professionnel organisé par les délégations régionales ou interdépartementales du CNFPT.

Le nombre d'assistants de conservation hors classe ne peut être supérieur à 15 % des effectifs du cadre d'emplois de la collectivité ou de l'établissement.

Depuis le 1er janvier 1997, lorsque l'effectif des assistants de conservation hors classe est supérieur au nombre précité, il peut être procédé, jusqu'à ce que le nombre soit atteint, à une nomination au grade d'assistant de conservation hors classe pour chaque diminution au sein de l'effectif de deux assistants de conservation hors classe.

Les fonctionnaires promus sont classés à l'échelon comportant un indice égal ou, à défaut, immédiatement supérieur à celui dont ils bénéficiaient antérieurement. Ils conservent leur ancienneté d'échelon dans la limite de l'ancienneté maximale exigée pour une promotion à l'échelon supérieur lorsque l'avantage qui résulte de leur nomination est inférieur à celui qu'ils auraient retiré d'un avancement d'échelon dans leur ancien grade.

Les fonctionnaires nommés alors qu'ils ont atteint l'échelon le plus élevé de leur précédent grade ou emploi conservent leur ancienneté d'échelon dans les mêmes conditions et limites lorsque l'augmentation de traitement consécutive à leur nomination est inférieure à celle que leur avait procurée leur nomination à cet échelon.

2. La rémunération

Les stagiaires sont rémunérés par la collectivité ou l'établissement qui a procédé au recrutement sur la base de l'indice afférent au 1er échelon de leur grade (indice brut 306).

Le traitement mensuel est de 1 188 euros.

Toutefois les fonctionnaires qui avaient auparavant la qualité de fonctionnaire ou d'agent non titulaire perçoivent le traitement correspondant à leur situation antérieure si ce traitement est supérieur à celui correspondant à l'échelon déterminé par le statut particulier.

Le traitement ainsi perçu est au plus égal à celui afférent à l'échelon terminal du grade auquel ils sont nommés.

Lorsque l'application des dispositions du statut particulier d'un cadre d'emplois aboutit à classer, lors de leur titularisation, les fonctionnaires territoriaux, qui avaient auparavant la qualité de fonctionnaire ou d'agent non titulaire, à un échelon doté d'un indice de traitement inférieur à celui dont ils bénéficiaient dans leur grade ou emploi précédent, les intéressés conservent, à titre personnel, le bénéfice de leur indice ou traitement antérieur jusqu'au jour où ils atteignent dans leur grade un échelon comportant un indice au moins égal, sans que l'indice ou traitement conservé puisse être supérieur au traitement indiciaire afférent à l'échelon terminal du grade auquel ils sont titularisés.

Toutefois, les dispositions précitées ne sont pas applicables dans le cas où le statut particulier du cadre d'emplois prévoit une indemnité compensatrice permettant au fonctionnaire de percevoir une rémunération plus élevée que celle qui résulterait de l'application des règles de classement.

En outre, les collectivités territoriales peuvent fixer pour leurs agents un régime indemnitaire. Celui-ci est variable selon la collectivité mais ne doit pas en tout état de cause être plus favorable que celui dont bénéficient les fonctionnaires de l'État exerçant des fonctions équivalentes.

L'échelonnement indiciaire applicable au cadre d'emplois des assistants territoriaux de conservation du patrimoine et des bibliothèques est fixé ainsi qu'il suit :

GRADES ET ÉCHELONS	Durée maximale	Durée minimale	Indices bruts
Assistant de conservation hors classe			
7e échelon	–	–	612
6e échelon	4 ans 6 mois	3 ans 6 mois	580
5e échelon	3 ans 6 mois	2 ans 6 mois	549
4e échelon	3 ans 6 mois	2 ans 6 mois	518
3e échelon	2 ans 3 mois	1 an 9 mois	487
2e échelon	2 ans 3 mois	1 an 9 mois	453
1er échelon	2 ans 3 mois	1 an 9 mois	425

Assistant de conservation de 1re classe			
8e échelon	–	–	579
7e échelon	4 ans	3 ans	547
6e échelon	4 ans	3 ans	516
5e échelon	3 ans	2 ans 6 mois	485
4e échelon	2 ans	1 an 6 mois	463
3e échelon	2 ans	1 an 6 mois	436
2e échelon	2 ans	1 an 6 mois	416
1er échelon	1 an 6 mois	1 an 6 mois	399
Assistant de conservation 2e classe			
13e échelon	–	–	544
12e échelon	4 ans	3 ans	510
11e échelon	3 ans	2 ans 6 mois	483
10e échelon	3 ans	2 ans 6 mois	450
9e échelon	3 ans	2 ans 6 mois	436
8e échelon	3 ans	2 ans 6 mois	416
7e échelon	3 ans	2 ans 6 mois	398
6e échelon	2 ans	1 an 6 mois	382
5e échelon	1 an 6 mois	1 an 6 mois	366
4e échelon	1 an 6 mois	1 an 6 mois	347
3e échelon	1 an 6 mois	1 an 6 mois	337
2e échelon	1 an 6 mois	1 an 6 mois	315
1er échelon	1 an	1 an	306

7. Conseils pratiques

Pour obtenir un dossier d'inscription, vous avez deux possibilités :

– soit retirer un dossier d'inscription auprès d'une délégation régionale ou du siège du CNFPT (voir les adresses en annexe) ;

– soit envoyer à l'une de ces adresses une demande écrite de dossier, accompagnée d'une enveloppe grand format, libellée à votre adresse et affranchie à 1,75 euro.

Aucune demande de dossier n'est acceptée si elle est faite par téléphone, télécopie ou messagerie électronique.

Une fois rempli et signé, le dossier d'inscription doit être déposé ou envoyé à l'une des adresses mentionnées en annexe.

Attention ! Toutes les délégations n'organisent pas les concours ! Reportez-vous à la liste des délégations organisatrices : elles figurent dans le dossier d'inscription. Un dossier envoyé à la mauvaise adresse risque d'arriver hors délai !

Le respect des dates butoir pour le retrait et le dépôt des dossiers est impératif.

II. Épreuves d'admissibilité (concours externe, interne et 3e concours)

1. Questionnaire de 6 à 10 questions (concours externe)

6 à 10 questions destinées à vérifier les connaissances du candidat dans la spécialité choisie à l'inscription (musée, bibliothèque, archives, documentation)

Questions d'entraînement amenant des réponses courtes ou développées*

Durée : 3 heures

Coefficient : 2

Exemples de questions :

1. La culture peut-elle se gérer comme une entreprise ?

2. Que pensez-vous de cette mode de faire des bibliothèques très visibles, signées par des architectes ?

3. Quelles actions développez-vous dans votre structure en direction des scolaires ?

4. Comment définissez-vous le terme « spectacle vivant » ?

5. Que pensez-vous des ouvertures nocturnes pour les bibliothèques ?

6. Que pensez-vous des festivals ?

7. Les nouveaux lieux d'exposition. Les artistes délaissent les lieux traditionnels (musées ou galeries) pour investir des lieux insolites afin d'être plus proches du public. Qu'en pensez-vous ?

8. Que pensez-vous des prix littéraires ? Quel est le rôle des bibliothèques face au problème de l'illettrisme ?

9. Que savez-vous des difficultés rencontrées par les industries du disque face à l'Internet ?

10. Questions sur l'Unesco, les monuments classés au patrimoine mondial de l'Unesco.

11. Questions sur les institutions françaises (différence entre préfet de Région et conseiller régional ; que sont les grands électeurs ? Le maire et la commune, etc.)

* Cette épreuve n'ayant pas encore eu lieu.

12. Quels sont les droits à la formation des fonctionnaires ?

13. Quelles sont les animations sur la gastronomie en bibliothèque ?

14. Que pensez-vous de la démocratisation culturelle, de la culture scientifique, de la science en bibliothèque.

15. Questions sur les différentes phases de préparation d'une animation. Les phases de décision.

16. Que vous inspire le prêt gratuit en bibliothèque ?

17. Que pensez-vous du danger des images dans la société contemporaine ?

18. La politique des mécènes est-elle guidée par leur seul intérêt ?

19. La politique des mécènes ne se limite-t-elle pas à l'événementiel sans travail éducatif en amont ?

20. Les opérations de mécénat permettent-elles vraiment de toucher toutes les couches de la population ?

21. Question sur la décentralisation, sur ses effets sur les archives et les services de documentation, sur les actions culturelles en matière de patrimoine.

22. Que pensez-vous des journées du patrimoine ?

23. Quel est le rôle d'un service de documentation ?

24. Quelles sont les missions des musées et les garanties juridiques pour exercer ces missions, leurs productions en termes d'activités, d'expositions, d'édition papier et électronique ?

25. Que pouvez-vous dire sur le malaise des bibliothécaires face aux nouvelles générations plus adaptées aux nouvelles technologies de l'information ? Problème d'intégration, remèdes à apporter, etc.

26. Utilisation d'Internet en France, son développement. Doit-on offrir l'accès au courrier électronique en bibliothèque ?

27. Les réseaux et les prêts entre bibliothèques ; pourquoi le PEB n'est pas très développé en BM ? Problème de catalogues collectifs.

28. Traitement automatisé de l'information : « le droit de l'informatique » (la CNIL, la loi informatique et libertés, etc.).

29. La réglementation en matière de numérisation des documents.

30. La procédure de la revue de presse.

31. La recherche d'informations sur Internet.

32. Citez différents outils de référence pour la politique d'acquisition – bases bibliographiques commerciales vs bases bibliographiques institutionnelles.

33. Quels usages peut-on faire de l'écran au-delà de la recherche documentaire en ligne ?

34. Quels sont les différents services accessibles dans une bibliothèque ?

35. Quelles informations peuvent guider l'usager à l'intérieur de la bibliothèque ?

36. Comment voyez-vous les rapports assistant de conservation/libraire ?

37. Quels éléments constituent la référence bibliographique de base pour identifier un livre ?

38. Que savez-vous de la déontologie, de l'éthique et des obligations légales et réglementaires des archivistes français.

39. Y a-t-il un renouveau des pratiques culturelles des Français depuis 10 ans ?

40. En quoi consiste la fonction de contrôle des directions des archives départementales ?

41. Quelles sont les règles de communication des archives ?

42. Quel intérêt présentent les archives privées ?

43. On parle beaucoup de nouveaux supports : présentent-ils ou non des avantages ?

44. Que savez-vous de l'archivage à long terme des documents électroniques ?

45. Quels sont les différents accès à un document que vous connaissez ?

46. Que pensez-vous de la mise en place d'indicateurs de qualité au sein d'un service de documentation ?

47. Quelles sont les fonctions d'un service documentaire ?

48. Quelles sont les différentes étapes de la chaîne documentaire ?

49. Quelles procédures d'analyse et d'indexation des documents connaissez-vous ?

50. Comment peut-on organiser la collecte de l'information ?

51. Quels sont le rôle et la place de l'Internet en documentation ?

52. Des « trésors » aux musées modernes : pouvez-vous dresser l'évolution de la notion de « musée » jusqu'à aujourd'hui ?

53. À quels objectifs répond la « conservation préventive » ? À l'aide d'exemples, vous expliquerez pour quelles raisons on y recourt.

54. Les variations climatiques présentent-elles les mêmes dangers pour les objets organiques et les objets inorganiques ?

2. Résumé et analyse d'un texte (concours externe)

Le résumé est un exercice permettant d'apprécier les qualités d'analyse, d'objectivité, de rigueur et d'élégance dans la reformulation. On peut effectuer le travail du résumé en trois étapes :

– la lecture rapide du texte permet de se faire une idée du sujet et d'en comprendre le thème central ;

– la seconde lecture est accompagnée d'une prise de notes qui font ressortir les idées essentielles ainsi que les articulations du texte ;

– l'élaboration du plan à partir de la problématique, et la rédaction.

1. Méthodologie

1. Ce que l'on attend du candidat

Le fond

D'après le *Littré*, résumer consiste à resserrer en peu de paroles ce qui a été dit ou écrit plus longuement.

Vous devez donc, dans la limite du nombre de mots autorisé, rendre compte du texte en éliminant longueurs et détails, pour n'en conserver que l'essentiel.

Cela suppose que vous avez su d'abord en dégager le sens général, puis les idées principales, sans pour autant négliger les nuances éventuelles. Toutes les idées fortes de l'auteur doivent être conservées alors que vous ne devez retenir en aucun cas les images, exemples ou énumérations qui en constitueraient le développement.

Cette règle fondamentale s'applique également lorsque le texte proposé comporte de nombreux éléments chiffrés. Il est impératif de ne retenir qu'un ou deux nombres considérés comme les plus significatifs ou, mieux, de déterminer vous-même un pourcentage ou un résultat faisant la synthèse des données en votre possession.

De ce qui précède, il résulte que **ce ne sont pas les plus longues pages du texte qui occuperont la place la plus importante de votre résumé, mais les parties les plus riches et les plus denses, même si elles sont courtes**.

Ce tri indispensable effectué, il convient ensuite d'ordonner ces idées autour d'un fil directeur, ce qui oblige parfois à recomposer entièrement le texte pour mieux en faire ressortir le sens général. Vous n'êtes, en effet, nullement lié par le plan de l'auteur : il est seulement possible, mais parfois même indispensable, de donner une structure rigoureuse à une composition floue ou « invertébrée ». Soyez persuadé que vous serez en premier lieu jugé sur votre plan.

Bien entendu, vous **devrez prévoir les transitions ou liaisons nécessaires afin de bien montrer l'enchaînement des idées et l'articulation des paragraphes**.

Une introduction sera toujours nécessaire, par contre une conclusion ne s'impose pas obligatoirement. Indispensable pour les textes qui en comportent une, généralement souhaitables pour les longs résumés de plus de 350 mots, elle est le plus souvent inutile dans les autres cas.

L'ossature du résumé ainsi déterminée, il reste à le rédiger dans un style personnel, sans jamais trahir le texte. Votre résumé doit être entièrement objectif, et refléter parfaitement la pensée de l'auteur, sans que vos opinions personnelles n'apparaissent jamais. Ayez toujours comme préoccupation de produire une œuvre que l'auteur pourrait signer sans avoir rien à retoucher.

La forme

Présentation générale

La présentation doit être soignée. Vous vous appliquerez, comme pour toute épreuve, à avoir une écriture lisible et à éviter les fautes d'orthographe.

Votre résumé devra être aéré et sa disposition en paragraphes et alinéas soulignera votre plan et fera ressortir la cohérence du développement des idées et leur enchaînement.

Toutefois adopter une présentation aérée ne signifie pas que vous devez aller à la ligne à chaque phrase : cette façon de faire est à proscrire absolument, car elles ne permet pas de mettre en valeur la construction de votre résumé.

Chaque fois qu'un nombre maximal de mots vous aura été imposé, vous devrez indiquer à gauche de la marge, le nombre de mots utilisés dans chaque alinéa. En fin de devoir, vous porterez le nombre total de mots qu'il comporte. Vous veillerez à ne pas commettre d'erreur de décompte, qui pourrait être interprétée comme une tentative de fraude et sévérement pénalisée.

Style et vocabulaire

Votre résumé doit être entièrement rédigé, vos phrases seront toujours complètes. Cela revient à dire qu'il faut absolument proscrire le style télégraphique et les phrases incorrectes ou incomplètes, mais également tous les procédés qui vous permettraient d'économiser des mots de manière artificielle. **N'utilisez donc jamais de parenthèses, ni les deux points ni les longues énumérations.**

Votre style doit être clair et précis. Vous devez éviter à la fois les phrases longues, avec incidentes ou multiples propositions, réservées à la dissertation, et les phrases courtes qui donnent l'impression d'un texte haché. À titre simplement indicatif, disons que la phrase d'une longueur comprise entre 15 et 25 mots paraît particulièrement adaptée au résumé de texte. En raison du petit nombre de mots dont vous disposez, **vous devrez chercher la formule exacte et significative tout en vous exprimant le plus naturellement possible**. Trop de candidats « torturent » leurs phrases de façon artificielle et compliquent inutilement leur tâche sans obtenir pour autant un résultat satisfaisant. **Proscrivez en même temps obscurité et ambiguïté :** votre rôle est de rendre claire et immédiate la compréhension du texte.

Le résumé n'est pas une analyse, donc vous n'utiliserez jamais les formules telles que : « l'auteur nous montre que… » et n'hésitez pas à utiliser la première personne si l'auteur l'a fait.

Bien entendu, vous ne devrez en aucun cas emprunter au texte une partie de phrases ou une formule : **votre résumé doit être une œuvre originale dans la forme**.

De la même manière, vous utiliserez un vocabulaire correct simple et précis, en évitant de faire appel aux vocables significatifs utilisés par l'auteur ou à des termes techniques.

Toutefois, n'en concluez pas que vous devrez rechercher systématiquement des synonymes ou pis encore des périphrases pour remplacer des mots courants que vous pouvez parfaitement utiliser même si l'auteur s'en est servi.

Pensez à mettre en valeur l'enchaînement des idées et donc faites appel systématiquement aux mots de liaison et aux conjonctions en particulier.

Rappelez-vous enfin que le vocabulaire n'est pas neutre, et que le choix des termes pourra parfois trahir un manque d'objectivité qui vous sera reproché.

2. Ce qu'il ne faut pas faire

Contracter simplement

Il ne s'agit pas de réduire mécaniquement le texte paragraphe par paragraphe, à l'échelle indiquée :

– sans mettre en valeur les idées essentielles au détriment des détails ;

– sans recomposer le texte lorsque cela est nécessaire pour mieux exprimer la pensée de l'auteur.

Commenter ou discuter le texte

Vous devez rendre compte de la pensée de l'auteur sans y introduire aucune idée étrangère ni laisser transparaître vos opinions.

Vous n'avez ni à soutenir, ni à combattre la thèse de l'auteur, mais à transmettre objectivement, sans apport personnel, son message.

Citer le texte

Toute citation de phrases ou de parties de phrases du texte est à proscrire absolument, de plus vous ne devez jamais utiliser le vocabulaire qui appartient au style personnel de l'auteur.

Être obscur, ambigu ou incomplet

Le résumé est destiné à éviter au lecteur de lire le texte entier. Tout retour à celui-ci doit donc être inutile.

Tricher avec l'énoncé du sujet

Trop de candidats, pour pallier la faiblesse de leur style ou augmenter le nombre des idées relevées, croient judicieux :

– de rédiger en style télégraphique ;

– d'utiliser les parenthèses pour accumuler des données sans phrases construites ;

– d'énumérer indéfiniment, faisant ainsi un catalogue d'idées ou de faits ;

– de citer les mêmes idées ou faits en allant à chaque fois à la ligne avec un tiret ;

– de laisser au correcteur, grâce à des points de suspension ou des *etc.*, le soin de terminer lui-même la phrase.

Toutes ces pratiques ne peuvent donner que des résultats désastreux et sont à **proscrire absolument**.

3. Pour vous aider

Pour réussir un résumé, il faut savoir manipuler les tournures syntaxiques, c'est-à-dire qu'il faut savoir transformer une phrase, n'en faire qu'une à partir de plusieurs propositions, en les coordonnant ou en les subordonnant, tout cela dans un seul but : être concis.

Quelques conjonctions de subordination :
– après que, avant que, quand, lorsque… ;
– pendant que, tant que, aussi longtemps que… ;
– alors que, quoique, bien que, même si… ;
– si… que, de telle sorte que, si bien que… ;
– parce que, vu que, comme, étant donné…

Quelques mots de liaison :
– d'une part… d'autre part… ;
– hier… aujourd'hui… ;
– d'un côté… de l'autre… ;
– parce que… car… ;
– d'abord… ensuite… enfin… pour finir… ;
– c'est pourquoi… par exemple… ainsi… c'est ainsi que… ;
– néanmoins… or… bien que… mais… ;
– non seulement… mais aussi…

Pour chaque résumé, vous devez donc procéder à une première lecture du texte et répondre aux questions suivantes :
– de quoi s'agit-il ?
– quelle est l'idée principale de chaque paragraphe ?
– quels sont les mots importants ?
– quels sont les mots de liaison ?
– existe-t-il une progression ?
– quelles sont les énumérations, les anecdotes que je peux laisser sous silence ?

4. Critères d'appréciation d'un résumé

Chacun des points suivants doit pouvoir être vérifié dans votre résumé si vous avez suivi les conseils et que vous l'avez écrit de façon concise, complète, en restant fidèle au texte de l'auteur et avec votre expression personnelle :
– le nombre de mots respecté ;
– la structure du résumé calquée sur la structure du texte ;
– des paragraphes correspondant aux grandes parties du texte ;
– les idées essentielles conservées, les exemples supprimés ;
– pas de commentaire personnel ;
– pas de style télégraphique ;
– quelques mots de liaison bien placés ;
– syntaxe et orthographe correctes.

2. Conseils pour réussir

Vos atouts : 1. la lecture ;
2. la logique ;
3. la conscience ;
4. le style.

1. La lecture

Les objectifs

Quel que soit le genre d'épreuve auquel vous êtes confronté, dans le domaine de l'expression écrite, vous allez avoir à utiliser deux types de capacités :

– pour les devoirs de type restitution de texte (résumé, synthèse, analyse), vous devrez d'abord faire preuve de vos qualités de lecteur. Lire vite et attentivement pour la synthèse, lire très attentivement pour le résumé, lire intelligemment pour l'analyse ;

– pour les devoirs de type argumentation composée, vous devrez surtout mettre en avant vos aptitudes au maniement de la logique, votre capacité de jugement personnel et votre culture générale ;

– dans tous les cas, vous aurez besoin d'une grande rigueur dans la définition des mots ou des notions que vous utilisez et de toutes vos ressources dans la maîtrise de la langue.

La méthode

Vos qualités de lecteur et votre rigueur dans le jeu des définitions vont faire l'objet des deux chapitres suivants.

Votre maîtrise de langue peut être améliorée par la pratique des manuels de mise à niveau en orthographe, en grammaire ou en vocabulaire. Mais sur le plan du vocabulaire encore, de la syntaxe et du style, les progrès viendront plus vite avec de la lecture et de l'entraînement à l'écrit. C'est notre sujet.

La lecture mérite que l'on s'y attarde, car en fait, elle représente notre principale source pour, on l'a vu, améliorer notre maîtrise de la langue, mais également notre culture, notre agilité à associer les idées et notre sens de l'analyse critique.

Comment lire ?

Vite et bien. Vite, on sait ce que c'est, il suffit d'un chronomètre.

Bien, c'est un peu moins simple. On peut distinguer trois niveaux de lecture :

– *une lecture mécanique*, qui n'est qu'un déchiffrage rapide, les mots s'effaçant les uns les autres au fur et à mesure qu'ils sont prononcés, oralement ou mentalement ;

– *une lecture mémorisée :* le texte est conservé, au moins sous forme d'idée générale, parfois à l'aide de mots-clés, rarement au point de pouvoir en restituer, de mémoire, des passages complets ou un plan détaillé ;

– *une lecture réflexive :* c'est indispensable pour conserver d'un texte non seulement la mémoire de sa forme, mais l'empreinte de sa substance. En général, pouvoir donner de mémoire le plan d'un texte lu, c'est prouver qu'on l'a compris. Cette lecture « intelligente » est celle qui permet l'analyse, le commentaire et bien sûr, la critique.

Plus on a besoin d'un niveau de lecture avancé, plus elle prend du temps. On hésite sur le sens d'un mot, on est contraint à de fréquents retours en arrière.

Progresser dans ce domaine n'est possible qu'au prix d'un effort qui va au-delà de la simple formalité qui consiste à parcourir articles et chapitres en grand nombre. Si imprégnation il y a, forcément, au bout du compte, elle est très incomplète et très lente, autrement dit peu rentable. On ne rend ses lectures efficaces qu'en prenant des notes de lecture.

Il s'agit de consigner le titre et l'auteur du livre ou de l'article, le journal où il est paru. Puis on retrace l'idée générale, une ou deux données (faits marquants, chiffres, etc.) qui l'illustrent, et on donne éventuellement son avis, ou ce à quoi cela fait penser. Les associations d'idées, c'est le plus important. C'est pourquoi ces notes doivent pouvoir être classées. Ce sont des fiches dans un classeur, ou des informations dans une base de données, mais on doit pouvoir les rapprocher, les organiser en grands sujets par exemple (société, éducation, santé, environnement, etc.).

Que lire ?

On n'a plus le temps de se lancer dans une entreprise générale de rattrapage de toutes les lacunes que l'on a accumulées. Même en faisant un tri sévère, on ne peut pas lire en un an tout ce qu'il faudrait avoir lu depuis la sixième. Il faut se concentrer sur le condensé. Trois types de lectures sont recommandés :

– *les condensés de culture professionnelle :* ce sont les journaux professionnels comme il en existe en matière de santé, d'éducation, mais aussi d'agriculture ou de banque, etc. Lorsqu'on se destine à une carrière dans un domaine, il est bon de se tenir au courant des débats actuels et des faits marquants de la corporation : manifestations culturelles par exemple ;

– *les condensés de culture générale :* ce sont essentiellement les journaux, parmi lesquels vous aurez à faire une sélection, par exemple deux hebdomadaires d'actualité d'opinions différentes mais sans extrêmes (*Le Nouvel Obs* et *Le Point* par exemple). Il existe aussi des ouvrages très bien faits qui fournissent des données et des analyses très éclairantes, les tendances, les événements, les causes, les effets, etc. Ils sont actualisés chaque année et on les trouve très facilement (*État de la France*, *État du Monde*, etc.).

Exercices d'entraînement

Exercice de lecture attentive

Lisez ce texte à une vitesse soutenue mais en prenant le temps de le comprendre. Si vous vous chronométrez, vous pourrez évaluer votre facilité de lecture. Moins d'une minute, c'est vraiment très rapide. Soixante quinze secondes, c'est le temps que met en moyenne un bon élève de terminale.

Testez ensuite votre compréhension du texte, en évitant de vous y reporter.

C'est un texte assez difficile, mais si vous ne l'avez pas entièrement compris, ou si vous avez été contraint à des retours en arrière et que vous avez dépassé deux minutes pour en venir à bout, c'est que votre entraînement aux épreuves d'expression écrite doit commencer par multiplier les occasions de lire.

• **Texte**

« On ne peut pas se préparer à tout. Mais au moins, si un jour l'un de mes enfants me traite de fossile, je pourrai toujours me consoler dans le sentiment d'avoir laissé ma trace. Dans le fossile, c'est non pas la durée qui m'intéresse, mais le double en creux laissé dans la roche, le jeu de miroir que le fossile entretient avec son empreinte.

Dans le grès, dans la houille, il y a la coquille, la feuille, l'os ou l'écaille, et puis leur image en négatif, souvent plus nette, plus lisible, plus diserte sur son histoire que le fossile lui-même, qui est en proie à toutes les avaries et désagrégations, contrairement à son enveloppe géologique. En laissant la vie déposer autour de moi ses nécessités et ses hasards, en assistant à la sédimentation des sentiments, des regrets, des attractions, des gravités, des adhésions, en l'acceptant comme l'ammonite ou la fougère consent à s'enfoncer dans la boue de la berge, je "prends forme". Avec le temps, je retrouve une contenance, celle d'une coquille vide qui se remplit de vase. L'apparence est sauve, mais à l'envers. C'est le moule qui parle. Car il est possible que je me raconte mieux dans ce que je ne fais pas, ce que j'évite, ce que j'espère, ce qui me désespère… On me voit mieux à travers ce que je loupe. Chaque jour j'attaque la falaise et je trie les cailloux. Mais à la fin, qu'est-ce qui rend le mieux compte de l'activité du mineur ? Un tas d'anthracite, ou le trou de la mine ? Le travail du mineur produit deux choses : du charbon, et un trou. Le travail du sculpteur produit deux choses : un tas de cailloux, et une statue. La statue, ce n'est pas ce que l'on fait ; c'est ce qui reste. »

D.R.

A. Choisissez, parmi ces titres, celui qui résume le mieux le sujet du texte :

1. Le privilège de l'âge.
2. De nouvelles raisons de vivre.
3. C'est le résultat qui compte.
4. La vérité sur nos traces.

B. Repérez la phrase qui contient un mot employé à contresens.

1. Les décollements des avions m'ont empêchée de dormir.
2. Mon adhésion au syndicat remonte à mon entrée dans la carrière.
3. Mes pneus n'ont plus aucune adhérence.
4. Il est capable de recoller au peloton.

C. « On me voit mieux à travers ce que je loupe ». Comment comprenez-vous cette phrase ? (Deux réponses possibles.)

1. Quand on est bon à rien cela finit toujours par se voir.
2. Mes échecs sont plus révélateurs que mes réussites.
3. Mes actes manqués sont les plus éloquents sur ma personnalité profonde.
4. Je me fais remarquer parce que je suis souvent en retard.

D. Comment appelle-t-on le procédé utilisé à la fin du texte, qui compare le mineur et le sculpteur ?

1. Une métaphore.
2. Une paraphrase.
3. Une parabole.
4. Un synopsis.

Réponses : ***A.*** *4 ;* ***B.*** *1 ;* ***C.*** *2, 3 ;* ***D.*** *3.*

Exercice de lecture rapide

Voici un autre texte, plus concret, qu'il est possible de lire en quarante à cinquante secondes, moins si vous êtes entraîné.

- **Texte**

« Les Américains sont en général peu doués pour les langues étrangères, mais devant le chinois ou le russe, ils deviennent complètement ineptes. Beaucoup de Chinois, quant à eux, rencontrent des difficultés similaires avec l'anglais, et même le plus expert des polyglottes européens pourrait déclarer forfait devant la complexité de la langue des Indiens Navajos.

Pourtant, il n'existe pas de langage aussi intimidant, plus difficile à comprendre que celui de la molécule d'ADN. Il s'agit des instructions génétiques inscrites dans chaque cellule, qui font grandir un organisme quand il est jeune, le font subsister quand il est plus âgé, et se reproduire quand il est fécond. Aujourd'hui, afin de déchiffrer la grande hélice de lettres biochimiques composant le livre de la vie, une poignée de biologistes pleins d'imagination tente d'appliquer les techniques de la linguistique à l'étude de l'ADN.

Ils considèrent les séquences génétiques comme de longs passages écrits dans une langue archaïque inconnue, et empruntent leurs méthodes aux linguistes pour essayer de retrouver un semblant d'ordre au milieu de ce discours biochimique en apparence incohérent. »

Nathalie ANGIER, *Éloge de la bête*, Arléa, 1998.

A. Combien de langues différentes sont comparées à la complexité de la molécule d'ADN ?

B. Combien de mots avez-vous rencontré, dont le sens vous a laissé un doute ?

C. Parmi ces définitions, lesquelles conviennent pour le mot « inepte » (hors contexte) ?

1. Sot.
2. Incapable.
3. Absurde.
4. Handicapé.

D. Parmi ces définitions, laquelle est celle du mot « molécule » ?

1. Constituant fondamental de la matière, non décomposable.
2. Assemblage de particules.
3. Groupement d'atomes.

E. Quelle profession s'attaque au déchiffrage de l'ADN dans le texte ?

Réponses : ***A.*** *4 (chinois, russe, anglais, navajo) ;* ***B.*** *Question ouverte ;* ***C.*** *1, 2, 3 ;* ***D.*** *3 ;* ***E.*** *« une poignée de biologistes ».*

2. La logique

Les objectifs

Si la logique était suffisante pour tout expliquer dans l'univers, il y a longtemps que les hommes ne se poseraient plus de questions et que les dernières divinités auraient plié bagage.

Cependant, un certain ordre des choses semble régner et les relations causales permettent de rendre compte de la plupart des phénomènes.

Comme un devoir d'expression écrite est toujours la formulation d'une thèse, il comporte toujours une argumentation. Qu'il s'agisse, dans un résumé par exemple, de restituer la démonstration d'un auteur, ou de créer dans une synthèse une articulation cohérente à partir de plusieurs textes, ou encore de dérouler une dialectique implacable au long d'une dissertation, c'est toujours de la logique qu'il faut employer.

Cette logique, il vous faut d'abord la mettre en œuvre de manière inattaquable, c'est-à-dire que votre raisonnement doit, comme on dit, « tenir debout ». Il vous faut ensuite la rendre visible. C'est le rôle du plan, dans votre devoir, mais aussi des mots de liaison, que vous connaissez tous et que vous savez employer à bon escient.

La méthode

Attardons-nous sur les liens logiques, nous verrons le plan plus loin, dans le cadre de la dissertation.

Pour votre entraînement, vous pouvez analyser quelques textes, parmi les livres et les journaux, sous l'angle logique : est-ce que ce propos est démontré, ou non ? La présence de mots de liaison (*en effet*, *donc*, *or*, *mais*, etc.) est souvent un bon indicateur de solidité logique.

Lorsqu'en l'absence de ces liens, on observe plutôt des formules comme « il faut », « sans doute », « on ne peut que », « on ne saurait trop », etc., qui relèvent de la certitude, si l'on rencontre des verbes à l'impératif au milieu de l'argumentaire et si on lit des enchaînements de faits et de vérités présentés comme incontestables, on peut penser qu'on se trouve plutôt face à un discours subjectif, voire dogmatique, en tout cas dépourvu de démonstration.

La leçon à en tirer pour les candidats, qui n'ont pas à écrire d'article ni de livre, mais des devoirs, c'est qu'ils veillent à éviter tout esprit partisan, c'est-à-dire que sans paraître tièdes pour autant, ils ne doivent avancer chaque argument que dûment appuyé sur des causes, des raisons, des exemples, des preuves s'il le faut.

Exercices d'entraînement

1. Voici deux textes courts, où les différences entre conviction et explication sont assez repérables. Où est le texte d'opinion ? Où est la démonstration ?

- **Texte 1**

« Si l'on ne peut qu'admirer la nouvelle culture de l'accompagnement aux mourants qui se développe en Occident et épargne à ces derniers le terrible fardeau de la solitude et de la douleur (...), on ne saurait y déceler pour autant les prémices d'un nouvel art de mourir, s'il a jamais existé. Méfions-nous du lyrisme de la Camarde qui transforme la mort des autres en roman idyllique. On trouve chez certains propagandistes des soins palliatifs une espèce d'ébriété qui les pousse à tout euphémiser, à peindre en rose un événement dramatique. Ces prosélytes de l'agonie enjouée manifestent parfois, derrière leur gentillesse, un fanatis-me qui fait peur surtout quand il les incite à refuser, à ceux qui en font la demande, de hâter l'heure de la fin au motif que l'agonie est un moment de vérité dont il ne faudrait priver personne. »

Pascal BRÜCKNER, *L'Euphorie perpétuelle*, p. 257, Grasset, 2000.

- **Texte 2**

« Sur la formule : "ça va" ? Cette formule lapidaire, standardisée, répond au principe d'économie et constitue le lien social minimal dans une société de masse soucieuse de réunir des gens de tous horizons. Mais elle est parfois moins de routine que d'intimation : on veut contraindre la personne rencontrée à se situer, on veut la pétrifier, la soumettre d'un mot à un examen approfondi. Où en es-tu ? Que deviens-tu ? Discrète sommation qui ordonne à chacun de s'exposer dans la vérité de son être. Car il y a intérêt que ça aille même si l'on ne sait pas où ça va dans un monde qui fait du mouvement une valeur canonique. En quoi le "ça va" machinal qui ne demande pas de réponse est plus humain que le "ça va ?" plein de sollicitude de celui qui veut vous mettre à nu, vous acculer à un bilan moral. C'est que le fait d'être désormais ne va plus de soi et nécessite une consultation permanente de son baromètre intime. »

Pascal BRÜCKNER, *ibidem*, p. 33.

2. Placez les liens logiques qui manquent dans le petit texte ci-dessous, en les choisissant dans la liste suivante, dans le désordre : pourtant – bien que – donc – mais – de plus – car.

… Internet soit un extraordinaire outil d'enseignement, il est encore peu utilisé comme tel … la viabilité économique n'est pas démontrée …, il n'y a pas un ordinateur et un modem chez chaque étudiant. Il paraît … évident de faire transiter devoirs et corrigés par le réseau téléphonique … si l'on veut cumuler les avantages d'un enseignement personnalisé et l'instantanéité du média, il faut pratiquement un prof par élève. Les livres ont … de beaux jours devant eux.

Réponses : *Bien que ; car ; De plus ; pourtant ; Mais ; donc.*

3. La conscience

Les objectifs

Ici, le mot conscience est pris au sens premier du terme, la « science avec », ce qui peut être compris comme : la connaissance reliée à un tout. Avoir conscience, c'est posséder une vue suffisamment large des choses pour en avoir une perception d'ensemble, une idée globale des tenants et des aboutissants, et pouvoir ne juger de rien sans le confronter au reste de la réalité.

Cette notion de conscience, ramenée à notre préoccupation immédiate, est utile en ce qu'elle autorise un cheminement logique, on vient de le voir, et en ce qu'elle favorise les associations d'idées.

C'est bien connu, faire une dissertation, c'est d'abord chercher des idées : « Qu'est-ce que tu as mis comme idées ? » entend-on à la sortie des épreuves d'expression écrite… Or les idées, comme les humains, ne sont rien toutes seules. Elles ne fonctionnent qu'en association.

Ainsi, pour un sujet sur l'évolution des méthodes éducatives, par exemple, il existe une manière simple de faire un devoir en trois parties :

1. permanence du modèle conformiste ;
2. autorité et participation ;
3. avantages et limites du modèle libéral.

Cependant, on s'aperçoit qu'il est possible d'intervertir ces trois sous-titres sans dommage pour l'ensemble :

1. autorité et participation ;

2. avantages et limites du modèle libéral ;

3. permanence du modèle conformiste.

Il semble donc que ce plan soit une simple juxtaposition de thèmes, et non un enchaînement d'idées. Cela peut faire un devoir passable, mais il va manquer la preuve que vous pouvez mener un raisonnement complet, construit et argumenté, ce qui aurait été le cas avec un autre plan, par exemple :

1. comment les méthodes éducatives suivent l'évolution des sociétés ;

2. exemples : ancien régime : reproduire des modèles ;
   république industrielle : accéder aux savoir-faire ;
   ère de la communication : éducation de la négociation ;

3. comment les malaises actuels dans l'éducation traduisent les questions des nouvelles sociétés – instabilité des repères, etc.

Dans cette dernière proposition, ce qui s'est passé exactement, c'est une mise en parallèle des dogmes éducatifs et des paradigmes sociaux. On démontre facilement, ainsi, qu'on ne raconte pas la même chose aux enfants selon qu'il est important, dans une société, d'être, de faire, de posséder, ou d'avoir accès (au savoir, au pouvoir, au loisir, à la médecine, à la sécurité, à Internet, à l'eau potable…).

La méthode

On en revient à notre nécessaire culture. Elle est la clé de tout. C'est évident : plus on a de connaissances présentes à l'esprit, de lectures fraîches et de notions claires sur des sujets variés, plus on est capable de rassembler des idées et de les faire prendre ensemble pour donner sur une question un regard original et cohérent. Lire, lire, lire ! Mais puisqu'on prend des notes en lisant, il est un exercice très utile : celui des définitions. Il faut noter toutes celles qu'on trouve, et s'en fabriquer à toute occasion.

Ainsi, dans un article de sociologie, on peut apprendre qu'il existe une notion de « capital social » qui est bien autre chose que l'ensemble des valeurs partagées entre les actionnaires d'une société, mais un ciment communautaire dont l'évaluation fournit des indications sur l'évolution des groupes humains, nations, clans, famille…

– **Capital social** : ensemble des normes et réseaux qui permettent le confiance, la coopération et les actions collectives.

Ce jeu fournit l'occasion d'enchaîner les définitions en cascade :

– **normes** : règles, conditions de la conformité (normal).

L'intérêt n'est pas dans un exercice de mémoire, mais dans l'apprentissage de la rigueur pour le choix des mots et leur usage. Nous ne sommes plus dans le sens commun, où les termes de liberté, d'autonomie et d'indépendance, par exemple, peuvent facilement passer pour synonymes. En effet, certaines nuances sont capitales :

– **liberté** : absence de contrainte ;

– **indépendance** : absence de dépendance ;

– **autonomie** : possibilité de décider soi-même.

De nombreux exemples de la vie quotidienne montrent que la conquête de l'indépendance (financière, par exemple) ou de l'autonomie (professionnelle, de déplacement, etc.) passe toujours par l'acceptation de nombreuses contraintes, donc par l'abandon d'une part de liberté. On voit bien qu'on ne peut donc pas systématiquement employer un mot à la place d'un autre, même pour éviter une répétition.

Exercices d'entraînement

Les exercices suivants ne doivent pas être confondus avec une leçon de vocabulaire. Il s'agit d'un entraînement à la rigueur sémantique et à la souplesse mentale.

1. Proposez une définition des mots suivants :

– Sémantique :
– Sémiologie :
– Mental :
– Cérébral :
– Âme :
– Bonheur :
– Optimisme :
– Utopie :
– Éthique :
– Citoyenneté :
– Identité :
– Normal :
– Folie :
– Émotion :
– Moderne :
– Progrès :
– Immanent :
– Empathie :
– Instinct :
– Destin :
– Culture :
– Civilisation :
– Pouvoir :
– Présent (notion de temps) :
– Contingence :
– Mythe :
– Vérité :
– Réalité :
– Langage :
– Concept :
– etc.

Réponse : *une part des réponses se trouve dans les dictionnaires, c'est celle qui nous permet de nous comprendre en étant sûr de bien parler des mêmes choses. Mais il appartient à chacun de construire et de s'approprier l'autre part de chaque définition, de manière à se constituer autour de chaque notion un univers de références qui décuple les possibilités d'associations d'idées.*

2. Proposez une répartition des mots suivants (non accordés, dans la liste) dans les phrases suivantes :

a) Interaction – b) Transmission – c) Prospective – d) Identitaire – e) Représentation – f) Pragmatique – g) Responsabilité – h) Incertitude – i) Exigence – j) Conciliation – k) Sociale.

1) L'attachement au voisinage, au lieu de résidence, à la région d'origine, peut se comprendre comme une réaction ……… contre la compression postmoderne du temps et de l'espace.

2) En valorisant l'utile et l'opérationnel, on est passé à une conception plus ……… de la formation.

3) L'influence et la survie des idées ne se mesurent pas en terme de communication, mais de ……… .

4) De la même manière que l'art produit des images du réel, le processus de ……… produit des images sociales des objets auxquels il s'applique.

5) Le rôle incitateur du père s'observe à l'occasion de plusieurs types d'………, particulièrement les jeux et le langage.

6) Il demande ainsi à l'enfant de s'exprimer plus clairement, alors que le niveau d'………

de la mère est moins élevé.

7) En dépit de tous les discours, l'opinion refuse encore aux femmes la .... entre l'enfantement et l'activité professionnelle.

8) La tendance actuelle dans la .... et l'anticipation des attentes de la clientèle touristique est la segmentation.

9) Dans les sociétés libérales, l'autonomie individuelle est devenue une injonction collective, et on assiste à une augmentation du poids de la .... de chacun face à sa propre vie.

10) .... des valeurs, recherche de repères, défaillances du sens, affectent profondément l'expérience de nos contemporains.

11) La formation est un facteur important de cohésion .... et de compétitivité mondiale.

Réponses : *1) d) ; 2) f) ; 3) b) ; 4) e) ; 5) a) ; 6) i) ; 7) j) ; 8) c) ; 9) g) ; 10) h) ; 11) k).*

4. Le style : la phrase

La bonne longueur

La préoccupation du style commence à partir d'un niveau satisfaisant de correction de la langue : orthographe, grammaire, syntaxe sont globalement maîtrisées. D'autres livres vous aideront, si nécessaire, à vous remettre à niveau dans ces domaines. Ici, notre effort va porter sur le confort, voire le plaisir du lecteur.

On dit toujours : faites des phrases courtes. Oui, bien sûr, c'est une manière d'éviter les fautes syntaxiques et d'avancer des idées simples, point par point. Le conseil vaut toujours, car on a tendance à faire des phrases trop longues et surtout mal construites.

Je nuancerais cependant en préférant cet avis : ne jamais laisser passer une occasion de couper une phrase. En effet, certaines phrases ne peuvent pas faire moins de deux lignes et ne sauraient être raccourcies sans en modifier le sens ou l'effet. La règle du plus court possible n'est donc pas absolue. À vous de reconnaître les phrases qui peuvent ou doivent être coupées (exercice 1), et la manière de les couper.

Une question de rythme

Je préfère parler de rythme. De même que dans un roman on trouve des phrases plus courtes dans l'action et plus longues dans la description, de même dans la dissertation, le commentaire, l'essai, etc., on alterne les passages développés et les rapides raccourcis. Le lecteur a besoin de cette respiration, votre raisonnement aussi : on fait le point, on approfondit, on fait le point, etc.

- **Texte 1**

« Les producteurs ont diversifié leurs risques en augmentant la variété de leurs produits. Si l'incertitude globale augmente, elle se trouve répartie sur un plus grand nombre de segments de marché déterminés de manière à équilibrer la demande totale, quelle que soit l'évolution des attentes fragmentaires. Lorsqu'on vend moins de grosses voitures, on en vend plus de moyennes. »

- **Texte 2**

« La description de la conscience passe par la distinction entre différents niveaux de conscience. S'il est évident que nous devons avoir une certaine conscience de l'emplacement d'un objet pour pouvoir le saisir, nous ne réalisons pas ce simple geste suite à de longs calculs de trajectoire, d'évaluation du poids de l'objet ou de notre force musculaire. Des mécanisme automatiques régissent un tel comportement. En revanche, les mécanismes mentaux qui nous permettent de raconter à des amis le film vu la veille et les impressions qu'il nous a laissées, impliquent un contrôle conscient… etc. »

Il est recommandé de s'entraîner à ce niveau de régulation plus fine du rythme des phrases (exercice 2).

La ponctuation

Il peut paraître curieux de trouver les points et les virgules au chapitre du « style ». Pourtant il est question de rythme et c'est la ponctuation qui donne le tempo.

La virgule, qui sépare les propositions dans la phrase, accroche les appositions en début ou en milieu de phrase, scande les listes, est une alliée précieuse et méconnue, parfois maltraitée.

On la trouve souvent placée en soutien excessif devant un « et » qui en principe n'en a pas besoin. Elle manque lorsqu'elle n'est pas là : sans virgule, certaines phrases paraissent indigestes et parfois, leur sens en devient incertain.

Les candidats négligent régulièrement certains secours de la ponctuation : les deux points forment une coupure qui ajoute une nuance démonstrative tout en épargnant un « donc » ou un « c'est pourquoi » ; les parenthèses ou les tirets longs permettent souvent d'éviter une proposition relative.

Exemples : « La politique monoculturaliste vise en effet à l'homogénéité culturelle par l'imposition d'une culture officielle (en premier lieu une langue nationale) s'affirmant comme la seule légitime : les autres cultures sont alors réduites dans le particularisme et la dépendance. »

« Les multinationales, comme tous les gros porteurs – fonds de pension, fonds d'investissement… – sont suspectes en raison de leur poids sur les marchés : elles sont régulièrement accusées d'avoir des effets déstabilisants sur les monnaies nationales. »

Le point-virgule est très peu employé, bien qu'il soit utile pour marquer une pause dans la phrase, sans interrompre un enchaînement d'idées. Mais il peut presque toujours être remplacé par un point.

Exemple : « En soi, le mouvement d'émancipation des femmes n'a pas favorisé la libéralisation des mœurs ; il était accompagné d'une diffusion des procédés contraceptifs qui, elle, fut un facteur déterminant de cette tendance. »

Quant aux points de suspension, ils sont la ponctuation préférée des candidats et la plus détestée des correcteurs. Tout simplement, l'abus de ce signe elliptique traduit plus souvent une limite du rédacteur que sa volonté de concision. Ils ne sont pas pour autant interdits :

Exemple : « Toujours est-il que les multinationales véhiculent l'image d'entreprises sans nationalité, indifférentes aux États désormais impuissants pour résister à leurs méfaits… Il y a deux versants dans ce type de discours : les États auraient trouvé leur maître ; ce maître serait un tyran impitoyable. »

Exercices d'entraînement

1. Coupez les phrases qui ont besoin de l'être en les modifiant de manière à faciliter leur lecture :

1) S'étant de plus en plus affranchi des normes de la religion, de la tutelle de l'État, du travail, de la famille, l'individu est désormais seul face à lui-même, mais il paye cette autonomie au prix fort car il est en fait déraciné, désocialisé et dans une perpétuelle et éprouvante quête de soi.

2) Les identités nationales se forgent à partir d'un beau récit historique qui plonge ses sources dans un lointain passé et raconte une épopée séculaire où apparaissent des héros nationaux, des épisodes glorieux, des traditions populaires, des paysages emblématiques.

3) L'Europe des États-nations, héritière d'une civilisation belliqueuse au Moyen Âge, fut capable de coloniser le monde, où elle exporta peu ou prou ses formes de gouvernement et son modèle guerrier, grâce à des innovations techniques appliquées à l'art militaire et à son organisation politique orientée vers le conflit.

4) La réflexion bioéthique provient des grandes avancées de la biologie comme la procréation artificielle, le génie génétique ou le clonage, découvertes scientifiques qui ont suscité des problèmes moraux en cascade et qui nous confrontent à des situations humaines inédites.

Réponses :

1) S'étant de plus en plus affranchi des normes de la religion, de la tutelle de l'État, du travail, de la famille, l'individu est désormais seul face à lui-même. Mais il paye cette autonomie au prix fort. En fait il est déraciné, désocialisé, dans une perpétuelle et éprouvante quête de soi.

2) Pas de changement.

3) L'Europe de États-nations était l'héritière d'une civilisation belliqueuse au Moyen Âge. Grâce à des innovations techniques appliquées à l'art militaire et à son organisation politique orientée vers le conflit, elle fut capable de coloniser le monde. Elle y exporta peu ou prou ses formes de gouvernement et son modèle guerrier.

4) La réflexion bioéthique provient des grandes avancées de la biologie – procréation artificielle, génie génétique, clonage – qui ont suscité des problèmes moraux en cascade. Ces découvertes scientifiques nous confrontent à des situations humaines inédites.

2. Transformez chacune de ces phrases longues en une phrase longue suivie d'une phrase courte :

1) Cette omniprésence de l'éthique exprime les interrogations d'une société dont les règles de conduite ne sont plus fixées par des repères idéologiques ou religieux, ou des autorités très affirmées, et laissent les individus seuls et parfois désemparés devant les choix de vie.

2) Tout comme l'électricité avait bouleversé la vie quotidienne et la production, l'informatique restructure profondément l'organisation du travail, les modes de formation, les télécommunications, les critères de performance, les procédés relationnels, la gestion du temps et des pans entiers de nos modes de vie, déclenchant une nouvelle révolution industrielle.

3) Avec l'automobile, l'agglomération occupe une surface de plusieurs milliers de kilomètres carrés, les constructions s'éparpillant loin du centre traditionnel, et la ville privilégie aujourd'hui la mobilité alors qu'hier, elle fonctionnait sur la proximité.

Réponses :

1) Cette omniprésence de l'éthique exprime les interrogations d'une société où les règles de conduite ne sont plus fixées par des repères idéologiques ou religieux, ou des autorités très affirmées. Les individus restent seuls et parfois désemparés devant les choix de vie.

2) Tout comme l'électricité avait bouleversé la vie quotidienne et la production, l'informatique restructure profondément l'organisation du travail, les modes de formation, les télécommunications, les critères de performance, les procédés relationnels, la gestion du temps et des pans entiers de nos modes de vie. Une nouvelle révolution industrielle est en cours.

3) Avec l'automobile, l'agglomération occupe une surface de plusieurs milliers de kilomètres carrés, les constructions s'éparpillant loin du centre traditionnel. Alors qu'hier, la ville fonctionnait sur la proximité, elle privilégie aujourd'hui la mobilité.

3. Placez la ponctuation pour redonner son sens à la phrase :

1) La mixité et l'égalité des sexes si elle est aujourd'hui pensée même diversement par le philosophe et le législateur a encore de grands progrès à faire dans les pratiques.

2) Qu'il s'agisse de laisser les singularités s'exprimer de préserver l'avenir ou de valoriser le passé des humains la reconnaissance des cultures populaires est une démarche citoyenne en ce qu'elle donne à la société l'occasion de s'enrichir par la diversité de se sécuriser et de donner un sens à son parcours.

3) Les soins palliatifs que pratiquent des associations des bénévoles et quelques médecins traquent la douleur rendant la mort plus belle plus douce.

Réponses :

1) La mixité et l'égalité des sexes, si elle est aujourd'hui pensée, même diversement, par le philosophe et le législateur, a encore de grands progrès à faire dans les pratiques.

2) Qu'il s'agisse de laisser les singularités s'exprimer, de préserver l'avenir ou de valoriser le passé des humains, la reconnaissance des cultures populaires est une démarche citoyenne en ce qu'elle donne à la société l'occasion de s'enrichir par la diversité, de se sécuriser et de donner un sens à son parcours.

3) Les soins palliatifs que pratiquent des associations, des bénévoles et quelques médecins traquent la douleur, rendant la mort plus belle, plus douce.

5. Le style : la légèreté

Le principe d'économie

Les premières mesures à prendre pour fluidifier la langue et rendre aérienne la phrase, c'est les débarrasser de tous les mots en excès :

– un seul adjectif par mot. Il vaut mieux écrire « une terre stérile » qu'une « terre pauvre et aride ». De plus on évite les risques de redondance : si deux conceptions du bonheur, par exemple, vous paraissent antagonistes et paradoxales, c'est déjà beaucoup – inutile d'ajouter qu'elles vous semblent opposées et contradictoires. Votre correcteur n'en serait ni étonné, ni surpris ;

– un seul adverbe par verbe (et même, par paragraphe ; moins on a d'adverbes, mieux se porte le style). Il n'est pas rare, chez les bons auteurs, de ne pas trouver plus d'un ou deux adverbes par page, un « vite » par ci, un « souvent » par là, c'est tout. À chaque fois qu'existe une autre solution, elle est préférée. À chaque fois qu'il n'est pas indispensable et « coulant de source », l'adverbe disparaît ;

– un seul mot (ou une seule formule) de liaison à la fois : bannir tous les « c'est donc pourquoi » et les « Alors c'est ainsi que » ;

– éviter la multiplication des « de » et « d' » : « Les directives du ministère disent de faire meilleur usage des peines de substitution hors des cas de récidive ».

La proposition relative

On ne peut pas se passer des propositions relatives. Mais il vaut mieux scinder une phrase en deux plutôt que de laisser deux pronoms relatifs s'y battre. Car dans la « relative », c'est le pronom qui gêne. Le « où » et le « dont » sont les plus discrets. Les « que » et « qui » sont déjà durs à l'oreille et mieux vaut éviter que deux d'entre eux ne voisinent. Quant aux relatifs composés (« desquels, auquel, de laquelle », etc.), c'est une calamité à n'employer qu'à défaut de toute autre solution.

Si nécessaire, on évite classiquement une proposition relative en la remplaçant par un verbe au participe présent ou à l'infinitif, ou par le substantif correspondant. Si l'on peut user de ces deux derniers modes sans retenue, le participe présent, quant à lui, devient rapidement indigeste lorsqu'on en abuse. C'est un remède parfois pire que le mal, à n'employer qu'avec discernement :

– « J'aimerais que le patient et son entourage participent à la décision. »

– « J'aimerais une participation du patient et de son entourage à la décision. »

– « J'aimerais voir le patient et son entourage participer à la décision. »

– « J'aimerais un patient et son entourage participant à la décision. »

La répétition

Défaut classique et pas si facile à éviter, la répétition est considérée comme le signe le plus visible d'un style relâché. La seule solution est d'avoir à sa disposition le vocabulaire et l'habileté pour enchaîner les équivalences.

Cependant la répétition n'est pas toujours évitable, notamment lorsqu'un terme n'a vraiment pas de synonyme et que c'est lui le sujet (voir « conscience », dans l'extrait page 54). Il arrive même que la répétition soit recherchée et utilisée comme moyen de transition autour d'un mot-clé : « … Nous sommes tous *de facto* des victimes de la vie réelle. Or ce statut de victime, que l'on soit victime de sa culture, de ses… » (J.-M. Longneaux).

Exercices d'entraînement

1. Proposez des solutions pour éviter les répétitions :

1) Naturellement, la diffusion des savoirs est conditionnée par différentes conditions.

2) Des personnes partageant des valeurs communes et capables d'agir pour la communauté.

3) Aujourd'hui, la multiplication des médias repose la question du pouvoir des médias face au pouvoir politique. S'agit-il d'un véritable pouvoir et si oui, est-il de même nature que les pouvoirs politiques ?

4) Les universitaires ont une solide tradition de collaboration qu'il serait bon de réinvestir dans l'entreprise, souvent déficitaire en échanges entre collaborateurs.

Réponses :

1) Naturellement, la diffusion des savoirs est assujettie à différentes conditions.

2) Des personnes partageant des valeurs communes et capables d'agir pour la collectivité.

3) Aujourd'hui, la multiplication des moyens d'information pose à nouveau la question du poids des médias face aux enjeux politiques. S'agit-il d'un véritable pouvoir et si oui, est-il de même nature que celui des autorités constitutionnelles ?

4) Les universitaires ont une solide tradition de coopération qu'il serait bon de réinvestir dans l'entreprise, souvent déficitaire en échanges entre collaborateurs.

6. Le style : la syntaxe

L'art du relief

Une bonne utilisation des différentes combinaisons que nous autorise la langue permet de donner du relief à nos propos. Trois procédés sont habituellement chargés de varier le ton et d'accrocher l'attention du lecteur.

L'inversion

Il est plus frappant de dire : « C'est en forgeant qu'on devient forgeron », que d'annoncer : « On devient forgeron en forgeant. »

Cette forme très usitée de mise en valeur d'une idée a pour seul inconvénient d'être pratiquement inséparable de la formule « c'est... que... » qui n'est pas un modèle de légèreté.

À chacun de juger, au cas par cas, du meilleur usage à en faire. En règle générale, un mot placé en exergue prend du relief et en donne à toute la phrase.

Exemple :

« Il semble qu'Internet entraîne paradoxalement une régression du droit alors qu'il crée une dimension sociale supplémentaire. »

Paradoxalement, il semble qu'Internet entraîne une régression du droit alors qu'il crée une dimension sociale supplémentaire.

– **La forme interrogative :** très fréquente dans les introductions des devoirs à la rubrique « formulez la problématique », la question disparaît ensuite, souvent complètement. C'est dommage car elle permet de capter l'attention du lecteur d'une manière à la fois efficace et légère. Elle donne l'occasion, en cours de devoir, de relancer le débat sur un nouveau point de l'argumentaire. De plus, c'est un procédé habile pour faire les transitions, en début ou en fin de partie.

Exemple :

« Faut-il croire les Cassandres qui voient dans tout nouveau système de communication une menace pour les libertés du citoyen, ou faut-il faire confiance à ces idéologues qui voient poindre l'aube d'une nouvelle civilisation communicationnelle ? En fait, les utopies communicationnelles font partie du processus naturel de développement du nouveau média. » (P. Flichy, CNET).

– **La forme négative :** de nombreuses phrases sont plus parlantes sous leur forme négative :

« Il n'y a pas corrélation entre facilité de communiquer et qualité des messages. » (Dominique Wolton, CNRS, *in* « Penser la communication »).

Cela donnerait, sous la forme affirmative :

« Facilité de communiquer et qualité des messages sont distinctes ».

Et on va retenir plus facilement :

« La hiérarchie intermédiaire n'a aucune raison de favoriser les échanges ».

Que : « La hiérarchie intermédiaire risque de freiner les échanges ».

Exercices d'entraînement

Améliorez ces passages, même si vous devez les remanier entièrement, mais sans en modifier le sens, en utilisant l'ensemble des ressources proposées dans ces pages de conseils sur le style (rythme, ponctuation, légèreté, mise en relief, répétitions évitées, etc.) :

1) En tant que tel, le mouvement de libération des femmes n'a pas favorisé la libération des mœurs, qui doit plutôt être attribuée à la diffusion des procédés contraceptifs qui l'a accompagné.

2) Même si notre constitution fait de la Ve République un régime à dominante présidentielle, faisant du président de la république le chef suprême des armées et de la diplomatie pour en faire le recours suprême en cas de danger pour la nation, lui qui est élu au suffrage universel, elle a prévu de nombreux dispositifs de contrôle pour limiter les risques d'abus ou au contraire, de déstabilisation.

3) Le manque de personnels à tous les niveaux, tant parmi les procureurs que parmi les juges, pousse les tribunaux à envoyer de plus en plus de monde en prison et à délaisser les autres sanctions avec mesures d'accompagnement, formations, etc., desquelles on sait pourtant que l'on peut attendre beaucoup plus en matière de réinsertion…

4) Née hors de France, l'école lui impose une culture qui n'est pas la sienne.

5) Je veux parler des différents pays où les ONG et les différentes institutions internationales (Onu, Otan, etc.) y maintiennent un semblant de présence occidentale, à la fois culturelle et humanitaire, et dont les banques et les organismes régulateurs de l'économie mondiale n'ont pas fini d'en ajourner la remise de leur dette.

Réponses :

1) Ce n'est pas, en soi, le mouvement d'émancipation des femmes qui a favorisé la libéralisation des mœurs, mais plutôt la diffusion des procédés contraceptifs qui l'a accompagné.

2) Certes, la Ve République est un régime à dominante présidentielle : le chef de l'État est à la fois l'autorité suprême des forces armées et le responsable de la politique étrangère. Il est ainsi l'ultime recours en cas de danger pour la nation, dont il est le représentant élu au suffrage universel. Mais la Constitution française a prévu de nombreux dispositifs pour limiter les risques d'abus ou de déstabilisation.

3) La pénurie de magistrats cause une dérive carcérale des jugements et un sous-emploi des peines de substitution, que l'on sait pourtant beaucoup plus prometteuses en matière de réinsertion.

4) Elle est née hors de France : l'école lui impose une culture qui n'est pas la sienne.

5) Je veux parler des différents pays où les ONG et les diverses institutions internationales (Onu, Otan, etc.) maintiennent un semblant de présence occidentale, à la fois culturelle et humanitaire. Sans fin, ils voient les banques et les organismes régulateurs de l'économie mondiale ajourner la remise de leur dette.

3. Entraînements à l'épreuve de résumé

Texte 1

Résumez le texte en 200 mots (+ ou – 10 %)

Alors bon, en reléguant le « par cœur », on a aussi relégué – parce qu'elle n'avait aucun résultat immédiat – la récitation traditionnelle de textes. La « récitation » : fables, monologues, extraits de pièces, poèmes… Elle est très vite apparue comme un exercice vieillot destiné à orner l'esprit tout en formant le sens civique des écoliers de la IIIe République, et progressivement, sans le dire tout à fait, au bon gré et au bon cœur de chacun, elle est finalement tombée en désuétude à peu près entièrement. À mon avis c'est une erreur considérable, car c'est priver le jeune individu d'une partie importante de ce bain de langue qui permet l'assimilation intuitive, l'osmose des termes, des structures, du rythme, de tout ce qui fait la vie d'une langue. On a supprimé ce qui est peut-être le plus important relais de la transmission orale. On l'a abandonné au moment même où l'on aurait dû le renforcer beaucoup pour compenser les pertes « en rabâchage » occasionnées par les méthodes de lecture analytique – lesquelles auraient sans doute donné alors toute leur efficacité… et entière satisfaction. Cela dit, étant donné le manque de réflexion chronique dont les responsables de l'éducation font preuve au sujet de la langue à enseigner, tant qu'on n'a pas épuré le mythe, le grand mythe de la langue française qui dévore nos petits enfants, génération après génération, il vaut peut-être mieux que l'on ne fasse plus de récitation de textes (sous une forme qui peut être tout à fait rajeunie !) est un des puissants remèdes que l'on puisse appliquer aujourd'hui à la crise de l'enseignement du français – et persuadé aussi que c'est le remède le plus dangereux à manier. Tant qu'on n'aura pas commencé à répondre à la question : « Quelle langue enseigner ? », il vaut mieux, et de loin, ne rien réciter.

Un autre des exercices ultraclassiques que l'on s'est mis à négliger sans en connaître, heureusement, la véritable portée, c'est la dictée. La dictée n'a jamais eu, contrairement à ce qu'on pense, un intérêt bien considérable pour l'apprentissage de l'orthographe… Et encore il faut distinguer entre la dictée vraiment enseignante, expliquée tout du long, et la dictée dite « de contrôle », la plus pratiquée, celle où l'on comptait les fautes à la fin, et les points – et qui ne servait à rien ! Au moins en ce qui concerne la graphie de la langue, car elle avait un rôle très important en revanche – je dis bien en revanche, car c'en est une ! –, un rôle généralement incompris et peu soupçonné : insuffler dans l'inconscient des gosses une dose de langue française qui l'alimentait d'une manière des plus subtiles et des plus efficaces, parce que détournée. Ces textes d'une dizaine de lignes, choisis pour la plupart du temps dans des phrases longues de la littérature pour donner une meilleure prise à l'analyse logique qui suivait, étaient d'abord lus lentement dans une sorte d'attention sacrée, rituelle, où chaque auditeur essayait de détailler les mots et les tournures, et de se faire une première idée des difficultés à venir. On vous le faisait ensuite au détail : chaque phrase lue et relue séparément, articulée à l'extrême des possibilités et même un peu au-delà, chaque membre de la phrase soigneusement répété, cinq ou six fois, toujours dans le silence, la tension la plus recueillie, pendant que tous les mots étaient mimés par toutes les glottes des récepteurs à porte-plume, repassaient muettement par les langues, les dents, et les voiles du palais… Ainsi, jusqu'au bout, puis *da capo*, on vous rechantait tout le morceau jusqu'à la signature, qui était, inscrite respectueusement au tableau. À la fin de la demi-heure, un être normalement constitué connaissait le texte absolument par cœur. Gratuitement et en prime. C'était mon cas, je m'en souviens très bien, quand j'étais môme ; certaines dictées me restaient plusieurs jours dans l'oreille, du moins des phrases entières. Eh bien, cette cérémonie constituait une phase privilégiée de l'apprentissage de la langue : la demi-heure technique d'assimilation involontaire d'autant plus géniale que l'attention consciente n'était justement pas portée sur la langue elle-même, mais détournée sur un objet parallèle : l'orthographe. Ca n'aurait sûrement pas marché aussi bien si l'acquisition avait été la règle du jeu – et si elle avait compté dans la sanction finale que savent mettre les pédagogues à tout ce qu'ils font. Là, c'était merveilleusement gratuit, mesdames et messieurs ! Le petit tour de cirque clandestin pour le plus grand amusement des enfants sages !... J'ai connu plusieurs témoignages d'élèves du secondaire qui m'assuraient avoir appris le français dans les dictées des classes primaires – ce qu'ils en savaient. Là aussi se pose le problème fondamental du choix de la langue, évidemment. Il est peut-être heureux que ces exercices qui portaient uniquement, en principe, sur l'écriture interminablement cicéronienne pour la plus grande joie des accords subtils soient provisoirement passés à l'as.

Ces réflexions faites, je me demande sincèrement où l'écolier d'aujourd'hui pourrait bien avoir attrapé la langue qu'on lui reproche si fort de ne pas avoir ?... Il est muni d'une forme de lecture distanciée – bientôt carrément « rapide » par les soins des disciples de Foucambert – qui glisse sur le texte pour recueillir l'information mais ne l'accroche pas : il pourra se taper des bibliothèques entières sans rien acquérir du tout... Quant à la langue, je veux dire : bien sûr il saura le contenu des bibliothèques, mais toujours incapable, lui, d'écrire trois lignes. Il n'a plus l'aliment des textes récités par cœur, ou très rarement, ni le serinage langagier de la dictée redoutée... Il est donc privé d'à peu près tous les moyens d'intégration possible des rythmes et des structures du français « classique » – où diable il pourrait les dégoter ? Où est-ce qu'il pourrait rencontrer cette langue ?... Et c'est encore lui, l'infortuné (pour dire les choses joliment), qui se fait agonir ! On l'abreuve de reproches, l'indigne ! On le traite de bon à rien, de paresseux... Mais à voir ça de près, on devrait le consoler, lui présenter nos excuses, c'est pas une boutade – les gosses prennent leur langue à la télé, maintenant. Ils jouent énormément avec les slogans publicitaires, par exemple – sans les prendre au sérieux, au contraire avec toute la finesse et la distance voulues. Et même lorsqu'ils font acheter des choses à leurs parents, c'est plutôt parce que ça crée une connivence entre eux, un lien... La pub sert de comptine.

Claude DUNETON, *À hurler le soir au fond des collèges : l'enseignement de la langue française*, Éditions du Seuil, 1985.

Corrigé

Prise de notes et plan

1. Disparition de la récitation

– Erreur car : bain de langue, assimilation, osmose = vie d'une langue
– Imprégnation
– Incompétence de l'Éducation nationale
– Récitation = remède très dangereux à manier
– Il vaut encore mieux ne rien réciter

2. Abandon de la dictée

– Deux sortes de dictées : enseignante et de contrôle
– Rôle insoupçonné

– Insuffler dans l'inconscient la langue française
– Dictée favorable à la mémorisation
– Phase privilégiée de l'apprentissage de la langue car involontaire
– Il est heureux qu'elle ait disparu

3. Question

– Dans ces conditions, où apprendre le français ?
– La lecture est superficielle, elle n'apporte pas la maîtrise de la langue
– Enfant privé du par cœur et des dictées
– Enfant pas responsable, personne ne lui apprend ce qu'il doit savoir !
– Tout ce qu'il sait, c'est à travers les médias, la pub !

Proposition de résumé (218 mots)

Langue française, où es-tu ?

Sous prétexte qu'elle ne servait à rien, on a supprimé la récitation et c'est bien dommage car grâce à elle, le jeune enfant s'imprégnait de sa langue à travers de beaux textes. Je trouve cette décision déplorable au moment où l'apprentissage de la lecture ne se fait plus en répétant les mots. Tant que ces messieurs de l'Éducation nationale ne modifieront pas leur façon de penser, il vaut encore mieux abandonner cet exercice même s'il reste la meilleure façon de remédier à la crise de l'enseignement du français.

On a délaissé aussi la dictée et c'est fâcheux aussi dans la mesure où, inconsciemment, l'élève baignait dans sa langue. Ces phrases répétées maintes fois s'imprégnaient dans tous les cerveaux et malgré eux, comme je peux en témoigner avec d'autres. La dictée, donc, mieux vaut encore la voir disparaître que subsister dans une langue inappropriée !

Dans ces conditions, que reste-t-il à l'enfant pour apprendre sa langue ? Il lit si superficiellement qu'il n'apprend pas à maîtriser l'expression écrite. Finalement, privé du « par cœur » et de dictées, l'enfant ne possède plus sa langue, et ce n'est pas de sa faute ! Tout ce qu'il en connaît, il l'apprend par les médias et la publicité, même s'il sait que ce n'est pas sérieux, comme les comptines !

Texte 2

Résumez ce texte en 200 mots (+ ou – 10 %)

Tatouages, piercings : rite personnel de passage ?

Dans une sociétés d'individus, la collectivité d'appartenance ne fournit plus que de manière allusive les modèles ou les valeurs de l'action. Le sujet lui-même est le maître d'œuvre qui décide de l'orientation de son existence. Le monde, dès lors, est moins l'héritage incontestable de la parole des aînés ou des usages traditionnels qu'un ensemble disponible à sa souveraineté personnelle moyennant le respect de certaines règles. La signification de l'existence est une décision propre de l'individu et non plus une évidence culturelle. La relation au corps relève moins de l'évidence de l'identité à soi qu'à celle désormais d'un objet à mettre en avant dans la représentation. Le sceau de la maîtrise est le paradigme de la relation au corps propre dans le contexte contemporain. Le désinvestissement des systèmes sociaux de sens conduit les individus à se centrer davantage sur eux-mêmes. Le repli sur le corps, l'apparence, les affects, est un moyen de réduire l'incertitude en cherchant des limites symboliques au plus proche de soi. Il ne reste plus que le corps auquel l'individu puisse croire et se rattacher. L'intérêt du sujet et un effort constant d'extériorité, il se réduit à se mettre hors de soi pour devenir soi. Plus que jamais, pour reprendre Paul Valéry, « le plus profond, c'est la peau. »

Dans le courant des années soixante-dix, à Londres, puis dans la société britannique, les punks, dans une volonté de dérision des conventions d'apparence physique et vestimentaires, s'inscrivent dans une forme de dissidence ostentatoire, ils se transpercent le corps d'épingles, s'accrochent des croix gammées, des symboles religieux, toutes sortes d'objets hétéroclites à même la peau. Le corps est brûlé, mutilé, percé, tailladé, tatoué, entravé. La haine du social se renverse en une haine du corps qui symbolise justement le rapport obligé à autrui. À l'inverse d'une affirmation esthétique il importe plutôt d'instaurer une provocation permanente aux normes d'apparence et à l'implicite social du respect de l'intégrité du corps. Le corps est une surface de projection dont l'altération dérisoire témoigne du refus social des conditions d'existence. La culture punk entre cependant dans le circuit de la consommation, détournée, transformée en style. Les marques corporelles changent radicalement de statut, happées par la mode, le sport, la culture naissante et multiple des jeunes générations, elles se diversifient également dans une quête de singularité personnelle : tatouage, piercing, branding (dessin ou signe inscrit sur la peau au fer rouge ou laser), scarification, lacération, fabrication de cicatrices en relief, stretching (agrandissement des trous du piercing), implants sous-cutanés, etc.

Le tatouage est un signe visible inscrit à même la peau grâce à l'injection d'une matière colorée dans le derme. À la différence du maquillage, éphémère, à connotation plutôt féminine, et destiné au visage, il est définitif, touche hommes et femmes, et porte essentiellement sur l'ensemble du corps (épaules, bras, poitrine, dos, cuisses, etc.), plus rarement sur le visage. Un profond changement de statut s'effectue alors en quelques années par un renversement radical de leur ancienne signification sociale. Longtemps le tatouage est associé à « primitivité ». Pour Lombroso ou Lacassagne, au tournant du siècle, les individus tatoués sont des « sauvages », c'est-à-dire de moindres hommes, peu civilisés, et enclins à toutes les formes de délinquance. Barbares d'ici ou d'ailleurs, ils choisiraient eux-mêmes de signifier leur infamie par ce dessin tégumentaire traduisant leur dissidence face aux valeurs posées comme étant celles de la civilisation. Un tissu de préjugés assombrit longtemps l'ensemble des recherches sur ce sujet. Double méconnaissance, celle de la signification culturelle des marques corporelles dans les sociétés traditionnelles, celle de la signification intime de la trace tégumentaire dans les milieux populaires ; et double mépris : sentiment de la supériorité de la civilisation « blanche », porteuse de « progrès », et effroi devant les classes laborieuses perçues comme dangereuses. Aujourd'hui, le tatouage sort de sa clandestinité et s'éloigne de la mauvaise image qui a longtemps été la sienne ; les jeunes le valorisent à l'extrême, et les autres classes d'âge revoient leurs anciens préjugés ; il s'assouplit puisque des kits de tatouage provisoire font leur apparition dans le commerce. L'engouement pour les marques corporelles investit l'ensemble de nos sociétés et en particulier, avec le piercing, les jeunes générations.

Les piercings s'effectuent sur différents points des oreilles, du nez, des lèvres, de la langue, sur les mamelons, le nombril, les organes génitaux masculins ou féminins. Ces derniers piercings sont souvent liés à une volonté d'intensifier les relations sexuelles en se procurant des sensations nouvelles. L'intention est couramment revendiquée. Même sans stimulation particulière d'ailleurs, les organes ainsi marqués sont souvent ressentis de manière intense par ceux qui portent des bijoux. Ils sont les lieux intimes d'un élargissement de la sensation et de la jouissance de soi. Les marques corporelles connaissent un succès grandissant associé à l'idée implicite que le corps est un objet malléable, une forme provisoire, toujours remaniable, de la présence fractale à soi. Elles échappent aux lieux marginaux du sado-masochisme, du fétichisme ou du punk, absorbées par ce qu'il est convenu de nommer « les tribus urbaines » (punk, hard rock, techno, grunge, bikers, gays, etc.) et se propagent à l'ensemble de la société par l'intermédiaire de la haute couture notamment les mannequins de Gaultier, avec une prédilection pour les jeunes générations qui grandissent dans l'ambiance intellectuelle d'un corps inachevé et imparfait dont l'individu doit compléter la forme avec son style propre. Les studios de tatouage et de piercing se multiplient et accentuent la demande. Dans de nombreuses sociétés humaines, les marques corporelles sont associées à des rites de passage à différents moments de l'existence ou bien elles sont liées à des significations précises au sein de la communauté. Le tatouage a ainsi une valeur identitaire, il dit au cœur même de la chair l'appartenance du sujet au groupe, à une système social, il précise les allégeances religieuses, il humanise en quelque sorte à travers cette mainmise culturelle dont la valeur redouble celle de la nominalisation. Au sein de certaines sociétés, la lecture du tatouage renseigne, sur l'inscription de l'homme dans une lignée, un clan, une classe d'âge ; il indique un statut et affermit l'alliance. Impossible de se fondre dans le groupe sans ce travail d'intégration que les signes cutanés impriment dans la chair. Dans nos sociétés contemporaines, si la valeur d'intégration à un groupe n'est pas négligeable, elle est rarement recherchée d'emblée, elle est plutôt une conséquence de la décision que son point de départ, et certains jeunes se disent même assez indifférents aux autres tatoués ou percés. Nous ne sommes pas dans des sociétés du « nous autres », mais du « moi personnellement, je ». Le jeune se met symboliquement au monde et choisit de lui-même son groupe d'appartenance. Les marques corporelles sont un code d'appartenance informel, parfois un mode de reconnaissance pour établir une connivence, mais ce n'est pas toujours le cas.

À l'inverse des sociétés traditionnelles, où les valeurs symboliques des marques corporelles priment sur toute autre signification, dans nos sociétés contemporaines leur dimension esthétique compte d'abord, même si parfois le souci de leur signification d'origine est simplifié pour entrer dans un autre contexte social et culturel. Les rites traditionnels sont folklorisés, ils se transforment en signes indifférents à leur contenu original. Seule importe leur valeur de représentation pour nos sociétés occidentales contemporaines. Les marques corporelles entrent dans un syncrétisme radical. Ce n'est pas dénier la signification personnelle d'un tatouage « maori » d'un jeune de Strasbourg ou de Londres que de penser que son tatouage est loin de la signification qu'il a eue pour les Maoris. Les signes passent d'un monde à l'autre, ils se métissent. La filiation relève d'un imaginaire puissant pour l'individu. Cela seul importe. Mais pour le sociologue le masque dogon qui émerveille les visiteurs parisiens du musée de l'Homme n'est plus celui qui accueillait les génies.

Les signes flottent et passent d'une « tribu urbaine » à une autre ou se donnent comme pure esthétique paradoxale chez des individus qui aiment leurs formes et se les approprient sans souci de l'origine, détournant une nouvelle fois des marques déjà elles-mêmes venues d'un autre contexte social et culturel. Ce sont des tatouages bio-mécaniques dessinant une technicisation métaphorique du corps (circuits électroniques, puces, machines cybernétiques, formes géométriques), des monstres issus de la cyberculture et notamment des jeux vidéo ; ou encore des animaux, des symboles, etc. À vrai dire les seules limites sont celles de l'imagination puisque nombre de clients des boutiques de tatouage proposent leurs propres dessins. Souvent les styles se mêlent, le tribal et le bio-mécanique, par exemple, puisque toutes les variations sont possibles, les signes s'échangeant pour le plaisir. Le signe tégumentaire est désormais une manière d'écrire dans la chair des moments clés de l'existence : une relation amoureuse, une connivence amicale ou politique sous une forme ostentatoire ou discrète dans la mesure où sa signification reste souvent énigmatique aux yeux des autres et le lieu plus ou moins accessible à leur regard dans la vie courante. Il est mémoire d'un événement fort, du franchissement personnel d'un passage dans l'existence dont l'individu entend garder la trace. Une revendication identitaire faisant du corps une écriture à l'adresse des autres, une forme de protection symbolique contre l'adversité, une surface protectrice contre l'incertitude du monde. La marque tégumentaire ou le bijou du piercing sont aussi des modes d'affiliation à une communauté flottante avec souvent une complicité qui s'établit d'emblée entre ceux qui les partagent. Ils s'inscrivent aussi comme attributs d'un style plus large marquant l'adhésion à une communauté urbaine particulière. Rite personnel pour se changer soi en changeant la forme de son corps. L'individu bricole avec les références, les traditions et construit un syncrétisme qui s'ignore, l'expérience de la marque devient alors une expérience spirituelle, un rite intime de passage.

D'autant que la marque corporelle est souvent vécue comme une prise d'autonomie à l'égard des parents, une manière symbolique de prendre possession de soi à travers la marque sur le corps. Le corps légué par les parents est à modifier. Et nombre de jeunes disent leur crainte de la réaction de leurs parents. Ils attendent avec anxiété un jugement à leur propos dont ils pressentent la négativité. En fait ce sont souvent des retrouvailles, l'occasion pour le jeune de comprendre qu'il est reconnu sans ambiguïté par ses parents. Une jeune femme d'origine portugaise nous a dit son appréhension que ses parents ne la considèrent désormais comme une fille perdue après son tatouage. Au contraire, leur étonnement passé, de longues discussions se sont installées autour de ce prétexte. Et paradoxalement, quelques années plus tard, c'est son père qui lui montre fièrement le tatouage qu'il vient de faire exécuter.

Les marques corporelles impliquent également une volonté d'attirer le regard, de fabriquer une esthétique de la présence, même si le jeu demeure possible selon les lieux d'inscription, qu'elles soient en permanence sous le regard des autres ou seulement de ceux dont on recherche la complicité. Elles demeurent sous l'initiative de l'individu et incarnent alors un espace de sacralité dans la représentation de soi. La surface cutanée rayonne d'une aura particulière. Elle ajoute un supplément de sens et de jeu à la vie personnelle. Elle est souvent vécue comme la réappropriation d'un corps et d'un monde qui échappent, on y inscrit physiquement sa trace d'être, on prend possession de soi, on inscrit une limite, un signe qui restitue au sujet le sentiment de sa souveraineté personnelle.

La marque est une limite symbolique dessinée sur la peau, elle fixe une butée dans la recherche de signification et d'identité. Elle est une sorte de signature de soi par laquelle l'individu s'affirme dans une identité choisie. De manière significative la tatouage en prison traduit une résistance personnelle à l'effacement de l'identité induite par l'incarcération qui livre le temps et le corps à l'investigation permanente des gardiens. Pour le détenu, il symbolise une dissidence intérieure en soulignant que la perte d'autonomie est provisoire, que le corps demeure une possession propre et inaliénable, la marque ne peut lui être soustraite. À défaut d'exercer un contrôle sur son existence, le corps est un objet à portée de main sur lequel la souveraineté personnelle est presque sans entraves. Le stigmate symbolisait l'aliénation à l'autre dans la société grecque antique, aujourd'hui, à l'inverse, la marque corporelle affiche l'appartenance à soi. Elle traduit la nécessité de compléter par une initiative personnelle un corps insuffisant en lui-même à incarner l'identité personnelle.

David Le Breton, professeur de sociologie à l'université de Strasbourg II
Cultures en mouvement, n° 29, juillet-août 2000.

Corrigé

Tatouages, piercings : rite personnel de passage ? (217 mots)

Aujourd'hui où la société ne propose plus de modèle bien défini, chacun adopte l'apparence qu'il veut et fait de son corps la vitrine de sa personnalité.

Il y a trente ans, les punks se moquaient du conformisme et jouaient les provocateurs. En couvrant leur corps de signes plus ou moins symboliques, c'est la société qu'ils rejettent. Mais leur mouvement va se développer car chacun y trouve un moyen de se singulariser. Le tatouage n'est plus le signe distinctif bizarre des sauvages ni la marque des marginaux, il est entré dans les mœurs et n'effraie plus.

Si dans certaines communautés le sujet revendique sa place au sein du groupe par un tatouage rituel, c'est plutôt une complicité qui s'installe entre tatoués et percés et le côté esthétique l'emporte sur la symbolique.

On choisit de se faire tatouer pour garder la trace d'un événement qu'on veut ancrer sur soi mais aussi pour devenir un autre. C'est ainsi que les adolescents s'approprient leur corps, prêts même à affronter la réaction des parents. Si ceux qui ont recours au piercing avouent rechercher des sensations plus fortes, ces derniers comme les tatoués veulent aussi se faire remarquer.

Enfin le tatouage est un sceau personnel qui certifie notre existence et qui prouve que notre corps, même privé de liberté, reste notre possession.

Texte 3

Résumez ce texte en 200 mots (+ ou – 10 %)

Violence à la télévision : l'impact sur les enfants

Placés devant cette boîte à images qui fait trop souvent office de baby-sitter et qui les influence dès leur plus jeune âge, les enfants – petits ou grands – n'ont pas vraiment le choix. Ils se conforment au choix de leurs parents ou absorbent les programmes destinés à ces derniers. « S'il est un public qui n'a guère d'autonomie et de distance, c'est bien celui des enfants qui, plus que tout autre, regarde ce qu'on lui propose. » écrit le sociologue Dominique Wolton. Leur fragilité émotionnelle en fait des téléspectateurs vulnérables.

D'autant qu'ils entrent facilement en état de dépendance vis-à-vis du petit écran. Très vite, en effet, s'instaurent au foyer des « habitudes cathodiques » d'autant plus tenaces qu'elles sont sécurisantes. Le soir, la famille dîne en regardant la télé, le matin, les petits se laissent habiller en regardant le poste… Il faut rappeler que, dans les pays industrialisés, la télévision est, par ordre d'achat, le deuxième équipement domestique des foyers (derrière le réfrigérateur). Intégrée au rythme de vie de la famille, elle crée une accoutumance, surtout pour un jeune. La violence qu'elle véhicule est dès lors quasiment inévitable, quelles que soient l'heure ou la chaîne. Même dans des émissions conçues spécialement pour les enfants.

Bref aperçu de ce qui se fait de pire en matière de dessin animé : deux catcheurs luttent dans une arène. Brusquement, l'un des deux projette l'autre avec force contre un mur et l'écrabouille. Le vainqueur s'approche de son adversaire, trempe les mains dans son sang et les porte à ses lèvres. « Je bois à la vie », déclare-t-il à la foule en liesse ; qui l'acclame en faisant le salut nazi.

Voici ce qu'ont regardé plusieurs centaines de milliers d'enfants un mercredi matin de l'année 1991. Par la suite, le Conseil supérieur de l'audiovisuel (CSA) demanda à cette chaîne d'arrêter la diffusion de « *Muscleman* ». La chaîne a obtempéré et a diminué le nombres d'heures de dessins animés d'origine asiatique, sans pour autant les supprimer de ses grilles de programmation. « Leur diffusion, dans les créneaux horaires destinés au jeune public, pose toujours le même type de problème », écrit le CSA dans son rapport annuel de 1992. « Leur contenu n'est en effet pas adapté à ce public : il est pour eux souvent incompréhensible, quand il n'est pas malsain. La violence physique et psychologique qui caractérise les comportements des héros de la plupart de ces dessins animés ne peut que troubler le jeune public. »

Ce ne sont pourtant pas les dessins animés qui effraient le plus les enfants. Certains chercheurs ont évalué l'impact émotionnel sur des jeunes téléspectateurs à partir de la mesure de leur transpiration cutanée. Ils ont projeté à un groupe d'enfants de 4 à 5 ans plusieurs extraits de films et dessins animés neutres ou violents. Les enfants ont réagi davantage aux extraits violents filmés impliquant des personnages humains. L'expérience montre qu'ils sont également plus sensibles à la véracité des événements traités.

Si l'on projette la même séquence violente à deux groupes d'enfants, en la présentant comme un reportage d'actualité au premier groupe et comme un extrait de film aux seconds, c'est dans le premier groupe que l'extrait suscite le plus d'attention et produit l'impact le plus grand. Plus crédible dans le premier cas, la violence est perçue avec plus de réalisme et intégrée avec plus d'intensité au comportement.

« L'exhibition complaisante de la violence peut conduire à sa banalisation. Les spectateurs de tout âge tendent à s'insensibiliser peu à peu. L'agressivité est alors perçue comme un comportement normal. On s'habitue à côtoyer la violence, voire à la légitimer. »

Danger plus profond énoncé par la psychologue Liliane Lurçat, ancien chercheur au CNRS : en empiétant sur le temps de loisirs et de rêverie, la télévision perturbe le développement de l'imaginaire chez l'enfant. Un enfant qui joue recourt à ses propres représentations mentales. Lorsque ses jeux se rapportent à des émissions de télévision, l'enfant n'est plus auteur de ses pensées, il interprète les pensées des autres. De plus, avec l'apparition d'émissions de télévision-vérité, dites « *reality-shows* », qui mêlent témoignages et reconstitution, les limites entre l'imaginaire et le réel sont de moins en moins faciles à cerner ; l'enfant court d'autant plus le risque d'évoluer dans un univers irrationnel. La télévision engendre une confusion entre fiction et réalité, à l'âge où se fait naturellement cette discrimination. Un phénomène qui induit une « déréalisation ».

De fait, des psychiatres américains pensent que les enfants deviennent assassins parce qu'ils ont perdu le contact avec la réalité. Si leurs parents n'assument pas leur rôle, ils vivent dans un monde fictif, inventant des histoires qui servent d'exutoire à un trop-plein de violence. La mort n'est plus qu'un incident dans leur scénario.

En France, les avis sont plus partagés, ou tout au moins plus nuancés. Sociologue et psychiatre, Bernard Zeiller a mené pendant plusieurs années une recherche sur les enfants et les adolescents criminels. « Nous avons examiné les dossiers des infractions criminelles commises par des mineurs, jugés par les tribunaux du ressort de la cour d'appel de Paris en 1984 et 1985. Sur 106 dossiers, on ne dénombre que sept homicides volontaires. Chez ces jeunes criminels, nous avons surtout observé un dysfonctionnement familial : un problème relationnel grave, une carence affective », rapporte Zeiller, chercheur à l'Inserm. « Pour moi, des causes socio-économiques comme la montée du chômage ou l'éclatement des foyers, ont dans cette criminalité une part de responsabilité plus grande que la télévision. Il est possible que, chez des enfants fragilisés, celle-ci agisse comme facteur amplificateur. Mais cela reste une hypothèse. Quant à sa responsabilité dans la délinquance juvénile en tant que facteur associé, elle est probable. »

Extrait de « Violence à la télévision : l'impact sur les enfants »,
par Isabelle BOURDIAL, *Science et Vie*, n° 917, février 1994.

Corrigé

Travail de préparation

À la première lecture, on note :

– le sens général : la trop grande place prise par la télévision dans la vie quotidienne des enfants et l'impact qu'elle peut avoir sur leur développement.

À la deuxième lecture, on note les idées essentielles :

– tout petits, les enfants sont placés devant la télévision ; ils ne choisissent pas de regarder ce qu'ils voient, alors qu'ils sont les plus fragiles sur le plan émotionnel ;

– regarder la télévision à longueur de journée devient vite une habitude et crée une accoutumance surtout chez les jeunes ; c'est ainsi qu'ils subissent des scènes de violences diffusées à toute heure et dans n'importe quelle émission, même celles pour enfants ! ;

– des dessins animés particulièrement violents et crus ont été censurés par le CSA mais la chaîne incriminée s'est contentée de diminuer la cadence de diffusion de ces programmes que les jeunes ne comprennent pas toujours et dont les héros se comportent violemment et bizarrement ;

– des expériences ont prouvé que les films violents avec de vrais personnages impressionnaient plus les enfants que les personnages fictifs des dessins animés, moins crédibles. On pense aussi qu'à force de voir de la violence, on s'y habitue et on la trouve normale ;

– un autre inconvénient majeur de la télévision, c'est que le temps passé devant le petit écran est pris sur le temps où l'enfant pourrait rêver et laisser aller sa propre imagination. S'il parodie les personnages de ses dessins animés préférés, l'enfant ne pense pas par lui-même, il s'identifie à son héros et réagit comme lui. De plus, certaines émissions ne permettent pas de faire la part entre le réel et l'imaginaire à l'âge où l'enfant fait normalement cette différence ;

– en fait, aux États-Unis, les psychiatres pensent que les enfants qui deviennent des assassins ne considèrent pas la mort comme une réalité ; pour eux, elle n'est qu'un accident de parcours dans un film ;

– en France, un chercheur a constaté que les jeunes assassins ont souvent connu de mauvais climats familiaux et souffrent d'un manque affectif. Pour lui, la société avec le chômage et le divorce, est plus responsable que la télévision. Chez les enfants fragilisés par ces problèmes, la télévision joue peut-être un rôle de catalyseur mais rien n'est sûr. Son rôle est plus certain dans la délinquance juvénile.

Le plan

– Introduction : on présente les jeunes enfants comme des victimes de la télévision vis-à-vis de laquelle ils deviennent rapidement dépendants.

– **1er §** : les scènes violentes sont partout ; les héros se comportent bizarrement et ne sont pas toujours compris par le public. Les scènes violentes réelles troublent les enfants plus que les fictions. À force de voir de la violence, les enfants peuvent ne plus en être choqués.

– **2e §** : le plus grave, c'est que les enfants perdent un temps précieux devant le petit écran et ils n'ont plus le temps de rêver. Quand ils jouent, ils parodient les gestes, les actions et les paroles de leurs héros.

– **3e §** : influence de la télévision sur la délinquance et à un moindre niveau sur les meurtres perpétrés par des enfants.

Proposition de résumé (203 mots)

Tout petits et à l'âge où ils sont les plus fragiles, les enfants sont installés devant la télévision.

Ils ne choisissent pas leurs programmes et le petit écran devient vite le pôle d'attraction chez les plus jeunes qui bientôt ne peuvent plus s'en passer. Ils subissent ainsi des scènes de violences diffusées partout, même dans des dessins animés où les héros ont des comportements complètement bizarres que les enfants ne comprennent pas toujours. Cependant les expériences ont prouvé que les enfants sont plus impressionnés par de vrais personnages qui correspondent à la réalité que par des héros de fictions. Néanmoins l'agressivité devient peu à peu habituelle et ne choque plus.

Mais le risque le plus important que présente la télévision, c'est de priver l'enfant de temps pour rêver et laisser déborder son imagination. En effet, quand il s'identifie à ses héros, il adopte leurs réactions car il ne sait pas faire la part du réel et de l'imaginaire.

En fait, s'il est reconnu que la télévision a une part de responsabilité dans la délinquance juvénile, certains chercheurs pensent que les enfants assassins ne vivent pas dans la fiction, tandis que d'autres mettent en cause un mauvais climat familial et un manque d'affection certain.

Texte 4

Résumez en 200 mots ce texte de Bruno Bettelheim (+ ou – 10 %)

La lecture et l'enfant

De nombreuses observations ont prouvé que quand l'enfant panique en liaison avec une faute de lecture, il le fait instantanément, de telle sorte qu'il est difficile de savoir si la panique précède la faute ou inversement ; mais lorsque les éducateurs se rendent compte de la panique, ils sont persuadés qu'elle est la conséquence et non la cause de l'erreur.

Il serait intéressant d'étudier pourquoi les éducateurs sont si disposés à croire que les fautes de lecture déclenchent une panique chez l'enfant. Si ce dernier redoute des conséquences désagréables, celles-ci ne peuvent venir que de la réaction du maître… mais alors l'angoisse ne vient pas de la faute elle-même ; autrement dit, l'origine de l'angoisse se situe du côté du maître et non du côté de la faute. On comprend que cette idée puisse déplaire à un enseignant moderne qui se considère avant tout comme l'ami de l'enfant.

À vrai dire, l'anxiété de l'enfant peut être due à ce qu'il a vécu avec d'autres personnes en dehors de l'école. À cause de ses fautes de lecture, il a peut-être été ridiculisé, ou même puni par ses parents ou par une grande sœur ou un grand frère. S'il en est ainsi, la réaction du maître, devant une faute de lecture, est d'autant plus importante ; il doit convaincre l'enfant, chaque fois que c'est possible et pertinent, que son erreur est une réaction intelligente et acceptable par rapport au texte qu'il est en train de lire.

S'il était généralement accepté que les fautes de lecture ont de grandes chances d'être des phénomènes psychologiques ingénieux, l'angoisse de l'enfant relative à la réaction du maître disparaîtrait, ainsi que la fausse interprétation du maître, selon laquelle l'angoisse de l'enfant est provoquée par la faute. Il serait alors possible d'identifier la cause exacte de l'erreur ; c'est parfois l'angoisse, mais une angoisse produite par le texte, ou par les associations qu'il évoque. La plupart du temps, les erreurs sont provoquées par des pensées importantes dont il convient de s'occuper sérieusement pour que l'enfant puisse continuer de lire ce qui est imprimé.

On peut ici, une fois de plus, établir un parallèle avec le traitement psychanalytique. Au tout début de son traitement, le patient peut être gêné, et même angoissé par ses lapsus (les lapsus, dans le langage parlé, sont l'équivalent des fautes de lecture). Mais plus tard, après avoir appris combien les lapsus peuvent être intéressants et révélateurs, le patient peut les accueillir d'une façon positive, en les considérant comme un moyen de comprendre ce qui passe dans son esprit.

Tout change quand un blocage total intervient, comme dans le cas, par exemple, du patient psychanalytique qui devient incapable de parler. Cela se produit toujours à un moment où, consciemment, ou plus probablement inconsciemment, il se passe dans l'esprit du patient quelque chose de pénible, d'angoissant, qu'il est absolument incapable d'affronter. Consciemment, il peut savoir que l'analyste peut l'aider ; mais inconsciemment, il est persuadé que c'est impossible. Ainsi, tandis que les lapsus viennent le plus souvent du fait que le patient désire exprimer une pensée en dépit d'une certaine résistance, le blocage est toujours la conséquence du fort désir conscient ou inconscient d'empêcher une pensée de s'exprimer, en raison d'une angoisse ou d'un négativisme extrême. (Ce dernier est une autre forme d'angoisse, comme le montre le fait que la haine est une forme extrême de négativisme, mais que nous ne haïssons un individu ou une expérience que s'il nous rend très anxieux.)

Les éducateurs sont peu disposés à accepter que l'apprentissage de la lecture puisse avoir pour l'enfant quelque chose d'effrayant. Tout le monde sait pourtant combien on appréhende d'apprendre quelque chose de nouveau, malgré les avantages et les plaisirs qu'on en tirera ultérieurement. Il est agréable et utile de savoir nager ; cela peut même être une question de survie ; mais cela n'empêche pas les gens d'être très angoissés pendant les premières leçons. On peut objecter que cette angoisse a un fond de réalité : tant qu'on ne sait pas nager, on peut se noyer, ou tout du moins avaler de l'eau, ce qui est plutôt désagréable. Mais il existe beaucoup d'autres situations d'apprentissage dont les débuts rendent l'individu angoissé (ne serait-ce que la peur de ne pas réussir), alors que, objectivement parlant, il n'y a aucun danger réel à redouter. Beaucoup d'individus ont peur dans le noir, surtout les enfants, alors qu'ils savent objectivement qu'il n'y a pas de fantômes dans la pièce. Les enfants qui se sentent assez sûrs d'eux-mêmes pour ne pas avoir peur dans l'obscurité constituent une minorité, de même que ceux qui se lancent dans la lecture si nous partions de la conviction que cette activité, si importante et si difficile, fait peur à la plupart des débutants, jusqu'au moment où ils comprennent exactement ce qu'on leur demande de faire et où ils se sentent capables de maîtriser les techniques.

Revue *Sciences humaines*, novembre 1995.

Corrigé

Prise de notes et plan

Introduction

– Faute de lecture chez l'enfant

– Panique : cause ou conséquence

1re partie : angoisse du débutant

– Réaction du maître
– Cause de la faute, extérieure à l'école
– Raisons psychologiques

2e partie : parallèle avec la psychanalyse

– Lapsus gênants
– Utilisation des lapsus : explication d'un comportement
– Blocage : conscient et inconscient

3e partie : tout apprentissage est angoissant

– Les enseignants ne voient pas le côté angoissant de l'apprentissage de la lecture
– Peur de l'inconnu : normal
– Manque d'assurance

Conclusion

Admettre l'appréhension des enfants devant ce qu'ils ne connaissent pas.

Proposition de résumé (219 mots)

La lecture et l'enfant

Quand un enfant qui lit se trompe et bafouille, on ignore s'il commet une faute parce qu'il craint de se tromper ou s'il a peur parce qu'il vient de faire une faute.

Si les éducateurs ont du mal à admettre qu'ils en sont responsables, c'est qu'ils ne veulent pas se sentir coupables vis-à-vis de l'enfant, d'autant plus que la faute peut avoir des causes extérieures à l'école et c'est au maître de se montrer rassurant. D'une façon générale, si on accordait plus d'importance à l'angoisse psychologique de l'enfant devant la réaction de l'enseignant, on en découvrirait la raison et on pourrait la surmonter.

C'est ce qui se produit au cours d'une psychanalyse où l'on commence par être gêné par ses lapsus qu'on finit par utiliser pour comprendre son propre fonctionnement. Mais en cas de blocage, c'est différent car consciemment on souhaite ce qu'inconsciemment on refuse.

Même s'il est difficile d'imaginer qu'apprendre à lire soit redoutable, on sait que tout apprentissage fait peur, et c'est logique, car tant qu'on ne connaît ni ne maîtrise une chose, on a toutes les raisons de s'en méfier, même si on sait qu'on en tirera un bienfait.

Peut-être les maîtres obtiendraient-ils de meilleurs résultats s'ils prenaient conscience de cette peur qui habite les enfants complètement désorientés devant une activité dont ils ignorent tout.

Texte 5

Résumez ce texte en 200 mots (+ ou – 10 %)

L'irrévocable modernité du livre

Pour s'instruire ou se divertir, découvrir le monde ou se remémorer le passé, se jouer du temps et de l'espace, notre seconde moitié du XXe siècle dispose d'outils étonnants – ordinateurs, réseaux informatiques, CD-ROM, bref, ce qu'on nomme les « nouvelles technologies ».

Inventaire incomplet : pour ces mêmes bonheurs de l'esprit, il existe un autre instrument à tout le moins aussi prodigieux. Léger, de faible volume, extraordinairement maniable et mobile – au point qu'on a pu le qualifier d'objet nomade par excellence –, il se « branche » sur l'énergie la plus naturelle qui soit : celle de son propre utilisateur. Et si, son emploi suppose une certaine logique, nul besoin de logiciel. Mieux encore ; autosuffisant, c'est son usage même qui, sans cesse, entretient et perfectionne les processus qui le font fonctionner.

Cette petite merveille d'ingéniosité technologique s'appelle un livre. Aurait-on oublié ses vertus ? Le fait d'avoir été inventé il y a un demi-millénaire ne le vouerait-il plus désormais qu'à la courtoise déférence dure au témoin d'une tradition certes prestigieuse mais bien près d'être révolue ?

Les « défenseurs » du livre ont peut-être quelque responsabilité à cette situation : à trop souvent adopter une psychologie – donc une stratégie – d'assiégés, ils en viennent à perdre de vue, dans leur argumentation, l'essentiel. À savoir qu'en dépit de son âge, le livre est absolument moderne. Car enfin, qu'est-ce que, pour un objet ou une technique, qu'« être moderne » sinon « être de son époque » – c'est-à-dire, dans cette époque, efficace, opératoire, totalement adéquat aux finalités qu'on lui assigne ?

Une des singularités du livre, c'est d'avoir été moderne dès son origine et de le demeurer dans sa pérennité. On le sait, la même décennie, au milieu du XVe siècle, vit la naissance de l'imprimerie et la découverte de l'Amérique, événements d'où les historiens datent précisément le début des « temps modernes ». Et, depuis lors, la permanence du livre en tant que fondement de notre construction personnelle et collective ne prouve qu'une chose : sa profonde adaptabilité à des états du monde en perpétuel changement, son aptitude à accompagner les évolutions – qu'elles concernent les individus ou les sociétés – comme les innovations techniques qui les suscitent ou en découlent.

Du livre, on pourrait dire qu'il est essentiellement « compatible ». Il le fut avec la radio, avec le cinéma, avec la télévision. Il l'est, de la même manière, avec le multimédia. Pour une raison simple : l'écrit est la matrice des contenus de tous ces modes d'expression et de communication. Ils en sont inséparables, solidaires, et leur modernité, au moment de leur émergence, induit la sienne.

C'est la lecture qui fonde et développe, chez l'enfant, les procédures mentales logiques et chronologiques indispensables à l'intelligence des nouvelles technologies. À leur tour, celles-ci contribuent à exercer l'esprit critique, le goût de la découverte et des associations créatives, le sens de l'analogie et celui de la relativité. Leur apport est indiscutable mais le livre et l'écrit demeurent un préalable obligé, hors duquel la perception du monde devient chaotique et la communication – donc l'insertion sociale – quasi impossible.

En outre, l'accès même à ces nouvelles technologies exige la maîtrise de la lecture. Il y a beau temps qu'on a fait litière du prétendu triomphe imminent de McLuhan sur Gutenberg.

Lire, écrire, parler : dans nos civilisations dites, justement, « du livre », cette trilogie demeure fondatrice de l'individualité et de la citoyenneté – ces concepts qui marquèrent précisément la naissance historique de la modernité. Fût-ce avec les meilleures intentions du monde, la fragiliser en la dissociant de son support le plus économique, le plus égalitaire et le plus efficace, le livre, ce serait se méprendre sur la hiérarchie des moyens et des fins. Mais aussi, pour les nouvelles technologies, couper le tronc même de l'arbre de connaissance auquel elles sont arrimées.

Si la modernité est bien ce qui nous est absolument contemporain dans ses projets et ses effets, et, en même temps, ce qui met en perspective l'avenir, le livre y a toute sa place, toute sa légitimité. Pour l'enfant, par le biais des manuels scolaires – le seul « objet culturel » qui soit donné à tous sans exception de rencontrer. Pour lui, mais aussi pour l'adulte, par celui des romans, essais et documents, grâce auxquels notre monde intérieur se recrée sans cesse, s'enrichit d'expériences réelles ou imaginaires, dans un jeu constant, dynamique, de subjectivité approfondie et de conscience des autres.

Sur ce socle, le multimédia peut élaborer son précieux kaléidoscope de sons, d'images et de mots : le savoir comme la création ont tout à y gagner. Mais sans lui, le risque est grand de seulement céder à une séduction qui, au regard des enjeux actuels d'une société doublement menacée par l'autisme et l'exclusion, serait à la fois une régression et un leurre.

Jean-Louis LISIMACHIO, *Le Monde* du 28 novembre 1998.

Corrigé

Travail de préparation

À la première lecture de ce texte, on note le sens général qui est exposé dans le titre : le livre demeure moderne quoi qu'on fasse et malgré toutes les nouvelles inventions qui pourraient le détrôner.

À la deuxième lecture, on note **les idées essentielles** :

– **1er §** : énumération des nouvelles technologies et leur rôle d'instruction, de distraction et d'ouverture sur le monde ;

– **2e §** : présentation laudative du livre, autre objet qui offre les mêmes propriétés que les techniques évoquées au 1er § en plus de qualités propres qui le rendent irremplaçable. **Remarque** : il faut noter que ce paragraphe se présente comme une énigme ; le mot « livre » n'est pas prononcé puisqu'on essaie de le faire deviner au lecteur. Dans le résumé, il faudra donc tenir compte de ce procédé d'écriture et essayer de le restituer ;

– **3e §** : le mot « livre » est dévoilé et la question de savoir si le fait d'être vieux en fait un objet dépassé est posée ;

– **4e §** : mise en évidence de la modernité du livre, de son efficacité malgré son grand âge. Inutile donc de s'inquiéter ! ;

– **5e §** : de tout temps, le livre a su s'adapter à tous les changements, c'est ce qui fait sa modernité et sa particularité ;

– **6e §** : le livre peut coexister avec tout : c'est sur l'écrit que tout repose et tous les médias en ont besoin. C'est leur évolution même qui, entraînant le livre dans leur sillage, le rend moderne, c'est-à-dire toujours au goût du jour ;

– **7e §** : importance de la lecture chez l'enfant, qui lui donne les bases pour accéder aux nouvelles technologies qui, à leur tour, développent chez lui d'autres qualités. Malgré tout ce que l'informatique apporte à l'homme, le livre reste la case départ sans laquelle la vie en société est impossible ;

– **8e §** : la bonne maîtrise de la lecture est indispensable pour l'utilisation de l'informatique ;

– **9e §** : il ne peut être question de minimiser la place du livre grâce auquel tout enfant apprend à lire, écrire et compter ni de le supprimer. Cela ferait même du tort aux nouvelles technologies qui ne vont pas sans lui ;

– **10e §** : il est donc évident que le livre est toujours à sa place non seulement aujourd'hui mais encore demain, que ce soit sous la forme de livres scolaires pour s'instruire ou de romans qui enrichissent notre monde intérieur ;

– **11e §** : le multimédia et le livre qui lui sert de base peuvent donc coexister et s'enrichir mutuellement ; il faut prendre garde de ne pas s'isoler et « végéter » devant un écran.

On peut élaborer **le plan** de ce qui sera le résumé du texte, c'est-à-dire, un condensé qui en restitue l'essentiel et qui doit permettre la compréhension de ce qu'a voulu dire l'auteur sans avoir besoin de lire le texte initial pour avoir un complément d'information ou pour éclaircir un point trop obscur.

• **Introduction** : utiliser les deux premiers paragraphes pour introduire le sujet : présentation des nouvelles technologies et du livre avec toutes ses qualités.

• **1er paragraphe** : mise en évidence de la modernité du livre malgré son âge, de son adaptabilité et de son rôle comme support du multimédia (§ 3, 4, 5 et 6).

• **2e paragraphe** : importance de la lecture et du livre dont il ne faut surtout pas minimiser le rôle ou qu'il ne faut pas supprimer sous peine de pénaliser les nouvelles techniques (§ 7, 8 et 9)

• **Conclusion** : le livre n'est donc pas en danger ; lui et le multimédia peuvent cohabiter pour l'épanouissement de leurs utilisateurs.

Proposition de résumé (189 mots)

L'irrévocable modernité du livre

Aujourd'hui, si les nouvelles technologies permettent de s'instruire, de se distraire et de découvrir le monde, il est un outil qui offre les mêmes avantages mais se suffit à lui-même et qui présente en plus des propriétés qui le rendent indispensable.

Ce petit bijou, c'est le livre qui malgré son grand âge et quelle que soit l'époque, reste moderne, c'est-à-dire qu'il se montre efficace en apportant à chacun ce qu'il en attend. S'adaptant à tous les changements, il est en effet le support des multimédias avec lesquels il cohabite, et ce sont eux qui, par leur évolution, l'entraînent dans leur sillage et le rendent moderne.

Malgré tout ce que l'informatique apporte à l'homme, le livre reste l'outil de base avec lequel il maîtrise la lecture et acquiert une intelligence sans laquelle il ne pourrait avoir accès au multimédia qui l'enrichit également. C'est pourquoi il ne faut pas minimiser son rôle ni le supprimer sous peine de pénaliser les nouvelles techniques.

Le livre n'est donc pas en danger ; sur lui repose l'épanouissement qui permet d'accéder aux médias pour lesquels il ne faut pas le délaisser sous peine de rétrograder.

Texte 6

Vous résumerez ce texte en 200 mots (+ ou – 10 %)

Au péril de la science ?

Pour les générations qui ont découvert le monde à travers l'enseignement des instituteurs « à la Jules Ferry », la Science s'écrivait avec une majuscule. Repousser l'obscurantisme, s'affranchir des vieux mythes, éliminer les peurs ancestrales, renoncer aux soumissions lâches, observer enfin l'univers qui nous entoure avec un regard ouvert, lucide, le dominer en le connaissant mieux, agir sur lui, le transformer, l'asservir, prendre en main l'avenir de l'homme, tout cela allait être possible grâce au progrès scientifique.

Au-delà du verbiage ronflant des inaugurations officielles ou des distributions de prix, une foi réelle s'était répandue, transformant en profondeur l'attitude de chacun face à son destin : l'avenir n'était plus craint, mais espéré.

Un siècle a passé ; les fruits sont plus nombreux encore que l'on ne prévoyait, mais ils sont amers. Le monde a été transformé, oui, hélas ! L'homme a pris possession de la planète au point de la rendre méconnaissable. Une anxiété diffuse s'est répandue ; les prévisions sont plus sinistres que jamais, et pourtant ce qui a été fait n'est qu'un timide échantillon de ce qui pourrait être fait, de ce que, peut-être, l'on s'apprête à faire. Ce que les scientifiques mettent en vitrine est peu de chose comparé à ce qu'ils ont en magasin. L'humanité vit désormais sous une menace permanente, dont on ne voit guère comment elle pourra un jour être écartée ; la volonté de quelques hommes suffirait à effacer en quelques instants toute vie sur notre Terre. Tous, nous le savons : mais nous nous efforçons de n'y jamais penser, de peur d'être obligés d'y penser à chaque instant. Devrons-nous jusqu'à la fin des temps vivre avec cette obsession ?

Toujours porteuse d'espoir pour certains, la science est devenue simultanément source de crainte pour beaucoup. Une attitude de rejet est apparue, et peu à peu se répand ; présenté parfois comme la seule voie permettant d'éviter la catastrophe définitive, ce rejet est facilement justifié par les excès auxquels a conduit l'efficacité scientifique. À ceux dont l'imagination est trop courte pour évoquer les apocalypses nucléaires, il suffit de regarder la détérioration du paysage qui les entoure : même les champs de blé, tout vibrants autrefois des couleurs des coquelicots, du chant des oiseaux, sont devenus, au nom du rendement, d'immenses et sinistres « camps de concentration » (E. Morin) aseptisés pour végétaux classés par espèces.

Ces aboutissements, cadeaux de la science, ne suffisent-ils pas pour la récuser en bloc, quand il en est, peut-être encore temps ?

Quelques scientifiques, sincèrement bouleversés par les conséquences prévisibles de l'œuvre collective à laquelle ils participent, donnent eux-mêmes le ton ; avec une apparente désinvolture souvent, une froide ironie parfois, ils exposent sans réserve leurs angoisses, mais n'en continuent pas moins leurs recherches. Emportés dans le même train aveugle que leurs contemporains, ils continuent à charger à grandes pelletées le foyer de la locomotive, tout en tirant le signal d'alarme et en attendant que d'autres actionnent le frein.

On comprend leur hésitation, car le bilan n'est pas que négatif :

– la faim, la maladie, la mort ont reculé. Pour illustrer ce succès, il suffit d'évoquer une victoire magnifique, à laquelle personne n'aurait osé croire il y a seulement vingt ans, et qui vient d'être, définitivement semble-t-il, remportée : le virus de la variole, qui chaque année, frappait, rendait aveugles ou tuait des millions d'êtres humains, a été totalement balayé de la surface de la Terre ; il n'est plus présent que dans sept laboratoires, où il est soigneusement gardé prisonnier dans quelques flacons de verre ; cet événement, plus décisif dans l'histoire de l'humanité que tant de batailles racontées par nos livres d'histoire, peut être précisément daté : c'est le 26 octobre 1977 que le dernier cas de variole a été constaté, en Somalie. « 1977 », cette date ne mérite-t-elle pas de remplacer un jour dans nos mémoires « Marignan 1515 », ou « 14-18 » ;

– l'ancienne malédiction « Tu travailleras à la sueur de ton front » commence à être écartée ; de plus en plus nombreux sont les hommes pour qui la vie n'est plus seulement une quête perpétuelle des moyens de survivre ; grâce au progrès des techniques qui a suivi le progrès des connaissances, notre capacité à créer des richesses a atteint un tel niveau que le privilège du loisir pourrait, facilement sans doute, être étendu largement.

On pourrait sans fin, et inutilement, prolonger la liste des bienfaits et des méfaits de la science, en quête d'un bilan illusoire. Ce thème de réflexion est pourtant nécessaire : la science n'est pas un arbre autonome, se développant selon ses lois propres, et dont nous récolterions passivement les fruits ; elle est une entreprise collective, notre entreprise, et c'est à nous de l'orienter. Les incantations pro-scientifiques de la fin du XIXe siècle, anti-scientifiques de la fin du XXe siècle, sont également inutiles : l'important est de comprendre à quel processus nous avons affaire, et auquel nous participons. Et d'abord, de s'interroger sur la nature de cet objet que nous désignons par le mot « science ».

Albert JACQUARD, *Au Péril de la science ?*, Éd. du Seuil, coll. « Points », 1982.

Proposition de résumé (197 mots)

Au Péril de la science ?

C'est sur la Science avec un grand S que nos grands-parents reposaient tous leurs espoirs de voir évoluer leur univers en le maîtrisant mieux.

Cent ans plus tard, quelle désillusion ! Non seulement le monde a changé, mais on peut chaque jour s'attendre au pire, et cette vision d'apocalypse n'est pas réjouissante ! Même si on veut encore y croire, on appréhende de plus en plus les retombées scientifiques car on ne peut en ignorer les ravages. Alors pourquoi ne pas repousser la science une bonne fois pour toutes ? Il existe bien quelques savants pour se lamenter des conséquences fâcheuses de leurs travaux mais sans les interrompre pour autant.

Toutefois, on ne peut ignorer les bons côtés de la Science grâce à laquelle de grands fléaux comme la variole ont disparu de la planète. La date d'éradication de cette maladie mériterait même d'être retenue. Le travail aussi a évolué ; de plus en plus l'homme a du temps pour ses loisirs car survivre n'est plus sa préoccupation majeure.

Ceci dit, avant de se demander si elle est bonne ou mauvaise, il faudrait bien se persuader de ce qu'est la science et de ce que nous en attendons.

3. Sujets d'annales

Durée : 3 heures – Coefficient : 4

Sujet 1 : mai 2005

S'informer fatigue

Vous résumerez le texte ci-joint, en 200 mots et vous répondrez ensuite aux questions qui suivent (15 lignes environ par réponse) :

1. En quoi la communication diffère-t-elle de l'information ?

2. Selon vous, la démarche d'un public d'équipements culturels (musées, bibliothèques, centres de documentation, archives) est-elle comparable à celle d'un téléspectateur ?

Document : extraits de *La Tyrannie de la communication*, Ignacio Ramonet, Éditions Galilée, 1999.

Les candidats bénéficient d'une marge de plus ou moins 10 % (180 à 220 mots).

Les candidats doivent impérativement faire figurer le nombre de mots à la fin de la copie.

Barème de notation :	le résumé :	13/20
	l'analyse :	7/20

Nota :

– 1 point sera retiré de la note sur 20 si la copie contient plus de 10 fautes d'orthographe ou de syntaxe.

– Les épreuves sont d'une durée limitée. Aucun brouillon ne sera accepté, la gestion du temps faisant partie intégrante des épreuves.

– Si des valeurs monétaires sont exprimées dans les copies elles doivent l'être en euros.

Instructions concernant l'épreuve de résumé

La reprise, sur la copie, du titre du texte ne rentre pas dans le décompte des mots utilisés.

On comptera comme mot toute lettre ou groupe de lettres possédant par elle(s)-même(s) une signification dans la langue française.

Ainsi, par exemple :

– Avant-gardes	1 mot
– C'est-à-dire	3 mots
– *Ex nihilo*	1 mot
– États-Unis	1 mot
– Rabin-Arafat	1 mot
– Israël-OLP	1 mot
– *De facto*	1 mot
– *A posteriori/a priori*	1 mot
– A-t-il	2 mots seulement, parce que « t » n'a qu'une valeur explétive et euphonique…
– L'	1 mot
– Aujourd'hui 1 mot	

Toutefois, les chiffres et les pourcentages (écrits en chiffres ou en lettres) seront comptabilisés pour un mot.

Exemples :

1950 ou mille neuf cent cinquante = 1 mot

57 % ou cinquante sept pour cent = 1 mot.

De la même manière, les sigles seront comptabilisés pour un mot.

Exemple :

SNCF ou Société nationale des chemins de fer français = 1 mot.

Ou encore les références juridiques (ex. = L. 245...) = 1 mot.

La tyrannie de la communication

Pour conclure : S'informer fatigue

La presse écrite est en crise. Elle connaît, en France, aux États-Unis et ailleurs, une baisse notable de sa diffusion et souffre gravement d'une perte d'identité. Pour quelles raisons, et comment en est-on arrivé là ? Indépendamment de l'influence certaine du contexte économique, il faut chercher les causes profondes de cette crise dans la transformation qu'ont connu, au cours de ces dernières années, quelques-uns des concepts de base du journalisme.

En premier lieu, l'idée même d'information. Récemment encore, informer c'était, en quelque sorte, fournir non seulement la description précise — et vérifiée — d'un fait, d'un événement, mais également un ensemble de paramètres contextuels permettant au lecteur de comprendre sa signification profonde. C'était répondre à des questions de base : qui a fait quoi ? Quand ? Où ? Comment ? Pourquoi ? Avec quels moyens ? Dans quelles circonstances ? Et quelles en sont les conséquences ?

Sous l'influence de la télévision, qui occupe désormais, dans la hiérarchie des médias, une place dominante et répand son modèle, cela a changé. Le journal télévisé, grâce notamment à son idéologie du direct et du temps réel, a imposé peu à peu une conception radicalement différente de l'information. Informer c'est, désormais, « montrer l'histoire en marche » ou, en d'autres termes, faire assister (si possible, en direct) aux événements.

Il s'agit, en matière d'information, d'une révolution copernicienne dont on n'a pas fini de mesurer les conséquences. Car cela suppose que l'image de l'événement (ou sa description) suffit à lui donner toute sa signification. À la limite, le journaliste lui-même est de trop dans ce face-à-face téléspectateur/histoire. L'objectif prioritaire, pour le téléspectateur, sa satisfaction, n'est plus de comprendre la portée d'un événement, mais tout simplement de le regarder se produire sous ses yeux. Cette coïncidence est considérée comme jubilatoire.

Ainsi s'est rétablie, petit à petit, l'illusion que voir c'est comprendre. Et que tout événement, aussi abstrait soit-il, doit impérativement présenter une face visible, montrable, télévisable. C'est pourquoi on observe une emblématisation de plus en plus fréquente d'événements à caractère complexe. Par exemple, toute la portée des accords Israël-OLP aura été ramenée à la poignée de main Rabin-Arafat.

Par ailleurs, une telle conception de l'information conduit à une affligeante fascination pour les images, « tournées en direct », d'événements palpitants, de scènes violentes et de faits divers sanglants. Cette demande encourage l'offre de faux documents, de reconstitutions, de manipulations et de « bidonnages ». Conséquences : information et divertissement tendent à se confondre ; les journaux de référence s'alignent de plus en plus souvent sur les tabloïds.

Un autre concept a changé : celui d'actualité. Qu'est-ce que l'actualité désormais ? Quel événement faut-il privilégier dans le foisonnement de faits qui surviennent à travers le monde ? En fonction de quels critères choisir ? Là encore, l'influence de la télévision apparaît déterminante. C'est elle, avec l'impact de ses images, qui impose son choix et contraint pratiquement la presse écrite à suivre. La télévision construit l'actualité, provoque le choc émotionnel et condamne les faits orphelins d'images à l'indifférence et au silence.

Peu à peu s'établit dans les esprits l'idée que l'importance des événements est proportionnelle à leur richesse en images. Ou, pour le dire autrement, qu'un événement que l'on peut montrer (en direct et en temps réel) est plus fort, plus éminent que celui qui demeure invisible et dont l'importance est abstraite. Dans le nouvel ordre des médias, les paroles ou les textes ne valent pas des images.

Le temps de l'information a également changé. Internet raccourcit le cycle de l'information. La scansion optimale des médias est maintenant l'instantanéité (le temps réel), le *live*, que seules télévision et radio peuvent pratiquer. Cela vieillit la presse quotidienne, forcément en retard sur l'événement et, à la fois, trop près de lui pour parvenir à tirer, avec suffisamment de recul, tous les enseignements de ce qui vient de se produire. La presse écrite quotidienne est ainsi contrainte de se rabattre de plus en plus sur le local, le *people* et les « affaires ».

Un quatrième concept s'est modifié. Celui, fondamental, de la véracité de l'information. Désormais, un fait est vrai non pas parce qu'il obéit à des critères objectifs, rigoureux et recoupés à la source, mais tout simplement parce que d'autres médias répètent les mêmes affirmations et « confirment »... La répétition se substitue à la démonstration. L'information est remplacée par la confirmation. Si la télévision (à partir d'une dépêche ou d'une image d'agence) présente une nouvelle et que la presse écrite, puis la radio la reprennent, cela suffit pour la créditer comme vraie. Les médias ont de plus en plus de mal à distinguer, structurellement, le vrai du faux. Là aussi, Internet aggrave les choses, car le pouvoir de publier est désormais décentralisé, toute rumeur, vraie ou fausse, devient de l'information, et les contrôles, effectués naguère par la rédaction en chef, volent en éclats.

Dans ce bouleversement médiatique, il est vain de vouloir analyser la presse écrite en l'isolant des autres moyens d'information. D'autant que, contrairement à toute autre industrie où la concurrence contraint chacun à proposer des produits différents, dans l'industrie médiatique elle pousse les journalistes à faire preuve de mimétisme, à consacrer tout leur talent à répéter la même histoire, à traiter la même affaire qui mobilise, au même moment, tous les médias. [...]

Les journalistes se répètent, s'imitent, se copient, se répondent et s'emmêlent au point de ne plus constituer qu'un seul système informationnel au sein duquel il est de plus en plus ardu de distinguer les spécificités de tel média pris isolément. Et l'irruption d'Intemet a encore renforcé cette imbrication.

Information et communication tendent à se confondre. Trop de journalistes continuent de croire que leur profession est la seule à produire de l'information quand toutes les institutions et organisations de la société se sont mises frénétiquement à faire la même chose. Il n'y a pratiquement plus d'organisme (administratif, militaire, économique, culturel, social, etc.) qui ne se soit doté d'un service de communication et qui n'émette, sur lui-même et sur ses activités, un discours pléthorique et élogieux. À cet égard, tout le système, dans les démocraties cathodiques, est devenu rusé et intelligent, tout à fait capable de manipuler astucieusement les médias, les journalistes, et de résister savamment à leur curiosité.

De surcroît, la concurrence effrénée entre groupes médiatiques conduit les médias à abandonner, plus ou moins cyniquement, leur objectif civique. Ce qui compte c'est la rentabilité économique, le profit. À l'heure du développement des nouvelles technologies de l'information et de la communication, les médias sont en guerre les uns contre les autres. Et l'on estime que la révolution numérique pourrait donner naissance à de nouveaux médias associant la qualité des images de la télévision, la facilité du téléphone, la mémoire de l'ordinateur et la maniabilité des journaux papier ; et ces médias pourraient être consultés par le biais du téléphone cellulaire ou du courrier électronique[1].

Les connivences et les révérences se multiplient entre alliés d'un même groupe médiatique. Les complicités de réseau remportent sur le devoir de vérité. Et, en outre, toutes ces nouvelles technologies sont en train de transformer et de dégrader les conditions de travail des journalistes : « Les journalistes travaillent davantage ; ils disposent de moins de temps pour conduire leurs enquêtes et pour les écrire ; ils produisent des informations plus superficielles — explique Eric Klinenberg, chercheur à l'université de Californie, Berkeley. Ainsi, un reporter peut désormais écrire un article pour l'édition du soir, paraître à l'écran pour traiter le même événement à la télévision et étoffer l'information avec les spécialistes d'Internet en leur suggérant des liens avec d'autres sites ou événements. Ces pratiques maintiennent les coûts à un bas niveau et augmentent le rendement de la production. Mais elles absorbent une partie du temps que les journalistes consacraient à leurs recherches en réclamant d'eux à la fois de nouvelles aptitudes professionnelles, par exemple être télégénique, et une écriture médiatique adaptable à toutes sortes de supports[2]. »

À tous ces chamboulements s'ajoute un malentendu fondamental. Beaucoup de citoyens estiment que, confortablement installés dans le canapé de leur salon à regarder sur le petit écran une sensationnelle cascade d'événements à base d'images souvent fortes, violentes et spectaculaires, ils peuvent s'informer sérieusement. C'est une erreur totale.

Pour trois raisons : d'abord parce que le journal télévisé, structuré comme une fiction, n'est pas fait pour informer, mais pour distraire. Ensuite, parce que la rapide succession de nouvelles brèves et fragmentées (une vingtaine par journal télévisé) produit un double effet négatif de surinformation et de désinformation (il y a trop de nouvelles, mais trop peu de temps consacré à chacune d'elles). Et enfin, parce que vouloir s'informer sans effort est une illusion qui relève du mythe publicitaire plutôt que de la mobilisation civique. S'informer fatigue, et c'est à ce prix que le citoyen acquiert le droit de participer intelligemment à la vie démocratique.

De nombreux titres de la presse écrite continuent pourtant, par mimétisme télévisuel, d'adopter des caractéristiques propres au média cathodique : maquette de la Une conçue comme un écran, longueur des articles réduite, personnalisation excessive de quelques journalistes, priorité au local sur l'international, excès de titres choc, pratique systématique de l'oubli, de l'amnésie à l'égard des informations ayant quitté l'actualité, etc. [...]

Les informations doivent désormais avoir trois qualités principales : être faciles, rapides et amusantes. Ainsi, paradoxalement, les journaux ont simplifié leur discours au moment où le monde, transformé par la fin de la guerre froide et par la mondialisation économique, s'est considérablement complexifié.

Un tel écart entre ce simplisme de la presse et les nouvelles complications de la vie politique déroute de nombreux citoyens qui ne trouvent plus, dans les pages de leur quotidien, une analyse différente, plus fouillée, plus exigeante que celle proposée par le journal télé-

1. *Cf.* Bruno Giussani, « Révolution dans l'information », *Le Monde diplomatique*, octobre 1997.
2. Eric Klinenberg, « Journalistes à tout faire de la presse américaine », *Le Monde diplomatique*, février 1999.

visé. Cette simplification est d'autant plus paradoxale que le niveau éducatif global de nos sociétés n'a cessé de s'élever. Et les critiques s'accumulent sur la légèreté des médias, leur attitude souvent irresponsable, leur connivence avec les nantis. [...]

En acceptant trop souvent de n'être plus que l'écho des images télévisées, beaucoup de journaux déçoivent, perdent leur propre spécificité et, de surcroît, des lecteurs. En France, à peine 19 % de la population lit un quotidien national ; et ce lectorat est en baisse constante ; sur la période 1995-1996, les quotidiens nationaux ont perdu 300 000 lecteurs[3]...

S'informer demeure une activité productive, impossible à réaliser sans effort, et qui exige une véritable mobilisation intellectuelle. Une activité assez noble, en démocratie, pour que le citoyen consente à lui consacrer une part de son temps, de son argent et de son attention.

L'information n'est pas un des aspects de la distraction moderne, elle ne constitue pas l'une des planètes de la galaxie divertissement ; c'est une discipline civique dont l'objectif est de construire des citoyens.

À ce prix, et à ce prix seulement, la presse écrite peut quitter les rivages confortables du simplisme dominant et retrouver ces lecteurs qui souhaitent comprendre pour pouvoir mieux agir dans nos démocraties assoupies.

« Il faut de longues années – écrit Vaclav Havel – avant que les valeurs s'appuyant sur la vérité et l'authenticité morales s'imposent et l'emportent sur le cynisme ; mais, à la fin, elles sortent victorieuses, toujours. » Tel doit être, aussi, le patient pari du journaliste.

Corrigé

Résumé en 200 mots (+ ou – 10 mots)

L'information classique, celle qui décrit objectivement les faits d'actualité et les met en perspective, est supplantée par une information spectacle. Sous l'emprise des journaux télévisés, le public s'est habitué à assister aux événements en direct.

Voir dispense de comprendre. L'image tient lieu de vérité, autorisant toutes les manipulations. L'hégémonie télévisuelle impose ses choix. Cet empire de l'image condamne la presse écrite à tenter de suivre les médias dominants dans les thèmes et le traitement de l'actualité, ou à se rabattre sur les nouvelles locales, le « people » ou les « affaires ».

Une information devient vraie seulement parce qu'elle est répétée par l'ensemble des médias et accompagnée d'images tenant lieu de preuves.

Internet accroît encore le phénomène de surinformation (trop de nouvelles) et de désinformation (peu d'analyse).

La confusion entre information et divertissement s'aggrave d'un amalgame entre information et communication. La presse suit la tendance générale qui consiste à produire une certaine image du réel au lieu de son analyse objective.

Cette dégradation présente un risque pour la démocratie, les citoyens perdant conscience de la nécessité de s'informer véritablement pour se donner le droit d'agir et conserver leur liberté. *(202 mots)*

3. *Libération*, 26 septembre 1997.

Question 1

L'information consiste à donner une transcription la plus exacte possible de faits réels et, le cas échéant, une analyse objective pour les éclairer. C'est le métier des journalistes. La communication recouvre l'ensemble des activités qui permettent de fournir une image du réel, même fausse. Événements, institutions, personnages marques, etc., peuvent créer et modifier leur image dans le public grâce à la communication. C'est le travail des publicitaires. On considère généralement l'information comme une branche de la communication : en effet, elle offre un cas particulier de ce travail sur l'image – elle est la seule qui soit censée produire une image juste. Tout le reste de la communication tend à déformer l'image : la dilater, la focaliser, l'orienter, l'améliorer.

La confusion des genres vient du fait que les médias les plus puissants ont remplacé les mots par l'image, le recul de l'analyse par l'immédiateté du direct, la compréhension par l'émotion. La télévision et Internet créent l'illusion que l'on peut s'informer sans effort. Or, on est juste sous l'influence d'un gigantesque réseau d'entreprises de communication. Pour s'informer et rester un citoyen libre, il faut aujourd'hui redoubler d'efforts, d'abord pour faire le tri, ensuite pour aller chercher soi-même des informations fiables et objectivement commentées, afin de se faire une opinion autonome.

Question 2

La démarche d'un public d'équipements culturels est active. C'est une démarche au sens plein du terme, c'est-à-dire qu'elle implique un choix, un déplacement et globalement un effort volontaire. Le téléspectateur, lui, n'est pas dans l'action. Il se contente du choix offert par les différentes chaînes. En matière d'information, il est soumis aux sujets déterminés davantage par le souci de plaire ou d'émouvoir que par l'éthique journalistique. Même si certaines chaînes ou certaines émissions font un effort d'intelligence et de pédagogie, on doit bien admettre que, le plus souvent, la télévision est souvent vécue comme une expérience passive. Le petit écran vide la tête.

À l'opposé, se rendre dans un établissement public de mise à disposition des savoirs, c'est accomplir le geste d'aller vers l'information, vers la connaissance. C'est remplir sa tête, et sa vie. C'est, au prix de cet effort, être partie prenante de la société, se donner les moyens de participer à la vie de la cité, être citoyen donc. Aller chercher l'information, creuser soi-même les sujets que l'on décide, exercer son esprit critique, c'est une condition fondamentale de notre liberté alors que la télévision, globalement, nous aliène.

Sujet 2 : mai 2003

L'émergence comme paradigme du renouvellement des politiques culturelles publiques.

Vous résumerez le texte ci-joint en 200 mots.

1. En quoi les arts de la rue peuvent-ils participer à la construction collective, au tissage du lien social et à l'identité des villes ?

2. Quel peut être, selon vous, le rôle des pouvoirs publics, pour créer et maintenir une diversité culturelle ?

Document : « L'émergence comme paradigme du renouvellement des politiques culturelles publiques », Philippe Chaudoir, extrait de la revue : *L'Observatoire des politiques culturelles*, mai 2002.

Les candidtats bénéficient d'une marge de 10 % au-dessous du nombre demandé.

Barème de notation :	le résumé :	13/20
	l'analyse :	7/20

L'émergence comme paradigme du renouvellement des politiques culturelles publiques

Le cas des arts de la rue

La soudaineté de l'apparition d'une série d'événements ou d'idées définit classiquement la notion d'émergence. Cette manifestation, cette irruption, peut s'envisager d'une double manière : soit telle une survenue *ex-nihilo*, soit comme mise en lumière de quelque chose de caché, d'encore obscur.

La figure de l'émergence est apparue, de manière récurrente, depuis maintenant quelques années, pour qualifier l'apparition de formes esthétiques nouvelles, dans le champ du théâtre, de la danse, des arts plastiques, de la musique, formes qui ne correspondaient plus aux modes de classification traditionnels et disciplinaires, en particulier au regard du discours des politiques culturelles publiques.

Autrement dit, le terme de culture émergente s'est progressivement imposé, dans les années 90, pour venir désigner des formes artistiques, expressives, des figures de style nouvelles, non encore intégrées dans le réseau des institutions culturelles et qui étaient censées rompre – ou au moins renouveler – les codes artistiques tout en tentant d'acquérir une légitimité ou une reconnaissance de l'institution voire des autres artistes.

Les formes plastiques, musicales ou chorégraphiques du hip-hop, les arts de la rue, les musiques dites « actuelles », voire le multimédia, sont symptomatiques de ce nouveau paradigme qui viendrait donc remplacer, de manière très postmoderne, celui des avant-gardes.

Cultures émergentes et nouvelles formes d'action publique

Nous souhaitons ici interroger ce terme d'«émergence» d'une double manière. En premier lieu, il s'agit évidemment de se poser la question de savoir si ce qui émerge n'est finalement que ce qui peut se voir et ce qui est rendu visible à un moment donné. On prendra comme exemple le changement de statut de l'événementiel qui, de la fin des années 80 à aujourd'hui, va acquérir une valeur nouvelle de plus en plus collective et symbolique, voire identitaire, et ainsi passer de l'ordre du ludique et du festif à celui de l'artistique et du culturel. Ce questionnement du visible suppose alors qu'existent des formes artistiques « cachées » et une possibilité quant à la « découverte » future de ces formes. Mais en creux, et c'est une critique souvent formulée, on peut également lire cette problématique sous l'angle de l'aveuglement, c'est-à-dire comme étant le signe de la difficulté de l'institution à reconnaître, dans leur vigueur et dans leur capacité interpellative [1], les renouvellements esthétiques. Enfin, cette dimension du « visible » appelle également à une réflexion sur la question de la médiation culturelle, voire de la médiatisation de l'art : qui rend visible, quand, comment et pourquoi.

Ceci nous amène à un second point qui constituera l'essentiel de notre propos. Ce terme de culture émergente, en effet, nous semble également à interroger du point de vue de ce qu'il révèle des nouvelles thématiques et des pratiques de l'action publique. Plus largement, nous aimerions montrer ici que cette figure de l'émergence tend à constituer une nouvelle référence de l'action publique, un modèle concret permettant d'exemplifier la recomposition des règles de l'action à l'œuvre aujourd'hui, soit, comme le suggère Lévinas, un paradigme dégageant « les possibilités de signifier à partir d'un objet concret libéré de son histoire ».

Bien sûr l'histoire nous montre que du sens naît en permanence dans toute société. Des « cultures émergentes » ne surgissent pas brusquement, toutes armées d'un propos cohérent et de certitudes esthétiques quant à leur pratique. Elles ne surgissent pas brusquement, en effet, ne serait-ce que parce qu'un temps de gestation est, en tout état de cause, nécessaire pour qu'un mouvement artistique[2] prenne pleine conscience de sa propre identité.

À l'inverse, on sait bien que, la plupart du temps, des pratiques artistiques se structurent progressivement, s'inscrivent dialectiquement dans des contextes sociaux, politiques, esthétiques ou encore viennent se saisir d'ouvertures ou d'avancées techniques. Ceci n'évacue pas, bien évidemment, la possibilité de gestes symboliques, souvent appelés fondateurs, qui marquent ou soulignent des ruptures. Ces gestes, le plus souvent individuels, complexifient toutes lectures « collectives » ou trop globales des pratiques artistiques sauf à les décoder dans l'*a posteriori*.

Ce constat nous renvoie donc au classique débat entre la question de l'artistique et celle du culturel mais nous ne voudrions pas situer notre propos sur ce plan. En effet, tout en reconnaissant la singularité de toute expérience esthétique, nous aimerions ici nous pencher sur *« la dimension récurrente et collective de l'expérience, [ceci nous permettant] d'en dégager les constantes, les cohérences, les zones de stabilité »*[3].

Ensuite, et pour paraphraser Nathalie Heinich, nous aimerions poser quelques jalons sur la question de savoir « ce que l'art fait aux politiques » c'est-à-dire, en l'occurrence, ce que l'art fait aux politiques culturelles publiques, que ce soit celles de l'État ou celles des collectivités territoriales.

Les arts de la rue comme symptôme

On peut identifier la période du début des années 70 comme étant celle des premières apparitions d'artistes se reconnaissant, plus ou moins consciemment, comme étant partie prenante d'un collectif, celui que nous identifierons aujourd'hui grâce au terme d'« arts de la rue ».

Dans la mesure, en particulier, où leur engagement social et territorial est particulièrement prégnant, il nous semble intéressant d'aborder ces questions à travers l'exemple spécifique des arts de la rue. Ceux-ci sont, d'abord, précisément reconnus comme forme émergente, c'est-à-dire comme phénomène rendu visible à un moment donné, dans un contexte où se pose la question d'une refonte paradigmatique des principes de l'action publique. Ce discours est particulièrement présent, par exemple, chez Catherine Trautmann qui « entend [...] soutenir les formes culturelles émergentes qui concourent à renouveler la notion même de culture. »[4].

En fait cette émergence, qui indiquerait une actualité, ne date pas précisément d'hier. Sans faire un historique trop approfondi, on peut identifier la période du début des années 70 comme étant celle des premières apparitions d'artistes se reconnaissant, plus ou moins consciemment, comme étant partie prenante d'un collectif, celui que nous identifierions aujourd'hui grâce au terme « arts de la rue ». Cette posture de reconnaissance implicite d'une communauté d'action se fonde, en fait, sur le partage d'attitudes plutôt réactives à l'égard d'un théâtre ou d'un art conçu comme conventionnel. Ainsi l'opposition dedans/dehors va-t-elle jouer un rôle central dans ce mouvement. C'est à travers elle que va se construire la légitimité de la présence dans la rue de ce mouvement acteur d'un renouvellement festif et interpellant les lieux classiques de la spectacularité. Les événements ou interventions culturelles en espace urbain vont ainsi, tout au long des années 70, donner progressivement aux manifestations éphémères de scénographie urbaine un « *statut* » de genre artistique. Celui-ci spécifiera tout d'abord un nouveau mode d'investissement de l'espace public, conçu par ses acteurs comme étant à l'articulation des champs sociaux et politiques, spatiaux et culturels.

Dans ce contexte, la fin des années 70 va voir apparaître une mutation dans le discours des politiques culturelles. Elle consistera à passer d'une notion ponctuelle et de plus en plus décriée, celle de l'animation culturelle, à une nouvelle référence, celle de développement culturel. Cette mutation va se traduire, pour des arts de plus en plus visibles dans le champ culturel, par une institutionnalisation de plus en plus marquée. En effet, dès 1982, Dominique Wallon, Directeur de la nouvelle direction « horizontale » du développement culturel, apportera le soutien du ministère de la Culture à ce qui ne se nomme encore que du « spectacle en espace libre ».

Il concrétisera, en particulier, son engagement à travers le soutien à la création, par Michel Crespin et Fabien Janelle, de Lieux publics à la Ferme du Buisson. L'association se définira, à cette époque, comme étant un « Centre international de rencontre et de création des pratiques artistiques dans les lieux publics et les espaces libres ».

La fin de la décennie 80 et le passage aux années 90 seront marqués par deux événements importants du point de vue de cette visibilité et de la place majeure maintenant accordée aux grandes scénographies urbaines. C'est d'abord le bicentenaire de la Révolution orchestré par Jean-Paul Goude, sur les Champs-Élysées, en 1989. Enfin, en 1992, les cérémonies des Jeux olympiques d'Albertville, mises en scène par Philippe Decouflé, parachèveront cette reconnaissance par leur retransmission internationale. Parallèlement, et c'est finalement la poursuite du mouvement entamé dès les années 70, cette institutionnalisation dans le champ du politique s'accompagnera d'un rapprochement de plus en plus concret des « Arts de la Rue » avec le spectacle conventionnel.

Ces tendances, somme toute, ne feront que s'accentuer dans les années 90. Mais c'est surtout la montée en charge de l'interaction entre les acteurs de l'intervention en espace public et les collectivités territoriales qui va spécifier cette période. En effet, ces dernières vont voir leurs compétences étendues, voire démultipliées, avec la mise en place progressive de la Décentralisation. Celle-ci, en fait, s'origine dès la fin des années 70. Elle va se concrétiser légalement vers 1982. Mais sa véritable mise en œuvre va nécessiter un temps d'incubation d'une dizaine d'années au terme desquelles les nouvelles collectivités (ou celles dont les compétences ont été renouvelées) vont véritablement prendre toute la mesure des enjeux auxquels elles doivent faire face. Cette situation va alors les conduire à multiplier une commande publique d'interventions. Mais, plus encore, dans la logique du développement culturel, une floraison de festivals va apparaître tels qu'« *Éclat* » à Aurillac, puis « *Chalon dans la rue* » à Chalon-sur-Saône, « *Dedans-Dehors* » à Tours, Les « *Allumées* » de Nantes, « *Les jeudis du port* » à Brest, « *Les Inattendus* » de Maubeuge, « *Vivacités* » à Sotteville-Lès-Rouen, etc.

En définitive, ce qui se lit à travers cette histoire rapidement tracée c'est l'articulation entre un champ artistique en définition et un référentiel des politiques publiques en mutation. Les années 70, en effet, peuvent s'analyser en terme d'animation culturelle et l'on pourrait mettre en évidence, en quelque sorte, un partenariat «naturel» entre des artistes qui font de l'animation urbaine leur objet et le champ du politique. De la même manière, et dans les années 80, à travers la mutation du développement culturel, semble se mettre en œuvre une nouvelle congruence entre la prégnance de la notion de projet et un discours artistique fortement ancré territorialement.

La question qui se pose alors est de savoir de quelle manière les arts de la rue rendent compte ou, plus encore, constituent un symptôme de cette articulation ? En quoi ils peuvent être perçus, du même coup, comme des formes expérimentales permettant, d'une part, de lire les modifications structurelles qui traversent les logiques sous-jacentes aux politiques publiques et, d'autre part, de voir s'éprouver de nouveaux modes d'intervention de l'action publique ?

Dans un premier temps, au plan structurel, il nous apparaît que quatre évolutions importantes sont directement lisibles à travers la relation entre l'institution et les arts de la rue. La première consiste en une contestation de plus en plus forte des hiérarchies culturelles et des valeurs leur étant affectées. D'une certaine manière, il s'agit là d'identifier ce que l'on pourrait appeler le passage d'une légitimité de la Culture à la reconnaissance d'un pluralisme des cultures. Le second concerne la relation orageuse entre les tenants d'une démocratisation culturelle, même renouvelée, et ceux de la démocratie culturelle. La troisième évolution «structurelle» que nous relevons nous semble être, dans la logique du discours privilégiant la question du développement (en particulier culturel), une sorte de généralisation des notions de médiation et de projet. Enfin, et ceci renvoyant à un mécanisme de modernisation globale des politiques publiques, une dernière évolution concernerait le passage quasi systématique (au moins dans les discours) de logiques sectorielles à des logiques transversales, ceci étant particulièrement lié à la territorialisation de plus en plus marquée de ces politiques.

De la culture aux cultures

Les hiérarchies traditionnelles de l'art ont été très largement remises en question dans la seconde partie du siècle dernier et ce, en particulier, pendant les vingt dernières années. En effet, même si la culture « cultivée » reste encore très largement présente et si elle occupe encore une part prépondérante dans les choix politiques (et financiers), sa prétention à l'universalisme a été très largement relativisée. Le passage à une perception plus plurielle des valeurs de l'art, la reconnaissance et l'affectation d'une valeur esthétique à des modes d'expression classiquement repérés comme savoir-faire (la mode, par exemple) ou comme divertissement plus ou moins populaire (les musiques dites actuelles, le cirque, etc.), indique une véritable recomposition de la pensée même du fait culturel, au moins du point de vue de ceux qui sont en charge des politiques culturelles.

Les arts de la rue, parce qu'ils posent précisément au cœur de leur démarche la question de l'espace public, du lien social et du lieu commun, participent au premier plan à cette recomposition. Ils en deviennent, en quelque sorte la figure exemplaire dans la mesure où, à partir d'autres champs (les arts plastiques, la danse,...), de nombreux artistes vont tendre à entrer « en rébellion » contre ces hiérarchies et contre les cloisonnements et les baronnies qu'ils supposent. Cette mise en critique de l'*establishment* se traduira par toute une série de manifestations tendant à contester les lieux mêmes de la légitimité culturelle : les salles, les musées et galeries, etc.

Nous verrons plus loin, parlant des nouveaux modes de l'intervention, que cette critique tendra à prôner, de plus en plus, des formes de transversalité disciplinaire, à favoriser les échanges. Elle viendra définir de nouveaux territoires de son action (les quartiers, les lieux hors-les-murs), de nouveaux espaces de travail (les lieux de fabrication, les logiques de friches). À travers l'expérimentation de nouveaux rapports au public, la pratique artistique tendra ainsi, de plus en plus fréquemment, à se rapprocher du champ social.

Démocratisation octroyée ou développement endogène ?

Mais cette interrogation des hiérarchies culturelles ne peut se comprendre, au moins du côté des politiques publiques et de ceux qui les initient, qu'au regard d'un autre débat : celui mené entre les tenants de la démocratisation culturelle et ceux porteurs d'un discours prônant les dynamiques du développement endogène, c'est-à-dire de la démocratie culturelle. Les années 80, en effet, marquent, de ce point de vue une étape quant à la prise de conscience, jusqu'au sein même de l'institution, des limites d'une démarche « verticale » de démocratisation. S'y mesure, en particulier, l'insuffisance d'une réponse apportée en terme d'offre de grands équipements. Dans cette conception, l'accès généralisé à la culture, par le biais d'une offre culturelle élargie, constituait tout à la fois un projet social et un mode d'épanouissement de l'individu. Elle était, au moins jusqu'à la fin des années 70, encore assez largement partagée, tant par le politique que par les opérateurs culturels ainsi que par de nombreux artistes.

Mais cette vision du monde reposait très largement sur des hiérarchies culturelles légitimes, telles que nous les avons évoquées, et sur une pensée de la culture comme un tout homogène. La question démocratique, dans cette perspective, ne se concevait donc qu'à travers l'accessibilité aux œuvres, c'est-à-dire à travers la volonté de couvrir le territoire d'outils de diffusion, en pratiquant ainsi une forme de « redistribution ». L'analyse montre cependant que cette redistribution impliquait, de fait, une sorte de modèle vertical et élitaire.

Les années 80 vont donc voir apparaître une mutation déjà engagée préalablement mais encore peu visible. Cette mutation repose essentiellement sur la reconnaissance de l'existence d'autres légitimités que celles de la culture cultivée et surtout sur la mise en évidence d'un principe de production des œuvres s'initiant « de la base ». Le principe de penser le social comme ressource potentielle et non plus seulement comme simple réceptacle des œuvres vient alors fonder une nouvelle référence, celle du développement endogène comme facteur de démocratie culturelle. Nous ne sommes plus, de manière dominante, dans la logique de la redistribution ou de la restitution d'une culture par diffusion et accessibilité mais dans celle de la reconnaissance du fait « local », dans une logique où la spécificité et la singularité de cultures vernaculaires viennent s'ancrer dans un territoire d'appartenance.

De ce point de vue, les arts de la rue, dès le début des années 70, ont mis en œuvre ce principe au sein même de leur processus de création. Celui-ci a même constitué un point majeur de leur argumentation, notamment à travers la question de la participation du public à l'œuvre.

Développement culturel, médiation et projet

Parallèlement, l'implication souvent forte des arts de la rue dans le champ du social, à travers notamment l'action culturelle menée dans le cadre de la politique de la ville[5], a conduit de nombreux artistes à se retrouver dans un nouveau rôle : celui de médiateur culturel.

Cette médiation va agir comme une sorte de relais entre un (des) public(s) peu touché(s) par les institutions culturelles classiques et le politique. Le fait de vouloir redonner sens à l'espace public dans une intentionnalité socialisatrice[6] inscrit, *de facto*, les créateurs et les pouvoirs locaux sur un même plan, permettant ainsi la constitution de cette position, de ce rôle intermédiaire. Cependant, l'apparition de la question de la médiation doit sans doute s'analyser au regard d'évolutions profondes quant aux modifications du rapport entre le politique et la population. La politique de la ville est, en partie, un analyseur de cette mutation. Mais, plus généralement, celle-ci traverse l'ensemble des champs, comme si, et en particulier depuis les années 80, une relation directe entre politique et population ne pouvait plus s'établir. Ainsi une sphère intermédiaire entre l'action et la décision, une sorte de triangulation dans une relation orageuse, devient-elle un préalable à l'action publique. Dans ce sens, la logique de médiation culturelle s'inscrit dans un contexte qui privilégie et généralise la notion de *« porteur de projet de développement »*, qu'il soit culturel, social, urbain ou économique.

C'est sans doute dans ce sens que doit s'analyser la mutation qui marque le passage successif de l'animation[7] à l'action culturelle puis au développement culturel. La figure de la médiation y prend, en effet, des contenus différents à chacune des étapes. Dans un premier temps, c'est à dire à partir des années 60, l'avènement de l'action culturelle va s'appuyer, *« au plan local sur des caractéristiques spécifiques qui font d'elle, non pas un substitut mais un complément indispensable du développement économique. »*[8]. Plus tard, c'est l'idée de culture comme mise en communication qui va s'imposer et l'action culturelle se trouve ainsi sur un terrain de compétition avec l'action politique. Elle se construit, en particulier, autour de la conviction que son rôle consiste à offrir à un *« non-public »* des occasions de se politiser.

La fin des années 70 et le début des années 80 est un moment de prise de conscience d'une contradiction fondamentale entre art et politique. Si, en effet, comme l'indique Jean Caune, l'art peut être une forme de transposition des antagonismes sociaux, les conditions socio-économiques ne lui permettent pas pour autant de libérer l'individu. Cette contradiction résolue, le champ est alors libre pour que l'art s'engouffre dans la problématique des industries culturelles. L'action culturelle a vécu. En 1983, le colloque de la Sorbonne, *« Liens entre la culture et la crise, la culture et les industries de l'avenir »* consacre le passage au développement culturel où les concepts de création et de développement, apparaissent inséparables[9].

Dans le même temps, Dominique Wallon, alors Directeur du Développement Culturel, définit sa mission[10] comme étant la prise en compte d'un double mouvement : celui de la création intellectuelle et artistique et celui des pratiques culturelles « *ordinaires* » telles qu'en parle Michel de Certeau[11]. L'artiste adopte alors dans un nouveau rôle médiateur, celui de développeur de possibilités latentes dont il peut être le révélateur. Ceci nous renvoie, bien évidemment, à ce que nous appelions plus haut la mise en évidence des dynamiques du développement endogène. Ainsi, une analyse, même succincte, des discours qui traversent, à cette époque, l'émergence de la politique de la Ville, montre la prégnance de ces modèles théoriques et discursifs posant la logique médiatrice au centre d'une action publique pensée, quant à elle, de plus en plus comme projet de développement. Alors, plus largement, peut-être, c'est à la mise en place de la Décentralisation qu'il convient aussi de se référer.

L'extension des compétences, mais surtout leur éclatement au profit de collectivités juxtaposées, dont certaines nouvellement créées (la Région), implique en effet une renégociation radicale des termes de l'action publique. Ainsi le partenariat, l'obligation de collaborer, vont-ils devenir les pierres angulaires de l'action locale, en particulier culturelle. La notion de contrat, déjà ébauchée, va se systématiser. Ce contexte va alors engager une généralisation de l'inter-médiation.

Du sectoriel au transversal

Puisque nous évoquons les politiques publiques, il est impossible de passer sous silence des modifications plus globales liées à la modernisation de l'action publique. En effet, les nouveaux contextes que nous venons d'aborder, en particulier ceux de la décentralisation, impliquent de nouvelles manières de faire où les réflexes pyramidaux doivent nécessairement évoluer vers des comportements de coopération.

Si des compétences se partagent, alors des partenariats s'imposent. Les années 80 peuvent, à cet égard, être compris comme le moment d'élaboration d'une nouvelle culture de l'action publique. Si les modes de décision « verticaux » perdent leur légitimité, ils entraînent une remise en question des rationalités qui les fondaient. Ce ne sont plus, en effet, les découpages fonctionnels qui priment mais bien plutôt les approches territoriales où viennent se mettre en œuvre des logiques partagées de projets de développement.

La Ville est, en quelque sorte, la métaphore de ce passage du sectoriel (avec ses compétences séparées : le social, l'économique, le culturel, l'urbanistique...) au transversal. C'est en effet à l'issue de cette période qu'elle apparaîtra comme nouvel objet de l'action publique et deviendra le support d'une politique autonome et fondée, précisément sur des mécanismes de coopération transversaux. La culture, dans son ensemble, va souvent servir de « bras armé » à la Politique de la Ville. Elle sera, en quelque sorte, la démonstration du bien fondé de l'argument du développement endogène. En fondant leur propos sur la spécificité et la complexité urbaine, les arts de la rue entreront ainsi en résonance avec cette politique publique en élaboration.

Si les arts de la rue permettent ainsi de mieux comprendre les modifications structurelles qui ont traversé les politiques culturelles publiques, ils permettent également d'analyser la recomposition des modes de l'intervention qui s'est mise en œuvre, en particulier au plan local. Sans viser à l'exhaustivité, il semble que trois logiques aient été particulièrement présentes dans les arts de la rue et qu'elles aient eu un impact significatif sur les politiques publiques. Cet impact peut se mesurer à travers la transformation des modes de faire qu'il implique.

Le premier axe nous semble être celui de la reconnaissance du principe de la transversalité disciplinaire dans l'art. Les arts de la rue, en effet, reposent en grande partie sur des modes d'expression métissés, empruntant (voire en « bricolant ») à toutes les formes artistiques, au répertoire ou à la création contemporaine, sans exclusive ni sans a priori. Le contexte, la situation souvent, s'impose au créateur l'amenant ainsi à prôner une sorte de décloisonnement des codes esthétiques. Ce métissage a été, bien évidemment, souvent reprochés aux artistes de rue. Malgré tout, le principe même du décloisonnement semble aujourd'hui très largement validé au sein même des expressions les plus conventionnelles. Pour ne s'en tenir qu'au théâtre, il paraît aujourd'hui tout à fait légitime d'y voir se mêler des performances plastiques, du chant, de la danse ou des expériences multimédias. Les codes de lecture mono disciplinaires ont ainsi largement évolués et les acteurs majeurs que sont les conseillers sectoriels en DRAC sont, la plupart du temps, très ouverts à ces approches.

Un second axe est celui de l'apparition de nouveaux territoires de l'action et du développement culturels. En dehors des lieux consacrés, en effet, il semble aujourd'hui de plus en plus légitime d'investir de nouveaux territoires que sont les quartiers, les lieux hors les murs, l'école, voire même l'entreprise. Cet investissement n'est évidemment pas nouveau mais il ressortait, il n'y encore pas si longtemps, de la sphère socioculturelle avec ce qu'elle comportait de dévalorisation dans le champ culturel. Nous soulignons donc ici la modification de valeur apportée à ce type d'intervention et non pas nécessairement sa nouveauté. Cette modification implique, du même coup, la reconnaissance d'autres formes du public que celles du public classiquement convoqué. De ce point de vue, parce qu'ils jouent de la surprise, de l'imprévisible, de la conquête de nouveaux territoires expressifs, les arts de la rue ont largement participé à cet élargissement des lieux culturels au-delà de la logique cloisonnée de l'équipement.

Le troisième axe est structuré paradoxalement autour d'espaces fermés dédiés à la « fabrique » de l'art. Les arts de la rue (mais également les plasticiens) ont, à partir de ces lieux, amené le politique à redéfinir ses logiques de l'équipement. Il apparaît, en effet, que de nombreux artistes ont investi, depuis quelques années, des lieux en déshérence, le plus souvent des friches industrielles, dans une logique d'abord revendicative et dans le but de pouvoir réaliser concrètement leurs productions. Cette logique du « faire » tend à mettre en évidence, ne serait-ce que parce qu'elle prend sens le plus souvent dans un imaginaire post-industriel, que la production artistique n'est pas un fait éthéré et que la dimension de la création s'étaye sur un véritable « travail ». Du même coup, il apparaît que le fait artistique ne repose pas uniquement sur sa mise en spectacle, sur sa diffusion qui nécessiterait éventuellement équipement. Il s'appuie également sur d'autres formes de lieux permettant d'accueillir le travail d'élaboration artistique, sa mise en œuvre technique, mais également pouvant servir de lieux d'échange entre artistes, entre professionnels. Du coup, la reconnaissance de ces nouveaux lieux de fabrication dédiés à la fabrique de l'art mais œuvrant également comme laboratoire de la création, va entraîner une sorte de labellisation (et/ou de modélisation) a posteriori, par l'état et par les collectivités territoriales qui vont les faire passer d'un statut de lieux plus ou moins marginaux à celui d'un échelon indispensable dans le champ culturel.

En conclusion, on peut d'ores et déjà imaginer en quoi les arts de la rue pourraient participer à l'élaboration de nouveaux concepts dans le champ des politiques culturelles. On pense, en particulier à des questions comme celle du développement durable et de l'« écologie culturelle » prenant place, depuis quelques temps, dans les discours. On pense également à la manière dont le discours politique se redistribue. On examinera avec attention, de ce point de vue, le discours des Verts et leur intérêt manifesté vis-à-vis des arts de la rue, en particulier dans les grandes villes. En tout état de cause, cette figure de l'émergence semble bien avoir tenu au moins un rôle, celui d'identifier et d'institutionnaliser, en quelque sorte, la question du renouvellement de la création contemporaine.

Philippe Chaudoir, maître de conférences en Sociologie et Aménagement
à l'Institut d'urbanisme de Lyon, université Lumière Lyon 2.

1. Cf. *Philippe Chaudoir, « L'Interpellation dans les Arts de la rue », in* Espaces et Sociétés *n° 90/91 - Les langages de la rue.*
2. *Ou une pratique culturelle collective.*
3. Cf. *Nathalie Heinich,* Ce que l'art fait à la sociologie, Minuit, 1998.
4. Présentation du budget du ministère de la Culture et de la Communication au Sénat lors de la séance du 5 décembre 1998.
5. Cf.*, précisément les logiques participatives que nous évoquions préalablement.*
6. *Voir le succès des deux métaphores opposées de la fracture et du lien.*
7. *Comme une des figures centrales de l'action culturelle,* Cf. *en particulier Jean Caune,* La Culture en action, op. cit.
8. La Culture en action, *ibid.*
9. *Jacques Attali, « Le bon usage de la crise, conclusions du colloque de la Sorbonne », in* Le Complexe de Léonard, *J.-C. Lattès, Paris, 1984.*
10. *En particulier dans une conférence de presse du 25 Novembre 1982 :* « La politique des établissements culturels ».
11. Cf. « L'invention du quotidien » *ou* « La culture au pluriel ».

Corrigé

Résumé (196 mots)

Dans les années 1990, une culture émergente a tenté de s'imposer et il est surtout intéressant de s'interroger sur ce que l'action publique a fait pour s'y adapter et ce que l'art a apporté aux politiques culturelles.

Dans les années 1970, les arts de la rue vont progressivement s'institutionnaliser et investir l'espace public. Puis des manifestations artistiques nationales importantes vont poursuivre ce mouvement qui n'ira qu'en s'accentuant. De cette animation culturelle va ainsi naître une coopération entre artistes et politiques suivie d'évolutions importantes comme la remise en question des hiérarchies culturelles et l'ouverture de nouveaux espaces à toutes les formes de cultures.

Dans les années 1980, les arts de la rue ont mis en évidence que le public ne se contentait pas de recevoir la culture mais qu'il y participait comme acteur ce qui a obligé les politiques à s'allier aux artistes pour surmonter leur contradiction et à partager leurs compétences. Désormais la politique de la ville va s'appuyer sur la culture et les arts de la rue permettre sa transformation, en élargissant son champ d'expression et en favorisant de nouveaux équipements.

Les arts de la rue donc sont bien placés pour influencer les politiques culturelles.

Question 1

Selon l'analyse de Philippe Chaudois, les arts de la rue ne sont pas seulement des arts, mais aussi une culture, et la rue est davantage un symbole qu'un lieu.

Cette appellation recouvre un ensemble d'expressions créatives qui se caractérisent par une nouvelle vision du monde et de nouveaux rapports, souvent paradoxaux, au réel. On abandonne l'élitisme esthétique pour valoriser les arts ordinaires, les techniques et les savoirs populaires ; on passe de l'universel au territorial, mais on le fait dans le monde entier, en se moquant des frontières ; on renonce au progrès, trop hypothétique, pour se rassurer dans des valeurs éternelles ; mais on préfère l'immédiat à la durée, le plaisir au bonheur, l'évènement à l'œuvre.

C'est donc une vraie culture qui émerge, avec ses manifestations visibles et leur inévitable récupération par les industries culturelles (« rap « et « urban style »), mais aussi avec ses effets profonds qui, agissant par évolution des langages, des codes et des modes de vie, transforment durablement la société.

C'est la dimension culturelle des « arts de la rue » qui en fait un vecteur de construction collective, de lien social et d'identité des villes. C'est le propre d'une culture que d'être ce qui fait tenir ensemble un groupe humain, ce qui fait fonctionner une société et ce qui permet à une civilisation de se développer.

Or cette culture est réellement nouvelle, ou plutôt elle témoigne d'une nouvelle réalité sociale. Si les arts y sont définis comme étant ceux de « la rue », alors qu'ils s'expriment librement dans tous les espaces, c'est parce que cette culture représente parfaitement l'idée de civilisation post-moderne, avec ses valeurs nouvelles. La rue c'est la mobilité, les nomadismes actuels ; la rue c'est l'incertitude, la « zone » ; la rue c'est aussi l'échelle des liens sociaux en ville aujourd'hui et, à l'heure du prétendu village planétaire, l'unité de mesure réelle des rapports humains – le quartier, la communauté, le clan.

Les arts de la rue s'opposent donc très crûment aux « beaux-arts », aux arts modernes, et même aux témérités de l'art contemporain. Ils sont un phénomène de masse, absolument cosmopolite, englobant avec ses manifestations artistiques tout un ensemble d'attitudes, de façons d'être, de modes de vie, de langages qui lui sont propres. Il s'agit au départ d'une culture que se sont donnée les exclus, ceux qui avaient le plus de mal à se faire une place dans « la cité » et se retrouvaient en marge dans « les cités ». Aujourd'hui c'est une culture dans laquelle se reconnaissent la plupart des jeunes urbains du monde.

Question 2

La diversité culturelle, c'est comme la biodiversité : il ne suffit pas d'interdire de tirer sur les oiseaux ; il faut aussi maintenir activement les milieux où ils vivent. Le vanneau huppé niche dans les prairies humides, la fauvette pitchou dans les landes arides. Si un paysage varié est transformé en plaine à céréales par drainage des prairies et défrichage des landes, on n'a plus de blé, mais on n'a plus de vanneaux ni de fauvettes.

En matière de culture, les conditions de la diversité sont d'abord le maintien des spécificités locales, par la préservation des modes de vie traditionnels et l'aide au maintien des métiers anciens, l'enseignement des langues régionales, la création d'organismes de soutien à l'initiative dans le domaine des patrimoines culturels. À cet égard, la décentralisation mise en œuvre depuis les années 1980 est un atout majeur : elle encourage les partenariats entre l'État, les collectivités territoriales et les artistes, associations, musées…

Ensuite, l'État doit permettre aux métissages culturels de nourrir en continu la production artistique. L'apport des populations immigrées a toujours été le stimulant le plus vivace pour la création : nouvelles sonorités musicales, nouveaux savoir-faire, nouveaux thèmes visuels… Au quotidien, la culture du monde ce sont aussi de nouveaux tissus, des goûts originaux, des parlers différents. Si les frontières se ferment, ou que les populations immigrées subissent des difficultés, cette source indispensable risque de se tarir. Une politique d'intégration réussie est donc une autre condition de la diversité culturelle.

Le troisième axe d'une politique volontariste en matière de création, c'est l'intervention de l'État dans son rôle traditionnel de soutien aux artistes. Le processus classique d'acquisition par les musées et de commande publique est à la fois une source de revenu capitale pour l'artiste et une démarche de reconnaissance institutionnelle qui peut déclencher ou confirmer un début de cotation dans le circuit marchand : galeries et salles des ventes. La grande variété des musées publics et une politique réfléchie d'achats doivent permettre d'aider à vivre des artistes de tous horizons et à authentifier la qualité de leurs démarches.

Ainsi l'État peut réellement intervenir, à son niveau comme à l'échelon local, pour créer et maintenir une diversité culturelle, grâce à trois types d'action : préserver, ouvrir, encourager. Pérenniser la variété des patrimoines culturels, s'ouvrir à tous les apports exogènes, aider la création avec hardiesse et discernement.

3. Note rédigée à partir d'un dossier (concours interne et 3e concours)

1. Méthodologie

La diversité des textes proposés dans un dossier rend cette épreuve très difficile à réussir en trois heures. Il faut lire une demi-douzaine de textes denses et parfois ardus, voire abscons. Il faut prendre des notes. Il faut rédiger une synthèse qui va représenter environ quatre pages manuscrites, composée selon un vrai plan, en deux ou trois parties. Donc, pour commencer, il faut lire et relire le sujet. Il faut y revenir entre chaque texte lu ; il faut s'en imprégner encore une fois avant de se lancer dans la rédaction. C'est la seule manière d'éviter le hors-sujet. Bien avoir compris le sujet, c'est aussi la seule manière de finir dans les temps, car il est impératif de prendre des « notes intelligentes », c'est-à-dire non pas résumer complètement chaque texte (impossible en moins de deux heures), mais en extraire uniquement ce qui est utile au sujet.

Il est toujours recommandé de commencer par la conclusion. Ce n'est pas si difficile que ça, même si c'est un peu impressionnant les premières fois. Affaire d'entraînement, soit, mais surtout, excellente manière de vérifier que l'on sait où l'on va avec le plan, et meilleure façon de rédiger détendu.

2. Sujets d'annales

Sujet 1 : mai 2003

Spécialité Documentation

Durée : 3 heures

Coefficient : 3

Bibliothèque et évaluation : pourquoi, comment ?

Documents joints :

Document n° 1 : « Compter », Annie-Marie Bertrand, in *Bulletin d'informations de l'ABF* n° 151, 2e trimestre 1991.

Document n° 2 : « Évaluer la performance des bibliothèques », Pierre Carbone in *Bulletin des bibliothèques de France* n° 6, septembre 1998.

Document n° 3 : « Les bibliothèques à l'épreuve de l'évaluation » in *La Gazette des communes*, n° 1480 – 7 décembre 1998.

Document n° 4 : « Évaluer pour évoluer », Claire Nillus in *Livres Hebdo* n° 420, 6 avril 2001.

Document n° 5 : « Les dimensions politiques et stratégiques de l'évaluation des performances des bibliothèques », extrait de *Manuel théorique et pratique d'évaluation des bibliothèques et centres documentaires*, T. Giappiconi, Cercle de la librairie, 2001.

Les candidats doivent composer en euros.

Nota : Lorsque les renvois et annotations en bas d'une page ou à la fin d'un document ne sont pas joints au sujet, c'est qu'ils ne sont pas indispensables.

Document n° 1

Dossier : Regards sur les publics

Compter

par Anne-Marie Bertrand

Dans le temps, les choses étaient simples : les gens venaient à la bibliothèque, s'inscrivaient, empruntaient des livres. Les bibliothécaires, l'âme en paix, comptaient les « lecteurs » et les « prêts ». Le nombre des lecteurs augmentait. Le nombre des prêts augmentait. Tout était à sa place. Dans les bibliothèques municipales en 1977 : 2 251 000 lecteurs, 51 532 000 prêts.

Aujourd'hui, la situation est beaucoup plus difficile à appréhender. Non seulement « les gens » viennent à la bibliothèque pour emprunter autre chose que des livres, non seulement les pratiques de consultation sur place prennent un autre visage et une autre importance, mais encore on peut fréquenter les services de la bibliothèque sans y mettre les pieds et sans émarger aux statistiques d'inscrits ni/ou aux statistiques de prêts.

Que veut dire compter, alors ?

Ce texte n'a d'autre ambition que d'essayer de répondre à cette question. D'abord en s'interrogeant pour savoir ce qu'on compte et dans quel but on le compte. Ensuite, en tentant d'aborder les résultats en fonction de différents points de vue : le point de vue historique (l'évolution des résultats dans le temps) ; le point de vue des moyens (les résultats sont-ils corrélatifs aux moyens disponibles ?) ; le point de vue du public (quels types de résultats l'évolution des pratiques permet-elle d'aborder ?) ; le point de vue de l'offre (les nouvelles activités des bibliothèques sont-elles quantifiables ?).

Compter : qui ? quoi ? pour quoi ?

Les statistiques concernant le public sont destinées, me semble-t-il, d'une part à mesurer l'activité de la bibliothèque, d'autre part à évaluer, autant que faire se peut, l'adéquation entre les services offerts et les attentes du public.

Mais, en ce domaine, que compter ? Compter les personnes : compter les inscrits, les usagers, les emprunteurs ou les entrées ? On voit que cette question simple n'est pas si simple que ça. Ni oiseuse : des décomptes effectués à la médiathèque de Nantes en 1987 montraient que le nombre des emprunteurs était tous les jours inférieur au moins de moitié au nombre des entrées [1]. Même si l'on fait la part des entrées multiples, ne prendre en compte que le nombre des emprunteurs serait donc grandement sous-estimer le public de la bibliothèque. Compter les emprunts, les communications sur place est plus fiable – avec les réserves d'usage que l'on connaît ; un livre emprunté n'est pas forcément un livre lu (ou, au contraire peut être lu par plusieurs personnes), un document communiqué n'apporte pas forcément la réponse cherchée.

Compter les emprunts par types de documents ou par documents unitaires n'a d'intérêt que purement informatif (le prêt d'ouvrages en basque représente 2,8 % des prêts) et peut même avoir des effets pervers (*Bastien und Bastienne* n'est pas sorti depuis six mois ; au pilon – non, pardon, à la braderie !). [2]

Croiser les données emprunts/emprunteurs peut apporter une satisfaction esthétique qui, comme telle, est bien sûr gratuite : vous chaut-il de savoir que les enseignants du secondaire empruntent plus de BD mais moins de guides de voyage que les femmes au foyer d'au moins trois enfants habitant à plus d'un kilomètre de la bibliothèque ? Par contre, d'autres corrélations peuvent être fructueuses, même si elles ne sont pas étonnantes : constater que le nombre d'emprunts augmente en même temps que les horaires d'ouverture, ou que le nombre d'inscrits diminue avec l'augmentation des tarifs...

À la question « pourquoi compter ? » je ne vois donc que deux réponses : on compte pour préciser des besoins et donc obtenir des moyens (crédits, locaux, emplois, etc.) ; on compte pour préciser des résultats et donc évaluer la satisfaction des usagers. Car, après tout, je ne vois pas de question plus importante que celle-ci et à laquelle on revient toujours : pourquoi vien-nent-ils dans les bibliothèques ? pourquoi n'y viennent-ils pas ? pourquoi n'y viennent-ils plus ? comment faire pour qu'ils viennent ?

Compter : l'évolution dans le temps

Les statistiques triennales de la direction du Livre [3] nous apportent des indications chiffrées.

	emprunteurs de livres	prêt de livres
1977	2 251 000	51 532 000
1980	2 609 000	59 310 000
1983	3 394 000	74 828 000
1987	4 236 000	86 308 000

À ces chiffres, il conviendrait d'ajouter les prêts d'autres documents [4].

Pour les livres, le pourcentage d'augmentation entre 1977 et 1987 est donc de 88,18 % pour les inscrits et de 67,48 % pour les prêts. Si l'on cumule tous les types de documents prêtés, on obtient, en 1987, 93 969 000 prêts de documents, soit une augmentation par rapport à 1977 (livres + disques) de 75,77 %. Ce qui signifie que, malgré la diversification des médias proposés, le nombre de prêts a moins augmenté que le nombre d'emprunteurs. Sur une évolution plus courte (1987 par rapport à 1986), les chiffres sont d'une crudité simplissime : pour la première fois depuis dix ans, le nombre d'inscrits a baissé dans les bibliothèques municipales : 4 317 000 inscrits en 1986, 4 236 000 en 1987. Le pourcentage d'inscrits dans la population qui s'est élevé, régulièrement, de 8,6 % en 1977 à 15,7 % en 1986 est redescendu à 15,1 % en 1987. Accident ou tendance lourde ?

Compter : l'évolution des moyens

Les mêmes sources statistiques [3] nous permettent de dresser le tableau ci-dessous

Principales données	Évolution 1977/87
dépenses totales *	+ 97,74 %
dépenses Investissement *	+ 142,75 %
dépenses fonctionnement *	+ 85,95 %
surfaces	+ 83,59 %
personnel total	+ 100,03 %
personnel qualifié	+ 144,63 %
acquisitions.	+ 61,81 %
inscrits	+ 88,18 %
prêts	+ 75,77 %

*(en francs constants sur la base INSEE)

Des statistiques plus fines sont plus intéressantes notamment dans le domaine de l'accessibilité des services : la surface des annexes a-t-elle augmenté autant que la surface des centrales ? Réponse : davantage ; les centrales ont globalement augmenté de 77,25 % de surfaces de planchers entre 1977 et 1987 et les annexes de 111,77 %. Mais leur nombre n'a pas augmenté dans les mêmes proportions : seulement de 39 %. Sur l'évolution des tarifs, les statistiques restent muettes. Enfin, sur révolution des horaires, Louis Yvert montre (*cf. infra*) que, pour les villes de plus de 20 000 habitants, la moyenne hebdomadaire d'ouverture est passée de 30 h 11 en 1980 à 29 h 24 en 1987.

Quels enseignements tirer de ces évolutions divergentes ? Je laisserai ce soin à plus qualifié que moi et me contenterai de quelques réflexions provisoires : un effort très important a incontestablement été accompli par les collectivités locales depuis dix ans (+97,74 % de dépenses), effort accompagné modestement par l'État en investissement (prise en charge de 16,2 % des dépenses d'investissement en 1987) et très médiocrement en fonctionnement (3,87 % en 1987 soit moins qu'en 1980, pourtant considérée comme une année noire).

Pour autant, cet effort n'a pas été couronné, dans les mêmes proportions, d'un succès public. Certes, il y avait, il y a, du retard à résorber, une mise à niveau à faire, qui n'est toujours pas terminée. Cependant, il conviendrait que des experts se penchent sur cette double question : est-ce que, là où elles existent, les centrales modernes (médiathèques) n'ont pas *grosso modo* atteint leurs objectifs et fait le plein de leur public et est-ce qu'une reprise de l'expansion ne doit pas, désormais, passer par un maillage plus serré d'équipements de proximité ? Une fois de plus, nous revenons à la cruciale question du réseau et de son organisation.

Compter : l'évolution des pratiques

L'évolution des pratiques du public a été traitée dans plusieurs ouvrages [5] auxquels il est utile (et intéressant) de se reporter. Je n'évoquerai ici que quelques aspects de cette évolution et leur poids sur les statistiques.

La demande croissante d'accompagnement de la formation permanente comme de la formation initiale n'apparaît pas dans les statistiques. Elle pèse cependant d'un poids toujours plus lourd sur les collections à acquérir, sur l'occupation, voire la saturation des locaux, sur la disponibilité du personnel, généreusement mis à contribution par des nuées de collégiens, de lycéens, d'étudiants ou de demandeurs d'emploi en reconversion. Travaillant sur place souvent uniquement avec des usuels, ces usagers n'influent pas de manière quantifiable sur l'activité de la bibliothèque – sauf peut-être sur le nombre de photocopies effectuées.

La consultation sur place de documents divers (périodiques, livres, vidéos, etc.) est, elle aussi, difficile à mesurer. Seul est réellement compté le nombre de documents communiqués des magasins, ou le nombre de vidéocassettes diffusées. Mais tout ce qui est consommation plus diffuse n'apparaît pas : feuilletage, réponses aux concours, conversations, recherche d'adresse, consultation du catalogue, visite d'exposition, brefs instants de repos, écoute de disques, réservations effectuées, recherche bibliographique, etc. et tout ce qui peut relever de la fréquentation du service sans se traduire par l'emprunt ou la communication d'un document, tout ceci est absent des statistiques. Et est pourtant significatif de ce qu'on demande aux bibliothécaires comme qualification multiple, amabilité permanente et disponibilité sans faille...

Troisième exemple : les bibliothèques multimédias ont engendré des adhérents « multi-pratiquants », qui fréquentent le coin périodiques, regardent des vidéocassettes, font une recherche sur place, empruntent des livres et des disques, etc. En ce domaine, les outils statistiques sont défaillants pour mesurer la réalité et l'importance de cette « multi-pratique ».

Tout n'est pas mesurable, bien sûr, mais sur ces quelques points je regrette que les chiffres ne puissent pas rendre compte de ces nouvelles pratiques, alors même qu'elles correspondent à l'objectif poursuivi, faire des bibliothèques non seulement des lieux de travail et de documentation, mais aussi des espaces d'accueil, de vie et de sociabilité.

Enfin, même si des études sont ponctuellement menées ici ou là, on aimerait en savoir plus sur les relations du public avec la bibliothèque : on sait [6] que les points sensibles sont les horaires (« c'est toujours fermé ! »), le carcan réglementaire (« on se fait toujours engueuler »), la difficulté du choix (« il y en a trop, on ne sait pas comment choisir ») et surtout, pour ceux qui ne fréquentent pas une bibliothèque, l'impression, ou même la certitude, que « ce n'est pas pour eux », que c'est un service destiné aux virtuoses, voire aux professionnels de l'écrit que sont les étudiants, les enseignants et les intellectuels et que, bien entendu, il n'y a rien là-dedans qui risque de les intéresser, eux, faibles lecteurs [7].

Compter : l'évolution de l'offre

Les « nouveaux territoires » qu'explorent depuis quelque temps les bibliothèques ne sont pas toujours mesurables. Distinguons ici deux types d'actions : celles qui consistent à mieux assurer l'information bibliographique ; celles qui consistent à améliorer la présence du livre dans la cité.

Pour l'accès à l'information bibliographique, je ne crois pas qu'existent de statistiques sur l'interrogation des catalogues *in situ*, pas davantage sur l'interrogation des catalogues à distance, et encore moins sur les possibilités d'accès à des sources bibliographiques sur CD-ROM. Mais, après tout, cette absence de résultats n'est que le prolongement de notre ignorance ancienne sur l'utilisation des catalogues dans nos bibliothèques – avec un petit peu plus d'acuité, car il s'agit là de nouveaux services dont on aimerait bien pouvoir évaluer l'utilité et la pertinence.

Quant aux actions nouvelles de diffusion du livre, elles peuvent être jusqu'à un certain point quantifiées : il existe des statistiques nationales sur le nombre de livres déposés par les BM dans les collectivités (577 000 en 1977, 2 212 000 en 1987) ou déposés par les BCP dans leurs relais. Peut également être connu le nombre de livres déposés selon le type de collectivités : où il apparaît, avec une constance remarquable, que ce sont les écoles qui bénéficient principalement des dépôts des BM (66,8 % des livres déposés en 1983, 66,5 % en 1987). Nouveaux territoires ? Vous avez dit nouveaux ?

Prenons l'exemple des actions menées en direction de la petite enfance. Ni les crèches, ni les PMI, ni les haltes-garderies ne sont identifiées dans les statistiques de dépôts de livres. Pas plus que ne sont quantifiées les actions de sensibilisation envers leurs personnels, ou que ne sont évoquées les actions de formation que les bibliothèques peuvent mener à leur égard, ni que ne sont évoqués les accueils spécifiques des bébés. Un « nouveau territoire » de ce type peut donc échapper complètement aux bilans statistiques, même s'il recouvre une part importante de l'activité de la bibliothèque, ou s'il est identifié comme une priorité dans la politique de lecture municipale.

Compter : en conclusion, le livre...

« L'usage de l'imprimé » connaît une évolution contradictoire : ces dernières années ont vu à la fois la prise de conscience des enjeux politiques et sociaux de la maîtrise de l'écrit et, dans le même temps, des lamentations médiatiques sur la fin du livre et l'approche de la barbarie.

Quel rapport avec les bibliothèques ? Un rapport consubstantiel : l'image du livre et l'image de la bibliothèque sont liées ; le rapport au livre et le rapport à la bibliothèque sont liés.

Or l'image du livre est ambiguë, équivoque : le livre est nécessaire mais ennuyeux, pratique mais ringard, porteur d'avenir mais condamné, pas cher mais élitiste, répandu mais réservé, etc. Bref, on sait que le livre est un outil démocratique, aux pieds ailés, de partage du savoir, de l'émotion et de la mémoire. On le « sait »... mais du dehors, de loin. Comme on « sait » que la Terre tourne autour du Soleil... mais ce qu'on voit, ce qu'on sent, c'est que le Soleil monte et descend sur l'horizon. Le livre présent partout, pour tous, ce n'est encore qu'un rêve d'intellectuel... tout comme la mort du livre et de la lecture n'est qu'un cauchemar d'intellectuels.

En attendant une hypothétique révolution copernicienne, la réalité est plus prosaïque : le livre n'est pas à la mode et son usage n'est que trop souvent une corvée utilitaire. Ce qui n'empêche pas que, en même temps, il n'y ait jamais eu autant de lecteurs dans la population française.

L'évolution de la place de la culture dans la société, l'évolution des pratiques culturelles sont, évidemment, au-delà de ce qu'a évoqué cet article. On ne peut cependant palier sérieusement des publics des bibliothèques sans les replacer dans ce contexte. Fournisseurs d'offre culturelle, attentives aux demandes, essayant de répondre aux besoins, tributaires (et partenaires) de l'évolution des pratiques, les bibliothèques ne peuvent seulement se décrire par des chiffres. Leur identité, leur utilité doivent être précisées par des enquêtes plus larges – est-il optimiste de compter que les pouvoirs publics s'intéresseront à cette question ?

Bulletin d'information de l'ABF n° 151, 2e trimestre 1991.

1. Je n'emploie l'imparfait que parce que nous avons cessé de compter les entrées... mais le phénomène, à mon avis, perdure.
2. Les exemples cités sont purement imaginaires, bien entendu.
3. Direction du livre et de la lecture. *Bibliothèques municipales, statistiques* 1987, Paris, Imprimerie nationale, 1990.

4. En 1987, 7 543 000 prêts de disques, 60 000 prêts de vidéocassettes, 12 000 prêts de logiciels, 9 000 prêts d'œuvres d'art, 37 000 prêts de séries de diapositives.
5. Voir par exemple *Pour une sociologie de la lecture* (Cercle de la Librairie, 1988), *Publics à l'œuvre* Documentation française, 1986), *Constances et Variantes* (BPI, 1990).
6. Voir notamment Joëlle Bahloul, *Lectures précaires*, BPI, 1987.
7. Je ne parle pas ici des « non-lecteurs » techniques dont le problème est autre.

Document n° 2

ÉVALUER LA PERFORMANCE DES BIBLIOTHÈQUES

UNE NOUVELLE NORME

L'Organisation internationale de normalisation (ISO) vient de publier en avril dernier la norme NF ISO 11620 sur les indicateurs de performance des bibliothèques[1]. Cette norme marque un pas décisif, sur le plan international, dans l'évaluation des bibliothèques. Elle est le résultat des efforts convergents que la communauté des bibliothèques a menés dans différents pays depuis le début des années 1980. En effet, elle n'aurait pas pu être élaborée si elle ne s'était appuyée sur des manuels d'évaluation rédigés par les associations de bibliothécaires, notamment anglo-saxonnes[2].

Certes, ces manuels étaient destinés à tel type de bibliothèque (publique ou universitaire), mais au-delà de leurs différences inévitables, ils ont permis d'appliquer de manière empirique et assez simple des indicateurs de performance et de renforcer une pratique commune – tout au moins dans les pays qui s'étaient le plus engagés dans cette voie, à savoir les États-Unis et le Royaume-Uni. Ces initiatives ont ensuite été relayées au niveau international par l'Unesco qui publiait en 1989 le manuel de Nick Moore[3], puis par la Fédération internationale des associations de bibliothécaires (IFLA)[4]. L'ISO a donc pu s'appuyer sur ce socle fermement établi.

Un processus régulier d'évaluation

Le succès de ces manuels et la convergence croissante des efforts en ce domaine sur le plan international traduisent une prise de conscience

1. Cette norme est disponible en anglais et en français. Elle vient d'être publiée comme norme française par l'AFNOR (Association française de normalisation) en octobre 1998 sous la référence NF ISO 11620, avec l'indice de classement Z 48-005.
2. Citons les manuels suivants :
– N.A. Van House ; M.J. Lynch ; C.R. McClure ; D.L. Zweizig & E.J. Rodger, *Output Measures for Public Libraries*. Chicago, Illinois, American Library Association, 1987.
– N.A. Van House ; B.T. Weil & C.R. McClure, *Measuring Academic Library Performance : a Practical Approach*, Chicago, Illinois, Association of College and Research Libraries, American Library Association, 1990.
– King Research Ltd, *Keys to Success : Performance Indicators for Public Libraries : a Manual of Performance Measures and Indicators*, London, HMSO, 1990.
– *The Effective Academic Library : a Framework Evaluating the Performance of UK Academic Libraries*, Bristol, HEFCE, 1995.

3. Nick Moore, *Measuring the Performance of Public Libraries : a Draft Manual*, Paris, Unesco, 1989. (PGI-89/WS/3).
4. Roswitha Poll ; P. te Boekhorst ; R.A. Hiraldo, *Measuring Quality : International Guidelines for Performance Measurement in Academic Libraries*, München, Germany, Saur, for IFLA Section for University Libraries & Other General Research Libraries, 1996 (IFLA publications, 76).

PIERRE CARBONE
Service commun de la documentation Université de Paris 12
mél : carbone@univ-paris12.fr

grandissante dans la communauté des bibliothèques. Les bibliothécaires ne peuvent plus se limiter à rendre compte de leur service seulement à partir de données statistiques sur les ressources et l'activité de la bibliothèque. Ils doivent faire la preuve qu'ils répondent aux besoins des usagers et montrer de quelle façon et à quel point les services de la bibliothèque y répondent.
Ces besoins viennent de catégories d'usagers qui peuvent être différentes et ne s'expriment pas forcément directement dans les demandes des plus actifs, ce qui signifie que mesurer la satisfaction des lecteurs actifs ou l'augmentation de leur activité ne suffit pas. Par ailleurs, ces usagers ont d'autres besoins, culturels ou de loisirs par exemple, et n'accordent pas forcément la priorité à la lecture. De plus, au-delà des demandes ponctuelles de lecteurs actifs, l'expression et la hiérarchisation des besoins de lecture et de documentation des usagers sont elles-mêmes un processus médiatisé par des instances, par une autorité de décision et donnent lieu à une traduction politique et budgétaire.
Autrement dit, l'évaluation met en jeu trois partenaires (les usagers, les bibliothécaires et les décideurs) : les décideurs fixent les missions et les objectifs généraux de la bibliothèque, qui sont mis en œuvre par les bibliothécaires et ceux-ci ont une obligation croissante de résultat à l'égard des usagers qui sont mis de plus en plus au centre des préoccupations.
Ce rapport est plus ou moins formalisé et reste souvent implicite. Dans un domaine où le retour sur investissement n'est pas mesurable en termes directement économiques et où les variations de financement peuvent être importantes d'une année sur l'autre, il devient donc vital pour les bibliothécaires de se faire les meilleurs interprètes des attentes réelles de l'ensemble des usagers, de montrer que leur service est performant, que la qualité du service peut encore être améliorée, et de disposer à cet effet d'outils fiables et reconnus pour l'évaluation de la performance.

La norme 11620

Cette norme répond ainsi à un besoin exprimé par la communauté internationale des bibliothèques, même si l'attente en était exprimée plus fortement par les pays les plus avancés dans l'évaluation. On peut dire justement qu'elle s'avère encore plus utile dans la partie du monde où l'évaluation est peu développée, car elle fournit une référence internationalement reconnue et un ensemble de procédures et de méthodes pour mesurer la qualité des services. Elle constitue donc un levier pour introduire ou développer dans de nombreux pays – chacun selon les modalités et le rythme les plus appropriés – un processus régulier d'évaluation, et pour asseoir ainsi sur des bases objectives la prise de décision au niveau local ou national en matière de bibliothèques.
De la sorte, la norme NF ISO 11620 peut contribuer au développement des bibliothèques dans le monde.
Par ailleurs, le fait qu'elle ait été élaborée par des experts d'une dizaine de pays[5] – dont certains peu avancés en ce domaine – a permis la prise en compte de la diversité des situations.
La norme NF ISO 11620 traduit l'état actuel des connaissances et des pratiques d'évaluation de la performance en bibliothèque, en s'appuyant sur la littérature professionnelle. Les rédacteurs étaient conscients dès le départ qu'elle serait destinée à évoluer, et ont laissé quelques lacunes faute d'indicateurs publiés et testés pour certains services ou aspects (la formation des usagers, la promotion des services, les ressources humaines, les services électroniques). Un travail d'élabora-

LA NORME CONSTITUE UN LEVIER POUR INTRODUIRE OU DÉVELOPPER UN PROCESSUS RÉGULIER D'ÉVALUATION

La norme ISO 11620

L'architecture de la norme ISO 11620, qui fait en tout 60 pages dans la version française, est conçue en deux volets, afin de permettre l'inclusion de nouveaux indicateurs ou la modification de ceux existants. Elle comprend :
– une **partie générale** de 10 pages (domaine d'application ; référence normative ; définitions ; critères et cadre de description ; emploi des indicateurs ; maintenance de la norme). Cette partie permet de répondre aux questions : qu'est-ce qu'un indicateur de performance des bibliothèques ? Comment le construit-on ? Comment l'utilise-t-on ?
– des **annexes** destinées à évoluer : une liste des indicateurs de performance ; la description de ces indicateurs ; une bibliographie. La liste des indicateurs et leur description sont normatives.
Les indicateurs présentés dans la norme le sont selon les services de base de la bibliothèque, sous trois grandes rubriques : opinion des usagers, services offerts au public, services internes.

5. Créé en 1992 et présidé d'abord par Charles McClure (États-Unis), puis par Geoffrey Ford (Royaume-Uni), ce groupe d'experts réunissait également Niels Erik Wille (Danemark), Pierre Carbone et Thierry Giappiconi (France), Jakob Harnesk (Suède), Roswitha Poll (Allemagne), Libena Vokac (Norvège), John Willemse (Afrique du Sud), Maria Cecilia Cuturi (Italie), S. D. Kolagaeva (Russie), avec le concours d'Alan Mc Dougall, président du Sous-comité 8 (Statistiques et évaluation de la performance) du Comité technique 46 (Information et documentation) de l'iso.

tion des indicateurs manquants est en cours, selon une procédure de mise à jour précisée par la norme elle-même, le groupe d'experts qui a rédigé la norme étant reconduit à cet effet.

Si la norme NF ISO 11620 s'appuie sur les manuels existants, elle en diffère dans la portée et dans la forme. En effet, chacun de ces manuels est destiné à un type de bibliothèque (de lecture publique ou universitaire) et non à l'ensemble des bibliothèques. Par ailleurs, le même indicateur a des noms différents selon les manuels, ou encore des procédures de mise en œuvre sensiblement identiques peuvent comprendre des variantes d'un manuel à l'autre.

La norme, quant à elle, s'applique à tous les types de bibliothèques dans tous les pays, même si certains indicateurs peuvent être plus appropriés aux bibliothèques publiques et d'autres aux bibliothèques universitaires, ou d'autres encore à des bibliothèques faisant surtout du prêt. Elle établit une description unique d'un indicateur donné, même si elle peut proposer deux ou plusieurs méthodes. La norme a donc vocation à dégager un noyau commun et homogène à partir des manuels existants ou de la littérature professionnelle en général.

Si les manuels existants ont prouvé la validité d'une démarche homogène dans le même type de bibliothèque, leur but affirmé était de permettre l'évaluation d'une bibliothèque sur le plan local, dans son propre contexte, dans ses rapports avec ses propres usagers – qui ne sont pas supposés ressembler à ceux d'une autre bibliothèque. La démarche comparative en était donc absente. Or, si le but premier de la norme est aussi la mise en œuvre d'indicateurs sur le plan local, elle affirme en même temps qu'il peut être pertinent et utile de comparer ces bibliothèques entre elles, à condition de prendre certaines précautions.

La norme précise en effet que ces comparaisons peuvent être valides si l'on prend en compte les missions et objectifs de ces bibliothèques, si l'on considère les résultats pour un ensemble d'indicateurs et non pour un indicateur isolé, si l'on observe les similitudes ou les différences en matière de ressources, de catégories d'usagers, de structures de direction, de procédures de gestion.

Un langage commun

Par rapport aux manuels, un des avantages de la norme est l'adoption d'une terminologie propre aux indicateurs de performance des bibliothèques, qui constitue dorénavant pour cette communauté le langage commun dans ce domaine.

LA NOTION DE PERFORMANCE EST LE MEILLEUR ÉQUILIBRE ENTRE L'EFFICACITÉ ET L'EFFICIENCE ET MET EN JEU LES OBJECTIFS, LES MOYENS ET LES RÉSULTATS

Les termes de base du vocabulaire de la performance appliqué aux bibliothèques ont donc maintenant une définition normalisée, notamment les termes suivants : *disponibilité, efficacité, efficience, fiabilité, indicateur, indicateur de performance, mission, objectif général*[6], *objectif opérationnel, qualité, validité.*

Cela ne s'est pas fait sans débats, y compris sur des points qui peuvent paraître mineurs à des profanes. Faut-il, par exemple, parler de « mesure de performance » ou d'« indicateur de performance », le premier terme reflétant l'usage américain actuel ? Le terme d'« indicateur » a finalement été retenu, car il désigne plus exactement les outils mis en œuvre – qui ne se limitent pas à la mesure, un indicateur de performance étant une donnée jugée pertinente par rapport à un contexte défini.

Au centre de ces définitions se trouve la notion de performance, qui est le meilleur équilibre entre l'efficacité et l'efficience, et met en jeu trois termes : les objectifs, les moyens et les résultats.

L'efficacité est *« la mesure du degré d'accomplissement d'objectifs donnés »* ; une activité est efficace si les résultats se rapprochent au maximum des objectifs qui ont été fixés (par exemple, si l'objectif est d'acquérir 50 % des nouveautés dans une discipline au lieu de 30 %, son accomplissement sera mesuré différemment selon que l'on acquiert 35 %, 40 % ou 45 % des nouveautés de cette discipline). On voit que la mesure d'un objectif demande une quantification (soit en termes de pourcentage, de délais ou de ratios) ou l'établissement d'une échelle, éventuellement chiffrée, permettant d'apprécier la qualité du service (de très bon à très mauvais, en passant par bon, moyen, insuffisant).

L'efficience est la mesure de l'utilisation des ressources pour atteindre un objectif donné : une activité est efficiente si elle emploie le minimum de moyens ou si elle produit un meilleur résultat avec les mêmes moyens (par exemple, si l'on acquiert la même quantité d'ouvrages à meilleur prix suite à des négociations fructueuses, ou, dans le même ordre d'idées, si l'on acquiert plus avec le même budget d'acquisition).

La performance se définit comme l'« *efficacité dans la fourniture de services par la bibliothèque et* [l']*efficience dans l'emploi des ressources pour fournir ces services* ». Selon cette terminologie, un *indicateur de performance* est une « *expression numérique, symbolique ou verbale, dérivée des statistiques des bibliothèques ou d'autres données, employée pour caractériser la perfor-*

6. *Goal* en anglais.

mance d'une bibliothèque », qui « *inclut à la fois des chiffres bruts et des ratios* ». La performance, reposant sur le couple efficacité-efficience[7], il faut, pour évaluer le même service, croiser plusieurs indicateurs, car, de par leur structure même, certains indicateurs mesureront plutôt l'efficience (la mise en œuvre des moyens) et d'autres plutôt l'efficacité (l'atteinte des objectifs).

Caractéristiques des indicateurs

L'interprétation même des résultats est importante, car les indicateurs ne peuvent être isolés de leur contexte, et il faut se garder de faire une traduction automatique des résultats en décisions. De plus, ces indicateurs ont des limites :
– les résultats d'une bibliothèque ne peuvent être excellents pour tous les indicateurs en même temps, par exemple un très bon taux d'utilisation des collections ne peut coïncider avec un très bon taux de disponibilité des documents ; il convient donc d'optimiser les résultats et de les interpréter selon ce que recherche la bibliothèque et non en se limitant à un seul indicateur ;
– certains indicateurs ne peuvent être mesurés précisément (par exemple l'utilisation du libre accès) ;
– certains résultats médiocres révèlent un besoin de formation des usagers et non une mauvaise performance de la bibliothèque ;
– la relation entre le niveau des ressources et le niveau des services n'est pas automatique. Par exemple, une augmentation des moyens ne se traduit pas immédiatement en une amélioration de la qualité des services, et le retour sur investissement n'étant pas forcément financier, il faut apprécier les évolutions sur le moyen terme.
C'est aussi pour ces raisons que l'on doit comparer deux bibliothèques entre elles non pas en se fondant sur

Liste des indicateurs de performance (ISO 11620)

Services ou activités mesurés	*Indicateur de performance*
OPINION DES USAGERS	Satisfaction des usagers
SERVICES OFFERTS AU PUBLIC	
Généralités	Pourcentage de fréquentation de la population-cible
	Coût par usager
	Entrées à la bibliothèque par personne de la population à desservir
	Coût par entrée à la bibliothèque
Fourniture de documents	Disponibilité des titres
	Disponibilité des titres demandés
	Proportion des titres demandés figurant dans la collection
	Mise à disposition des titres demandés
	Consultation sur place par personne de la population à desservir
	Taux d'utilisation des documents
Recherche de documents	Délai de recherche médian des documents en magasin
	Délai de recherche médian des documents en accès direct
Prêt de documents	Rotation des collections
	Prêts par personne de la population à desservir
	Documents en prêt par personne de la population à desservir
	Coût par prêt
	Prêts par agent
Fourniture de documents provenant de sources externes	Délai du prêt entre bibliothèques
Services de renseignement et de référence	Taux de réponses correctes
Recherche d'information	Taux de succès de la recherche par titre dans le catalogue
	Taux de succès de la recherche par sujet dans le catalogue
Formation des usagers	Pas d'indicateur décrit dans la norme internationale
Installations	Disponibilité des installations
	Taux d'utilisation des installations
	Taux d'occupation des places assises
	Disponibilité des systèmes informatisés
SERVICES INTERNES	
Acquisition de documents	Délai d'acquisition médian des documents
Traitement des documents	Délai de traitement médian des documents
Catalogage	Coût par titre catalogué
Promotion des services	Pas d'indicateur décrit dans la norme internationale
Disponibilité et emploi des ressources humaines	Pas d'indicateur décrit dans la norme internationale

7. Auquel il faudrait ajouter, pour être complet, la pertinence, à savoir la mesure de l'adéquation entre les objectifs et les moyens.

les résultats d'un seul indicateur, mais en s'appuyant sur un ensemble d'indicateurs.

Les indicateurs présentés dans la norme ont fait l'objet d'au moins une publication dans la littérature professionnelle, et ont été testés selon les six critères suivants :

– *Contenu informatif* : l'indicateur fournit une information qui permet de donner la mesure d'une activité, d'apprécier les réalisations, de déceler les problèmes ; cette information doit en effet permettre la prise de décision (qu'il s'agisse de fixer des objectifs, de répartir un budget, de choisir des priorités). Par exemple, le délai de traitement des documents mesure les délais aux différentes étapes (réception, catalogage, indexation matière, préparation de la reliure, reliure et équipement, mise en rayon), et permet de voir en quels points du circuit et de quelle façon des améliorations peuvent être apportées ;

– *Fiabilité* : l'indicateur produit le même résultat s'il est répété dans les mêmes circonstances ; cela signifie, entre autres, que, dans le cas d'un indicateur mettant en œuvre un sondage, la méthode est décrite de manière à pouvoir être appliquée de façon identique par les différents sondeurs ;

– *Validité* : l'indicateur mesure effectivement ce qu'il est censé mesurer et non autre chose. Ainsi, nous n'avons pas retenu un indicateur de disponibilité des ressources humaines par usager inscrit à la bibliothèque, qui établit un rapport entre le nombre d'agents disponibles pour le service public et le nombre d'inscrits. Cette donnée, en effet, ne mesure pas forcément une pleine utilisation du potentiel ; d'autre part, l'indicateur significatif aurait été à cet égard la proportion des ressources humaines de la bibliothèque consacrées au service public ;

– *Adéquation* : l'indicateur est adapté au but pour lequel il a été choisi, tant en termes d'échelle de mesure que de compatibilité avec l'organisation et l'agencement de la bibliothèque ;

– *Applicabilité* : l'indicateur emploie des données que la bibliothèque peut obtenir au prix d'un effort raisonnable en personnel, en coût de mise en œuvre et de façon supportable par les usagers ;

– *Comparabilité* : certains indicateurs permettent des comparaisons entre bibliothèques, mais il faut y procéder avec beaucoup de prudence. Il convient de prendre en compte les similitudes et les différences dans l'organisation, dans les missions et objectifs de ces bibliothèques, dans la structure de leurs publics, etc., au moment de cette comparaison.

LA NORME RÉUNIT LES INDICATEURS LES PLUS UTILES ET CONSTITUE UN NOYAU DE BASE OÙ CHAQUE BIBLIOTHÈQUE PEUT CHOISIR LES PLUS APPROPRIÉS À SON CAS, SELON LES ORIENTATIONS QUI LUI SONT FIXÉES

Autre avancée importante, même si elle peut sembler formelle : on dispose maintenant d'un cadre de description des indicateurs, qui comprend les éléments suivants, toujours présentés dans cet ordre :

– *le nom de l'indicateur* : chaque indicateur doit avoir une dénomination unique ;

– *l'objectif* : ou ce que l'indicateur a pour but d'évaluer ;

– *le domaine d'application de l'indicateur* : il peut concerner tel type de bibliothèque ou bien tous les types ; il y est précisé si des comparaisons entre bibliothèques sont possibles et s'il y a des limites à la comparaison ;

– *la définition de l'indicateur* : elle exprime les données à collecter et/ou les relations à établir entre ces données, et comprend éventuellement la définition de termes spécialisés ;

– *la description* concise de la méthode : pour la collecte des données et les calculs à réaliser. Deux méthodes ou plus peuvent être décrites et, dans ce cas, on présente d'abord la méthode la plus généralement applicable ;

– *l'interprétation* des résultats mesurés par l'indicateur et les facteurs affectant ces résultats : il y est précisé l'échelle de valeur de l'indicateur, les valeurs minimales et maximales, les variations à prendre en compte, et les facteurs internes et externes influant sur le résultat. Par exemple, dans le cas d'un indicateur relatif au prêt, l'interprétation tiendra compte du régime de prêt, c'est-à-dire du nombre de documents pouvant être empruntés simultanément par le lecteur et de la durée de prêt, de l'importance plus ou moins grande de l'accès libre, ainsi que des efforts faits par la bibliothèque pour valoriser ses collections par des actions de promotion ;

– *les sources* : les références des publications où l'indicateur est déjà décrit éventuellement sous un autre nom ;

– *les indicateurs associés* : pour l'évaluation de la performance d'un même service ou d'une même activité, il est souhaitable de croiser les résultats de plusieurs indicateurs afin de s'assurer que les différents aspects sont bien pris en compte. Ainsi, à la rotation des collections sont associés le taux d'utilisation des documents, la disponibilité des titres demandés, ainsi que les documents en prêt par personne de la population à desservir.

Ce cadre de description unique a permis d'analyser au fond des versions différentes pour le même indicateur et de faire le choix le plus approprié pour sa description normalisée.

Une démarche régulière et méthodologique

La norme réunit les indicateurs les plus utiles et constitue un noyau de base où chaque bibliothèque peut choisir les plus appropriés à son cas, selon les orientations qui lui sont fixées. En effet, il ne peut être question de les appliquer tous en toutes situations et l'évaluation doit être menée au regard des missions, des

IL CONVIENT D'INTÉGRER LES INDICATEURS DANS UNE DÉMARCHE RÉGULIÈRE DE PLANIFICATION ET D'ÉVALUATION, D'EN FAIRE UNE BASE DE DIALOGUE ENTRE LES PERSONNELS, LES AUTORITÉS ET LES USAGERS, AFIN D'ÉCLAIRER LES DÉCISIONS

objectifs généraux et opérationnels de la bibliothèque considérée (ce qui peut motiver au préalable, ou bien entraîner en retour, une explicitation ou une énonciation de ces missions et objectifs).

Il est bon que les bibliothécaires se posent les questions suivantes pour choisir les indicateurs : sont-ils utiles au dialogue avec les partenaires ? Concernent-ils une activité ou un secteur où l'on a constaté un dysfonctionnement ? Dispose-t-on des forces suffisantes pour les mettre en pratique ? Les données sont-elles demandées par une autorité supérieure ? Pour que la démarche soit valide, les bibliothécaires ne doivent pas se contenter de mettre en œuvre ces indicateurs de façon occasionnelle (pour voir) ou tacite (sans concertation avec les partenaires). Il convient d'intégrer ces indicateurs dans une démarche régulière de planification et d'évaluation, d'en faire une base de dialogue entre les personnels, les autorités et les usagers, afin d'éclairer les décisions.

La norme NF ISO 11620 marque une nouvelle étape pour le développement de l'évaluation des services dans un esprit dynamique. Elle met au centre les usagers et les indicateurs choisis sont, en effet, ceux qui ont un sens quant au niveau ou à la qualité du service rendu aux usagers. Dans l'utilisation de cette norme, il convient de s'appuyer sur la politique de développement de la bibliothèque (ses missions, ses objectifs généraux et opérationnels), et le débat autour du choix et de la mise en œuvre de ces indicateurs – comme l'interprétation des résultats – peut conduire à clarifier ou ajuster ces missions et objectifs. Enfin, la clé de cette évaluation de la performance réside dans la disponibilité des données nécessaires aux indicateurs : une telle démarche va de pair avec la mise en œuvre d'un système d'information.

Septembre 1998

Document n° 3

Les bibliothèques à l'épreuve de l'évaluation

L'évaluation s'invite peu à peu dans les bibliothèques. *La Gazette*, qui avait publié en juin dernier une enquête, réalisée en partenariat avec Ernst & Young, sur leurs coûts dans les villes de plus de 30 000 habitants, a organisé une table ronde sur l'évaluation des coûts et des résultats des bibliothèques municipales. Cette table ronde, qui a pris une actualité particulière avec la parution, en octobre, d'une norme Afnor sur les indicateurs de performances des bibliothèques, a réuni six professionnels du livre (quatre conservateurs, un inspecteur général des bibliothèques et le secrétaire général du Conseil supérieur des bibliothèques). À la clé, des comptes rendus d'expériences, beaucoup de pédagogie et d'intéressantes mises en garde.

Les usagers sont-ils satisfaits ? Combien coûte un prêt ? À quel rythme se renouvelle la collection ? Comment évolue le taux d'occupation de la salle de lecture depuis trois ans ? Combien compte-t-on d'agents par usager ? Ce chiffre est-il supérieur dans la bibliothèque voisine ? Au fait, combien de temps mettent-ils pour trouver un document ? Et pour en acquérir un ? Ces questions, ou d'autres plus adaptées à leur équipement, les bibliothécaires commencent à se les poser, et seule l'évaluation du coût et de l'efficacité de leur bibliothèque leur permettra d'y répondre. Pourtant, la démarche, si elle prend son envol peu à peu dans les bibliothèques, permettant notamment aux bibliothécaires de montrer qu'eux aussi sont des gestionnaires, n'est pas de tout repos. « La culture fait souvent les frais en premier d'une crise budgétaire. Avec des outils d'évaluation, elle peut mieux se défendre », souligne François Marin, directeur de la BM de Saint-Étienne (201 600 hab., Loire). « Prudence » et « mise en perspective », ont répété à l'envi nos six invités, désirant encadrer la fougue éventuelle de collègues ou d'élus, lors d'une table ronde mêlant recommandations et avertissements. Amenés à réagir à une enquête menée par le cabinet Ernst & Young, puis à décrire les facteurs de développement de l'évaluation, ils n'ont pas non plus omis d'évoquer les conditions de réussite de la démarche, ainsi que les risques qui lui sont attachés.

Oui à l'évaluation

Les bibliothèques sont-elles des services publics à part ? En matière de contrôle d'efficacité, il ne semble pas. Tous les invités sont convenus qu'à leur tour, les bibliothèques devaient veiller au bon usage des deniers communaux. Et pratiquer une saine évaluation de leurs coûts et de leurs performances, qui dépasse les simples bilans remis annuellement aux élus. « Souvent, pour seule évaluation, on trouve dans les bibliothèques le rapport d'activités, et c'est tout. Il faut aller plus loin », commente ainsi Philippe Debrion, directeur du réseau des bibliothèques de Saint-Quentin-en-Yvelines et président de la section des bibliothèques publiques de l'Association des bibliothécaires français (ABF). « Si une bibliothèque doit contribuer à l'insertion des chômeurs et à la formation permanente des adultes, dit un autre intervenant, il est normal que les élus désirent savoir si elle remplit sa mission. » « Après tout, les bibliothèques sont des services publics, explique Thierry Giappiconi, directeur de la bibliothèque de Fresnes (27 000 hab., Val-de-Marne). Nous devons rendre des comptes sur les sommes que nous recevons. Les citoyens ont le droit de savoir si les ressources sont le mieux utilisées possible. »

Efficacité, efficience, un entrain qui a toutefois légèrement gêné François Marin, directeur de la bibliothèque de Saint-Étienne, dont la remarque a trouvé un écho favorable. « Oui à l'évaluation, mais à condition que nous ne soyons pas les seuls. Les théâtres, les opéras, mais aussi les services de la collectivité, doivent s'interroger parallèlement sur leur fonctionnement. » Pas question de stigmatiser un service en particulier.

L'intérêt de la démarche

« L'évaluation entre dans les faits » : ce propos d'Albert Poirot, inspecteur général des bibliothèques, a incité les intervenants, dont beaucoup ont pratiqué l'évaluation, à expliquer les raisons du décollage. Avec son cortège d'indicateurs et d'informations au jour le jour, d'année en année, elle permet, pour certains, de mieux connaître le fonctionnement intime de la bibliothèque, et d'en améliorer par la suite la performance – soit en économisant des ressources, soit en favorisant le retour sur investissement. « Le catalogage, par exemple, prend beaucoup de temps, note Thierry Giappiconi. Si on définit son coût, si on le compare, cela permet d'envisager des solutions de rechange. Peut-être est-il plus intéressant de dégager le personnel de ces tâches et d'acheter des notices. »

Pour d'autres, l'évaluation représente une aide utile pour les décideurs locaux. « Des chiffres sur la fréquentation, l'évolution des prêts ou la disponibilité des équipements, tout cela leur permet de prendre de meilleures décisions », a notamment estimé Dominique Arot, secrétaire général du Conseil supérieur des bibliothèques (CSB). « Prenons le cas d'un équipement intercommunal, propose Jean-Marie Compte, directeur de la bibliothèque municipale à vocation régionale (BMVR) de Poitiers (82 600 hab., Vienne). Si des indicateurs relèvent le nombre d'usagers de la ville-centre et ceux des communes périphériques, le débat sur l'intercommunalité est éclairé. » L'évaluation, enfin, a été aussi décrite par Thierry Giappiconi comme un vecteur de motivation des agents. « Les indicateurs permettent de responsabiliser les agents, de leur montrer les effets et les coûts de leur façon de procéder. »

Les objectifs, quels objectifs ?

Attention, toutefois : sur quel périmètre l'évaluation va-t-elle porter ? « Que mesure-t-on, s'interroge Dominique Arot, l'activité d'un établissement ou la pratique de la lecture ? Les bibliothèques ne sont pas les seules à stimuler la lecture publique. Une évaluation ne doit pas se tromper d'objet. » Il s'agit donc de faire porter l'évaluation sur « les missions de l'établissement, pense Philippe Debrion. Quel effet est produit par notre action sur un territoire, des hommes ? Mais l'évaluation peut aussi s'intéresser à la façon dont nous produisons ces services, ce qui s'apparente davantage au contrôle de gestion ».

Les objectifs d'une bibliothèque ne sont toutefois pas toujours bien connus des élus ou des managers du site eux-mêmes. Le flou culturel sévit encore. « Dans beaucoup de villes, les élus ne définissent pas de missions précises à leurs bibliothèques. Aucune évaluation n'est possible », constate Philippe Debrion, appuyé par Thierry Giappiconi : « mesurer si les missions ont été remplies, cela suppose que ces missions aient été définies ». Commentaire d'Albert Poirot, sans doute un peu effaré de voir les bibliothèques cumuler les missions sans forcément les moyens. « On en demande de plus en plus aux bibliothèques, elles sont en première ligne de l'action éducative, sociale, culturelle. » Le dernier mot est pour Dominique Arot, qui, dans un style direct, signale que l'évaluation devra en particulier se pencher sur deux aspects de la vie des bibliothèques. « La connaissance des populations accueillies, car on se paie de mots, mais, tout le monde le sait, les populations défavorisées sont absentes de nos établissements. Et la qualité du personnel, sa productivité. Aucun management sérieux ne peut éviter la question. »

Concertation tous azimuts

« Langage commun à une organisation », comme le souhaiterait Jean-Marie Compte (Poitiers), « outil de concertation » (Thierry Giappiconi), l'évaluation doit donner lieu à de nombreux échanges en amont – lors de la définition des indicateurs – et en aval, pour l'exploitation des données. Pas d'équipée solitaire de la part du bibliothécaire, donc.

« Évaluer suppose des outils, et les responsables de bibliothèques doivent avoir les meilleurs, qui sont les plus adaptés à leur spécificité », signale Albert Poirot. Cette large concertation, pilotée par le responsable d'établissement, facilitera notamment l'alimentation en statistiques des tableaux de bord, démarche fastidieuse pour des personnels plus tournés vers l'usager ou le livre. Les élus doivent, en premier lieu, être associés à la définition des indicateurs. « D'autant qu'une démarche d'évaluation permet de leur montrer que nous ne sommes pas une "danseuse", que l'argent est bien utilisé, mieux que dans d'autres villes ou secteurs, etc. », complète François Marin (Saint-Étienne).

Les services de la direction générale et financière seront ensuite invités au banquet de l'évaluation. « Attention toutefois, intervient Jean-Marie Compte (Poitiers), ce qui intéresse le contrôle de gestion n'est pas forcément ce qui intéresse un bibliothécaire. » Négociations dans l'air. Enfin, les intervenants désirent, bien sûr, associer le personnel, b.a.-ba de la gestion des ressources humaines modernes. « C'est la première richesse de l'établissement – même si dans certaines bibliothèques, il n'y a même pas un organigramme », relève Philippe Debrion, qui suggère d'établir un indicateur de la satisfaction des agents. « Il est nécessaire d'impliquer les agents, car, très vite, ils peuvent avoir le sentiment qu'un flicage se met en place. "Ah ! ils mesurent le temps de catalogage, ils veulent le rendement", se diront-ils. Et cela remonte au niveau syndical, conclut François Marin. C'est pourquoi la transparence devra exister sur l'exploitation des données. Que va devenir un agent retiré des tâches de catalogage ? Cela doit être évoqué dès le démarrage de la démarche. »

Relativiser et comparer les évaluations

« Dis-moi si tu évalues, et je te dirais si tu es un bon manager ». Le propos est facile, mais l'évaluation est un art autrement plus subtil. Il s'agit d'abord de ne pas l'utiliser à l'aveugle. « Nous avons affaire là à des outils du privé, et ils doivent être adaptés avec intelligence au fonctionnement de nos établissements », lance Philippe Debrion, sans doute conscient que de nombreux élus férus des méthodes de l'industrie (qualité ISO, projets de services) et consultants liraient ses propos. L'évaluation, par ailleurs, ne doit pas être pratiquée à des fins de contrôle – ce serait alors un audit –, de sanction – la remontée des statistiques gripperait vite – ou dans le cadre d'un seul exercice budgétaire. Non à une chevauchée sauvage ! L'initiative demande sérénité et assiduité, afin notamment de faciliter les comparaisons dans le temps, d'une année sur l'autre, plus faciles que celles d'un établissement à l'autre. « Si l'on compare, que les indicateurs aient la même base de calcul, prévient Thierry Giappiconi. Dans les frais de personnel, par exemple, l'indicateur intègre-t-il les CDD, et le personnel de nettoyage ou de surveillance ? »

En troisième lieu, et surtout, les participants ont tenu à mettre en garde les élus et la direction générale contre les déductions hâtives. On ne bâtit pas une politique culturelle avec des chiffres. Il est important de « croiser » ces informations avec des éléments de politique et de sciences sociales. « Grâce au taux de prêt par personne, on peut être, par exemple, satisfait de voir une collection circuler. Mais tout dépend de la qualité de cette collection. De même, le coût du personnel doit être rapporté à sa formation ou à la configuration du bâtiment », note Thierry Giappiconi.

« Relativiser », mettre en perspective, « pondérer », comparer les résultats de l'évaluation avec ceux observés dans les autres bibliothèques de même taille sont les nécessaires ingrédients de la recette managériale. Car des investissements apparemment coûteux peuvent appartenir à tout dispositif de stimulation de la lecture publique, comme « les bibliothèques de rue » citées par Philippe Debrion, ou s'avérer payants dans quelques années. « Le portage à domicile concerne peu de gens, mais il appartient à nos missions, relève pour sa part François Marin. La rentabilité de tels services, qui concernent quelques dizaines de personnes, n'est peut-être pas économique, mais elle est sociale. Certes, elle est difficilement mesurable, mais, comme la médiation sociale, qui sait ce qu'elle évitera plus tard à la société comme désagréments ? » Où il apparaît que l'évaluation doit être menée en toute transparence et avec application, et ne rester qu'un élément de guidage de la stratégie de lecture publique.

Les réactions à l'enquête

Les bibliothèques méconnaissent leurs coûts de fonctionnement et d'investissement, a révélé une enquête récente. Les intervenants réagissent, entre approbation et relativisation. Dans son numéro du 29 juin 1998, *La Gazette* publiait une enquête sur les indicateurs de coûts dans les bibliothèques de 44 villes de plus de 30 000 habitants. Réalisée par le cabinet Ernst & Young, elle révélait les trois points suivants.

1. Les bibliothèques ont une bonne connaissance de leur activité (éléments de volumétrie, satisfaction), grâce à leur habitude de fournir des chiffres d'exploitation à la direction du Livre et de la Lecture (DLL).

2. Elles ont, en revanche, une connaissance moyenne, voire « mauvaise », de leurs coûts, en matière de gestion des ressources humaines notamment. Par exemple, 70 % des bibliothèques ne connaissent pas le montant des investissements réalisés sur leur(s) site(s).

3. La culture de l'évaluation est très peu répandue chez elles, à cause de cette distance vis-à-vis des éléments de contrôle de gestion. Travaillant en « milieu fermé », les bibliothécaires ont des rapports avec les services financiers de la ville seulement lors de la préparation budgétaire.

En début de table ronde, nos invités ont réagi. « C'est vrai, nous ne sommes pas habitués à analyser les coûts et retours sur investissement », témoigne l'un d'eux. « Cette enquête dit juste, explique François Marin, mais il faut comprendre que les mairies sont des organisations souvent cloisonnées, ce qui rend tout contact difficile pour échanger des informations. Nous dépendons, par exemple, de la culture, et la gestion des ressources humaines, elle, se fait à la direction du personnel. C'est un raisonnement de chasse gardée, et les relations, pour bien connaître nos coûts, sont d'autant plus difficiles à nouer. »

Un constat que seul Philippe Debrion ne partage pas : « À Saint-Quentin, nous sommes une direction du Livre, donc nous raisonnons d'égal à égal avec les autres directions. » Jugeant très utile, dans leur ensemble, une telle enquête, les intervenants ont également refusé d'être montrés du doigt au sein des collectivités. « Ces mêmes observations auraient pu être faites dans de nombreux autres services », commente Thierry Giappiconi. « Quel directeur d'école sait ce que coûte son établissement, s'exclame Albert Poirot. De plus, dans une bibliothèque, des salaires ou des prestations sont payés par l'État, comme la restauration de certains documents. Comment connaître les sommes en question ? »

Les indicateurs-clés de la performance selon la norme

1. Le taux de satisfaction des usagers :

Il s'échelonne de 1 à 5, et porte sur l'ensemble du service, ou sur certains aspects, permettant de comparer la situation de la bibliothèque à des moments différents. La mesure s'appuie sur des questionnaires, et peut concerner les horaires, la formation des usagers, la disponibilité des documents, les salles d'études, les périodiques, etc.

Le commentaire de l'Afnor : « Si les usagers n'ont pas fait l'expérience de services de très grande qualité, il est possible qu'ils se satisfassent d'une qualité moindre, et c'est l'une des raisons pour lesquelles il est difficile de comparer différentes bibliothèques entre elles. »

2. Le coût par usager :

Il s'agit de rapporter le montant total des dépenses ordinaires de la bibliothèque au cours d'une année au nombre d'usagers. Cet indicateur permet la comparabilité et peut être complété par le coût par entrée ou le coût par prêt.

Le commentaire de l'Afnor : « S'il est confronté aux objectifs, cet indicateur peut servir à justifier l'utilisation de fonds publics et peut aider à comprendre les différences de coûts entre des bibliothèques semblables »

3. Le taux d'utilisation des documents :

Estimant la proportion des documents en cours d'utilisation (en prêt, en consultation) à n'importe quel moment, ce taux permet d'évaluer l'adéquation de la collection aux demandes de la population à desservir.

Le commentaire de l'Afnor : « Plusieurs facteurs influent sur cet indicateur, dont les plus importants sont le nombre d'exemplaires de chaque titre, la composition de la collection en rapport avec la demande des usagers, le règlement de prêts et les activités de promotion de la bibliothèque. Parmi les facteurs mineurs, notez les retraits de titres pour la reliure et les délais de remise en rayon. »

4. Le taux de prêts par agent :

Permettant d'évaluer les ressources en personnel en fonction du nombre des prêts, il rapporte le nombre total de prêts au nombre d'agents équivalent temps plein.

Le commentaire de l'Afnor : « Cet indicateur se rapporte à l'ensemble du personnel. Il ne peut normalement être pris pour une estimation du nombre moyen de prêts effectués par unité de personnel. Dans les cas particuliers où les prêts sont le service dominant, cet indicateur peut servir à évaluer l'efficience d'ensemble du service. Il peut aussi procurer les moyens d'évaluer l'impact sur la productivité de l'informatisation ou des évolutions dans les services, dans les politiques de service et de personnel. »

5. Le taux d'utilisation des installations :

Variant considérablement selon le moment de la journée, de la semaine ou de l'année, cet indicateur définit le pourcentage d'installations utilisées au moment de l'enquête. Les matériels en panne ne sont pas comptés comme disponibles, mais intègrent le nombre total des installations fournies.

Le commentaire de l'Afnor : « Cet indicateur peut être associé aux taux d'occupation des places assises. »

6. Le coût par titre catalogué :

Il évalue le coût d'une politique donnée de production de notices bibliographiques, sans toutefois permettre de comparaison entre bibliothèques, sauf si le degré d'informatisation et d'utilisation du catalogage est pris en compte. Il met en rapport le nombre d'heures consacrées au catalogage, multiplié par leur coût auquel on ajoute le coût d'acquisition des notices, divisé par le nombre de titres catalogués.

Le commentaire de l'Afnor : « Les coûts devraient être appréciés en fonction de la qualité du catalogue. [...] Les coûts considérés comme élevés doivent être jugés au regard des variables clés de l'organisme, comme l'efficience de la gestion, le coût des notices dérivées et les performances des matériels et des logiciels. »

Les mots de l'évaluation

Adéquation : pertinence d'un indicateur donné pour l'évaluation d'une activité déterminée.

Disponibilité : capacité des documents, des installations ou des services à être effectivement fournis par la bibliothèque au moment où ils sont demandés par les usagers.

Efficacité : mesure du degré d'accomplissement d'objectifs donnés (une activité est efficace si elle se rapproche au maximum des résultats qu'elle est censée produire).

Efficience : mesure de l'utilisation des ressources pour atteindre un objectif donné (une activité est efficiente si elle emploie le minimum de ressources, ou si elle produit un meilleur résultat avec les mêmes ressources).

Évaluation : processus consistant à estimer l'efficacité, l'efficience et la pertinence d'un service ou d'une installation.

Fiabilité : qualité d'une mesure qui produit les mêmes résultats de façon répétée et uniforme.

Indicateur de performance : expression numérique, symbolique ou verbale dérivée des statistiques de bibliothèques ou d'autres données, employée pour caractériser la performance d'une bibliothèque (chiffres bruts ou ratios).

Performance : efficacité dans la fourniture de services par la bibliothèque et efficience dans l'affectation et l'emploi des ressources utilisées pour fournir ces services.

Validité : capacité pour un indicateur à mesurer effectivement ce qu'il est censé mesurer.

Une norme pour mieux faire

Coût par usager, délai d'acquisition des documents, taux d'utilisation des documents, taux d'occupation des places, délai de recherche des documents en accès direct, délai d'un prêt entre bibliothèques... une norme française a été diffusée par l'Afnor en octobre, comportant beaucoup des indicateurs qu'il faut pour mesurer la performance de sa bibliothèque. Sa référence : NF ISO 11620.

Cette norme a demandé six ans de travail, et la Commission internationale, qui a longtemps été présidée par un professeur américain, Charles McClure, n'a retenu que les indicateurs les plus éprouvés, ayant reçu des applications sur le terrain. « C'est un point de départ, commente Thierry Giappiconi, qui a participé aux travaux d'élaboration. Cette norme est très prudente, et d'autres indicateurs, de coûts ou d'efficacité des équipements électroniques notamment, devraient bientôt sortir. »

Près d'une trentaine d'indicateurs de performance sont proposés, rassemblés de façon très claire et pédagogique. Chacun fait l'objet d'une définition et d'une description précise de sa méthode de calcul. Des mises en garde sont également délivrées. Sont mesurés l'opinion des usagers, la fourniture, le prêt et la recherche de documents provenant de sources externes, les installations, le catalogage ou encore l'acquisition de documents. Il est toutefois important de noter que ces indicateurs ne sont que suggérés, et ne doivent donc pas empêcher un manager local d'en inventer d'autres. C'est ainsi que ne figure pas, par exemple, dans la norme ISO, d'indicateur relatif aux heures d'ouverture comparée à la demande des usagers, pourtant intéressant à calculer.

Pour avoir une liste plus complète des indicateurs imaginables, se reporter à l'ouvrage de MM. Giappiconi et Carbone, signalé en bibliographie.

NF ISO 11620 Information et documentation-Indicateurs de performance des bibliothèques. Renseignements et commande : Afnor, Tour Europe, 92049, Paris-La Défense cedex. tél. 01.42.91.55.55.

Document n° 4

Evaluer pour évoluer

TABLE RONDE LIVRESHEBDO
"LES BIBLIOTHÈQUES À L'ÉPREUVE DE LA MODERNISATION"

A l'épreuve de la modernisation, les bibliothécaires ne peuvent plus se dispenser d'évaluer leurs performances. Comment leur mission de service public culturel est-elle compatible avec une approche marketing de l'offre et de la demande? C'était l'objet d'un débat organisé par Livres Hebdo au Salon du livre le 19 mars, à l'occasion de la sortie de deux ouvrages sur le sujet aux éditions du Cercle de la librairie.

Sans cesse confrontés à de nouveaux enjeux économiques, les responsables de bibliothèques doivent revendiquer les moyens économiques pour s'adapter aux demandes de publics de plus en plus fluctuants. Mais sont-ils tenus, comme n'importe quelle entreprise, de rendre des comptes et de légitimer leurs investissements? *Livres Hebdo* a ouvert le débat le 19 mars dernier au Salon du livre de Paris, à l'occasion de la parution de deux ouvrages dans la collection « Bibliothèque » des éditions du Cercle de la librairie: *Manuel théorique et pratique d'évaluation des bibliothèques et centres documentaires* de Thierry Giappiconi, directeur de la bibliothèque municipale de Fresnes, et *Stratégie marketing des services d'information* de Florence Muet, consultante en développement des services d'information, et Jean-Michel Salaün, professeur à l'Enssib. Chaque livre (~~voir encadré p.78~~) contient une méthode pour aider les bibliothécaires à défendre leurs projets. Car, ainsi que

Bibliothèques : mille ans d'évolution

Thierry Giappiconi, BM de Fresnes : "Aucune bibliothèque ne peut répondre à tous les besoins de tous les publics. Il faut définir des objectifs précis."

Florence Muet, consultante en développement des services d'information : "Le marketing stratégique peut s'appliquer à n'importe quel type de service d'information, public ou privé. C'est une méthode pragmatique et créative."

Jean-Michel Salaün, Enssib : "Dès qu'un service s'adresse à un public, il est possible de lui appliquer un raisonnement marketing. (...) Les bibliothèques passent par des choix à faire, et donc des décisions à prendre."

l'a souligné François Colombani, directeur du Centre de gestion de la fonction publique territoriale des Bouches-du-Rhône : *« Dans un pays où 80 % des communes sont seules à financer la culture, faire de l'évaluation n'est pas si simple. Encore faut-il avoir des objectifs précis et trouver, dans la nomenclature de nos emplois, un évaluateur. La théorie existe déjà, mais dans la pratique, nous n'en sommes qu'au début. »*

La signification sociale de l'évaluation. L'évaluation des performances des bibliothèques et des centres documentaires n'est pas une discipline nouvelle et se trouve largement enseignée dans certains pays (anglo-saxons notamment) depuis les années 80. Dès 1998, la norme ISO 11620 offre aux bibliothèques des principes et des définitions standardisés pour mesurer les performances de leurs services. Danièle Lamarque, présidente de la chambre régionale des comptes de Haute-Normandie et membre du Conseil national d'évaluation, a cependant souligné combien la mesure des performances du service public n'est pas dans la culture française : *« Tout en plaçant très haut les exigences du service public, la France mesure peu et se cantonne à l'analyse des procédures. On en reste à des démarches trop descriptives. »* Le livre de Thierry Giappiconi fait donc figure de pionnier dans ce domaine et montre, en s'appuyant sur de très nombreux exemples puisés à l'étranger, que c'est possible. En France, la création du Conseil national d'évaluation dans les années 90 témoigne de cette volonté nouvelle d'apprécier des performances interministérielles, du moins en interne. *« Les bibliothèques, qui agissent à différents niveaux culturels, ont des missions de plus en plus complexes,* a poursuivi Danièle Lamarque. *L'évaluation telle que Thierry Giappiconi l'appréhende donne des milliers de clés pour mesurer les actions d'une bibliothèque et lui permettre d'atteindre les résultats qu'elle s'est fixés. Pour un organisme culturel, l'évaluation apparaît donc comme une fonction fondamentale de la démocratie locale. »*

Les bibliothèques sont-elles tenues, comme n'importe quelle entreprise, de rendre des comptes et de légitimer leurs investissements?

En quoi la bibliothèque sert-elle la culture et contribue-t-elle au dynamisme du marché? L'auteur montre qu'il faut dépasser la statistique traditionnelle, *« bavarde et dépourvue de valeur »*, au profit d'indicateurs *« chiffrés, concrets et significatifs »*: quel est le nombre de documents par personne? Quel est le taux de pénétration de la bibliothèque? Quel est le taux de disponibilité des titres demandés? *« Dans ce livre, j'ai voulu fournir une méthode et des outils. Aucune bibliothèque ne peut répondre à tous les besoins, de tous les publics. Il faut définir des objectifs précis pour dialoguer avec les élus et communiquer avec les citoyens. »* Les collectivités locales, a rappelé Danièle Lamarque, sont obligées de rendre des comptes à leurs électeurs et pratiquent plutôt bien l'évaluation. On l'a récemment constaté à l'occasion de la dernière campagne des Municipales. La presse a publié de nombreuses évaluations de villes. Cette pratique doit pouvoir être développée pour les services culturels, sans que les enjeux financiers prennent pour autant le pas sur leur visée sociale. Pour leur part, Florence Muet et Jean-Michel Salaün affirment que *« dès qu'un service s'adresse à un public, il est possible de lui appliquer un raisonnement marketing »*.

Une aide à la décision. Les trois auteurs s'accordent pour dénoncer l'absence d'orientations de ces établissements. Faute d'objectifs précis, les décisions se limitent à des attributions de moyens selon des critères d'efficacité plus ou moins identifiables, *« assortis d'options tarifaires ou réglementaires aussi arbitraires que contraignantes »*, comme l'écrit Thierry Giappiconi. Jean-Michel Salaün en fait un argument en faveur de la stratégie marketing qui aide à construire un projet. Dans son précédent ouvrage paru en 1992, *Marketing des bibliothèques et des centres de documentation*, il avait déjà esquissé ce qui lui semble être aujourd'hui l'instrument fondamental de la modernisation des bibliothèques. *« Si le marketing n'apparaît pas encore comme une évidence aux yeux de tous*, a-t-il insisté, *le livre que nous avons signé aujourd'hui avec Florence Huet explique en quoi il est un outil extrêmement intéressant pour les bibliothèques. Celles-ci passent par des choix à faire, et donc des décisions à prendre. Car pour nous, une bibliothèque n'est pas seulement une institution publique, un lieu soumis à des politiques publiques. C'est au responsable de proposer des choix. »* L'objectif de leur ouvrage est d'aider les bibliothèques à faire un repérage, des analyses précises et un diagnostic. Contrairement à l'évaluation qui permet de comparer un établissement à un autre selon des critères permanents, l'analyse marketing est plus centrée sur un territoire donné. *« Il est vrai*, a souligné Florence Muet, *que le marketing stratégique est une méthode globale pouvant s'appliquer à n'importe quel type de service d'information public ou privé. C'est néanmoins une méthode efficace, pragmatique et créative, en dehors de toutes* ●●●

Philippe Debrion, SAN de Saint-Quentin-en-Yvelines : "L'évaluation peut servir à valider ou non une stratégie marketing."

Martine Lamarque, chambre régionale des comptes de Haute-Normandie, Conseil national d'évaluation : "Pour un organismé culturel, l'évaluation apparaît comme une fonction fondamentale de la démocratie locale."

François Colombani, fonction publique territoriale des Bouches-du-Rhône : "L'administration doit montrer qu'elle sert."

●●● *considérations politiques, pour faciliter les arbitrages.* » Dans une société de plus en plus consumériste et exigeante, qui demande autant à un service public que privé, il faut savoir adapter son offre. Là où l'évaluation permet de justifier une politique culturelle, la stratégie marketing proposera, en premier lieu, de satisfaire au mieux les besoins d'un service et de ses usagers.

Encourager le dialogue. « *Mais qu'attend le public au juste?* » s'interroge Philippe Debrion, directeur des bibliothèques du SAN de Saint-Quentin-en-Yvelines. Quel public, quels usagers? Il ne faut pas seulement y voir des lecteurs. Tous les citoyens, au sens large du terme, auront à cœur de savoir où passent leurs impôts et pour quelle raison. « *Je ne suis pas usager d'une crèche, mais je sais à quoi elle sert et pourquoi je paye. L'évaluation sert aussi à cela* », renchérit Thierry Giappiconi. Ce que François Colombani résume ainsi: « *L'administration doit montrer qu'elle sert.* »

« *Pas si simple,* rétorque Jean-Loup Lerebours, directeur de la médiathèque d'Arles. *Communiquer avec le public, c'est le rôle du politique. Comment dialoguer avec l'élu? La remise d'un rapport d'activité annuel épais et complet ne déclenche pas systématiquement un débat passionné...* » Et selon la sensibilité de l'élu, peu s'en faut que celui-ci n'atterrisse dans la poubelle. Le bibliothécaire privé de ses responsabilités de gestion peut-il alors réellement s'approprier ce discours de la méthode? Thierry Giappiconi préconise que les rapports d'activité soient rendus publics au même titre que ceux de la RATP, par exemple, afin d'encourager le dialogue: fixer des objectifs non seulement à l'échelle locale mais aussi nationale. De son côté, Florence Muet a reconnu que la stratégie marketing qui vise à renforcer le pouvoir décisionnaire des conservateurs reste tributaire des pouvoirs publics.

C'est la raison pour laquelle Philippe Debrion considère les deux ouvrages comme complémentaires. Tout en émettant des réserves sur la réception de la notion même de marketing en bibliothèque, il a rappelé qu'elle était indispensable pour résoudre certaines contradictions de l'offre et de la demande. Toutefois, si le public est décideur, utiliser la demande du public comme seul critère de choix n'est pas toujours judicieux. « *L'évaluation peut servir à valider ou non une stratégie marketing* », a-t-il conclu. Pour Danièle Lamarque, si la mesure donne vraiment du sens au service public, trois questions restent sans réponse: qui est le destinataire des résultats de l'évaluation d'une bibliothèque : l'élu, le responsable de la bibliothèque, le citoyen, qu'il soit usager ou non de ce service? Quelles sont les conséquences de cette démarche? Quelle est sa fonction d'apprentissage pour les acteurs des bibliothèques? De quoi méditer, car la « saison » des évaluations postmunicipales va commencer pour un certain nombre d'établissements dans les communes qui ont changé de majorité.

CLAIRE NILLUS

Vendredi 6 avril 2001 - Livres Hebdo n° 420

L'évaluation n'est pas une sanction

Dans son manuel, Thierry Giappiconi s'attache à montrer l'importance de l'évaluation pour mener à bien un projet culturel.

Contrôle, inspection, enquête ou audit? Qui sait réellement ce qui se trame sous le terme d'évaluation? Le mot a un impact psychologique fort et un rien culpabilisant. L'auteur de ce manuel part du constat que de nombreux décideurs agissent comme s'il n'y avait aucun lien entre la maîtrise des dépenses et l'amélioration des conditions de fonctionnement d'une bibliothèque. Pourtant, la gestion des services publics se modernise et l'idée de rationaliser les coûts et les procédures est de plus en plus présente à l'esprit des responsables. Lorsque l'on parle d'évaluation, il est indispensable d'en préciser les objectifs, ce que s'emploie à faire Thierry Giappiconi. Il est aussi important d'adapter les instruments de l'évaluation à la spécificité des bibliothèques et de se demander dans quelle mesure les résultats apparents (prêts, nombre d'usagers) sont significatifs de la portée culturelle et sociale du service. Au-delà de la notion de contrôle et d'étalonnage, l'évaluation doit permettre de mener à bien des projets. Selon des critères spécifiques, l'appréciation des services va avoir des conséquences majeures sur le développement de la bibliothèque. Le manuel montre comment il est possible, grâce à la méthode d'évaluation qu'il propose :

– d'éviter les dérives bureaucratiques pour rompre avec le désordre observé dans la gestion de certains édifices publics, ce qui sème le doute sur la légitimité de l'institution ;
– de clarifier les orientations culturelles choisies : quelle est la visée sociale de la bibliothèque? la politique d'acquisition? Faut-il rendre la bibliothèque populaire? Quelle est la qualité de l'offre? Comment sélectionner l'information?
– de légitimer l'utilisation de techniques mercatiques au sein d'un service public d'information en les faisant apparaître comme un moyen et non une fin. Il ne s'agit pas de défendre un produit ou d'appréhender ce service en terme de marché mais de mieux cibler les attentes d'un public et de vérifier que l'offre réponde à la demande ;
– de démontrer que le contrôle de gestion n'est pas incompatible avec la mission culturelle, publique, gratuite et démocratique d'une bibliothèque. Cela évoque la recherche du moindre coût et d'une plus grande compétitivité. Mais les bibliothèques, au même titre que toute organisation publique, doivent pouvoir évaluer le coût de leurs actions. Leur vocation culturelle en fait trop souvent le lieu du non-dit. Comment faire valoir que tel service est sous-développé ou que tel autre est d'une utilité contestable? Le coût ne doit pas être considéré seulement comme une dépense. Il est un indicateur d'efficacité qui prend son sens par rapport au service rendu ;

– de communiquer avec l'élu pour défendre un projet de service, augmenter les acquisitions, créer un nouveau service, recruter plus de personnel. L'évaluation fournit les arguments nécessaires pour la négociation ;
– de communiquer avec le citoyen : expliquer l'envergure d'un projet, son coût, ses enjeux ;
– de communiquer avec l'usager : pour expliquer certaines défaillances (heures d'ouverture, disponibilité des ouvrages, nombres de postes multimédias) ;
– de répondre à la double exigence de la démocratisation intellectuelle d'une bibliothèque : veiller à la qualité intellectuelle des produits tout en assurant une large audience à la connaissance et à la culture.

C. N.

Manuel théorique et pratique d'évaluation des bibliothèques et centres documentaires, de *Thierry Giappiconi. Collection « Bibliothèque », éditions du Cercle de la librairie. prix : 249,26 F. 38 euros.*

Ne plus avoir peur du marketing

L'ouvrage de Florence Muet et Jean-Michel Salaün devrait convaincre les sceptiques.

Cet ouvrage ne cherche pas à convaincre de la pertinence d'une stratégie marketing appliquée à un service public. Il s'applique plutôt à développer la méthode esquissée dans le précédent livre de Jean-Michel Salaün (*Marketing des bibliothèques et des centres de documentation*, éditions du Cercle de la librairie, 1992). Clair et détaillé, il aidera les sceptiques à s'approprier facilement cet outil de gestion venu du privé. En quoi cela consiste-t-il? A analyser des ressources (la bibliothèque) et des besoins (le public) pour établir un diagnostic (l'offre est-elle conforme à la demande) et définir des objectifs précis (obtenir les moyens d'ajuster l'offre à la demande). Chaque chapitre correspond à une étape de l'analyse. Avant de passer à l'étape suivante, on remplit un tableau de synthèse. Les notions empruntées au marketing traditionnel sont à chaque fois traduites en langage bibliothéconomique. Même si la démarche peut sembler trop mécaniste, elle passe en revue toutes les préoccupations d'un gestionnaire à l'épreuve de la modernisation : comment capter un public changeant, connecté à Internet et de plus en plus consumériste? Comment satisfaire une demande souvent plus sociale que culturelle? Peut-on faciliter la recherche d'emploi en donnant accès à l'information économique? Comment aider les étudiants à réussir leur intégration sur le marché du travail? Il n'existe pas d'utilisateur type d'une bibliothèque. Il faut apporter aux usagers le même niveau de service, pas forcément le même service. Le marketing a mis en évidence le caractère mouvant du public. Les auteurs multiplient les mises en garde : on ne peut pas prédire l'avenir d'une société en « turbulence ». En revanche, il est possible de faire l'analyse marketing d'une bibliothèque, en mesurant l'écart entre un besoin recensé et un service effectivement rendu. La méthode proposée fait correspondre à chaque élément de l'analyse des questions types. Exemples : pour faire l'analyse des moyens humains, on répondra aux questions suivantes, classées selon trois critères (quantité, adaptation, évolutivité) : le nombre de personnes employées dans la bibliothèque est-il suffisant, trop important; le personnel a-t-il été formé pour les tâches qu'il a à accomplir? Est-il suffisamment compétent? Suffisamment motivé? (critères d'adaptation); Dispose-t-on d'un plan de formation continue? Prend-on en compte l'évolution des supports numériques? Peut-on embaucher ou débaucher? (critères d'évolutivité). Des critères d'analyse du public permettent de tenir compte de ses caractéristiques sociologiques (quelles sont les catégories socioprofessionnelles, l'âge, le degré d'instruction, vient-on consulter sur place ou à distance, le public est-il ponctuel, anonyme ou équipé NTIC ?), informationnelles (quels sont les différents usages de l'information : amélioration des connaissances, aide à la décision, moteur pour l'action, développement personnel, information de base ou spécialisée, degré d'urgence dans l'accès à l'information), ou comportementales (public autonome/assisté, actif/passif, volume d'information consommée, usager pressé ou non) et, enfin, de déterminer s'il s'agit d'un public actuel, potentiel ou relatif. Selon le même principe sont analysés tous les moyens internes d'un service (matériels, financiers, documentaires), toutes les offres de service (de proximité, à distance, face-avant, base-arrière). L'analyse externe du service se fait selon un repérage de l'ensemble des acteurs sociaux et politiques ayant une influence sur son activité. Ces différents niveaux d'analyse serviront, en deuxième partie du livre, à faire un diagnostic autour de la notion de mission et à mettre en place une stratégie pour atteindre des objectifs nouveaux.

C. N.

Stratégie marketing des services d'information, de *Florence Muet et Jean-Michel Salaün. Collection « Bibliothèque », éditions du Cercle de la librairie, prix : 223 F. 34 euros.*

Document n° 5

(extraits)

I. Les dimensions politiques et stratégiques de l'évaluation des performances des bibliothèques

Nous proposerons d'abord, dans ce chapitre, de présenter le rôle de la fonction de contrôle dans le management des organisations, puis d'en exposer les différentes formes afin d'établir leur relation avec l'évaluation des bibliothèques et des centres documentaires.

Nous aborderons ensuite les aspects politiques et stratégiques de sa mise en œuvre dans les domaines :

1.culturel et social ;

2.mercatique ;

3.économique et financier.

Nous conclurons enfin ce premier chapitre en insistant sur les dimensions politiques et stratégiques de l'évaluation des bibliothèques.

La fonction de contrôle dans les organisations

Prévenir et limiter les dérives bureaucratiques

Si la raison d'être de toute organisation, publique ou privée, est bien de parvenir aux buts qui lui sont assignés, toute orientation, toute option, toute procédure devrait, en toute logique, n'être appréciée qu'au regard des résultats et des effets qu'elle produit.

Bien qu'elle semble relever du bon sens, chacun sait cependant que cette assertion est loin de refléter la réalité. Insensiblement, la routine, la pression du quotidien, les équilibres ou les compromis entre les parties prenantes établissent des écarts croissants entre la réflexion, l'action et les missions.

Ces glissements successifs génèrent des oppositions entre les différents échelons et composantes de l'organisation, ainsi que des erreurs stratégiques : activisme et expansion démesurée de l'offre, traitement étroitement technocratique ou bureaucratique des solutions techniques et administratives, méconnaissance de l'environnement, des attentes de la clientèle ou des besoins réels de la population à desservir, poids des préjugés et des pratiques, sujétion aux modes, défaut de prospective.

Peu à peu, des organisations en viennent ainsi à privilégier leurs exigences internes au détriment de leurs finalités externes et subordonnent leurs visées et leurs intérêts généraux à des objectifs étroits et à courte vue. Or, dans un contexte de concurrence exacerbée entre les entreprises ou d'exigence accrue d'économie des dépenses des services publics, le mal a toutes les chances de les conduire au déclin, voire de les faire disparaître.

C'est pourquoi, pour prévenir ces dérives ou y remédier, les techniques de management ont bâti des méthodes d'évaluation des performances qui visent à « garder le cap » d'objectifs soigneusement définis et à en vérifier le bien-fondé.

Rationaliser l'action

L'exercice de cette fonction de « contrôle » devient une composante aussi essentielle au management public qu'elle l'est au management privé. Elle a pour but de permettre aux organisations publiques de mieux répondre aux attentes de la collectivité et d'ajuster leurs services aux besoins de leurs usagers acquis ou potentiels.

Elle vise aussi à leur permettre de tirer pleinement parti de leurs moyens. Il est en effet de plus en plus présent à l'esprit des politiques et des gestionnaires que toute activité publique a « à la charge de son efficience, d'ajuster les ressources et les produits, elle est responsable d'une fonction de production. Pour ce faire elle dispose d'outils de gestion : comptabilité, gestion des ressources humaines, informatique, procédures d'organisation du travail, etc. » (Meny, Thoening, 1989).

Cependant, le progrès de la fonction de contrôle au sein du management des bibliothèques et des centres documentaires repose sur l'adaptation de cette instrumentation à des besoins qu'il convient d'identifier, ce qui n'est pas toujours simple.

Les services documentaires internes des entreprises ou des administrations exercent une fonction dont la finalité ne doit pas être perdue de vue. Ils ont en effet pour rôle de contribuer à l'efficacité (qualité, compétitivité, productivité, etc.) des organisations qu'ils desservent. Quelle que soit la conformité de leurs services aux meilleurs usages professionnels, leurs résultats ne peuvent être par conséquent évalués qu'à leur capacité à répondre aux besoins des services, parfois en anticipant et en élargissant leurs attentes (en partenariat avec les services de recherche et de formation), selon une vision prospective, puis à obtenir le meilleur rapport entre le coût et l'efficacité de leurs services.

Lorsqu'il s'agit de bibliothèques ou de centres documentaires financés essentiellement par des fonds publics et desservant directement la population dans son ensemble (ou dans telle ou telle de ses composantes : étudiants, enseignants, chercheurs, professionnels, etc.), la performance devrait de même se référer, non à des formules ou des pratiques traditionnelles, mais à des objectifs d'intérêt public explicites, et satisfaire aux exigences d'une gestion rationnelle des collections et des services.

Toutefois, même si les missions, buts et objectifs des établissements sont clairement définis et ordonnés de façon cohérente (ce qui reste loin d'être la règle : dans combien de bibliothèques, tout particulièrement de bibliothèques publiques, s'est-on réellement et précisément accordé sur la nature du « métier » exercé par l'établissement, sur la question de savoir pour qui et pourquoi il s'exerce ?), l'évaluation des bibliothèques demeure difficile. Dans quelle mesure, en effet, les résultats les plus apparents (prêts, nombre d'usagers, etc.) sont-ils réellement significatifs de la portée culturelle et sociale du service rendu ?

Pour répondre à de telles questions, les critères d'évaluation doivent être affinés et combiner des approches quantitative et qualitative afin de mieux cerner la complexité des effets et des impacts des actions engagées. Mais on ne peut, ce faisant, éviter de se référer à des jugements qui relèvent de l'ordre du politique.

C'est pourquoi les indicateurs doivent être compris et admis par les décideurs (les citoyens, leurs représentants, les responsables des administrations, etc.) et leur bien-fondé périodiquement vérifié.

Aider à la décision et éclairer la conduite des actions

On pourrait donc penser que l'évaluation des bibliothèques demande du temps et de la sérénité. Or, ce sont là des conditions dont les autorités qui en ont la charge ne bénéficient pas. Bien au contraire, la durée des mandats électifs et le rythme des décisions budgétaires exigent des résultats tangibles, susceptibles d'éclairer à court terme les choix politiques et financiers, puis de les justifier, à moyen terme, auprès des électeurs et des contribuables.

Dans le cas des bibliothèques publiques, cette exigence s'impose d'abord aux élus des collectivités territoriales, pour qui les coûts d'investissement et de fonctionnement importants peuvent constituer des choix à court et moyen termes, alors même que l'impact social susceptible de justifier des décisions budgétaires impopulaires ne peut être apprécié qu'à long terme. Cependant, elle ne s'en impose pas moins aux dirigeants des bibliothèques ; non seulement parce que, partenaires de leurs autorités de tutelle, ils se trouvent tributaires de leurs contraintes, mais aussi parce que les besoins de leurs usagers et l'évolution rapide des opportunités techniques susceptibles d'y répondre leur imposent de prendre des décisions rapides. Cette responsabilité exige un système de contrôle souple et susceptible de fournir, à point nommé et à tous les échelons de l'organisation, les informations utiles à la prise de décision.

Il apparaît ainsi que, bien qu'il semble relever de la gageure, le contrôle de la performance des bibliothèques n'en reste pas moins indispensable à la maîtrise et à l'efficacité de leur gestion.

Il permet en effet d'abord d'apprécier dans quelle mesure l'organisation parvient à produire les effets attendus et constitue ainsi une référence déterminante pour l'aide à la décision politique et pour la définition des choix budgétaires qui la concrétise.

Il rend ensuite possible d'apprécier si les options stratégiques permettent de tirer le meilleur parti des moyens dont disposent les établissements.

Il offre enfin à chaque fonction, à chaque échelon de l'organisation, des instruments propres à suivre le déroulement et l'effet de son activité, puis à effectuer, sur le terrain, les ajustements nécessaires.

La nécessité de disposer de ces instruments de pilotage ne peut que nous inviter à adapter, à inventer et à perfectionner des méthodes et des outils susceptibles d'évaluer pertinemment, pleinement et le plus aisément possible l'activité des bibliothèques.

Cette fonction requiert un savoir-faire technique, par la connaissance des outils de l'évaluation et du contrôle ainsi qu'une aptitude logique, par la capacité à sélectionner et à adapter ces techniques aux besoins des visées stratégiques propres à chaque établissement ou réseau d'établissement.

L'art de sa mise en œuvre constitue ainsi (au même titre que les fonctions de production, financières, personnel ou mercatique) une « stratégie opérationnelle », c'est-à-dire une stratégie dont la problématique et l'instrumentation visent à faire jouer à chacune des fonctions complexes du management un rôle de « charnière entre la conception et l'exécution, entre ce que l'on veut ou doit faire et ce que les conditions techniques rendent possibles » (Beauffre, 1985).

Nature de la fonction de contrôle et d'évaluation

Il ne peut y avoir de gestion sans conscience de la mesure dans laquelle les missions et objectifs d'une organisation ont été atteints.

Les bibliothèques doivent, comme toute organisation, employer les outils de gestion susceptibles de maîtriser et d'améliorer leur gestion.

La problématique de l'évaluation des bibliothèques et des centres documentaires se distingue, au même titre que pour nombre de services publics, par la difficulté d'évaluer leurs résultats en termes de bénéfices culturels et sociaux.

Quelle qu'en soit la difficulté, l'évaluation de la performance des bibliothèques et centres documentaires s'impose comme une nécessité politique et stratégique.

Sa mise en œuvre requiert une instrumentation logique et une technicité spécifique dont l'art peut être considéré comme la conduite d'une stratégie opérationnelle, c'est-à-dire d'une stratégie visant à subordonner et orienter des savoir-faire techniques aux fins de la stratégie générale.

Manuel théorique et pratique d'évaluation des bibliothèques et centres documentaires,
T. Giappiconi, Cercle de la Librairie, 2001.

Corrigé

La collecte et le traitement de statistiques permettent de mieux connaître les évolutions de la fréquentation et des pratiques dans un établissement public. Ici, le cas des bibliothèques et médiathèques pose en particulier la question des moyens de mesure utilisés et des objectifs poursuivis. Nous sommes dans le domaine culturel, où le qualitatif peut être mieux considéré que le quantitatif, où les résultats subjectifs sont les plus attendus mais les moins mesurables.

Les premiers chiffres posent les premières questions : le nombre d'inscrits, le nombre d'entrées et le nombre d'emprunts n'évoluent pas de la même manière. On s'aperçoit ensuite que les chiffres ne donnent aucune explication sur une observation de première importance : le nombre d'inscrits augmente régulièrement depuis 1977 et brusquement, en 1987, il baisse. Pourquoi ? Il faudrait corréler l'évolution des horaires, des prix, et détailler la tendance par région et par tranche d'âge, pour tenter de cerner une explication fiable et surtout déterminer un moyen d'éviter que cet accident devienne une tendance. On ne peut pas tout mesurer, et tous les chiffres ne sont pas utiles. Mais une meilleure connaissance des publics touchés, ainsi qu'une évaluation de l'adaptation des personnels aux besoins font partie des indicateurs les plus nécessaires. Indispensables pour justifier les moyens du développement et pour saisir les attentes du public, les statistiques sont d'autant plus utiles si elles reflètent l'ensemble des pratiques réelles.

Les normes ISO internationales, depuis 1998, vont plus loin que la simple comptabilité de la ressource et de l'activité. Elles prennent en compte la réponse à la demande des différentes catégories d'usagers, de manière qualitative, y compris celle des usagers non actifs, c'est-à-dire ceux que la bibliothèque pourrait concerner, mais qu'elle ne parvient pas encore à atteindre. L'évaluation met en jeu trois acteurs : les usagers, les bibliothécaires et les décideurs, car la conformité entre moyens et résultats ne peut s'obtenir sans les décideurs (publics ou privés). Cette irruption de l'idée de performance dans la culture répond à une demande de qualité et de mise à niveau internationale. Elle met en jeu une procédure régulière d'évaluation qui a le mérite de répandre l'usage d'un vocabulaire et de méthodes communes à travers le monde. Ainsi sont définis les termes d'efficacité (objectifs atteints), d'efficience (bonne utilisation des moyens en vue d'un objectif) et de performance (meilleur compromis entre l'économie de moyens et le résultat maximal). En bibliothèque, les indicateurs de performance sont nécessairement accompagnés d'un gros travail d'interprétation et d'appréciation. Ils sont choisis pour avoir du sens en termes de qualité de service. Ils doivent être pondérés par la mise en relation d'éléments très divers ; le coût du personnel, par exemple, doit être rapporté à sa formation et à la taille du bâtiment : les longs déplacements dans les couloirs réduisent la performance. Des indicateurs comme le coût par usager, le taux de prêt par agent ou le taux de satisfaction, ont besoin d'être corrélés entre eux pour avoir une signification.

Dans nos pays, la culture est souvent la première à connaître des restrictions quand les budgets se resserrent ; les statistiques de résultats sont un des bons moyens de se défendre face aux décideurs. La pratique de l'évaluation crée un devoir salutaire : rendre des comptes sur l'utilisation des deniers publics et les résultats obtenus. Elle responsabilise les agents mais aussi les élus, qui peuvent prendre des décisions en connaissance de cause. Un dialogue doit s'instaurer dès l'origine de la démarche afin que les agents n'aient pas l'impression d'un « flicage », l'évaluation pouvant prendre l'aspect d'un contrôle de gestion ou d'une opération de management. L'évaluation n'est pas une habitude dans nos médiathèques, contrairement aux pays anglo-saxons. La tendance est au fonctionnement en vase clos et à l'ignorance du cadre budgétaire. Aussi certains auteurs proposent-ils d'appliquer aux établissements publics les normes du marketing stratégique comme aides à la décision. Quoi qu'il en soit, une stratégie a toujours besoin de s'appuyer sur des indicateurs, des chiffres, des évaluations.

Même si elle fait parfois peur et peut prendre les aspects d'un contrôle, une méthode d'évaluation, menée régulièrement, permet de prévenir et de limiter les dérives bureaucratiques, de rationaliser l'action en vue des objectifs fixés, de mieux utiliser les compétences et, au niveau politique ou stratégique, c'est un irremplaçable outil d'aide à la décision. C'est l'intérêt des personnels d'y collaborer afin que leur performance s'améliore et prenne tout son sens.

Sujet 2 : mai 2003

Spécialité Musée

Durée : 3 heures ; coefficient : 3

À la demande des élus de votre collectivité, votre chef de service, conservateur de musée, vous demande de réfléchir à la création d'une association d'amis de musée.

En vous appuyant sur les documents joints, vous dégagerez les atouts, les conditions et les risques d'une telle initiative.

Documents joints :

Document n° 1 : Statuts de la Société des amis du Louvre, « Administration et gestion des musées » par Chatelain Jean, *La Documentation française*, 1987.

Document n° 2 : Extrait du rapport « Les sociétés d'amis de musées » (pour la direction des Musées de France, Faits et Villes – L. et R. Leisure, 1993).

Document n° 3 : « Les Bons Comptes font les bons amis », dossier « Sociétés d'Amis de musées à travers le monde : les règles du jeu sont encore mal définies »), extrait du *Journal des arts*, n° 10, janvier 1995.

Document n° 4 : « Les amis de musées sont les partenaires naturels des conservateurs », interview d'Annick Bourlet, présidente de la Fédération française des sociétés d'amis de musées, *La Gazette des communes*, 2 octobre 2000.

Document n° 5 : « Vaine tentative de prolongation : 1998 – 2000 », Françoise Cotton, *La Lettre de l'OCIM*, n° 75 – 2001 (numéro spécial consacré aux amis de musées)

Document n° 6 : « Amis du musée d'Art moderne de Troyes », *L'Ami de Musée*, n° 24, hiver 2002.

Les candidats doivent composer en euros.

Nota : Lorsque les renvois et annotations en bas d'une page ou à la fin d'un document ne sont pas joints au sujet, c'est qu'ils ne sont pas indispensables.

Document n° 1

Statuts de la Société des amis du Louvre

I. But et composition de l'association

Art. 1er. — L'association dite « Société des amis du Louvre » fondée en 1897 et reconnue comme établissement d'utilité publique par décret du 14 septembre 1898 a pour but d'enrichir les collections du musée du Louvre et d'aider à l'amélioration de l'aménagement du Musée.

Sa durée est illimitée.

Elle a son siège à Paris.

Les organes extérieurs à la DMF

Art. 2. — Les moyens d'action de l'association consistent à acquérir dans l'intérêt des collections du musée des objets ayant une valeur artistique, archéologique ou historique et jugés dignes d'y prendre place, faire des démarches en vue de susciter des libéralités ou des prêts de mécènes français ou étrangers, se procurer par des conférences, des expositions, etc. les ressources nécessaires à la réalisation de son objet, faire participer ses adhérents à la vie et au rayonnement du musée et de l'association, notamment au moyen d'une chronique ou d'un bulletin.

Art. 3. — L'association se compose de membres adhérents, de membres sociétaires, de membres bienfaiteurs, de membres d'honneur et de membres perpétuels.

Les personnes morales, légalement constituées peuvent faire partie de l'association.

Les étrangers peuvent être admis comme membres de la société, mais leur nombre ne devra pas dépasser le quart de la totalité des adhérents.

Les cotisations annuelles seront fixées par décision de l'assemblée générale.

Les droits des anciens membres perpétuels ayant procédé au rachat de leurs cotisations antérieurement à la présente modification des statuts restent acquis, mais il ne sera plus accepté de nouveaux membres perpétuels.

Le titre de membre d'honneur peut être décerné par le conseil d'administration aux personnes qui rendent ou ont rendu des services signalés, ont fait des dons importants à l'association ou au musée du Louvre. Ce titre confère aux personnes qui l'ont obtenu le droit de faire partie de l'assemblée générale sans être tenues de payer une cotisation.

Art. 4. — La qualité de membre de l'association se perd :

1° par la démission ;

2° par la radiation prononcée, pour non paiement de la cotisation ou pour motifs graves, par le conseil d'administration, le membre intéressé ayant été préalablement appelé à fournir ses explications, sauf recours à l'assemblée générale.

II. Administration et fonctionnement

Art. 5. — L'association est administrée par un conseil composé de 32 membres, élus au scrutin secret pour 4 ans par l'assemblée générale et choisis dans les catégories de membres dont se compose cette assemblée.

Des membres étrangers peuvent être appelés à faire partie du conseil.

Le directeur des Musées de France, le directeur du Louvre, les conservateurs en chef des départements du musée du Louvre, ou en cas d'absence ou d'empêchement, le représentant désigné par eux, peuvent assister aux délibérations du conseil, avec voix consultative, sans cependant prendre part au vote.

La non présence aux réunions du conseil au cours de deux années consécutives peut entraîner la perte de la qualité de membre du conseil, sur la décision de celui-ci.

En cas de vacances, le conseil pourvoit provisoirement au remplacement de ses membres. Il est procédé à leur remplacement définitif par la plus prochaine assemblée générale. Les pouvoirs des membres ainsi élus prennent fin à l'époque où devrait normalement expirer le mandat des membres remplacés.

Le renouvellement du conseil a lieu intégralement.

Les membres sortant sont rééligibles.

Le conseil choisit parmi ses membres, au scrutin secret, un bureau composé de :

- un président ;
- deux vice-présidents ;
- un secrétaire général ;
- un trésorier ;
- un secrétaire général adjoint ;
- un trésorier adjoint.

Le bureau est élu pour 4 ans.

Art. 6. — Le conseil se réunit au moins trois fois par an et chaque fois qu'il est convoqué par son président ou sur la demande du quart de ses membres.

La présence du quart des membres du conseil d'administration est nécessaire pour la validité des délibérations.

Les votes ont lieu à bulletins secrets.

Il est tenu procès-verbal des séances.

Les procès-verbaux sont signés par le président et le secrétaire général. Ils sont établis sans blancs ni ratures sur des feuillets numérotés et conservés au siège de l'association.

Chaque membre du conseil peut se faire représenter à une de ces séances par un autre membre du conseil, en vertu d'un pouvoir écrit et délivré par une seule séance.

Art. 7. — Les membres du conseil d'administration ne peuvent recevoir aucune rétribution à raison des fonctions qui leur sont confiées.

Des remboursements de frais sont seuls possibles. Ils doivent faire l'objet d'une décision expresse du conseil d'administration, statuant hors de la présence des intéressés ; des justifications doivent être produites qui font l'objet de vérifications.

Les agents rétribués de l'association peuvent être appelés à assister, avec voix consultative, aux séances de l'assemblée générale et du conseil d'administration.

Art. 8. — L'assemblée générale de l'association comprend les membres adhérents, les membres sociétaires, les Membres bienfaiteurs, les membres d'honneur et les membres perpétuels.

Chacune des personnes morales qui sont membres de l'association ne peut se faire représenter à l'assemblée générale que par un seul délégué.

L'assemblée générale se réunit une fois par an et chaque fois qu'elle est convoquée par le conseil d'administration ou sur la demande du quart au moins de ses membres.

Son ordre du Jour est réglé par le conseil d'administration.

Son bureau est celui du conseil.

Elle entend les rapports sur la gestion du conseil d'administration, sur la situation financière et morale de l'association.

Elle approuve les comptes de l'exercice clos, vote le budget de l'exercice suivant, délibère sur les questions mises à l'ordre du Jour. Les pouvoirs sont admis.

Elle pourvoit s'il y a lieu, au renouvellement des membres du conseil d'administration.

Le rapport annuel et les comptes sont tenus à la disposition des membres de l'association pendant la quinzaine précédant l'assemblée générale.

Art. 9. — Le président représente l'association dans tous les actes de la vie civile. Il ordonnance les dépenses. Il peut donner délégation dans des conditions qui sont fixées par le règlement intérieur.

En cas de représentation en justice, le président ne peut être remplacé que par un mandataire agissant en vertu d'une procuration spéciale.

Les représentants de l'association doivent jouir du plein exercice de leurs droits civils.

Art. 10. — Les délibérations du conseil d'administration relatives aux acquisitions, échanges et aliénations des immeubles nécessaires au but poursuivi par l'association, constitutions d'hypothèques sur lesdits immeubles, baux excédant neuf années, aliénations de biens rentrant dans la dotation et emprunts doivent être soumises à l'approbation de l'assemblée générale.

Art. 11. — Les délibérations du conseil d'administration relatives à l'acceptation des dons et legs ne sont valables qu'après l'approbation administrative donnée dans les conditions prévues par l'article 910 du Code civil et l'article 7 de la loi du 4 février 1901 et le décret n° 66.388 du 13 juin 1966.

Les délibérations de l'assemblée générale relatives aux aliénations de biens mobiliers et immobiliers dépendant de la dotation, à la constitution d'hypothèques et aux emprunts ne sont valables qu'après approbation administrative.

III. Dotations, fonds de réserve et ressources annuelles

Art. 12. La dotation comprend :

1° 66 162,34 F placés conformément aux dispositions de l'article suivant ;

2° Les immeubles nécessaires au but, poursuivi par l'association ainsi que des bois, forêts ou terrains à boiser ;

3° Les capitaux provenant des libéralités, à moins que l'emploi immédiat n'en ait été autorisé ;

4° Le dixième au moins, annuellement capitalisé, du revenu net des biens de l'association.

Art. 13. — Il est constitué un fonds de réserve où est versée chaque année, en fin d'exercice, la partie des excédents de ressources qui n'est ni destinée à la dotation, ni nécessaire au fonctionnement de l'association pendant le premier semestre de l'exercice suivant.

La quotité et la composition du fonds de réserve peuvent être modifiées par délibérations de l'assemblée générale.

Ces délibérations doivent faire l'objet, dans le délai de huitaine, d'une notification au préfet de Paris.

Art. 14. — Les capitaux mobiliers compris dans la dotation sont placés en rentes nominatives sur l'État en actions nominatives de sociétés d'investissements constituées en exécution de l'ordonnance du 2 novembre 1945 et des textes subséquents ou en valeurs nominatives admises par la Banque de France en garantie d'avances. Ils peuvent être également employés à l'achat d'autres titres nominatifs, après autorisation donnée par arrêté.

Art. 15. — Les recettes annuelles de l'association se composent :

1° du revenu de ses biens à l'exception de la fraction prévue au 4° alinéa de l'art. 12 ;

2° des cotisations et souscription de ses membres ;

3° des subventions de l'État, des départements, des communes et des établissements publics ;

4° du produit des libéralités dont l'emploi est autorisé au cours de l'exercice ;

5° des ressources créées à titre exceptionnel et, s'il y a lieu, avec l'agrément de l'autorité compétente ;

6° du produit des rétributions perçues pour service rendu.

Art. 16. — Il est tenu une comptabilité faisant apparaître annuellement un compte d'exploitation, le résultat de l'exercice et un bilan.

Chaque établissement de l'association doit tenir une comptabilité distincte qui forme un chapitre spécial de la comptabilité d'ensemble de l'association.

Il est justifié chaque année auprès du Préfet de Paris, du ministre de l'Intérieur et du ministre des Affaires culturelles de l'emploi des fonds provenant de toutes les subventions accordées au cours de l'exercice écoulé.

IV. Modifications des statuts et dissolution

Art. 17. — Les statuts peuvent être modifiés par l'assemblée générale sur la proposition du conseil d'administration ou sur la proposition du dixième des membres dont se compose l'assemblée générale.

Dans l'un et l'autre cas, les propositions de modifications sont inscrites à l'ordre du Jour de la prochaine assemblée générale, lequel doit être envoyé à tous les membres de l'assemblée au moins quinze jours à l'avance.

L'assemblée doit se composer du quart, au moins, des membres en exercice, présents ou représentés. Si cette proportion n'est pas atteinte, l'assemblée est convoquée de nouveau, mais à quinze jours au moins d'intervalle, et cette fois elle peut valablement délibérer, quel que soit le nombre des membres présents ou représentés.

Dans tous les cas, les statuts ne peuvent être modifiés qu'à la majorité des deux tiers des membres présents ou représentés.

Art. 18. — L'assemblée générale, appelée à se prononcer sur la dissolution de l'association est convoquée spécialement à cet effet, dans les conditions prévues à l'article précédent, doit comprendre, au moins la moitié plus un, des membres en exercice, présents ou représentés.

Si cette proportion n'est pas atteinte, l'assemblée est convoquée de nouveau, mais à quinze jours au moins d'intervalle et cette fois elle peut valablement délibérer, quel que soit le nombre des membres présents ou représentés.

Dans tous les cas, la dissolution ne peut être votée qu'à la majorité des deux tiers des membres présents ou représentés.

Art. 19. — En cas de dissolution, l'assemblée générale désigne un ou plusieurs commissaires chargés de la liquidation des biens de l'association. Elle attribue l'actif net à un ou plusieurs établissements analogues, publics ou reconnus d'utilité publique, de préférence au musée du Louvre.

Art. 20. — Les délibérations de l'assemblée générale prévues aux articles 17, 18 et 19 sont adressées sans délai, au ministre de l'Intérieur et au ministre des Affaires culturelles.

Elles ne sont valables qu'après approbation du gouvernement.

V. Surveillance et règlement intérieur

Art. 21. — Le président doit faire connaître dans les trois mois, à la préfecture de Paris, tous les changements survenus dans l'administration ou la direction de l'association.

Les registres de l'association et ses pièces de comptabilité sont présentés sans déplacement, sur toutes réquisitions du ministre de l'Intérieur ou du préfet de Paris, à eux-mêmes ou à leur délégué ou à tout fonctionnaire accrédité par eux.

Le rapport annuel et les comptes sont adressés chaque année au préfet de Paris, au ministre de l'Intérieur et au ministre des Affaires Culturelles.

Art. 22. — Le ministre de l'Intérieur et le ministre des Affaires culturelles ont le droit de faire visiter par leurs délégués, les établissements fondés par l'association et de se faire rendre compte de leur fonctionnement.

Art. 23. — Le règlement intérieur préparé par le conseil d'administration et adopté par l'assemblée générale est adressé à la préfecture de Paris. Il ne peut entrer en vigueur qu'après approbation du ministre de l'Intérieur.

Document n° 2

Les sociétés d'amis de musée

Extrait

Les subventions

Une société d'amis peut bénéficier de subventions de l'État, des collectivités locales et de leurs établissements publics.

Les collectivités publiques tiennent grand compte de l'effort d'autofinancement de l'association pour l'attribution ou le renouvellement d'une subvention (circulaire du Premier ministre du 15 janvier 1988, relative aux rapports entre l'État et les associations bénéficiaires de financements publics).

– Les subventions de l'État et de ses établissements publics sont accordées :

• pour promouvoir des activités d'intérêt général ;

• pour favoriser l'action conjuguée de partenaires privés et de services administratifs publics.

L'octroi de subventions de l'État est souvent lié à l'établissement d'une convention déterminant clairement les objectifs poursuivis et les obligations réciproques.

Cette convention est obligatoire lorsque le montant de la subvention dépasse le seuil de 300 000 F prévu pour l'application du marché de fournitures (circulaire du Premier ministre du 15 janvier 1988, relative aux rapports entre l'État et les associations bénéficiaires de financements publics).

– Les subventions des régions, des départements et des communes et de leurs établissements publics sont accordées si elles répondent à l'intérêt territorial correspondant

Pour bénéficier d'une subvention, la Société d'amis devra fournir à l'appui de sa demande les documents suivants signés par le président :

• les statuts, la liste des membres du conseil d'administration et du bureau avec indications de leur situation professionnelle, si c'est la première fois que la Société d'amis demande une subvention ;

• les comptes financiers du dernier exercice et le budget de l'année en cours ;

• un état de l'effectif du personnel salarié et du niveau de rémunération ;

• un compte rendu d'activité portant notamment (s'il y a lieu) sur l'emploi des subventions précédemment accordées ainsi que sur le programme prévisionnel pour lequel la subvention est demandée ;

• un devis et le projet de financement de l'action particulière si la subvention demandée est destinée à une opération précise ;

• des informations relatives aux autres ressources propres.

L'emploi des subventions dépend des conditions de son octroi :

– si elle a été donnée sans aucune condition, la Société d'amis l'utilise comme elle l'entend dans les limites de son objet ;

– si la subvention a été donnée dans un but précis, l'association doit l'utiliser conformément à ce qui a été prévu.

Il est en tous cas interdit à la Société d'amis de mettre la subvention à la disposition de l'« ordonnateur » sous forme de réserves occultes, l'association se transformant en simple caissier.

Contrôle

Les juridictions administratives sont incompétentes pour apprécier l'opportunité de l'octroi d'une subvention, mais elles peuvent en contrôler la légalité.

Sont illégales des subventions :

– portant atteinte aux règles d'organisation ou de fonctionnement d'un service public ;

– justifiées par des motifs matériellement inexacts ;

– n'ayant aucune utilité nationale, régionale ou locale selon le cas.

Le contrôle de l'emploi des subventions est exercé *a posteriori* par la collectivité publique qui les a accordées.

L'association subventionnée est également soumise aux vérifications des comptables du Trésor et de l'Inspection générale des finances ainsi qu'au contrôle de la Cour des comptes.

Document n° 3

France

Les Bons Comptes font les bons amis

Des « bonnes œuvres » aux sociétés para-commerciales

Toujours utiles, quelquefois indispensables, parfois considérés comme un peu gênants, les Amis des musées n'ont pas un statut clairement défini. Bon nombre d'entre eux cherchent aujourd'hui à s'organiser plus efficacement car ils ne veulent plus être considérés comme de simples « bonnes œuvres » au service des musées.

Paris. Il y aurait actuellement en France environ deux mille associations d'Amis de musée, soit une par musée, mais aucun recensement précis ne livre de chiffre exact. Les plus structurées sont réunies au niveau national au sein de la Fédération française des sociétés d'amis de musée basée à Paris (260 associations, fortes de 120 000 adhérents) ou dans différents groupements régionaux (groupement Rhône-Alpes, Nord, Midi-Pyrénées et Pays de Loire). Avec des moyens très inégaux, leur but va de la fidélisation du public – à travers conférences, colloques, et voyages – à son élargissement – prospection dans les lycées, chez les personnes âgées, dans les entreprises – tout en mettant un point d'honneur à l'enrichissement des collections.

Certaines sociétés – souvent parisiennes – sont puissantes et organisées. Elles trouvent plus facilement des moyens financiers supplémentaires grâce à leurs relations et à leur carnet d'adresses que par l'augmentation de leurs adhérents. « Il est bien évident que ce ne sont pas les petites cotisations qui font les grosses sommes, avoue Monique Ricour Kenedy, vice-présidente déléguée de l'association des Amis des Arts décoratifs. Mais nous avons des adhérents qui nous soutiennent fidèlement pour des montants conséquents depuis des années, et nous nous employons à rechercher, en plus, des mécènes qui pourraient être intéressés par des projets particuliers de restauration ou d'acquisition ».

En région, d'autres misent davantage, pour fidéliser le public, sur leur efficacité pour organiser des concerts, des colloques, des visites commentées. « C'est en faisant vivre les musées, en les animant, en les rendant indispensables au cœur d'une ville ou d'une région que l'on peut obtenir certaines subventions qui pourraient bien être attribuées à d'autres institutions » constate Annick Bourlet, présidente de la Fédération française des sociétés d'amis de musée.

Chacun à sa place

Ces associations sont souvent indispensables pour pallier certaines carences administratives et budgétaires. Elles sont sollicitées par de nombreux conservateurs comme Bruno Gaudichon, conservateur du musée d'Art et d'Industrie de Roubaix, qui reconnaît avoir besoin quotidiennement des compétences des professionnels du textile faisant partie de l'association des Amis pour l'aider à inventorier les collections. Gilles Grandjean, conservateur au musée des Beaux Arts de Rouen, compte sur un appui financier important (4,5 millions de francs depuis 1989), récolté pour la restauration des œuvres d'art grâce au mécénat d'entreprise institué par son association d'Amis.

Le foisonnement de ces bonnes volontés, structurées en associations loi 1901 (permettant à des personnes ayant des intérêts communs de s'associer à titre bénévole et sans but lucratif), soulève parfois certaines difficultés de trésorerie ou de responsabilité. Il est souvent difficile d'établir des règles générales de fonctionnement, et même de bonne conduite. Quelques notions essentielles ont dû être précisées dans le Code d'action et d'éthique de la Fédération nationale (avril 1993), comme « le respect mutuel du droit de chacun » et l'indépendance des structures (secrétariat, trésorerie, organisation des activités et manifestations) « pour ne pas peser sur le musée ». Un tel rappel à l'ordre en dit long sur les difficultés pouvant apparaître lors de conflit d'autorité surgissant entre certains conservateurs et les Amis jugés trop envahissants.

« Si les associations s'occupent d'événements ou de projets exceptionnels, nécessaires au rayonnement général du musée et à la recherche de nouveaux financements, c'est très bien », estime Laurent Setton, responsable des publics et de la diffusion culturelle à la direction des Musées de France. Ce service avait commandé, en mai 1993, une étude pour encourager la création ou redynamiser plusieurs associations de musées parisiens et de la région parisienne (musée du Moyen Âge de Cluny, musées Picasso et Guimet, musées de Saint-Germain-en-Laye et de Fontainebleau). « Mais je ne suis pas sûr que ce soit à elles de prendre en charge certaines activités commerciales et culturelles qui devraient rester entre les mains du personnel des musées », poursuit-il, au risque de mettre à mal une de leurs raisons de vivre.

Force financière parallèle

Conférences, voyages ou boutiques amènent en effet certaines associations à se constituer en force financière parallèle, gérant des sommes considérables échappant parfois au contrôle des institutions qui les hébergent.

Bien loin de la simple édition de cartes postales chère à de nombreuses petites associations, d'autres, plus structurées, sont à la tête de véritables « entreprises commerciales ». La Société des amis du musée d'Art moderne-centre Georges-Pompidou, présidée par Hélène David-Weill, a créé une collection d'objets d'artistes, proposés en tirages limités – et en priorité – aux membres fortunés de son association (entre 4 000 et 120 000 francs pièce). La Société des amis du musée d'Art moderne de la Ville de Paris, présidée par Henriette Joël, vend, elle aussi, des objets d'artistes contemporains (du coquetier à la sérigraphie signée), mais à des prix plus abordables (de 100 à 4 000 francs). Elle gère également, en tout ou en partie, plusieurs boutiques constituées en SARL (musée d'Art moderne de la Ville de Paris, musée Carnavalet, Petit Palais et boutique Paris-Musées des Halles) ainsi que la librairie du musée d'Art moderne, qui dégage à elle seule plus d'un million de francs de bénéfices par an (seul chiffre communiqué).

Les profits des deux associations se sont accrus rapidement. Ils permettent à la première de participer aux acquisitions du musée – une contribution à l'achat de *Bleu I* de Miró l'an dernier – et de réunir plus de 350 000 francs chaque année pour constituer une collection parallèle tenue à la disposition du musée. Les contributions de la seconde ont permis, au cours de l'année écoulée, de participer à l'installation de *La Danse* de Matisse – à hauteur de 1,5 million sur 3 millions de francs – et à l'équipement informatique du personnel du musée. Ces sommes conséquentes sont utilisées « au coup par coup et sans véritable politique d'ensemble », constate néanmoins Suzanne Page, conservateur du musée de la Ville de Paris.

Dans un pays où les musées sont gérés par les collectivités publiques et où le bénévolat n'est pas considéré comme une nécessité, les associations d'Amis de musée ont du mal à trouver leur juste place. Structures d'appoint, partenaires, ou concurrents profitant des largesses liées aux musées pour créer leur propre société, elles veulent être dans tous les cas considérées comme de véritables interlocuteurs.

Isabelle Spaak, *Journal des arts* n° 10, janvier 1995.

Document n° 4

« Les amis de musées sont les partenaires naturels des conservateurs »

Rencontre avec Annick Bourlet, présidente de la Fédération française des sociétés d'amis de musées (FFSAM).

Les sociétés d'amis de musées véhiculent une image un peu élitiste. Qu'en pensez-vous ?

C'est vrai, et je le déplore. Contrairement à ce que beaucoup croient, les amis de musées ne sont pas seulement des personnes riches qui donnent de l'argent à leur musée et qui font des voyages. Toutes les associations d'amis font des dons, mais par rapport à ce que donnent les collectivités locales ou l'État, ce n'est pas grand-chose. En 1998, nous avons mené une enquête auprès de 57 associations : 16 millions de francs avaient été donnés aux musées. Mais surtout, les amis avaient fourni 114 174 heures de bénévolat ! De plus, aujourd'hui, les amis de musées réunissent des passionnés de tous les rangs sociaux. Il faut savoir que la cotisation moyenne pour devenir ami de musée est de 150 francs par an. Ce qui, parmi d'autres avantages, vous donne accès au musée gratuitement pendant un an. Enfin, il existe aujourd'hui des Gajam, groupements de jeunes amis de musées, qui connaissent un grand succès, ce qui montre le dynamisme des amis de musées.

Les municipalités et les directeurs de musées collaborent-ils volontiers avec vous ?

Cela dépend. Souvent, les municipalités n'ont qu'une vision comptable de nos associations, et les professionnels des musées se méfient de nous. C'est l'opposition typiquement française des professionnels et des bénévoles. Mais n'exagérons pas. Il existe des villes qui ont compris l'intérêt d'une collaboration avec la société d'amis de musée locale, et où cela marche très bien. De plus, il faut avouer que si les amis de musées ont considérablement évolué, il y a certaines associations qui ont du mal à se mettre à la page et avec lesquelles il est difficile de collaborer. Par exemple, la FFSAM a récemment créé un site Web et tente de convaincre ses associations adhérentes de s'équiper en matériel informatique et de créer des portails. Eh bien, il y a encore des récalcitrants. Cependant les associations, qui ne vivent que de leurs cotisations, rencontrent aussi des problèmes financiers. Quand les municipalités apportent une aide financière, c'est plus facile. Mais elles ne sont pas toujours au courant de ce qu'une association d'amis de musées peut leur apporter.

Justement, qu'est-ce qu'une société d'amis de musée peut apporter à une collectivité ?

Ce n'est pas la mission d'un musée de n'accueillir que des « passants ». Dans certains musées, il y a une forme d'accueil qui n'est pas suffisante. Or, en ouvrant les portes du musée aux amis bénévoles, en leur confiant l'accueil des visiteurs, par exemple, il y aurait une possibilité de fidéliser le public, de l'ouvrir aux gens du lieu et pas seulement aux touristes. Un de nos objectifs est de faire du musée un lieu de réunion autour d'une même passion. Notre but est d'arriver à ce que dans le musée, les différences apprennent à se parler, qu'il n'y ait plus de fracture sociale. C'est très important pour une ville. Une société d'amis de musée peut, à travers ses activités, relayer les conservateurs qui n'ont pas toujours les moyens d'honorer cette mission, surtout dans les petites villes. Par exemple, les conservateurs organisent des conférences, mais elles sont souvent très pointues. Nous, nous parlons à un public plus large. Je pense que l'un pourrait mettre des bénévoles dans un musée, sans faire concurrence aux conservateurs. Il pourrait y avoir une vraie complémentarité entre les professionnels et les bénévoles. Mais cela doit se faire à travers des conventions entre amis et municipalités. La Direction des musées de France (DMF) avait proposé une convention-type pour les musées nationaux. Mais la FFSAM s'y est opposée car les conventions doivent être adaptées à chaque lieu.

J'irai encore plus loin : une société d'amis de musées est une école de la citoyenneté. Quel est le but de ce genre d'association ? Prendre la responsabilité de son patrimoine. Cela aussi mérite un coup de Pouce de la part des collectivités. Autre mission : les amis ont des relations, ils ont un réseau, ils sont nombreux. Ils constituent un outil de communication indéniable pour une commune. En ce sens, s'ils ne fournissent pas directement de l'argent à leur musée, ils peuvent œuvrer afin de trouver des financements et des mécènes.

Enfin, je tiens à préciser qu'en aucun cas les sociétés d'amis ne veulent marcher sur les plates-bandes des conservateurs. Au contraire, les amis peuvent aussi constituer un appui considérable pour ceux-ci en cas de problème avec les municipalités.

Alexandra Echkenazi, *La Gazette des communes*, octobre 2000.

Contact : FFSAM, 4, rue Auguste-Dorchain 75015 Paris.
Tél. : 01 43 06 60 29. Site web : www.amis-musees.fr

Document n° 5

Vaine tentative de prolongation : 1998-2000

Après avoir suivi avec intérêt la création et les activités du musée de Revermont, j'avais répondu à un appel de prêts pour l'exposition sur l'école grâce à quelques livres de la bibliothèque pédagogique d'un arrière-grand-père instituteur. À mon retour permanent dans la région, en 1996, je me suis trouvée ainsi associée à la préparation de l'exposition sur le mariage avec le groupe de travail mis en place par les Amis du musée, et j'ai accepté de faire partie du conseil d'administration le 6 décembre 1996, participation que je n'ai pas renouvelée trois ans plus tard.

Les conseils d'administration de l'année 1997 m'ont fait découvrir une tension déjà ressentie lors de l'assemblée générale précédente dans le partage de la gestion du musée avec le département, au travers de la conservation départementale, certainement très dommageable au développement de la belle réalisation qu'était le musée. Jean-Pierre Cotton ayant annoncé son départ de la présidence, en même temps qu'était décidée la remise de la totalité de la gestion directe du musée au département, j'ai accepté de lui succéder. Le conseil d'administration espérant que mon passé de conservateur de collections publiques de bibliothèques pourrait faciliter les relations avec des collègues des musées.

Il a été fait obligation à la commune comme à l'association, sans qu'on sache très bien à partir de quel texte officiel, de résilier la convention tripartite avec le conseil général en 1994 et de la remplacer par deux conventions bipartites signées en mars 1998, l'une avec la commune, l'autre avec l'association des Amis du musée. Dans le préambule de chacune, le conseil général et la commune « reconnaissent le rôle initiateur essentiel joué par l'association des Amis de Treffort-Cuisiat et le rôle d'ancrage du musée dans le territoire joué par l'association des Amis du musée du Revermont-patrimoine vivant. [...]. Le pôle Revermont du musée des pays de l'Ain a pour vocation la collecte d'objets, l'étude des témoignages caractéristiques de la culture et de la vie quotidienne en Revermont ».

Dans le contexte précédent, l'association et la conservation réalisaient à tour de rôle une exposition. Celle sur le mariage a été préparée pour la réouverture du musée (fermé l'hiver) en avril 1998, parallèlement aux discussions sur la nouvelle convention. Je me suis efforcée, en en coordonnant la mise en place, de répondre à une demande de réalisation en autonomie, avec le petit nombre de personnes disponibles. Les objets, photographies, extraits d'entretiens, lettres, actes notariés, ont été présentés sur les panneaux réalisés par les bénévoles de l'association ou dans les vitrines du musée, selon plusieurs modules : la rencontre (« les approchailles »), le mariage (« les épousailles »), puis ses lendemains. Nous avions eu deux réunions avec la conservation, qui, je ne l'ai pas compris tout de suite, choisissait d'habitude dans les collectes de l'association ce qui devait être retenu. Malgré le changement de procédure, le résultat, un peu artisanal et peu coûteux, a semblé satisfaire le public. Une animation (chansons de mariage, extraits de lettres de futurs mariés, monologue) puis une rencontre (« Le mariage entre petits secrets et vérités éternelles ») avec des historiens de la Bourgogne proche, ont été organisées en complément.

L'exposition temporaire de 1999, « Guérir par tous les saints », a été conçue et réalisée par la conservation départementale. Une partie de celle sur le mariage a été conservée. L'association, qui aurait souhaité la prolonger en totalité, a réalisé parallèlement une présentation de la moitié des photographies de mariages (antérieures à 1929, dans le souci du respect des droits des photographes) avec index des noms de mariés, des lieux et dates de mariage, sur borne interactive, avec succès auprès du public.

En 2000, le thème retenu par la conservation était la chaussure (« Le pied dans l'an 2000 ») ; l'association a commencé ses recherches, en a communiqué le résultat au musée, mais aucun élément n'en a été retenu pour l'exposition. Celle-ci a présenté, très bien d'ailleurs, de nombreux modèles du musée de Romans et des œuvres de stylistes contemporains, à côté d'ateliers de cordonnier et sabotier, le tout complété par les créations des artisans extérieurs au Revermont. En liaison avec l'exposition, l'association s'est mobilisée pour l'opération proposée par Handicap international le 16 septembre, lors des Journées européennes du patrimoine, avec une pyramide de chaussures présentée en face du musée, dont l'entrée était libre ce jour-là.

La rénovation de la salle sur l'enfance a été réalisée au printemps 2000, sans la concertation prévue par l'article 13 de la convention : il était difficile de recourir aux auteurs de la première présentation, mais certains éléments auraient sans doute pu être réutilisés, et d'autres, trouvés à propos du mariage, intégrés.

L'association s'est donc contentée de réaliser, pour la réouverture du musée en avril 2000, un double programme de complément pour la borne interactive du musée du Revermont avec :

– les photographies de classe (une centaine antérieures à 1930) nécessitant la recherche des noms des élèves par village ;

– la présentation des éléments les plus caractéristiques (costumes, environnement, emplacement des personnes, musiciens, cuisinières, etc.) des photographies de mariage, et un index complémentaire de près de sept mille noms, imprimé sur papier pour en permettre l'accès à toutes les personnes identifiées sur les photographies de mariage présentées sur la borne depuis 1999.

Les programmes figurant sur la borne font maintenant partie des collections du musée. Un certain nombre d'observations et de propositions pour l'amélioration des programmes ont été formulées par la conservation départementale. Elles pourraient facilement être prises en compte par les médiatrices culturelles, seules compétentes pour déterminer comment les utiliser en fonction de leurs animations.

Dans tous les domaines une collaboration est en effet indispensable : un véritable partenariat doit s'établir dans la confiance, le respect et la transparence réciproques, sans qu'aucun des partenaires ne cherche à faire exécuter par l'autre des choix non élaborés en commun.

Bien que les idées ne manquent pas, le groupe de recherches, après avoir envisagé de poursuivre ses investigations sur le thème de la mort afin de compléter le travail entrepris sur les différentes étapes de la vie, s'est trouvé démobilisé, parce que sans espoir d'une utilisation dans des expositions futures. Le rôle et les missions reconnues à l'association des Amis du musée du Revermont-patrimoine vivant par la nouvelle convention [1] sont pourtant de nature à faciliter la concertation.

N'est-ce pas une chance pour un musée d'avoir à ses côtés une association par laquelle la population du territoire proche est associée, en particulier grâce à la collecte d'objets, photographies et documents ? La recherche et l'identification de photographies (une centaine de photographies scolaires, cinq fois plus de photographies de mariages) a ainsi joué un rôle essentiel. L'indication du nom des donateurs sur les « cartels » est aussi un élément attractif pour les proches, qui viennent rechercher dans un nouveau cadre, bien présenté, ce qu'ils ont connu dans la vie quotidienne. Ceci peut avoir valeur d'exemple. C'est une chance également de pouvoir connaître ainsi les réactions d'un public assez large puisqu'une grande variété de catégories socioprofessionnelles, dont certaines sont habituellement peu sensibles aux réalisations culturelles, se trouve représentée. Il ne devrait pas être impossible de pouvoir discuter du choix des thèmes d'exposition comme de la présentation, de la muséographie, qui trop soumises à des modes, devraient rester des moyens, comme l'informatique, et non une fin.

Les membres fondateurs ont beaucoup payé de leur personne depuis la création du musée, avec le souci constant d'éviter des dépenses excessives. Les exigences demandées au niveau administratif et financier sont susceptibles d'être mal ressenties, si elles le sont en sens unique. Ainsi des signes, peu importants en soi, finissent par le devenir à force d'accumulation : le bilan de la fréquentation du musée qui n'est pas communiqué à l'association ; la réunion annuelle prévue par la convention, « à l'initiative du conseil général », à une période fixée par lui, qui n'est pas toujours respectée ; les demandes de subventions qui, devant être adressées selon des règles très précises, conduisent à ne plus identifier celles attribuées aux Amis du musée de la masse du budget de la conservation départementale. L'association, dont les ressources sont relativement importantes grâce aux économies réalisées dans le passé, s'en voit demander le compte et ne dispose pas de la liberté de ne pas demander de subventions dans la mesure où elles peuvent être ainsi utilisées par la conservation.

Cette mise au pas fait assimiler l'association à un enfant qui n'arrive pas à s'émanciper. La considérer comme un partenaire à part entière n'augmenterait pas ses exigences et devrait plutôt faciliter son renouvellement dans un plus juste partage des responsabilités, avec la participation de ses membres, à même de reconnaître facilement les compétences des professionnels du musée. Il y a pour ces derniers une gageure à relever. Même si on sait qu'ils peuvent très bien faire seuls toutes les recherches et collectes nécessaires, même si on peut trouver ailleurs les traces de certaines traditions, accepter la participation de l'association ne devrait rien enlever à leur compétence, mais devrait leur apporter un complément utile. Mettre en valeur les apports de l'association serait tout à leur honneur.

Je n'ai pas compris pour ma part pourquoi il était si difficile d'oublier les anciennes tensions. De Lyon à Nîmes, en passant par Marseille, j'ai eu des expériences très intéressantes en suivant les propositions de lecteurs et chercheurs passionnés pour des expositions réalisées avec leur aide et en collaboration avec collègues des archives et des musées. La décentralisation ne devrait pas empêcher, malgré une recentralisation au niveau départemental, des actions en complémentarité...

Françoise Cotton*, *La Lettre de l'OCIM*, n° 75, 2001.

1. Article 1 : « – animations ponctuelles en liaison avec la visite du musée et en cohérence avec la programmation saisonnière et les collections permanentes, telles que manifestations, transmissions de savoirs, conférences et rencontres diverses, visites guidées en partenariat avec la conservation départementale ;
– aide à la collecte des objets, relais auprès des donateurs ;
– entretiens et recueil de témoignages en liaison avec les thématiques du musée, ses expositions permanentes et temporaires, selon une démarche définie en collaboration avec la conservation départementale, et en accord avec le conservateur départemental ;
– réalisation de documents culturels. »

* Présidente de l'association des Amis du musée du Revermont (1998-1999).
Téléphone + 33 04 74 30 64 18

Document n° 6

Amis du musée d'Art moderne de Troyes

Les Amis du musée d'Art moderne de Troyes veulent partager les émotions ressenties au contact de la collection Pierre Lévy. Tout est venu de là : le recrutement, l'annonce des manifestations par voie d'affiches, par courrier ou par bouche-à-oreille, l'affluence lors de ces manifestations, la participation à l'édition des catalogues, les visites de musées en France ou à l'étranger pour en savoir plus sur la période représentée par la collection.

Comptant uniquement sur le bénévolat, l'association consacre la quasi-totalité de ses ressources à la promotion du musée et à l'acquisition d'objets d'art destinés à enrichir la collection ; c'est-à-dire qu'il ne peut s'agir que d'œuvres de tout premier plan.

Les acquisitions de l'association sont orientées autour de trois axes principaux :

1 – Acquisitions des œuvres d'art

Des peintures, des sculptures, des livres illustrés et des céramiques ont été acquis chaque année depuis dix ans. Leur financement est assuré en moyenne à 50 % par notre société et à 50 % par la Drac, le Fram, l'Orca et la municipalité. La valeur des pièces varie de 1 500 à 150 000 euros. Récemment, un bronze d'Henri Laurens, épreuve d artiste, a été acquis pour la somme de 122 000 euros.

Au total depuis dix ans, plus de 25 objets d'art, peintures ou sculptures ont été acquis à l'initiative de notre société. Seule une entente parfaite entre la conservation qui propose et l'association qui organise le financement, a permis la mise en œuvre d'une telle pratique d'enrichissement du musée.

2 – Promotion et publicité nationale et internationale du musée

La société prend en charge depuis toujours la distribution et la mise en place des affiches dans la Région Champagne-Ardenne, l'Yonne et quelques points à Paris (une équipe de 28 bénévoles met en place, à chaque manifestation, l'affichage, ville par ville, quartier par quartier, chez les commerçants et dans les lieux publics).

Elle participe aussi au financement des opérations lourdes :

– catalogues de référence de peintres, à l'occasion d'expositions d'envergure internationale, exemple : Léopold Survage (catalogue Draeger, 208 pages, 150 illustrations dont 100 en quadrichromie – 1 500 exemplaires), André Derain, Charles Dufresne, Roger La Fresnaye... En tout, plus de 50 à ce jour ;

– expositions organisées dans plusieurs pays ou villes (ex : Derain Troyes et Oxford-GB) ;

– expositions spéciales d'artistes contemporains ayant une affinité ou un rapport avec la maille et le textile : Castelbajac, Astuguevieille, Pierette Bloch, etc. ;

– promotions et publicités dans la presse et les radios.

Elle s'associe aussi à des opérations nationales et régionales de prestige. Le tout concourant à une meilleure connaissance des collections du musée, à une plus grande qualité de la documentation et de l'organisation des vernissages par son apport financier et son organisation promotionnelle et publicitaire dans la région.

3 – Manifestations pour ses membres actifs

Bien que tous les fonds collectés soient intégralement utilisés dans le seul intérêt du musée, la société se préoccupe du plaisir de ses adhérents et organise de nombreuses manifestations pour ses membres actifs.

Entre autres :

– invitation gratuite et systématique aux vernissages et autres manifestations du musée, suivis d'un cocktail ;

– dîner dans le musée pour les adhérents sur un thème précis, en général suivi ou précédé d'une conférence ou de projections ;

– importants voyages réunissant 30 à 50 personnes.

Ainsi, les Amis du musée ont eu l'occasion de visiter les musées publics mais aussi à chaque voyage des collections privées importantes et rarement ouvertes (musées et collections privées à New York, Lisbonne, Porto, Berlin, Bilbao, Madrid, Barcelone, Turin, Prague. [Belgique, Pays-Bas, France : Paris et province]).

À noter que le coût de ces activités est totalement réglé par les participants et n'est jamais en quelque domaine que ce soit à la charge de l'association.

Enfin, une association de Jeunes Amis qui organisent des voyages (Bruxelles, Paris), des visites d'ateliers d'artistes, des journées découvertes. Les Jeunes Amis, association à éclipses, a vu ses effectifs atteindre 100 adhérents pour se réduire à 10 avant de repartir !

Où la société trouve-t-elle ses fonds ?

– par les cotisations des adhérents actifs ;

– par les dons et cotisations des membres bienfaiteurs ;

– par des contrats de sponsoring avec des banques, compagnies d'assurance, sociétés semi-publiques, etc. ;

– par des subventions de la municipalité de Troyes, du conseil général, du conseil régional et d'autres associations.

La capacité d'acquisition d'œuvres d'art au 1er janvier 2002 est de l'ordre de 300 000 euros compte tenu d'une prise en charge par Fram, Drac, Orca et la municipalité de l'ordre de 50 à 60 % environ.

Amis du musée d'Art moderne
Place Saint-Pierre – 10000 Troyes
Tél. : 03 25 76 26 80 – Fax : 03 25 76 95 02
Président : Gérard Arnold
Vice-présidents : Pierre Beaudoin, André Fresco
Secrétaire générale : Christine Peiffer
Trésorier : Madeleine Cheq
Documentaliste : Jean Jorry

L'Ami de musée, n° 21, 2002.

Corrigé

Note méthodologique : *c'est un devoir de synthèse, donc une restitution d'un ensemble de documents ; il est impératif d'être fidèle aux contenus, pour en livrer l'essentiel à un lecteur pressé qui devra, par exemple, prendre une décision en matière de politique culturelle locale. Ici la difficulté vient du domaine étudié, la culture, qui est plus propice à la dérive subjective* *qu'une étude sur l'industrie ou le jardinage. Pour éviter ce piège, il est bon de construire le plan autour des documents. Ici la première partie est consacrée à la création d'une association, la deuxième expose les avantages d'une telle création et la troisième en montre les inconvénients.*

Créer une association d'amis du musée c'est donner naissance à une association comme il en existe déjà plus de 880 000 en France. Mais être « ami d'un musée » signifie que l'on s'implique dans le domaine culturel, qui n'est pas l'un des plus simples à gérer. Pour savoir si une telle initiative peut aboutir, et à quelles conditions, il est bon d'étudier en amont quels sont les avantages que l'on peut en tirer mais aussi les risques qui peuvent en découler.

Une association d'amis d'un musée présente de nombreux avantages aussi bien en ce qui concerne les subventions perçues que la vie du musée lui-même. En effet, comme toute association régie par des statuts propres, une société d'amis peut bénéficier de subventions de l'État et des collectivités locales. L'attribution de ces subventions est soumise à des conditions et l'association doit d'une part, fournir des documents précis pour y avoir droit, d'autre part préciser quelle sera l'utilisation des fonds versés. Il faut savoir que ces subventions sont accordées pour promouvoir des activités d'intérêt général et elles sont très souvent liées à l'établissement d'une convention , surtout quand le montant dépasse un certain seuil. De la même manière, la collectivité publique qui a accordé les subventions peut contrôler l'emploi qui en a été fait.

Dans les statuts de l'association devront apparaître la composition de l'association, son mode d'administration et de fonctionnement, les dotations, les fonds de réserve et les ressources annuelles, le règlement intérieur et ses moyens d'action.

Si l'on regarde les chiffres, l'argent apporté aux musées par les associations n'est pas négligeable mais c'est surtout le nombre d'heures de bénévolat qui est considérable. D'un côté, les membres d'une société d'amis d'un musée trouvent des avantages en échange de leur contribution annuelle : ils accèdent gratuitement au musée, aux expositions et aux conférences et ils rencontrent au sein de l'association des membres de tous les rangs sociaux, amis des arts comme eux. D'un autre côté, ces bénévoles ont des amis, des réseaux de connaissances qui constituent un précieux outil de communication pour la collectivité. Grâce à eux le musée devient un lieu vivant de rencontre pour un plus large public. Ils prospectent dans les lycées, les maisons de retraite, les entreprises, tentent de fidéliser le public par des conférences, des colloques, des concerts, des visites guidées. Un autre avantage que présente ce genre d'association, c'est d'impliquer les citoyens dans la conservation de leur patrimoine. Ils ne sont pas simplement consommateurs mais acteurs. Ils œuvrent ensemble pour la mise en valeur de leur culture et l'enrichissement des collections. Les associations démarchent les entreprises pour trouver des sponsors, des mécènes intéressés par des projets particuliers d'acquisitions. Plus un musée vit, plus la région aura envie de lui accorder des subventions. Les conservateurs des musées devraient considérer comme une chance l'existence d'une société des amis du musée à travers laquelle la population s'associe davantage à son institution. On peut aussi noter que les associations constituent parfois une véritable entreprise commerciale grâce aux boutiques des musées.

Les avantages d'une association d'amis d'un musée sont immenses, encore faut-il parvenir à surmonter tous les obstacles qui peuvent entraver sa bonne marche. Et nombreux sont-ils ! Tous les conservateurs ne sont pas persuadés de l'utilité de ces associations qui tournent autour de leur musée ! Ils ont trop peur que l'on marche sur leurs plates-bandes et que l'on s'immisce dans la gestion de leur bien ! Pourtant, s'ils acceptaient de considérer les associations comme des partenaires et non comme des rivaux, les tensions pourraient être évitées.

C'est une des caractéristiques de la France de voir les bénévoles et les professionnels s'opposer sans trouver un terrain d'entente. Toutes les associations, que ce soit dans le milieu culturel, sportif ou hospitalier, ont du mal à trouver leur place, malgré des statuts officiels bien définis. Si certains conservateurs reconnaissent avoir besoin des bénévoles pour les aider dans certains domaines comme l'inventaire des collections, trop nombreux sont ceux qui les trouvent trop envahissants. Afin d'éviter des conflits d'autorité entre conservateurs et bénévoles, des notions ont été précisées dans le Code d'action et d'éthique de la Fédération nationale des sociétés d'amis des musées. Les tâches des bénévoles devraient tourner essentiellement autour de l'organisation d'événements exceptionnels ou la recherche de nouveaux financements. Pourtant des coopérations fructueuses peuvent exister avec une entente parfaite entre conservateur et associations ; la conservation peut proposer des projets et l'association organiser le financement et prendre en charge l'édition et la distribution d'affiches, de plaquettes, etc.

Une association d'amis d'un musée peut voir le jour mais ses acteurs doivent savoir qu'ils auront à composer avec le conservateur du musée. Elle peut être une structure d'appoint, offrir des partenaires, mais dans un pays ou le bénévolat n'est pas considéré comme une nécessité, elle devra s'adapter et connaître ses limites si elle veut être considérée comme un véritable interlocuteur.

Sujet 3 : mai 2000

À partir du dossier proposé, présentez la place des technologies de l'information dans l'accès au savoir et à la culture.

Documents joints

Document n° 1 : « État civil et patrimoine : l'Aveyron numérise pour son public », Michel REMIZE, *Archimag*, décembre/janvier 2000, n° 130.

Document n° 2 : *Les Pratiques culturelles des Français : enquête 1997*, Olivier DONNAT, La Documentation française, 1998.

Document n° 3 : « Les technologies de la pensée restent à penser », Yves JEANNERET, *Sciences humaines*, hors-série n° 24, mars/avril 1999.

Document n° 4 : « Pour une écologie de l'information », Éric SUTTER, *Documentaliste – Sciences de l'information*, 1998, vol. 35, n° 2.

Document n° 5 : « Nouvelles technologies, nouvel environnement : cybersociété, libertés, lien social », Henri OBERDORFF, IEP Grenoble, *Science et société*, *Cahiers français* n° 294, janvier-février 2000.

Document n° 6 : « Internet en bibliothèque : faire la différence », Sandrine MAGAC-CHAMONAL, *Archimag*, mai 1999, n° 124.

Document n° 1

État civil et patrimoine : **L'Aveyron numérise pour son public**

L'Aveyron se tourne résolument vers la numérisation et la met au service de son état civil et de son patrimoine historique. Une affaire qui tourne avec Ever et dépasse les frontières du département en accueillant son premier client, la Meuse.

Dire que les nouvelles technologies sont facteur de développement et créent des emplois peut relever d'un beau discours ; en Aveyron, c'est du concret. Répondant à un appel d'offres, Ever devient maître d'œuvre d'une opération qui consiste à numériser les actes d'état civil du département, ainsi que différents éléments du fonds des archives départementales. Remporter ce marché décide purement et simplement la société lyonnaise à installer à Rodez ce qui devient son centre national de numérisation. Implanté au cœur de la ville, l'atelier, qui emploie 5 personnes, tourne en "2 x 8". Fonctionnant avec Acte + - « *l'un des rares logiciels ayant fait l'objet d'un brevet en France* », souligne Béchara Wakim, Pdg d'Ever - il est capable de numériser 100 000 pages par semaine, grâce à ses deux numériseurs, des Digilivre 5 000 du constructeur ISS.

Bouts de scotch

Mais hors de question de déliasser les livres ; ils sont ouverts sur deux plateaux indépendants capables de s'ajuster selon leur épaisseur. Bien sûr, les performances dépendent de la qualité des documents à scanner. Pour les actes d'état civil, les formats comme les contenus peuvent être hétérogènes. Tel registre comporte une fiche par page, tel autre trois. Contrairement à ce que l'on pourrait croire, les documents de ce siècle ne sont pas forcément ceux qui sont en meilleur état. En particulier, les registres qui datent des années cinquante se trouvent très élimés : en cette période d'après-guerre, la qualité du papier n'était pas revenue à son meilleur niveau. S'ajoutent le problème des notes inscrites en marge, parfois en couleur, et les bouts de scotch collés sur le texte pour retenir un morceau de page.

Devant de telles difficultés, l'avantage souligné par Ever est de pouvoir associer à la numérisation un traitement de l'image : la numérisation étant faite, l'opérateur retravaille l'image sur une zone qu'il définit manuellement et agit sur les paramétrages de fond et de contraste. Deux options de numérisation sont possibles, noir et blanc ou niveaux de gris, la seconde convenant plus particulièrement pour les documents anciens et dégradés. Le choix entre les deux est déterminé non seulement par la qualité, mais aussi éventuellement par le "poids" des fichiers. Une page scannée en noir et blanc pèse de 70 à 80 ko, tandis que son poids atteint 250 ko en niveaux de gris. Au fur et à mesure de leur scannage, les images sont stockées sur un serveur ; des jeux de cédéroms sont ensuite gravés, des CD-R de Mitsui dont la couche en or évite l'oxydation. Le prix moyen de traitement d'une page se situe entre 3 et 5 francs.

20 consultations simultanées

Cette opération fait de l'Aveyron le premier département à numériser tout son fonds. Le conseil général décide de numériser d'abord les actes du XIXe siècle - les plus consultés - et de remonter jusqu'aux plus anciens, datant de 1550. Le programme ne concerne pas moins de 200 mètres-linéaires, soit 2,5 millions de pages. Parallèlement à ce qui est fait au centre de numérisation, le conseil général a demandé à Ever de lui installer un scanner sur site, au sein même des archives départementales. C'est aussi là que se trouve le jukebox. Equipé de 6 lecteurs et capable de recevoir 800 cédéroms, il permet 20 consultations simultanées. Une installation qui ne détonne pas du tout avec le style du bâtiment qui, avec sa façade de verre en plan incliné, offre une image futuriste. Mais Rodez ne centralise pas tout. Grâce aux cédéroms et à un équipement informatique, chaque commune aveyronnaise pourra mettre son état civil à la disposition de ses habitants. Pour Jean Puech, président du conseil général, le projet trouve sa cohérence dans la nécessité de « *mettre l'Histoire, la mémoire de l'Aveyron au cœur de la ville* ». Jean Puech va jusqu'à juger le passage en numérique comme un « *événement comparable à l'arrivée de l'imprimerie* », de quoi justifier un investissement estimé entre 7 et 8 millions de francs. En tant que président de l'association des présidents de conseil général, il souligne l'importance de montrer l'exemple, et de montrer un exemple qui marche. Celui-ci s'appuie sur une réflexion portant sur la modernité des archives, et sur le mode de conservation et de consultation.

Florilège

La solution du microfilmage avait d'abord été envisagée pour être rapidement abandonnée au profit de la numérisation dont on attend des performances dans de multiples domaines : qualité, conservation, recherche, accès et duplication. A côté de l'état civil, ce sont les documents relatifs à l'Histoire du département qui vont bénéficier d'un traitement numérique, à commencer par les aquarelles de Jean-Henri Favre, les cartulaires de l'abbaye de Conques et de Sylvanès et les Chartes de templiers hospitaliers. Un florilège en est donc mis progressivement à la disposition du public.
Mais tous les départements ou villes n'ont pas forcément intérêt de suivre la même démarche et faire déplacer un numériseur dans leurs locaux publics. Il y a, selon Ever, un seuil en-dessous duquel le recours à un prestataire est préférable sur le plan de la rentabilité à la création d'un service de numérisation. C'est en tout cas le choix arrêté par la Meuse. Elle est le premier département à recourir au centre aveyronnais. 1,6 million de ses actes existaient déjà sous forme de microfilms. Un premier essai avait été fait pour leur numérisation en niveaux de gris. Mais devant la lourdeur des fichiers (450 ko) et les pertes de qualité dues aux microfilms, il a fallu revenir aux originaux pour une partie. Toutes les trois semaines, la Meuse fait parvenir à Rodez une livraison de registres, un rythme qui évite de trop perturber la continuité de consultation. En revanche, au-dessus d'un certain volume de numérisation (300 000 à 400 000 pages), acquérir son propre équipement est envisageable, ce que vient de faire Nice, la difficulté étant d'estimer le coût que cela représente, en moyens humains et matériels. •

état civil

Les actes d'état civil comprennent les actes de naissance, les actes de mariage et les actes de décès. La loi fait obligation aux mairies de tenir manuscritement un registre consignant l'ensemble des informations relatives à la vie "administrative" d'un individu, de sa naissance à sa mort. Pendant 100 ans, l'enregistrement, l'archivage et la gestion des actes relèvent de la mairie (et l'accord du procureur de la République est nécessaire pour sortir les registres) : au-delà, les registres sont confiés au service des archives départementales et gérés par le conseil général du département.

Michel Remize, Archimag,
décembre-janvier 2000, n° 130.

Document n° 2

Les pratiques culturelles des Français : enquête 1997 (extrait)

La fréquentation des équipements culturels

La visite des lieux d'exposition

Près d'un tiers des Français sont déjà allés dans un site comme le Futuroscope ou la Cité des Sciences, ce qui donne la mesure du succès de ce type d'équipements, compte tenu de leur caractère encore récent. Plus d'un Français sur dix s'y sont rendus au cours des douze derniers mois (38 % des Parisiens).

Le fréquentation des expositions et des galeries d'art a peu évolué depuis 1989 : le public de ces deux lieux d'exposition est sensiblement le même, même si les expositions de photographies attirent relativement plus les jeunes adultes. La fréquentation des musées a, pour sa part, progressé mais la fréquence moyenne des visites a légèrement fléchi, passant de quatre visites dans l'année à trois : la proportion des visiteurs ayant au moins cinq visites à leur actif au cours des douze derniers mois est passée de 19 % à 15 %.

La progression de la fréquentation des musées – un peu comme celle des théâtres – est surtout sensible chez les jeunes, probablement en partie du fait de l'augmentation des sorties scolaires[1] : 44 % des 15-19 ans ont visité un musée au cours des douze derniers mois contre 38 % en 1989. La progression est également sensible dans les tranches d'âges qui correspondent aux premières années de retraite, ce qui laisse penser qu'une partie des Français, parvenus à ce moment de leur vie, ont tendance à retrouver ou à découvrir le chemin des musées.

Sur 100 Français de 15 ans et plus

Ont visité au cours des douze derniers mois...	**1989**	**1997**
un parc comme le Futuroscope ou la Cité des Sciences	*	11
une exposition temporaire de peinture ou de sculpture	23	25
une exposition temporaire de photographies	*	15
une galerie d'art	15	15
un musée	30	33
dont		
dans leur commune ou dans leur région	14	19
à Paris ou dans la région parisienne	10	9
dans une autre région française	12	14
à l'étranger	7	8

* Question non posée.

Source : Département des études et de la prospective. Ministre de la Culture et de la Communication.

Cette légère progression de la fréquentation, à l'échelle de la population française, semble plutôt liée au développement des visites de proximité : 19 % des Français, en effet, ont visité un musée dans leur commune ou leur région au cours des douze derniers mois contre 14 % en 1989. Les genres de musées visités semblent avoir peu varié ces dernières années, encore qu'aucune comparaison ne soit possible avec les résultats de 1989 en raison des modifications apportées sur ce point au questionnaire : 18 % des Français (soit 53 % des visiteurs de musée) ont visité dans l'année un musée des beaux-arts, 14 % (soit 43 % des visiteurs) un musée d'histoire et 9 % (soit 28 % des visiteurs) un musée d'art moderne ou contemporain. D'un genre à l'autre, le profil des visiteurs diffère sensiblement : la domination des milieux les plus diplômés et des Parisiens est surtout sensible dans le domaine des musées d'art, notamment quand ils traitent de l'art moderne ou contemporain ; elle l'est beaucoup moins dans le cas des musées d'histoire et des musées spécialisés.

1. À l'appui de cette hypothèse, on notera que près de la moitié (48 %) des 15-19 ans ayant visité un musée l'ont fait en groupe. Par ailleurs, l'enquête citée dans la note précédente (p. 248) indique que 37 % des 15-19 ans ayant visité un musée au cours des douze derniers mois l'on fait exclusivement dans le cadre scolaire.

Se rendre dans un musée avec des enfants ou en couple sont les deux modalités de visite les plus courantes, ce qui souligne le caractère souvent familial de cette pratique culturelle. Bien entendu, les conditions de visite évoluent en fonction de l'âge et de l'avancement dans le cycle de vie : jusqu'à 20 ans, les visites se font majoritairement en groupe dans le cadre scolaire, entre 20 et 24 ans avec des amis, puis les visites en famille avec des enfants deviennent majoritaires, notamment chez les 35-44 ans ; ensuite, la visite en couple est dominante. À noter que les femmes déclarent plus souvent avoir effectué une visite en famille, que ce soit ou non avec des enfants, alors que les hommes sont plus nombreux à citer les visites « en couple ».

Olivier Donnat, *Les Pratiques culturelles des Français*,
Paris, La Documentation française, 1998.

Document n° 3

Les technologies de la pensée restent à penser

Internet, courrier électronique, CD-Roms, traitements de textes et autres logiciels vont-ils modifier notre rapport au savoir et démultiplier les savoirs eux-mêmes ? Prudence, conseille Yves Jeanneret. Il ne faut pas tout confondre : supports matériels, mises en forme nouvelles et appropriation réelle par tout un chacun...

On entend et on lit beaucoup que les nouvelles technologies révolutionnent la société des esprits. Ceci, en vertu de la connexion des réseaux, de l'accès généralisé aux données, de l'interactivité des systèmes. Qu'en est-il réellement du rapport entre l'évolution rapide des dispositifs d'information et la diffusion des savoirs dans la société ?

Il y a un siècle déjà, les câbles sous-marins étaient décrits comme les « routes de la pensée ». Plus près de nous, le satellite avait été baptisé « technologie éducative » bien avant qu'Internet fasse figure de nouvelle Alexandrie... Le retour de ces annonces spectaculaires doit rendre prudent : sans doute y a-t-il là quelque chose à penser. Mais quoi au juste ?

Ce qui est vrai, c'est que l'évolution de la culture matérielle du document ne laisse jamais inchangées les conditions de production et de partage des savoirs. Platon le savait déjà, qui instruisait dans le *Phèdre* le procès de l'écriture, coupable d'arracher les idées au dialogue vivant, et de dispenser les hommes de solliciter leur mémoire.

Si l'on parle de « nouvelles » technologies, c'est donc essentiellement le signe d'une prise de conscience actuelle de phénomènes qui, dans leurs principes, ne sont nullement nouveaux. La complexité du réseau révèle celle du livre ; la richesse des signes du multimédia invite à revisiter le hiéroglyphe ; l'image numérique demande qu'on relise la fabrique du regard. Ce qui est nouveau, c'est que le lien entre objets matériels et logiques de pensée, important depuis toujours, soit devenu aujourd'hui un objet de déclarations médiatisées. On s'en félicitera, à condition que ce soit là l'occasion d'élaborer de réelles analyses. Nécessairement modestes.

Situer la question dans une perspective historique en dissipe l'apparente simplicité. Loin des succès médiatiques, bien des chercheurs dépassent la prophétie radieuse

tion par l'écran). Ils posent, au présent, la question fort classique du rapport entre les documents matériels et les pratiques culturelles. Nombreuses sont dès lors les pistes de recherche. J'en retiendrai quatre, sans que le tableau soit exhaustif : critiquer l'idéologie de la transparence cognitive, penser les distinctions nécessaires, observer les objets techniques, et inscrire la question des savoirs dans un cadre social.

Le motif médiatique de l'immédiat

Nulle réelle analyse n'est possible sans critique explicite de la thématique des réseaux (commerciaux, médiatiques, politiques, éditoriaux) dans les discours dominants. La rhétorique du prodige, analysée depuis longtemps, connaît aujourd'hui avec Internet une virulence accrue : la culture se muerait en cyberculture, les savoirs seraient dynamités, chacun deviendrait auteur, etc.
Cette machine rhétorique s'organise autour de quatre grands thèmes : la transparence affirme qu'il n'existe aucun obstacle au partage des idées ; la prétendue immatérialité des objets culturels annonce une société des esprits ; l'interactivité des logiciels semble entraîner que tous soient acteurs ; l'horizontalité des rapports au savoir serait le signe d'une démocratie cognitive. Seule la formidable ignorance sociale sur les faits d'information, liée au fait que ceux-ci ne sont à peu près pas enseignés à l'école, peut rendre recevable un discours aussi simplificateur.
Le moindre des paradoxes n'est pas ici que les nouveaux médias soient censés libérer la culture de tout intermédiaire, que celui-ci soit technique, intellectuel ou social. Notre culture serait devenue parfaitement transparente à elle-même… La critique de tels discours est plus que jamais nécessaire, car leur vocabulaire, issu d'une rhétorique publicitaire, est vecteur de confusions graves : si les sciences humaines prennent l'habitude de parler de systèmes « immatériels » à propos d'objets bien matériels, si elles mêlent dans l'idée d'« interactivité » l'homme et la machine, si elles rêvent de messages « transparents » à travers le social, elles ne pourront élaborer les distinctions nécessaires à la définition de leur objet propre. Il convient au contraire de décrire les nouvelles matérialités, de formuler les conditions d'une écriture lecture créative, et de comprendre les conditions de transmission des messages.
Prôner l'existence de « réseaux de savoirs » suppose en effet que l'on amalgame ces niveaux bien distincts que sont le support, le document, l'information et le savoir (*voir encadré page* 9). Toute la question que pose l'analyse des technologies est celle de la relation qui peut s'établir entre ces niveaux, dans une nouvelle économie matérielle des documents. L'accès aux données est un fait : qu'en est-il du partage social ? Qu'en est-il des activités intellectuelles ? Allons-nous vers une « pensée orientée objet » qui, à la manière des logiciels ainsi nommés, commanderait à la machine des contenus intellectuels tout faits au lieu de les élaborer (1) ? Ou bien inventerons-nous des utilisations créatives de ces systèmes ?

Regarder l'écran

L'une des pistes de recherche les plus passionnantes consiste, sur la base de ces distinctions, à observer concrètement en quoi les objets techniques peuvent mettre en forme l'échange des savoirs. Je prendrai ici l'exemple de l'« écrit d'écran », cet espace nouveau d'écriture et de lecture que développent les systèmes informatiques, selon la formule d'Emmanuel Souchier (2). On peut en distinguer une approche pragmatique, une approche fonctionnelle et une approche sémiologique.
L'approche pragmatique s'intéresse au contexte de la communication : elle observe, dans la continuité des études de Jack Goody sur l'écrit, que les techniques d'enregistrement changent les conditions spatiales et temporelles de notre communication. La télécommunication suppose une dissociation dans l'espace, l'inscription sur les écrans, une modification des rythmes temporels.
Aujourd'hui, avec le courrier électronique et le Web, la logique du direct, le développement des conversations écrites, l'instantanéité de la dissémination des textes, la fugacité nouvelle des documents ont de lourdes conséquences sur la façon de penser : rythmes, procédures, publicité, conditions pour occuper la position de diffuseur culturel, etc. (3). Le fait que sur un même réseau, des militants, des experts, des fan-

taisistes et des journalistes échangent des propos sur la « technoscience », fait que les pratiques scientifiques ne peuvent plus tout à fait être référées au même contexte d'interprétation. Dans une certaine mesure, le sens des textes s'affranchit des contextes de production ; mais ces objets « planétaires » sont toujours interprétés par chacun dans sa culture et dans sa temporalité...

D'autre part, les propriétés techniques de la connexion font que la diffusion auprès d'un très large public est devenue accessible à des individus privés : la culture n'est pas devenue pour autant pleinement démocratique, mais les circuits de diffusion des idées se modifient, déplaçant ainsi certains pouvoirs.

L'approche fonctionnelle de ces mêmes médias s'intéresse aux propriétés proprement techniques des appareils. Elle met en évidence que les formes culturelles peuvent être envahies par les effets du calcul et de la commutation.

Par exemple, lorsqu'un auteur coupe et colle des fragments de texte, lorsqu'un chercheur lance la recherche d'un mot dans un immense corpus, lorsqu'un physicien ou un plasticien observent les effets sur un schéma de la variation des paramètres, ils utilisent un processus simple dans son principe mais lourd d'effets considérables : la capacité des machines à reproduire un nombre énorme de fois le même type de calcul. En proposant automatiquement des mises en formes nouvelles de nos productions, ces processus nous donnent à voir autrement les effets de nos opérations intellectuelles. Lorsqu'un lecteur, explorant le Web, tombe sur des textes écrits et des « forums » de toute nature et de tout statut, au lieu de passer par le choix d'objets-livres produits par des éditeurs en fonction d'une sélection de manuscrits, il profite (ou pâtit) des possibilités de la commutation. La logique de développement des productions et des démarches intellectuelles en est évidemment affectée et l'analyse de ces effets (menée actuellement de façon précise par plusieurs jeunes chercheurs) est loin d'être pleinement mesurée. Il y a là un terrain passionnant, qui suppose la collaboration des techniciens et des théoriciens de la communication.

L'approche sémiologique occupe une position clé pour comprendre ce nouvel environnement documentaire et définir ce qui peut y être créativité ou initiative intellectuelles. Elle concerne les formes d'organisation du texte sur ces nouveaux supports de l'écriture et les nouvelles formes signifiantes comme les images numérisées ou les animations graphiques. La combinatoire logique (« hypertexte ») rencontre la pluralité des signes (« multimédia »), sans que l'une et l'autre se confondent. Mais il ne suffit pas d'annoncer l'« intégration » de tous les langages...

L'écriture invente, comme au moment de l'imprimerie, de nouveaux codes, de nouvelles organisations de l'espace de l'écran, de nouveaux signes organisateurs. Or, cette démultiplication des signes sur un écran unique est, à cet égard, à la fois une richesse et une incroyable difficulté. A-t-on vraiment mesuré les effets de la réduction des espaces de lecture à une seule surface d'écran ? Une rhétorique de l'hypertexte va-t-elle émerger ? Le multimédia va-t-il permettre une nouvelle cartographie de la connaissance ? L'activité d'écriture-lecture est-elle appelée à manifester une créativité nouvelle ? Pour répondre à ces questions, il faut analyser les modes de formulation des savoirs (la poétique des savoirs) et les confronter aux nouvelles possibilités d'écriture.

Histoire des hommes, le retour

En somme, nulle mutation ne saurait échapper aux « logiques de l'usage » (4). Nulle rupture de ce point de vue : si l'on veut comprendre la relation entre outils et savoirs, il faut passer par l'histoire des sociétés. Des multiples recherches qui affirment cette nécessité, on peut retenir quelques conclusions majeures.

D'une part, elles soulignent avant tout que les régimes médiatiques et documentaires ne se substituent pas les uns aux autres mais plutôt se combinent entre eux. On ne bascule pas d'une ère dans l'autre : le réseau des nouvelles technologies de l'information (NTI) entretient des relations complexes avec les autres médias (livres, journaux, enregistrements, etc.).

D'autre part, les chercheurs en sciences de l'information et de la communication ne cessent de démontrer les logiques de pouvoir cachées derrière le discours généreux de la diffusion des savoirs (5). L'annonce des mutations radicales est utile aux commerciaux et aux politiques. Lorsqu'elle se traduit, loin de toute concertation avec les acteurs de l'apprentissage, par l'« injonction technologique », elle ne produit que davantage de ségrégation et d'inégalité : ce sont les plus armés culturellement et les plus entourés socialement qui tirent le plus grand profit des ressources, quelles qu'elles soient, lorsque leur utilisation n'est pas structurée. Si l'on souhaite que les nouveaux outils de communication fassent l'objet d'expérimentations créatives, il faudra, à rebours, partir des contextes et des besoins pédagogiques et culturels, comme le montrent les nombreuses études de terrain menées en milieu scolaire ou dans les bibliothèques publiques.

Depuis une dizaine d'années, les colloques se sont multipliés, sur hypermédias et apprentissage, sur les industries éducatives, sur les rapports entre « médiations sociales, systèmes d'information et réseaux de communication » (titre du dernier colloque de la Société française des sciences de l'information et de la communication). Autant de lieux où sont présentées des études sur les rapports entre processus d'apprentissage, enjeux sociaux, politiques industrielles, etc. Ces enquêtes montrent le besoin criant d'une réelle analyse des pratiques et des rôles pour comprendre les effets sociaux et professionnels des changements techniques, dans les secteurs de l'édition, de l'enseignement, de la bibliothèque, tout comme dans les entreprises industrielles. En effet, les outils ne stimulent pas nécessairement les activités intellectuelles ; mais ils modifient toujours l'économie des tâches, et par là le partage du travail. Le traitement du texte et ses prolongements logiciels déstabilisent les frontières de l'écriture, de l'édition, de la documentation et de la critique : pour autant, la diffusion de ces procédés ne signifient pas que les acteurs se les soient appropriés réellement. Gérard Blanchard, praticien et historien de la typographie, n'a cessé de dénoncer ce qui lui semblait être un développement anarchique de l'illisible. Qu'arrivera-t-il si l'on multiplie les appareils, sans culture historique ni critique ?

Les nouveaux objets techniques ont un potentiel créatif et communicationnel. Ils ne le développeront que si on les arrache à leur vertu prétendument magique pour comprendre la complexité et l'ambiguïté de leurs effets. Compte tenu des logiques économiques et technicistes qui prévalent, on peut formuler un pronostic réservé.

Yves Jeanneret, *Sciences humaines*, hors-série n°24, mars/avril 1999.
Professeur en sciences de l'information et de la communication, Lille III.
A publié récemment *L'Affaire Sokal ou la Querelle des impostures*, Puf, 1998.

NOTES

(1) M. Guillaume, « Pensée de la technique, techniques de la pensée », actes du colloque « Les technologies de l'information et de la communication : pour quelle société ? », université de technologie de Compiègne, 1997.
(2) E. Souchier, « L'écrit d'écran : pratiques d'écriture et informatique », *Communication et Langages*, n° 107, 1996.
(3) Voir les analyses développées par R. Debray et D. Bougnoux, notamment dans les *Cahiers de médiologie*.
(4) J. Perriault, *La Logique de l'usage. Essai sur les machines à communiquer*, Flammarion, 1989.
(5) Voir les synthèses proposées par B. Miège dans *La Société conquise par la communication*, Pug, 1989 et 1997.

Ne pas confondre...

Le support, c'est la technologie par laquelle les hommes transcrivent les informations. La tablette d'argile de Sumer était un support, comme le codex (cahier de parchemin cousu) de l'époque romaine. En informatique, l'écran de lecture et le clavier sont aussi des supports. Ils ne produisent pas de sens par eux-mêmes.

Le document organise les messages sur les divers supports : textes, jeux d'images, index, etc. La « page » hypertextuelle, le clip, la base de données sont, à ce titre, des documents, nés de l'utilisation créative des supports. Ce travail produit une véritable culture de la communication. Après l'invention (technique) de la presse à caractères mobiles, l'invention (symbolique) de caractères typographiques et l'organisation du texte en paragraphes sont devenues essentielles à la culture imprimée.

L'information n'est pas un objet mais une relation par laquelle on donne du sens aux documents. L'information ne peut donc pas en elle-même être transportée : on peut seulement transporter des objets, qui deviendront sources d'information, dans certaines conditions. L'attitude naïve qui postule que, les « pages » se multipliant dans Internet, les informations seront immédiatement partagées par la planète, relève de l'incompréhension de cette distinction.

La connaissance est l'aboutissement d'un travail intellectuel, qui se mesure au fait qu'il est transférable et peut être réinvesti. Platon explique dans le *Thééthète* (le dialogue sur la science) que collecter les idées comme un oiseleur collecte les volatiles n'a rien à voir avec la réelle maîtrise de la pensée.

L'idée de **savoir** suggère qu'une société conserve, fait circuler certains documents, et donc légitime certaines connaissances au détriment d'autres. Il y a là un fait de socialisation et d'institution. La question des savoirs suppose un travail d'interprétation collectif considérable. Si les « pages » Web ne présentent pas les mêmes savoirs que les livres de vulgarisation du siècle dernier, ce n'est donc pas seulement pour des raisons techniques.

Y.J.

Document n° 4

Pour une écologie de l'information

À l'instar de l'être humain dans son environnement naturel, l'usager – le citoyen – est confronté dans la société de l'information à des risques de dysfonctionnements, déséquilibres, abus, dévoiements et pollutions de toutes sortes. Cette situation n'est certes pas nouvelle – l'homme en a agité le spectre à chaque étape du développement des technologies de l'information – ni seulement explicable par la récente éclosion d'Internet. Il n'en reste pas moins que les « déséquilibres » actuellement se creusent, qu'une « pollution » s'installe, due à l'excès d'information, à la prolifération de données non validées ou de propos intolérables, à de multiples effets pervers, et que de nouvelles « pathologies » nous menacent. Filant cette métaphore, Éric Sutter expose ici ces risques d'info-pollution, de déséquilibres, de troubles du comportement ; et appelle, en réaction, la promotion d'une véritable « écologie de l'information » qui garantirait une offre équilibrée et organisée des connaissances.

L'expression « écologie informationnelle » revient à l'italien Domenico Scavetta (1) qui en propose une définition proche de celle habituellement donnée en France du concept de « culture de l'information » (capacité à intégrer efficacement les technologies de l'information pour apprendre). Si de nombreux articles et séminaires ont été consacrés à la culture de l'information, peu de propos ont été encore tenus sur l'écologie de l'information. Le terme « écologie » autorise en effet un regard sur l'information qui est différent de celui que permet le terme « culture » ; il mérite d'être distingué de ce dernier.

L'écologie est l'étude du milieu de vie et des rapports entre les êtres vivants et leur environnement. C'est aussi l'étude des grands déséquilibres qui menacent la vie par disparition d'une composante utile à cette vie. L'homme tire de son environnement de l'air, de l'eau, de l'énergie, de la nourriture, des matériaux... On sait l'influence qu'exerce l'être humain sur la planète, notamment depuis la révolution industrielle au XIXe siècle, par l'exploitation intensive des ressources minérales, animales ou forestières ; on sait que, à côté des gains de productivité, de la diversification des objets et des éléments de confort, cela génère des pollutions de toutes sortes, une surexploitation des ressources non renouvelables, une surabondance de déchets, des risques liés au nucléaire ou au réchauffement de l'atmosphère... La protection de l'environnement est devenue une préoccupation de tous les gouvernements, impliquant de nouvelles façons d'exploiter ou de gérer les ressources, entraînant la promulgation de règlements et toutes sortes de mesures qui affectent en partie la vie quotidienne de tout un chacun.

---

(1) Cité par Perriault dans l'ouvrage collectif : *Apprendre avec le multimédia : où en est-on ?* Retz, 1997

Une nouvelle révolution est en cours avec la société de l'information et le développement des réseaux de communication. L'industrie de l'information et des connaissances va prendre son essor et va influer sur nos méthodes de travail, nos modes de communication avec autrui, nos activités et certains de nos loisirs. Il est difficile de décrire ce que seront précisément nos conditions de vie au cours du prochain siècle mais, à côté des avantages, l'on peut entrevoir aussi des risques de retombées néfastes si certaines règles du jeu ne sont pas établies pour limiter les effets pervers ou les abus.

L'ère pré-informationnelle s'achève

Pendant de nombreux siècles, les connaissances étaient transmises oralement des anciens vers les plus jeunes. L'écriture est venue, formalisant la mémoire et permettant ainsi de transmettre des informations et des connaissances à une population plus large ou à plusieurs générations. Le document était une denrée rare, son support étant difficile à reproduire. Les auteurs étaient des savants, une élite peu nombreuse. Des bibliothèques furent instituées pour conserver cette précieuse mémoire et permettre aux nouveaux savants de s'appuyer sur les connaissances consignées par leurs prédécesseurs pour progresser et enrichir les connaissances de l'humanité.

L'imprimerie est arrivée, avec ses possibilités révolutionnaires de reproduction rapide et bon marché. Un savant pouvait ainsi toucher davantage de lecteurs, de disciples. En parallèle, le nombre des érudits s'est développé. L'écrit a véhiculé d'autres textes que la philosophie ou les sciences. Le Droit fit l'objet de recueils largement diffusés. Vint la presse. Au fur et à mesure que la population apte à lire s'élargissait, que les activités humaines se diversifiaient, l'imprimé se multiplia en contenu et en exemplaires. Ne publiait pas qui voulait : des instances (les éditeurs) filtraient les textes destinés à être diffusés. Mais devant la masse croissante des écrits, des mesures furent prises pour faire face à cette production et la rendre exploitable par le plus grand nombre. Vint le temps des outils de repérage (les catalogues), le temps des bibliothèques spécialisées dont l'une des missions était de filtrer en sélectionnant, au sein de l'offre éditoriale, les « valeurs sûres », les ouvrages de bon niveau ou adaptés au public visé. C'est l'époque des stocks organisés, des grands réservoirs spécialisés. Avec quelques variantes récentes dues à la diversification des supports (images fixes ou animées, enregistrements sonores, etc.). Ce schéma est celui qui prévaut aujourd'hui.

Grâce aux circuits bien rodés de la production et de la diffusion, grâce aux outils d'indexation mis en place, grâce à la cohorte de professionnels des bibliothèques et de la documentation, tout un chacun est en mesure, dans la plupart des cas, de trouver au sein d'un document écrit par un autre les données ou les connaissances qu'il recherche.

Internet est arrivé...

Les outils mis en œuvre dans le cadre des technologies informatiques et des réseaux de télécommunications offrent des opportunités nouvelles et enthousiasmantes en matière d'accès à l'information et aux connaissances. Les nouveautés se situent à plusieurs niveaux. Citons-en deux fondamentales :

- tout un chacun, que ses propos soient intéressants ou non à exprimer, peut produire sur le réseau de l'« information », sans limite de volume autre que le temps d'écrire (soit déjà plusieurs millions d'internautes auteurs et, à terme, potentiellement, toute la population mondiale) ;
- tout un chacun peut rendre accessible cette production auprès de tous les autres, sans contraintes techniques ou financières insupportables. Ce sont donc des milliards de « pages » info-documentaires (éventuellement multimédias) qui peuvent potentiellement être exploitées par quiconque sans avoir à se déplacer ou à faire un effort particulier.

Il y a donc un changement d'échelle indéniable.

On peut penser légitimement que l'accès à une énorme bibliothèque virtuelle, qui plus est actualisée en temps réel, constitue un progrès qui accélérera l'acquisition de nouvelles connaissances par les chercheurs ou les industriels et qui accroîtra le nombre des « apprenants » du fait de la facilité d'accès et de la diversité des connaissances proposées.

Mais cette liberté de produire de l'information sans contrainte et d'y accéder aussi aisément n'est-elle pas porteuse de risques, de la même manière que les poumons verts de la planète sont progressivement détruits au nom de la liberté d'exploiter et de la nécessité de satisfaire à bon marché les besoins des consommateurs ?

... Les risques de pollution aussi !

Quels peuvent être les risques « écologiques » en matière d'information ? En quoi ce changement d'échelle peut générer une menace pour la vie (mentale) de l'être humain et ses rapports avec les autres êtres humains. Existera-t-il des maladies induites par ces risques ou des déséquilibres sociaux ?

Joël de Rosnay (2) a été parmi les premiers à aborder cette « *nouvelle forme de pollution des cerveaux*

(2) Dans un article intitulé « Passions sur Internet » dans la revue *Transversales Science Culture*, juillet-août 1996, n° 40.

qu'est l'infopollution • (• *trop d'information crée une sorte de saturation et on ne parvient plus à extraire le signal du bruit* •). Victor Montviloff, de l'Unesco, évoque lui aussi (3) • *l'infopollution qui conduit à un certain abrutissement des esprits qui empêche de voir l'arbre dans la forêt et de discerner la vraie information* •.

Un premier risque, qui affecte l'efficacité, est dû à *la surabondance* : par rapport à un sujet de préoccupation précis, comment choisir, non plus parmi deux ou trois livres ou articles comme autrefois, mais parmi des centaines voire des milliers de • pages • ou d'images (et ce malgré les outils de présélection mis à disposition) ? Alors que la vie moderne contraint à travailler de plus en plus vite, voilà l'individu face à une situation fortement consommatrice de temps si, pour extraire ce qui lui est utile, il entreprend de lire cette masse documentaire sélectionnée. Fera-t-il l'impasse pour gagner du temps ? Quelles seront les incidences sur ses actions ?

Un deuxième risque, qui affecte le savoir, est dû à *la désinformation* (lancement de rumeurs, images électroniquement trafiquées, etc.) ou, plus simplement, à la médiocrité des textes accessibles. De quel repère disposera le cybernaute pour accorder sa confiance à tel ou tel contenu ? Qu'est-ce qui distinguera le brouillon du texte final ou d'une synthèse réfléchie, le propos d'un illustre inconnu du texte d'un prix Nobel, le texte orienté à des fins commerciales du texte objectif d'une tierce partie ?

Un troisième risque - l'actualité l'a récemment mis en évidence - est lié à *la prolifération d'informations indésirables* (textes à caractère raciste, à caractère pornographique ou pédophile, etc.). L'information accessible sera-t-elle • potable • ou • respirable • (il ne s'agit plus cette fois d'asphyxie due à la surabondance, mais de • contamination • par des éléments nocifs) ?

Un quatrième risque concerne *les abus ou les effets pervers de la publicité*. Déjà, les chemins d'accès à l'information via les • agents de recherche • sont truffés de panneaux publicitaires qui ralentissent la lecture ou perturbe le fil de la pensée. La presse professionnelle a fait état récemment du développement du • parrainage • pour financer la mise en ligne de certains services d'information professionnels. La course à l'audience, comme pour la télévision, ne va-t-elle pas induire un certain contenu (ou plutôt un certain manque de contenu) ?

La pollution informationnelle peut donc prendre des formes variées et des dimensions importantes et, en conséquence, entraver l'accès aux connaissances réellement utiles. Peut-on perfectionner à l'infini les outils de sélection (à supposer que l'on puisse s'appuyer sur des caractérisations de contenu - les futures • métadonnées • que l'on nous annonce - qui soient appliquées et qui s'avèrent exploitables) ? Certaines entreprises de traitement vivent fort bien de la pollution générée par les autres... Est-ce économique ?

Ne faudrait-il pas plutôt désencombrer les réservoirs en amont par une alimentation plus filtrée et par un dispositif d'élimination des informations inutiles (les déchets informationnels) avant leur mise en accès ?

Des risques de déséquilibre

Inversement, les filtres qui seront mis à certains niveaux ne vont-ils pas favoriser la monoculture intensive ou les informations • scientifiquement •, • politiquement •, • industriellement • ou • pédagogiquement • correctes ? On commence à le voir au niveau de certains Intranets du secteur éducatif où ce qui n'est pas conforme à la pensée officielle est suspect.

La prolifération révélera-t-elle une réelle diversité ? Les informations offertes seront-elles suffisamment enrichies et génératrices de nouveaux savoirs ?

D'ores et déjà, on constate aux Etats-Unis une diminution sensible des budgets d'acquisition des bibliothèques universitaires. Est-ce une coïncidence ? On connaît en France un cas de suppression de la bibliothèque d'une grande école à l'issue de l'électronisation des cours (4). Pour certaines instances dirigeantes, les bibliothèques sont considérées comme de simples lieux de stockage de documents papier. A quoi bon les maintenir puisque la production est désormais électronique ? L'Université de Phoenix compte 17 campus traditionnels répartis dans plusieurs Etats et deux campus virtuels. Avec ses 36 000 étudiants, c'est la seconde université privée des Etats-Unis. L'inscription à l'université inclut désormais un accès à une bibliothèque virtuelle (bouquet de services électroniques et de banques de données situées sur les grands serveurs) censée couvrir les besoins informationnels correspondant aux différentes filières enseignées... Le concept de bibliothèque physique n'apparaît plus dans l'offre de cette université. Mais *quid* de l'accès aux connaissances qui ne sont pas présentes sur le réseau ? *Quid* des services d'accompagnement de l'accès à l'information ?

(3) Dans une communication intitulée • Enjeux politiques et sociaux à l'ère électronique •, faite au cours de la 5e rencontre recherche-profession. *La relation de service à l'heure des réseaux*, organisée par l'ENSSIB et l'ADBS à Villeurbanne le 28 novembre 1996. Document non publié remis aux participants, consultable sur le site Internet de l'ADBS (http://www.adbs.fr), rubrique Journées d'étude.

(4) *Bibliothèque virtuelle et éducation : étude d'impact*. Rapport rédigé par Eric Sutter pour le Parlement européen (à paraître mi-1998).

Les « *fast-food* » de l'information offriront-ils à la place des bibliothèques traditionnelles une nourriture intellectuelle équilibrée, vitaminée, exempte de virus ou de données médiocres ? Tout dépendra, entre autres, des enjeux économiques et de la qualification de leur gestionnaire.

La qualité de l'information n'est pas seulement un problème de sélection ou de validation : c'est aussi un problème d'accès à une diversité de points de vue, de cultures, de conditions de fertilisation des connaissances. Trop d'informations similaires ou monoculturelles (consanguines ?) est nuisible.

Tout ne pourra être numérique. Ainsi construit-on peu à peu des « cimetières de l'oubli » (Gilles Braun) comme cela se produit à chaque changement de médium. Ce fut le cas lors du passage de l'oral à l'écrit (pensons aux savoirs plus ou moins perdus des peuples africains en matière de médecine traditionnelle, par exemple, ou encore à ce qui a trait chez nous à certaines pratiques rurales) ou, plus récemment, lors du passage des disques noirs aux disques compacts audios. Même si la mémoire « a besoin d'oublier » (tout n'était pas de qualité, tout n'était pas fécond), il serait utile d'étudier les champs que les nouvelles voies d'accès à l'information laissent en friche, les savoirs abandonnés.

Quels critères ont-ils été retenus en matière de numérisation des fonds anciens ? Pour quel public ? Quels sujets ou quelles catégories socioprofessionnelles prédomineront sur le réseau ? Au détriment de quels autres (du fait que les « auteurs » n'auront pas reçu l'éducation ou les moyens d'écrire sur le réseau, par exemple) ? Qui va détecter les lacunes de savoirs qui pourraient être utiles à certaines catégories d'usagers ? On sait, par exemple, que les informations utiles à certains métiers techniques (ceux du niveau de technicien supérieur dans le domaine paramédical, social ou de l'économie familiale, par exemple) sont sous-représentées actuellement sur Internet.

Quels espaces deviendront des déserts ? Quels espaces ressembleront à des décharges immondes ? Quel paysage info-documentaire laisserons-nous à nos enfants ?

Les pathologies potentielles

La surabondance d'informations est génératrice d'angoisse, de découragement ou de démotivation (vais-je arriver à tout assimiler ?). La saturation de l'esprit annihile toute exploitation intellectuelle.

L'absence de dispositifs de désencombrement paralyse la prise de décision. Elle peut aussi générer des comportements de fuite, de rejet. Et conduire à des décisions mal éclairées.

Asphyxie par étouffement, insuffisance informationnelle, comme on parle d'insuffisance respiratoire, ou avitaminose due au non-captage des vitamines informationnelles ou à l'absence d'informations adaptées (digestes ?) sont autant d'exemples que l'on risque de rencontrer dans le futur.

D'autres comportements pathogènes sont envisageables : méfiance excessive, maladive, face aux informations transmises, ou « connectivite » aiguë (exploration permanente de peur de rater une information essentielle), etc.

Plus simplement, des pertes d'efficacité individuelle nuiront à l'efficacité de l'entreprise.

Une nouvelle discipline à promouvoir

Comme dans toute situation nouvelle, l'homme éprouve des difficultés à imaginer le futur en terme d'impact direct et indirect, à identifier les parts respectives des incidences positives et des incidences négatives, à évaluer l'ampleur des phénomènes, à trouver à l'avance les règles du jeu « justes nécessaires » ou les parades.

C'est pourquoi il est temps d'étudier plus à fond ces phénomènes à partir de différentes hypothèses ou par le biais d'expérimentations, de commencer à évaluer la nature et l'ampleur des différents risques qui accompagneront la société de l'information : il faut promouvoir, pour cela, une véritable écologie de l'information, avec des équipes de chercheurs et de nouveaux axes de formation.

La théorie, les concepts, les principes et les méthodes relèvent directement des sciences de l'information. Mais il y a aussi à se pencher sur les politiques de contenu, sur les possibilités de production des « minorités » socioculturelles (et de conservation de cette production), sur les techniques (les outils successifs d'indexation ou de filtratge, par exemple), sur les dispositifs organisationnels et juridiques (les codes de déontologie, les règles de production et de mise en ligne, etc.) et probablement sur bien d'autres aspects.

Quels moyens les pouvoirs publics dégageront-ils pour encourager les études et la recherche de solutions sur ce terrain ? On sait qu'une pression écologique peut gêner les promoteurs de la société de l'information et ceux qui ont quelque intérêt économique au développement de ces nouvelles technologies. Faudra-t-il attendre quelque désastre informationnel pour donner à l'écologie de l'information le droit d'exister et d'être prise en compte ?

L'info-écologue devra être le gardien d'une offre équilibrée et organisée des connaissances. Une nouvelle dimension de notre métier ?

Éric Sutter, in *Documentaliste – Sciences de l'information*, 1998, vol. 35, n° 2.

Éric Sutter est consultant en management des services d'information au Bureau van Dijl (57 boulevard de Montmorency, F-75016 Paris, téléphone 01 45 24 49 10, télécopie 01 45 25 08 04, messagerie e.sutter@bvdparis.imaginet.fr).

Document n° 5

Nouvelles technologies, nouvel environnement

Cybersociété, libertés, lien social

En quelques années, les technologies de l'information et de la communication auront connu de tels progrès que notre mode de vie en aura été profondément modifié. L'Internet et le téléphone cellulaire abolissent les distances, écrasent les durées, nous introduisent dans le monde de l'instantané.

L'article de Henri Oberdorff insiste sur les promesses que renferme cette révolution des moyens de transmission, notamment pour l'accès aux connaissances, la défense des libertés et l'approfondissement de la démocratie. Il n'omet pas cependant sa face sombre, porteuse de menaces de nature à inverser radicalement les aspects positifs d'abord décrits si un certain nombre de régulations n'intervenaient pas.

C.F.

Le XXe siècle aura été celui de la communication. Il se termine par la mise en place d'une société de l'information. Les progrès intervenus ces dernières années dans le domaine des technologies de l'information et de la communication ont généré des changements considérables qui transforment notre vie. De nouvelles qualifications sociétales fleurissent : société de l'information, cybersociété ou société numérique. Le virtuel et l'électronique règnent. Internet est devenu l'un des fleurons de cette cybersociété, comme a pu l'être à une autre époque le téléphone. Mais l'apparition d'une technique majeure apporte toujours son cortège d'interrogations, et aujourd'hui rapports et analyses se multiplient, qui tantôt vantent les mérites de ces technologies, tantôt au contraire mettent en garde contre les risques qu'elles suscitent. Les enjeux sont en tout cas multiples, aussi bien économiques qu'industriels, stratégiques, culturels, juridiques ou politiques.

Les changements introduits par les technologies de l'information et de la communication ont effectivement une portée sans précédent. Ils sont d'abord techniques avec deux aspects fondamentaux : l'évolution des matériels et l'interconnexion des ordinateurs. Les matériels informatiques ont profondément évolué en taille, en puissance, en capacité programmatique et audiovisuelle. Il s'agit d'une mutation constante qui va en s'accélérant. Les frontières entre les différentes technologies d'information, de communication et de télécommunication ont été abolies. Il est possible de passer du téléphone à la télévision et à l'ordinateur sans difficulté. Le multimédia se généralise. La mise en réseau des ordinateurs dans le monde, la connexion rapide et l'apparition des moteurs de recherche constituent la seconde innovation fondamentale. « Surfer sur le *web* », selon l'expression consacrée, est devenu très facile.

Sur le plan social, les évolutions ne paraissent pas moins spectaculaires. L'informatique et ses applications ne sont plus l'apanage des spécialistes. Le grand public s'empare des nouveaux outils et « consomme » les produits multimédia, avec le même naturel qu'il utilise la radio, la télévision ou le téléphone. Le nombre de possesseurs de téléphones portables ou cellulaires, d'ordinateurs multimédia ou celui des connexions sur internet augmente sans cesse. La multiplication des sites et des services les plus variés participe à l'appropriation sociale de ces techniques. L'économie mondiale, quant à elle, est marquée par les succès impressionnants des marchés informatiques, des créateurs de logiciels et du commerce électronique.

Pourtant, cette cybersociété si souvent louangée et dont on souligne les aspects conviviaux voire ludiques, – chaque année une fête de l'internet est même organisée –, offre un visage ambivalent.

Incontestablement, elle ouvre de très nombreux espaces de liberté pour tous les citoyens du monde et elle est créatrice de nouveaux liens sociaux par ses formes originales de communication. Grâce à elle, on peut espérer un futur où les libertés seront mieux défendues, les droits de l'homme davantage respectés, au rebours du monde policier qu'imaginent parfois les romans de science fiction.

Mais, tout aussi incontestablement, cette même cybersociété enferme une part d'ombre beaucoup moins enthousiasmante, voire très inquiétante. Les technologies disponibles peuvent en effet être utilisées pour réduire les libertés au lieu de les développer. La cybersociété entraîne aussi de nouvelles exclusions sociales, tout le monde n'étant pas à même d'accéder à la possession des produits multimédia ni d'en maîtriser les usages. Il importe donc de bien identifier ces aspects négatifs, d'en prendre une juste mesure afin d'y remédier. Et cela implique un certain nombre de régulations juridiques et sociales.

Une société plus libre et plus démocratique...

Les technologies de l'information et de la communication offrent de très nombreuses possibilités en termes de modernisation ou d'efficacité pour l'ensemble des activités privées ou publiques. Elles ouvrent aussi de nouveaux horizons aux libertés individuelles et collectives comme à la démocratie. Leur développement et le rôle primordial qu'elles jouent dans l'organisation et le fonctionnement de notre société incitent donc, sous cet aspect, à l'optimisme, d'autant que l'ère du numérique ne fait encore que commencer.

La cybersociété, une société de liberté

Les autoroutes de l'information conduisent à un accroissement des libertés individuelles ou collectives et permettent parfois la concrétisation de certains droits restés souvent plus formels que réels. Des espaces de liberté viennent compléter les espaces préexistants.
Ainsi, les possibilités de s'informer sont amplifiées par les multiples sites d'information publics ou privés que l'on trouve sur le *web*. Les journaux, les agences de presse, tous les médias en général, mais aussi les bibliothèques ou les musées proposent de plus en plus de services à l'intention des élèves, des étudiants, et des citoyens dans leur ensemble. Le système éducatif a déjà compris tout le bénéfice qu'il peut tirer de ces technologies. Des formations ou des cours en ligne se mettent en place. La diffusion du livre électronique, qui pose il est vrai la question de la protection des droits d'auteur, permet d'imaginer la constitution d'une immense bibliothèque à domicile.
La liberté de communication, tant individuelle que collective, se trouve également favorisée, comme l'illustre le développement du courrier électronique qui, pour un coût modique et avec une très grande rapidité, permet aux personnes de correspondre entre elles de quelque point du monde que ce soit, sans avoir à craindre non plus, pour celles se trouvant dans des États non démocratiques, la surveillance ou la censure des services de police. Plusieurs événements récents ont déjà montré tout le profit attaché à ces nouveaux moyens, y compris ou notamment en période de conflit armé. Autre objet phare de notre modernité, le téléphone cellulaire constitue, quant à lui, un vecteur très novateur de communication. Sa généralisation dans toutes les couches de la société intensifie les liens sociaux et il représente un bel instrument de liberté individuelle.

Outre les facilités remarquables dont bénéficient les opérations de communication, leur contenu connaît un enrichissement substantiel. Des liens sociaux originaux s'établissent, des forums numériques se développent où la société civile trouve de nouveaux canaux d'expression. Le terme de forum traduit bien la liberté qui caractérise ces échanges sur les thèmes les plus divers et par delà toutes les frontières. Outre le courrier électronique, il est aussi possible de présenter des sites spécifiques sur le *web*. La liberté de communication se double alors d'une liberté de création et d'expression. Ces sites peuvent être constitués de textes, d'images ou de sons. L'imagination a entière latitude pour se donner libre cours dans la mesure où il est non seulement facile de créer un site internet, mais aussi peu onéreux de présenter un très grand nombre de pages de documents de toute nature, grâce à l'hypertexte.
Ces technologies stimulent enfin la liberté d'entreprendre. Quantité d'opérateurs économiques – les banques, les assurances, les entreprises de télécommunications... – fondent beaucoup d'espoir sur le traitement et le transfert d'informations nominatives. Les transactions sont simplifiées par l'automatisation des instruments de gestion des relations avec la clientèle, la dématérialisation des opérations et l'utilisation des moyens électroniques de paiement. Le commerce électronique occupe une place déjà très appréciable dans le commerce international et la nouvelle économie mondiale repose en grande partie sur les technologies de l'information.

La cybersociété, une société plus démocratique

– De nouvelle formes de participation

L'expression de la démocratie peut se trouver à son tour vivifiée voire transformée. Il est permis d'imaginer une démocratie électronique qui vienne compléter les outils politiques traditionnels. Le système représentatif est le seul capable, aujourd'hui, de traduire concrètement la volonté du peuple qui s'exprime par l'intermédiaire de ses représentants. Or, les outils de l'informatique permettent de développer des relations plus proches de la démocratie directe. Techniquement, il est dorénavant concevable d'organiser des consultations populaires en temps réel, comme des référendums nationaux ou locaux, les opérations de vote passant par des canaux électroniques. Cela suppose évidemment que toutes les garanties juridiques soient prises pour éviter que la télévotation ne s'accompagne pas de fraudes électorales.
Au niveau du parlement, une plus grande publicité est faite au travail des assemblées à travers la diffusion numérique des projets et des propositions de lois ou des rapports parlementaires sur les sites internet de l'Assemblée nationale et du Sénat, mais aussi par la création de chaînes parlementaires de télévision. Des débats publics sur certains grands choix de société peuvent emprunter les canaux informatiques et de

nouvelles lois peuvent être discutées sur des forums internet, à l'exemple de la future loi sur la société de l'information. On observe la tenue de forums internationaux organisés par les États, comme le récent forum franco-allemand sur la société de l'information consacré aux perpectives européennes dans les domaines de l'audiovisuel, des nouvelles technologies de l'information et de la communication. Ainsi, ces technologies autorisent une citoyenneté mieux avertie et une démocratie plus participative. Le rêve de la démocratie directe, ou de la démocratie continue, devient apparemment réalisable grâce à la démocratie électronique. La cyberdémocratie chemine. Certes, sa concrétisation suppose des réflexions approfondies de la part des spécialistes de droit constitutionnel ou de science politique et il est vraisemblable qu'il faille envisager des procédures démocratiques d'un nouveau type.

- Le meilleur dialogue avec l'administration

La démocratie n'est pas que politique, elle est aussi administrative, et le développement de la cyberadministration profite aux usagers. Là encore la société de l'information est susceptible d'en améliorer concrètement le fonctionnement. D'abord, la formation des administrations a pris un essor nouveau grâce au développement des sites internet qui concernent aussi bien les administrations centrales que les collectivités territoriales. Des échanges fructueux s'établissent entre administrations, entre services publics et entre ceux-ci et les citoyens. Par ailleurs, le droit à la communication des documents devient une réalité plus tangible au lieu de rester un principe juridique parfois trop formel. La constitution de bibliothèques numériques pour les rapports administratifs facilite l'accès à l'information, de même que la diffusion du *Journal officiel* ou la mise à disposition des codes sur internet.
Les relations administration-usagers prennent enfin de nouvelles formes avec le courrier électronique, les télédéclarations ou les téléprocédures. Le téléchargement des formulaires accélère les diverses démarches, grâce aux téléinscriptions ou aux télédéclarations fiscales.

... mais aussi une société à risques qui nécessite des régulations

La société numérique n'offre cependant pas que des facettes positives. Elle renferme aussi de nombreux risques susceptibles de porter atteinte aux libertés individuelles ou collectives. En favorisant au sein de la population les catégories « branchées », elle crée aussi de nouvelles exclusions. Dans la mesure où elle repose essentiellement sur des technologies malléables à tous les usages, elle ne se saurait se réguler par elle-même, aussi le recours à un usage prudent de la loi apparaît indispensable. Si la maîtrise sociale du progrès est impérative, elle reste délicate car les règles à édicter doivent essentiellement atténuer les aspects négatifs de la société de l'information sans constituer pour autant un obstacle à son développement.

La cybersociété, une société de surveillance et d'exclusion

L'utilisation et la généralisation des technologies de l'information, souvent associées aux idées de liberté et de fraternité sociales, peuvent aussi donner naissance, compte tenu des contrôles qu'elles permettent, à une véritable société de surveillance.
Ainsi, le développement des applications informatiques permet une multiplication des fichiers ou des traitements automatisés. Toute personne est dorénavant appréhendée en fonction de sa catégorie ou de sa position sociale ; on est étudiant ou salarié, contribuable, assuré social, porteur de telle ou telle affection, titulaire d'un compte bancaire ou postal, abonné à un journal, client de magasin, téléspectateur, utilisateur de logiciel, de matériel informatique ou de réseau informatique, syndicaliste, militant politique... Ces informations sont souvent stockées à l'insu des personnes et elles circulent de plus en plus facilement. Les risques de détournements des finalités du fichage augmentent, multipliant les atteintes possibles à la vie privée.
Les cybercitoyens laissent un nombre sans cesse croissant de traces électroniques, soit en effectuant des transactions avec leurs cartes de paiement, soit en circulant sur des réseaux informatiques. L'utilisation du bracelet électronique comme substitut à la prison pour l'exécution de certaines peines par des condamnés n'est qu'une extension, sans doute hyperbolique, de ce « marquage » quasi quotidien.
Très souvent, ce sont des impératifs de sécurité qui sont invoqués pour justifier certaines pratiques. Le recours à la vidéosurveillance, par exemple, s'explique par le souci de protéger les individus et les biens. Éviter les vols, les atteintes à l'intégrité physique dans les lieux privés ou publics grâce à l'installation de caméras participe d'une démarche parfaitement justifiable. Mais, en même temps, la liberté de circuler sans être surveillé et sans que son image ne soit enregistrée se trouve mise en cause, ce qui constitue une atteinte à la vie privée et à ses secrets. La connexion de ces capteurs d'images sur le réseau internet multiplie les risques de dérapages. Les interceptions de sécurité, communément appelées écoutes téléphoniques, bénéficient de nouveaux moyens techniques. Le téléphone cellulaire est ainsi un outil remarquable pour suivre un individu dans tous ses déplacements.
La cybersociété fabrique aussi de l'exclusion. Si elle reste réservée à une faible partie de la population, des types d'exclusion supplémentaires se mettront en place. Pour les laissés pour compte, ces nouveaux espaces de liberté conservent un caractère purement théorique. La question de l'accès est donc primordiale et implique évidemment celle de la formation.

Les récents travaux du comité interministériel pour la société de l'information vont dans ce sens, comme les politiques mises en œuvre par le ministère de l'Éducation nationale. Outre l'État, les collectivités territoriales mettent en place des politiques de valorisation de la société de l'information.

Mais l'exclusion se vit aussi à l'échelle planétaire. Les décalages, déjà flagrants, s'accentuent entre les pays entrés dans la société de l'information et les autres. Il suffit ici de rappeler que plus des deux tiers de l'humanité n'ont pas encore accès au téléphone. Deux mondes se développent selon des logiques très différentes. La cyberexclusion est une réalité à la fois nationale et internationale.

La cybersociété, une société à réguler

Les technologies de l'information et de la communication facilitent tous les types de comportements qu'ils soient licites ou pénalement condamnables. Sur de nombreux sites internet prospèrent donc des comportements quasi délictueux, délictueux ou même criminels. On peut citer pêle-mêle les activités pornographiques et surtout pédophiles ; le commerce concernant les médicaments interdits dans notre pays, les drogues ou les armes de toute nature ; la propagande de caractère révisionniste, raciste ou les incitations expresses à la violence ou au crime. La violation des droits d'auteur, véritable pillage des écrits d'autrui, déjà facilitée par la photocopie, est rendue encore plus aisée avec la publication numérique et le téléchargement à grande échelle. Le même type de comportements concerne la musique ou les films à travers le copiage ou le gravage. Des opérations de désinformation systématique ou malveillantes sont également possibles.

Les atteintes à la vie privée par le non respect de la confidentialité des données personnelles, la collecte et la diffusion illégales d'informations peuvent prendre une ampleur préoccupante.

Plusieurs comportements délictueux sont directement liés à la nature informatique de la cybersociété faite de données automatisées, d'ordinateurs et de réseaux informatiques. La délinquance informatique consiste alors à s'introduire dans les systèmes informatiques d'administrations et de sociétés, à les déstabiliser, à falsifier leurs données.

Face à de telles pratiques, quelles sont les réponses disponibles, quelles régulations peut-on mettre en œuvre ? La société numérique souffre d'un certain vide juridique qu'il faudrait rapidement combler par des législations plus adaptées. Non certes qu'il n'y ait pas déjà des lois. Les technologies de l'information et de la communication ont suscité, soit l'adaptation de législations existantes, soit de nouvelles législations et réglementations. On trouve des législations sur l'informatique, les fichiers et les libertés (loi modifiée de 1978), les télécommunications (lois de 1990 et 1996) et la communication audiovisuelle (loi modifiée de 1989). Des autorités de régulation sont en place, qui précisent les règles de fonctionnement de la société de l'information comme la Commission nationale de l'informatique et des libertés, le Conseil supérieur de l'audiovisuel ou l'Autorité de régulation des télécommunications. Le souci global des législations existantes est d'introduire des règles capables d'assurer un certain encadrement de l'activité sans la paralyser ou l'interdire. Ainsi, l'article 1er de la loi sur l'informatique, les fichiers et les libertés de 1978 conserve toute sa pertinence : « l'informatique doit être au service de chaque citoyen. Son développement doit s'opérer dans le cadre de la coopération internationale. Elle ne doit porter atteinte ni à la dignité humaine, ni aux droits de l'homme, ni à la vie privée, ni aux libertés individuelles ou publiques ». Il s'agit bien de réguler ou de canaliser les potentialités de la cybersociété sans réduire les espaces de liberté qu'elle engendre.

Toutefois, la société numérique a ses propres logiques techniques, lesquelles posent de difficiles questions juridiques. La preuve de la perpétration des délits, dans cet univers virtuel, est parfois difficile à établir, de même que l'identification des coupables. Le territoire juridique de rattachement doit souvent être précisé pour connaître le droit réellement applicable. Il est par ailleurs nécessaire de bien définir la chaîne de responsabilité entre le fournisseur d'accès, les prestataires de service et les responsables éditoriaux de sites. L'écart peut être important entre la rapidité de fonctionnement de la cybersociété et les techniques juridiques et procédurales propres à la justice qui ne connaît pas l'instantanéité du temps numérique.

L'amélioration des régulations de la cybersociété demeure donc toujours un objectif. Une certaine unification du droit est nécessaire à l'échelle internationale pour éviter un développement excessif des paradis informatiques à l'instar des paradis fiscaux. La coopération internationale doit favoriser la régulation. Mais le droit doit être complété par la déontologie des professionnels au travers par exemple de chartes de l'internet. Ici, comme ailleurs, l'autorégulation est souvent plus pertinente que la répression.

Conclusion

La cybersociété ou la cité internet représente-t-elle un nouvel Eldorado ? Elle en a certains attributs, si l'on songe à la richesse matérielle qu'elle produit, aux espaces de liberté et de démocratie qu'elle ouvre, ou aux potentialités qu'elle renferme. Mais elle possède un autre versant, sombre celui-là, où s'accumulent des menaces touchant aux libertés et à la cohésion du tissu social.

En dépit d'un certain lyrisme universaliste, la cybersociété reste l'apanage des pays riches. Les technologies de l'information et de la communication donnent néanmoins à l'ensemble de l'humanité la chance d'un accès plus facile au savoir. Encore faut-il que les nations aient vraiment à cœur de former une communauté et que la diffusion de ces très puissants outils s'opère à une échelle réellement planétaire.

Henri Oberdorff, IEP Grenoble, in *Science et société*, *Cahiers français*, n° 294, janvier-février 2000.

Le règne de l'Argus

En 1974, les Français, stupéfaits, avaient découvert la mise en place du projet Safari (système automatisé pour les fichiers administratifs et le répertoire des individus), qui utilisait un identifiant unique – le numéro de sécurité sociale – pour l'ensemble des fichiers et répertoires publics. Le tollé soulevé par ce projet avait conduit à son abandon et conduit à la création, le 6 janvier 1978, de la CNIL. On pouvait croire la question réglée.

Mais la bataille pour les libertés est apparemment sans fin. (...)

Le fichier STIC

[Ainsi], la CNIL [a] émis le 24 novembre 1998, un avis favorable à la mise en place d'un mégafichier composite, le STIC, ou système de traitement de l'information criminelle, que la CNIL aimerait voir plus pudiquement nommé « système de traitement des infractions constatées », sans changement d'acronyme. Ce fichier comportera une masse d'informations individuelles, notamment celles provenant de procès-verbaux de police judiciaire, que l'intéressé soit suspect, témoin, victime, ou simplement mis en cause – à tort ou à raison – lors du constat des faits ou de l'enquête, et ceci pour les contraventions, crimes et délits les plus divers. Officiellement créé pour les besoins des missions de police judiciaire, ce fichier pourra aussi être consulté dans le cadre d'enquêtes administratives, ce qui peut aller très loin dans un pays où toute activité, ou presque, est soumise à déclaration ou agrément. Un amendement à la loi de finances pour 1999, passé relativement inaperçu, autorise les services des impôts à utiliser le numéro individuel de sécurité sociale (NIR) comme identifiant unique pour une recherche multibases dans le cadre de la lutte contre la fraude fiscale.

Il est certes prévu que l'accès à ces données sera limité par des habilitations individuelles et que les données elles-mêmes seront purgées périodiquement (tous les cinq ou quarante ans selon leur nature). La CNIL a aussi rappelé que toute information enregistrée devra être « mise à jour ou, en cas d'inexactitude, rectifiée (...) sous réserve que la procédure soit judiciairement achevée ». On peut saluer la sagesse de ces dispositions, mais l'on voit mal comment on pourrait en garantir le respect scrupuleux, quand l'informatique en réseau rend si facile la constitution et l'archivage, à des emplacements improbables, de copies non déclarées. On peut craindre, de plus, que la plupart des citoyens soient rebutés par la procédure ou restent simplement ignorants de l'existence même des fichiers épars qui pourraient les mettre en cause sans qu'ils s'en doutent. On peut redouter enfin que des intrusions illégales dans les systèmes informatiques publics (1) finissent par récupérer les informations protégées pour alimenter, par exemple, des outils de création de profils d'acheteurs ou d'autres activités moins avouables.

Inspirés par un louable souci d'efficacité, les croisements de fichiers ne peuvent que se multiplier à l'avenir, à mesure que les pays européens chercheront à rapprocher leurs législations et leurs enquêtes sur le terrorisme, le grand banditisme, les trafics de drogues et d'armes, le blanchiment d'argent sale, la pédophilie et la prostitution, les mafias, les sectes, l'immigration clandestine, le travail au noir, etc. Pour la bonne cause, on mettra ainsi définitivement à mal le droit à la privacy et la tant évoquée présomption d'innocence, sans parler de quelques autres droits de l'homme au passage. (...)

Un contrôle multiforme

Nous sommes fichés de toutes parts, et pas seulement par la puissance publique. Il devient difficile d'acheter du matériel sans être invité à remplir un questionnaire client, presqu'impossible d'acheter du logiciel sans cliquer sur l'icône « enregistrer », faute de quoi il faut renoncer à recevoir les mises à jour successives, ou risquer de voir le logiciel se bloquer après quelques essais. Les puces des cartes bancaires, celles des téléphones cellulaires, celles des abonnements aux péages d'autoroutes ou de parkings, les codes d'accès aux immeubles et bureaux, sont autant de moyens de repérer les déplacements et de caractériser certaines habitudes. Les systèmes de suivi des véhicules par GPS (*Global Positioning System*) permettent d'archiver leurs déplacements. Les caméras de surveillance vidéo qui fleurissent dans les rues des villes, les banques, les centres commerciaux, les parkings, ou les ensembles résidentiels de haut de gamme, deviennent de plus en plus intelligentes, capables de lire les plaques minéralogiques des véhicules et, bientôt de reconnaître les visages. La biométrie à reconnaissance numérique des empreintes, de l'iris, du fond de l'œil nous identifiera aussi sûrement que notre ADN, mais instantanément, dans nos activités quotidiennes.

Big Brother à l'échelle planétaire

Encore n'avons-nous parlé que des aspects civils. Il faut aussi évoquer l'évolution spectaculaire de l'espionnage porté par le progrès technologique. Sous couvert de défense nationale – donc avec un très faible contrôle démocratique – les écoutes électroniques connaissent un développement explosif, brouillant définitivement les frontières entre espionnage et contre-espionnage, entre enseignement diplomatique, militaire et industriel, entre sécurité intérieure et affaires privées.

Pour peu reluisantes qu'elles soient, les écoutes téléphoniques de l'Elysée ne sont qu'anecdotiques en regard de la vaste entreprise d'écoute des communications mondiales mise en œuvre par les très grandes puissances et, au premier chef, par les Etats-Unis. Si la France ne s'illustre pas particulièrement dans ce domaine, c'est tout simplement qu'elle n'en a pas les moyens. La très secrète organisation américaine spécialisée, NSA, emploie au moins 100 000 personnes dans le monde et dispose d'un budget que l'on estime entre 16 milliards et 29 milliards de dollars, bien plus que celui de la CIA ou que le budget français de la défense. Des Intranets sécurisés permettent à 50 000 personnes d'échanger et confronter leurs informations – multimédiales – en temps réel.

Pourvus d'immenses antennes, les satellites d'écoute électronique épient les faisceaux d'ondes ascendants. Des stations terrestres écoutent les faisceaux descendants. Des engins sous-marins de plongée profonde collent des capteurs électromagnétiques sur les câbles téléphoniques sous-marins. Pour les câbles à fibre optique, qui ne se laissent pas « écouter » comme les fils de cuivre, ils placent les détecteurs au défaut de la cuirasse, c'est-à-dire aux boîtiers de réamplification qui raccordent les divers tronçons. Des scanners s'introduisent dans les conversations téléphoniques entre mobiles. Des compagnies téléphoniques soudoyées (ou par patriotisme) branchent les moyens d'écoute sur leurs centraux. Des lasers détectent les vibrations des fenêtres des bureaux ou logements pour reconstituer à grande distance les conversations. Des satellites opérant dans le spectre visible, dans l'infra-rouge ou dans les micro-ondes, observent de différentes altitudes et avec différentes résolutions la quasi-totalité de la planète et, en tous cas, les points les plus sensibles (au Kosovo, les Américains ont utilisé les données d'une cinquantaine de satellites). Des drones (robots volants) se chargent des missions complémentaires de précision à basse altitude, les plus dangereuses. Et voici arrivés les premiers services privés de télédétection à haute résolution, qui permettront à chacun de jouer au stratège depuis son fauteuil... ou d'aller fureter dans la propriété du voisin. On pourra obtenir ces informations via internet. (*)

Pierre Bonnaure

(*) Extraits choisis par la Rédaction des *Cahiers français* dans l'article de Pierre Bonnaure, « Big Brother, acte II », *Futuribles*, juillet-août 1999, pp. 131-133. Le titre et les intertitres sont de la Rédaction des *C. F.*

(1) A la suite de nombreuses intrusions informatiques illégales dans ses ordinateurs, le Pentagone annonçait, le 1er juin 1999, avoir mis en place plusieurs couches de protection contre le piratage des sites du département de la Défense. Moins d'un mois plus tard, le site principal de l'*US Army*, sur internet, était victime d'une attaque des *hackers*, démontrant la vulnérabilité des filets de sécurité utilisés.

Document n° 6

Internet en bibliothèque : faire la différence

Internet constitue aujourd'hui une nouvelle source d'information, concurrentielle de la presse audiovisuelle et écrite. À ce titre, le Réseau mérite de figurer parmi les rayonnages de la bibliothèque municipale.

Quelle place pour Internet en bibliothèque municipale ? Pour entamer la réflexion, il convient de se tourner vers les lecteurs, principaux bénéficiaires des services de la bibliothèque municipale. Mais comment connaître la représentation que se font d'Internet des gens ne l'ayant encore jamais pratiqué ? Cerner cette représentation d'Internet dans l'imaginaire collectif devrait permettre de réfléchir sur la manière de développer des relations entre le public et le réseau via les bibliothèques municipales. Il s'agit ici de l'imaginaire, plutôt que de la connaissance, car celle-ci s'acquiert plus particulièrement par la pratique ou la lecture d'ouvrages. Ces derniers ont d'ailleurs souvent utilisé des titres imagés comme *Et Dieu créa Internet,* ou encore prophétique : *Cybermonde, la politique du pire*. Aujourd'hui, la tendance invite le public à construire sa connaissance d'Internet ; ainsi un hors-série de *Télérama* paru l'année dernière titrait : "Internet mode d'emploi". Pour le public, il est en tout cas difficile de prétendre ignorer l'existence d'Internet. En effet, radio, télévision, presse écrite proposent leurs sites et cela va jusqu'à nos tables de cuisine qui sont envahies de produits dont les emballages mentionnent des adresses de sites.

Futur totalitaire

Mais tout cela ne permet pas de connaître la réalité d'Internet. Observons en effet les publicités télévisées qui participent à la chaîne de construction des connaissances de notre société de façon plus ou moins importante. Que peut-on apprendre de cette publicité pour AOL qui montre des gens en train de faire la vaisselle avec leurs pieds ? Ou de celle de Club-Internet qui fait une analogie avec un futur totalitaire dans lequel l'armée se saisirait des ordinateurs pour les brûler, bâillonnant Internet et donc la liberté de penser et de s'exprimer, ainsi que le pratiquaient les soldats à la croix gammée ? Il y a encore cette autre publicité pour Cisco, fabricant de routeurs Internet, qui nous convie en anglais (Internet serait synonyme de pratique courante de cette langue ?) à être prêts.

La première n'intellectualise aucun aspect d'Internet, se voulant légère ; la deuxième réclame une culture historique, rappel de souvenirs traumatisants, tandis que la dernière, à travers la présence d'enfants, veut être une main tendue accessible à chacun par ceux qui sont notre futur. Ces publicités ne vantent pas le produit Internet en tant que tel, mais toujours un élément périphérique. Ni leur discours ni leurs images ne permettent de mieux connaître le Réseau. Finalement, seul TF1, à travers le court spot concernant son site, montre des images d'écran et d'outils de navigation.

Cette seule observation justifie l'entrée d'Internet en bibliothèque, car elle permettrait au grand public d'avoir un accès direct à ce média. Evidemment, de plus en plus de foyers s'équipent de micro-ordinateurs dotés d'un modem et il existe déjà des lieux proposant un accès direct à Internet comme les cybercafés. Cependant, tout le monde n'est pas disposé à payer un abonnement et le coût des communications inhérents à l'usage d'Internet.

Utilisateurs avertis

En outre, la curiosité est parfois vite satisfaite et un accès ponctuel, en bibliothèque par exemple, peut apparaître comme une solution appropriée à certains besoins. Par rapport aux cybercafés, les bibliothécaires doivent faire la différence et se montrer les plus aptes à permettre au public d'utiliser de façon performante Internet. A condition qu'ils soient eux-mêmes des utilisateurs avertis (se pose alors le problème des formations). Ils conseillent et encadrent déjà les personnes dans leurs recherches, Internet devant être considéré comme un nouveau support d'information à utiliser au même titre qu'un livre. A la réserve près que dans le cas d'Internet, la recherche documentaire et la lecture hypertextuelle nécessitent une rigueur et un schéma de pensée auxquels il faut se former.

L'une des métaphores concernant Internet consiste à en faire une bibliothèque virtuelle. La bibliothèque "matérielle" peut être la plus appropriée pour l'héberger. N'oublions pas que si Internet peut entrer en bibliothèque municipale, la réciproque est vraie. Certains penseront que débattre d'un tel sujet est bien futile au regard de l'actualité. Ils n'ont pas tort. Pourtant, Internet a sa place dans un tel contexte, à côté des sources d'information traditionnelles que sont la télévision, la radio et la presse écrite. En tant que nouvelle source qu'il faut apprendre à exploiter, Internet répond alors à cette phrase extraite de l'article 3 de la Charte des bibliothèques : « *La bibliothèque* [...] *doit assurer l'égalité d'accès à la lecture et aux sources documentaires pour permettre l'indépendance intellectuelle de chaque individu* [...]. »

Sandrine Magac-Chanonal, in *Archimag*, mai 1999, n° 124.

* *Documentaliste aux ACM Formation, auteur du mémoire : "Internet et bibliothèques municipales sont-ils compatibles" soutenu en octobre 1998, UFR Idist, Université de Lille III, consultable sur le site de l'association Bibop (Coopération informatique des bibliothèques en Nord-Pas-de-Calais) : http://www.multimania.com/abibop*

Corrigé

Note méthodologique : *dans ce corrigé-type, quelques citations des textes ont été retenues et vous rencontrerez aussi quelques mentions des noms des auteurs. Il est admis, dans un devoir de synthèse, de reproduire des extraits des textes, à condition :*

– que ces citations soit rares et brèves ;

– qu'elles soient parfaitement justifiées, notamment parce qu'elles-mêmes représentent la meilleure synthèse possible de l'idée exprimée, et qu'il est donc inutile de vouloir faire mieux ;

– que le lecteur puisse savoir dans quel texte vous avez pris le morceau. Il est d'usage, alors, de mentionner le nom de l'auteur cité, de la manière la plus élégante possible, c'est-à-dire en évitant de mettre son nom entre parenthèses après avoir fermé les guillemets.

Les six documents réunis abordent différents modes d'accès des publics au savoir et à la culture, et en particulier Internet. Ce vecteur d'information est nouveau et l'impact potentiel qu'il représente pour nos sociétés et nos cultures amène les différents auteurs à s'interroger sur ses bienfaits et ses méfaits.

Est-ce la révolution annoncée, ou une simple évolution dans la mise à disposition des connaissances ?

La véritable question est de savoir quelle place prennent réellement les nouvelles technologies de l'information et de la communication parmi les autres sources du savoir, et ce que l'on peut en attendre vraiment.

Les pratiques évoluent rapidement en ce qui concerne Internet, mais en 1997 on entrait dans la phase de maturité : le bond dans l'équipement des foyers en ordinateurs personnels, et la connexion de pratiquement toutes les entreprises et établissements publics rendaient Internet familier au grand public. Pourtant, l'enquête réalisée cette année-là sur les pratiques culturelles des Français montrait des résultats encourageants. Rien ne laissait apparaître une quelconque érosion des entrées dans les lieux d'exposition. Au contraire : la fréquentation des galeries et expositions temporaires est stable, mais on constate une progression des visites dans les musées, augmentation imputable en grande partie à la dissémination des musées de proximité. Ces visites s'effectuent souvent en famille ou en couple. Rien n'indique un impact négatif d'Internet. Visiblement, ce n'est pas parce qu'on peut visiter virtuellement le Louvre que l'on ne s'y rend plus.

La numérisation des données est une autre application pleine de promesses. Les expériences menées dans l'Aveyron et dans la Meuse, notamment, ont permis de mettre à disposition du public l'ensemble de l'état-civil départemental, ainsi qu'un grand nombre d'archives. Le patrimoine historique n'a jamais été aussi accessible. Au centre départemental, un « juke box » doté de six lecteurs et de huit-cents CD permet vingt consultations simultanées. De plus, à l'échelon local, chaque mairie dispose de ses propres archives numériques. Le coût de l'opération de numérisation est largement justifié par la capacité de sauvegarde qu'elle autorise et par le temps gagné au stade de la diffusion des informations. Qu'il s'agisse d'une recherche généalogique ou d'un travail documentaire, chacun peut se servir, en très peu de temps et bien sûr, sans aucune dégradation du support. Avant cela, la mémoire humaine n'était pas plus durable que l'encre et le papier.

Les musées et les collectivités territoriales sont d'importants acteurs publics de la diffusion de la culture et du patrimoine. Mais, dans ce domaine, les bibliothèques jouent un rôle emblématique : « la bibliothèque [...] doit assurer l'égalité d'accès à la lecture et aux sources documentaires pour permettre l'indépendance intellectuelle de chaque individu [...] ». L'article 3 de la charte des bibliothèques les enjoint donc de ne négliger aucun média, et d'assurer pour chaque support d'information le meilleur usage possible. Les bibliothèques ont une raison de plus d'intégrer Internet dans leur offre de services : il entre dans leur mission de permettre au public de se familiariser avec ce nouvel outil. Il entre aussi dans leurs compétences d'assurer un rôle de conseil et d'encadrement pour faciliter la recherche et aider les débutants à comprendre la logique des liens hypertextes. Ainsi, la bibliothèque se démarque des cybercafés : elle donne à chacun la possibilité d'acquérir un usage autonome du nouveau média.

Les nouvelles technologies de l'information et de la communication rendent donc les plus grands services en matière de diffusion des savoirs au service du public. Cependant, tous les analystes s'accordent pour exposer, à côté des bienfaits d'Internet, ses effets négatifs. Ainsi Henri Oberdorff, de l'IEP Grenoble, énumère-t-il début 2000 les avantages et les inconvénients. Internet, selon lui, c'est d'abord plus d'informations, d'enseignement et de communication ; plus de performances économiques ; davantage de démocratie, avec des citoyens mieux informés et plus participatifs. Mais pour lui, Internet c'est aussi moins de liberté, d'égalité et de fraternité : c'est en substance ce qu'il dénonce avec l'ampleur du problème des fichiers individuels et des procédures de surveillance, avec l'augmentation des processus d'exclusion, plus les risques liés aux divers piratages et à tous les délits quasiment impunis sur la « toile ».

En somme, il reconnaît que ce nouvel espace de liberté s'accompagne de dérives manipulatrices qui exigent un surcroît de contrôle et de régulation.

Éric Sutter, consultant en management des services d'information, va plus loin dans la critique en préconisant une attitude « écologique » face à ce qu'il appelle les pollutions d'Internet : l'absence de tri dans l'émission des informations et de limite dans leur diffusion produit selon lui un étouffement par surabondance, des aliénations, de la délinquance, etc. Ce qu'il appelle les « pathologies » cybernétiques réclament selon lui une règlementation adaptée, un effort de clarification des sources et d'accompagnement des usages, de même qu'une entreprise de sauvegarde des savoirs abandonnés, cet immense patrimoine livresque, oral ou audiovisuel qui sera négligé par les sites Internet si aucune politique de conservation systématique des cultures n'est mise en place à grande échelle.

Yves Jeanneret se situe, lui, franchement du côté des sceptiques : il reconnaît que « les nouveaux objets techniques ont un potentiel créatif et communicationnel ». Mais, selon lui, « ils ne se développeront que si on les arrache à leur vertu prétendument magique pour comprendre la complexité et l'ambiguité de leurs effets ». Il bat en brèche l'utopie qui accompagne l'avènement d'Internet, en l'accablant de formules telles que « rhétorique du prodige », « prophétie radieuse », ou « nouvelle Alexandrie ». Cette dernière épithète désigne tout particulièrement la vocation affichée de diffusion universelle de la totalité des savoirs. L'auteur critique ce point de vue sous l'angle social : « Des logiques de pouvoirs – commerciaux et politiques – se cachent derrière le discours généreux de la diffusion des savoirs » ; et sous l'angle sémantique : il insiste sur la nécessaire distinction entre l'information et son support. Selon lui, croire que la prolifération de pages Internet répand automatiquement de la connaissance, est une erreur qui relève de cette confusion entre le document et le savoir.

L'usage que l'on fait d'Internet et des autres nouvelles technologies de l'information et de la communication est donc affaire de formation, d'accompagnement et de régulation. Il y a autant à en espérer qu'à en redouter, selon qu'on le met au service de la culture ou que l'on en fait un instrument d'aliénation.

Il ressort de cet ensemble de documents que, passée la période utopique, ces nouvelles technologies entrent dans une période de maturité qui en fait non pas une panacée comme on l'a cru, mais simplement un nouveau média, un média de plus. Comme le note Yves Jeanneret, « les systèmes de communication ne se supplantent pas, ils se combinent ». Internet s'ajoute donc, avec ses particularités, ses immenses possibilités mais aussi ses limites, aux outils qui forment l'offre publique de savoir et de culture.

III. Épreuves d'admission

(concours externe, interne et 3e concours)

1. Conversation avec le jury à partir d'un texte (pour les trois concours)

1. Le but de cette épreuve

Une des épreuves d'admission consiste en une conversation à partir d'un texte à caractère culturel permettant de vérifier la culture générale et la motivation du candidat. (durée : 20 minutes, après une préparation de même durée ; coefficient : 3)

Pendant vingt minutes, le candidat doit lire et comprendre le texte qui lui a été remis. Il s'agit d'un texte ayant un rapport avec la culture et abordant des thèmes comme

– l'échec scolaire ;
– le management culturel ;
– les particularismes culturels ;
– la liberté des médias ;
– les politiques culturelles de la ville ;
– les festivals ;
– le patrimoine ;
– la « World littérature » ;
– les nouveaux lieux d'exposition ;
– les jeunes et la presse ;
– le site : www.culture.fr ;
– le métier de libraire ;
– les difficultés rencontrées par les industries du disque face à l'Internet ;
– le patrimoine menacé dans le monde ;
– la démocratisation culturelle ;
– la mise en valeur de l'art contemporain ;
– etc.

Les textes sont souvent extraits des magazines *Sciences Humaines, Télérama, Le Monde diplomatique, Libération.*

Il est donc très important de lire la presse régulièrement et de se tenir informé des débats dans lesquels la culture est impliquée.

Pour vous préparer à cette épreuve, prenez un par un chacun des thèmes ci-dessus et écrivez ce que vous pouvez dire sur chacun d'eux. Si vous ne pouvez pas écrire une ligne, plongez-vous dans de la documentation et allez surfer sur Internet.

Tenir compte des conseils donnés pour l'épreuve orale.

Si vous êtes convoqué à cette épreuve orale c'est que vous avez déjà passé le cap de l'écrit et que vos compétences ont été reconnues meilleures que celles des candidats qui ont échoué. Cela doit donc vous donner un sentiment de sécurité et confiance en vous. L'épreuve d'admission doit donc être envisagée sereinement. Le jury veut découvrir ce qui ne passe pas dans l'écrit : vos qualités humaines, votre ouverture d'esprit, votre capacité à dialoguer, à analyser des problèmes.

2. Le jury

Le jury est composé de personnes qui sont là pour évaluer votre aptitude à occuper le poste pour lequel vous vous présentez. Ils ne sont pas là pour vous juger car *a priori* ils vous sont favorables, mais ils vont apprécier vos qualités de réflexion et votre capacité à travailler avec eux. Ils ne sont pas là pour ne voir que vos défauts, mais plutôt pour découvrir vos qualités et le petit plus qu'ils préféreront chez vous. Même si les questions ne portent pas sur vous, n'oubliez pas qu'à travers vos réponses, c'est vous que le jury apprend à connaître. À vous de mettre vos qualités en avant.

Le jury apprécie les réponses des candidats selon des critères bien définis sur une grille d'évaluation qui peut ressembler à celle-ci :

Grille d'évaluation

Compétences et savoir-faire	**Notation**
Appréhender le sujet (dégager les différentes composantes du problème)	....
Organiser sa pensée autour d'un plan structuré (qualité et richesse du plan)	....
Produire un message clair et fluide (articulation des idées, tonalité , intelligibilité)	....
Utiliser un langage adapté à l'interlocuteur (langage soutenu)	....
Produire des connaissances sur le sujet (richesse des connaissances)	....
Argumenter ses opinions	....
Se comporter en accord avec la situation (politesse, respect des usages)	....
Présenter le sujet et annoncer le plan	....
Répondre aux questions posées (précision et qualité de la réponse)	....
Se décentrer de son point de vue (capacité à prendre du recul et à nuancer sa pensée)	....
Total	....

3. Votre comportement

Pour vous rendre à cette épreuve, vous vous êtes habillé convenablement – classique plutôt qu'excentrique –, coiffé proprement. Veillez à avoir les mains et les ongles propres pour ne pas avoir l'air négligé. Le jury doit avoir une première impression favorable (les cheveux dans la figure et une tenue débraillée sont proscrits). N'oubliez jamais que l'on n'a qu'une fois l'occasion de faire une « bonne impression ».

Vous avez pris connaissance du sujet à traiter et vous êtes allé le préparer dans une salle où viendra vous chercher l'un des membres du jury.

En entrant dans la salle :

- avancez-vous devant la table du jury ;
- saluez l'ensemble des jurés en les regardant ;
- attendez que l'on vous invite à vous asseoir ;
- présentez-vous rapidement : nom, prénom ;
- lisez ou exposez le sujet que vous allez traiter ;
- tenez-vous droit, les mains posées devant vous et ne posez pas les coudes sur la table.

Le trac : lors de cette épreuve, vous êtes seul devant un groupe de personnes que vous ne connaissez pas et qui vous impressionnent. Elles vous regardent, parlent entre elles, écoutent vos réponses, sourient, ont l'air sévère…

N'oubliez pas que le jury fait passer des entretiens toute la journée, plusieurs journées de suite et que le temps lui semble très long. Si vous voulez attirer son attention, faites en sorte qu'il ne s'ennuie pas en vous écoutant : à vous de le captiver en lui racontant ce qu'il n'a pas encore entendu ou en le présentant de façon différente. Soyez souriant, ayez l'air à l'aise, de façon à surprendre agréablement le jury en vous distinguant de tous les candidats trop sérieux ou intimidés qu'ils voient défiler.

Enfin, respirez profondément, prenez votre temps avant de parler ; contrôlez votre débit de paroles et surtout ne vous répétez pas. Si vous avez peur de ne pas parler assez longtemps ou que le silence s'installe, la solution n'est pas de répéter sous une autre forme ce que vous venez de dire. Il vaut mieux parler lentement, laisser un blanc entre chaque phrase, afin de reprendre votre respiration. Le silence qui suit ce que vous venez de dire ne doit pas vous gêner ; il doit permettre au jury de réfléchir à vos paroles et à la façon dont vous les avez exposées.

4. Votre exposé

L'introduction

Elle doit vous permettre de présenter le sujet, d'en faire le tour d'une façon générale et d'annoncer le plan que vous avez prévu pour le développement.

Le plan peut ressembler à ceci :

- les problèmes ;
- les causes ;

– les solutions ;

– conclusion : les solutions qui pourraient être mises en place et ce qui existent dans d'autres pays.

Le développement de l'exposé

En vingt minutes de préparation, vous n'avez pas le temps de rédiger une dissertation, juste celui de jeter vos idées sur le papier :

– écrivez lisiblement afin de pouvoir vous relire facilement ;

– allez à la ligne pour chaque nouvelle idée ;

– utilisez un style télégraphique et des flèches pour lier vos idées entre elles.

Au moment de l'exposé, relisez vos notes discrètement, mais exprimez-vous avec des phrases construites. Vos feuilles sont posées devant vous, mais ne doivent vous servir qu'à soutenir votre exposé.

Remarque : la façon dont vous abordez les différents points du sujet à traiter, les mots que vous utilisez pour vous exprimer sont très importants. Il faut savoir introduire votre sujet et ensuite passer d'une idée à l'autre en montrant que vous n'énumérez pas, que vous ne récitez pas un cours, mais que vous exposez un thème qui vous intéresse et sur lequel vous avez des connaissances. Le plan que vous aurez construit pour exposer votre sujet doit transparaître à travers votre façon de le présenter même si vous l'avez annoncé dans votre introduction.

N'hésitez pas à utiliser les mêmes connecteurs logiques qu'à l'écrit : d'abord, premièrement, ensuite, d'une part, d'autre part, c'est pourquoi, en revanche, au contraire, en dernier lieu, finalement…

5. Conseils

Lors d'une épreuve orale, certaines attitudes sont à privilégier, d'autres à déconseiller car les membres du jury ne manqueront pas de les interpréter.

Ainsi, si vous répondez trop rapidement ou d'une façon trop catégorique, le jury en déduira que vous êtes trop sûr de vous, que vous ne cherchez pas à approfondir le sujet et que vous avez tendance à penser à la place des autres. Il faut donc se donner le temps de la réflexion pour pouvoir analyser rapidement les données du problème et y répondre d'une façon ouverte.

Si vous utilisez des formules toutes faites ou si vous montrez que vous avez des préjugés, on en déduira que vous manquez de sens critique et que vous pouvez être influençable.

Enfin, soyez sincère avec le jury. Si vous ne faites que les réponses que vous pensez être celles que le jury a envie d'entendre, sachez qu'il peut vous piéger en vous posant les mêmes questions formulées autrement et si vos réponses ne correspondent pas, vous êtes pris en faute. Il vaut mieux avoir confiance en vous, vous montrer naturel et jouer la carte de la sincérité.

Si, effectivement, le jury vous trouve apte à assurer la fonction pour laquelle vous concourez, c'est bien, vous vous épanouirez dans ce métier. Si, au contraire, vous n'êtes pas retenu, c'est que vous ne convenez pas réellement à ce métier et que vous devez vous orienter vers autre chose (ou tenter votre chance une autre fois).

6. Option : Archives

Questions d'entraînement

Texte 1 : Les sociétés d'amis de musées

1. Que savez-vous de l'attribution des subventions de l'État aux musées ?

2. Dans quel intérêt territorial des subventions peuvent-elles être demandées ?

3. Quels avantages présente une association pour l'octroi de subventions ?

Texte 2 : Les bons comptes font les bons amis.

1. Comment voyez-vous l'intervention de bénévoles au sein d'un musée ?

2. Dans quel but les fonds récoltés par une société d'amis d'un musée peuvent-ils être utilisés ?

3. De quelle façon une association peut-elle se rendre utile à un musée ?

Texte 3 : Vaine tentative de prolongation

1. Une association peut-elle organiser une exposition au sein d'un musée ? Qu'en pensez-vous ?

2. Comment voyez-vous la collaboration entre conservateur et association ?

3. Dans quelles mesures une association d'amis d'un musée doit-elle rendre des comptes au musée ou garder une certaine autonomie ?

Texte n° 1

Les Sociétés d'amis de musée

(extrait)

Les subventions

Une société d'amis peut bénéficier de subventions de l'État, des collectivités locales et de leurs établissements publics.

Les collectivités publiques tiennent grand compte de l'effort d'autofinancement de l'association pour l'attribution ou le renouvellement d'une subvention (circulaire du Premier ministre du 15 janvier 1988, relative aux rapports entre l'État et les associations bénéficiaires de financements publics).

– Les subventions de l'État et de ses établissements publics sont accordées

· pour promouvoir des activités d'intérêt général ;

· pour favoriser l'action conjuguée de partenaires privés et de services administratifs publics.

L'octroi de subventions de l'État est souvent lié à l'établissement d'une convention déterminant clairement les objectifs poursuivis et les obligations réciproques.

Cette convention est obligatoire lorsque le montant de la subvention dépasse le seuil de 300 000 F prévu pour l'application du marché de fournitures (circulaire du Premier ministre du 15 janvier 1988, relative aux rapports entre l'État et les associations bénéficiaires de financements publics)

– Les subventions des Régions, des départements et des communes et de leurs établissements publics sont accordées si elles répondent à l'intérêt territorial correspondant.

Pour bénéficier d'une subvention, la Société d'amis devra fournir à l'appui de sa demande les documents suivants signés par le président :

· les statuts, la liste des membres du conseil d'administration et du bureau avec indications de leur situation professionnelle, si c'est la première fois que la Société d'amis demande une subvention.

· les comptes financiers du dernier exercice et le budget de l'année en cours ;

· un état de l'effectif du personnel salarié et du niveau de rémunération ;

· un compte rendu d'activité portant notamment (s'il y a lieu) sur l'emploi des subventions précédemment accordées ainsi que sur le programme prévisionnel pour lequel la subvention est demandée ;

· un devis et le projet de financement de l'action particulière si la subvention demandée est destinée à une opération précise ;

· des informations relatives aux autres ressources propres.

L'emploi des subventions dépend des conditions de son octroi :

– si elle a été donnée sans aucune condition, la Société d'amis l'utilise comme elle l'entend dans les limites de son objet ;

– si la subvention a été donnée dans un but précis, l'association doit l'utiliser conformément à ce qui a été prévu.

Il est en tous cas interdit à la Société d'amis de mettre la subvention à la disposition de l'« ordonnateur » sous forme de réserves occultes, l'association se transformant en simple caissier.

• Contrôle

Les juridictions administratives sont incompétentes pour apprécier l'opportunité de l'octroi d'une subvention, mais elles peuvent en contrôler la légalité.

Sont illégales des subventions :

– portant atteinte aux règles d'organisation ou de fonctionnement d'un service public ;

– justifiées par des motifs matériellement inexacts ;

– n'ayant aucune utilité nationale, régionale ou locale selon le cas.

Le contrôle de l'emploi des subventions est exercé *a posteriori* par la collectivité publique qui les a accordées.

L'association subventionnée est également soumise aux vérifications des comptables du Trésor et de l'Inspection générale des finances ainsi qu'au contrôle de la Cour des comptes.

Extrait du rapport « Les sociétés d'amis de musées »
(pour la direction des Musées de France, Faits et villes – L. et R. Leisure, 1993).

Texte n° 2

France

Les Bons Comptes font les bons amis

Des « bonnes œuvres » aux sociétés para-commerciales

Toujours utiles, quelquefois indispensables, parfois considérés comme un peu gênants, les Amis des musées n'ont pas un statut clairement défini. Bon nombre d'entre eux cherchent aujourd'hui à s'organiser plus efficacement car ils ne veulent plus être considérés comme de simples « bonnes œuvres » au service des musées.

Paris. Il y aurait actuellement en France environ deux mille associations d'amis de musée, soit une par musée, mais aucun recensement précis ne livre de chiffre exact. Les plus structurées sont réunies au niveau national au sein de la Fédération française des sociétés d'Amis de musée basée à Paris (260 associations, fortes de 120 000 adhérents) ou dans différents groupements régionaux (groupement Rhône-Alpes, Nord, Midi-Pyrénées et Pays de la Loire). Avec des moyens très inégaux, leur but va de la fidélisation du public – à travers conférences, colloques, et voyages –, à son élargissement – prospection dans les lycées, chez les personnes âgées, dans les entreprises – tout en mettant un point d'honneur à l'enrichissement des collections.

Certaines sociétés – souvent parisiennes – sont puissantes et organisées. Elles trouvent plus facilement des moyens financiers supplémentaires grâce à leurs relations et à leur carnet d'adresses que par l'augmentation de leurs adhérents. « Il est bien évident que ce ne sont pas les petites cotisations qui font les grosses sommes, avoue Monique Ricour Kenedy, vice-présidente déléguée de l'association des Amis des Arts décoratifs. Mais nous avons des adhérents qui nous soutiennent fidèlement pour des montants conséquents depuis des années, et nous nous employons à rechercher, en plus, des mécènes qui pourraient être intéressés par des projets particuliers de restauration ou d'acquisition ».

En région, d'autres misent davantage, pour fidéliser le public, sur leur efficacité pour organiser des concerts, des colloques, des visites commentées. « C'est en faisant vivre les musées, en les animant, en les rendant indispensables au cœur d'une ville ou d'une région que l'on peut obtenir certaines subventions qui pourraient bien être attribuées à d'autres institutions » constate Annick Bourlet, présidente de la Fédération française des sociétés d'amis de musée.

Chacun à sa place

Ces associations sont souvent indispensables pour pallier certaines carences administratives et budgétaires. Elles sont sollicitées par de nombreux conservateurs comme Bruno Gaudichon, conservateur du musée d'Art et d'Industrie de Roubaix, qui reconnaît avoir besoin quotidiennement des compétences des professionnels du textile faisant partie de l'association des Amis pour l'aider à inventorier les collections. Gilles Grandjean, conservateur au musée des Beaux Arts de Rouen, compte sur un appui financier important (4,5 millions de francs depuis 1989), récolté pour la restauration des œuvres d'art grâce au mécénat d'entreprise institué par son association d'Amis.

Le foisonnement de ces bonnes volontés, structurées en associations loi 1901 (permettant à des personnes ayant des intérêts communs de s'associer à titre bénévole et sans but lucratif), soulève parfois certaines difficultés de trésorerie ou de responsabilité. Il est souvent difficile d'établir des règles générales de fonctionnement, et même de bonne conduite. Quelques notions essentielles ont dû être précisées dans le Code d'action et d'éthique de la Fédération nationale (avril 1993), comme « le respect mutuel du droit de chacun » et l'indépendance des structures (secrétariat, trésorerie, organisation des activités et manifestations) « pour ne pas peser sur le musée ». Un tel rappel à l'ordre en dit long sur les difficultés pouvant apparaître lors de conflit d'autorité surgissant entre certains conservateurs et les Amis jugés trop envahissants.

« Si les associations s'occupent d'événements ou de projets exceptionnels, nécessaires au rayonnement général du musée et à la recherche de nouveaux financements, c'est très bien », estime Laurent Setton, responsable des Publics et de la Diffusion culturelle à la Direction des Musées de France. Ce service avait commandé, en mai 1993, une étude pour encourager la création ou redynamiser plusieurs associations de musées parisiens et de la région parisienne (Musée du Moyen Âge de Cluny, Musées Picasso et Guimet, Musées de Saint-Germain-en-Laye et de Fontainebleau). « Mais je ne suis pas sûr que ce soit à elles de prendre en charge certaines activités commerciales et culturelles qui devraient rester entre les mains du personnel des musées », poursuit-il, au risque de mettre à mal une de leurs raisons de vivre.

Force financière parallèle

Conférences, voyages ou boutiques amènent en effet certaines associations à se constituer en force financière parallèle, gérant des sommes considérables échappant parfois au contrôle des institutions qui les hébergent.

Bien loin de la simple édition de cartes postales chère à de nombreuses petites associations, d'autres, plus structurées, sont à la tête de véritables « entreprises commerciales ». La Société des amis du musée d'Art moderne-centre Georges-Pompidou, présidée par Hélène David-Weill, a créé une collection d'objets d'artistes, proposés en tirages limités – et en priorité – aux membres fortunés de son association (entre 4 000 et 120 000 francs pièce). La Société des amis du musée d'Art moderne de la Ville de Paris, présidée par Henriette Joël, vend, elle aussi, des objets d'artistes contemporains (du coquetier à la sérigraphie signée), mais à des prix plus abordables (de 100 à 4 000 francs). Elle gère également, en tout ou en partie, plusieurs boutiques constituées en SARL (musée d'Art moderne de la Ville de Paris, musée Carnavalet, Petit Palais et boutique Paris-Musées des Halles) ainsi que la librairie du musée d'Art moderne, qui dégage à elle seule plus d'un million de francs de bénéfices par an (seul chiffre communiqué).

Les profits des deux associations se sont accrus rapidement. Ils permettent à la première de participer aux acquisitions du musée – une contribution à l'achat de *Bleu I* de Miró l'an dernier – et de réunir plus de 350 000 francs chaque année pour constituer une collection parallèle tenue à la disposition du musée. Les contributions de la seconde ont permis, au cours de l'année écoulée, de participer à l'installation de *La Danse* de Matisse – à hauteur de 1,5 million sur 3 millions de francs – et à l'équipement informatique du personnel du musée. Ces sommes conséquentes sont utilisées « au coup par coup et sans véritable politique d'ensemble », constate néanmoins Suzanne Page, conservateur du musée de la Ville de Paris.

Dans un pays où les musées sont gérés par les collectivités publiques et où le bénévolat n'est pas considéré comme une nécessité, les associations d'Amis de musée ont du mal à trouver leur juste place. Structures d'appoint, partenaires, ou concurrents profitant des largesses liées aux musées pour créer leur propre société, elles veulent être dans tous les cas considérées comme de véritables interlocuteurs.

Isabelle Spaak, *Journal des arts*, n° 10, janvier 1995.

Texte n° 3

Vaine tentative de prolongation : 1998-2000

Après avoir suivi avec intérêt la création et les activités du musée de Revermont, j'avais répondu à un appel de prêts pour l'exposition sur l'école grâce à quelques livres de la bibliothèque pédagogique d'un arrière-grand-père instituteur. À mon retour permanent dans la région, en 1996, je me suis trouvée ainsi associée à la préparation de l'exposition sur le mariage avec le groupe de travail mis en place par les Amis du musée, et j'ai accepté de faire partie du conseil d'administration le 6 décembre 1996, participation que je n'ai pas renouvelée trois ans plus tard.

Les conseils d'administration de l'année 1997 m'ont fait découvrir une tension déjà ressentie lors de l'assemblée générale précédente dans le partage de la gestion du musée avec le département, au travers de la conservation départementale, certainement très dommageable au développement de la belle réalisation qu'était le musée. Jean-Pierre Cotton ayant annoncé son départ de la présidence, en même temps qu'était décidée la remise de la totalité de la gestion directe du musée au département, j'ai accepté de lui succéder. Le conseil d'administration espérant que mon passé de conservateur de collections publiques de bibliothèques pourrait faciliter les relations avec des collègues des musées.

Il a été fait obligation à la commune comme à l'association, sans qu'on sache très bien à partir de quel texte officiel, de résilier la convention tripartite avec le conseil général en 1994 et de la remplacer par deux conventions bipartites signées en mars 1998, l'une avec la commune, l'autre avec l'association des Amis du musée. Dans le préambule de chacune, le conseil général et la commune « reconnaissent le rôle initiateur essentiel joué par l'association des Amis de Treffort-Cuisiat et le rôle d'ancrage du musée dans le territoire joué par l'association des Amis du musée du Revermont-patrimoine vivant. [...] Le pôle Revermont du musée des pays de l'Ain a pour vocation la collecte d'objets, l'étude des témoignages caractéristiques de la culture et de la vie quotidienne en Revermont ».

Dans le contexte précédent, l'association et la conservation réalisaient à tour de rôle une exposition. Celle sur le mariage a été préparée pour la réouverture du musée (fermé l'hiver) en avril 1998, parallèlement aux discussions sur la nouvelle convention. Je me suis efforcée, en en coordonnant la mise en place, de répondre à une demande de réalisation en autonomie, avec le petit nombre de personnes disponibles. Les objets, photographies, extraits d'entretiens, lettres, actes notariés, ont été présentés sur les panneaux réalisés par les bénévoles de l'association ou dans les vitrines du musée, selon plusieurs modules : la rencontre (« les approchailles »), le mariage (« les épousailles »), puis ses lendemains. Nous avions eu deux réunions avec la conservation, qui, je ne l'ai pas compris tout de suite, choisissait d'habitude dans les collectes de l'association ce qui devait être retenu. Malgré le changement de procédure, le résultat, un peu artisanal et peu coûteux, a semblé satisfaire le public. Une animation (chansons de mariage, extraits de lettres de futurs mariés, monologue) puis une rencontre (« Le mariage entre petits secrets et vérités éternelles ») avec des historiens de la Bourgogne proche, ont été organisées en complément.

L'exposition temporaire de 1999, « Guérir par tous les saints », a été conçue et réalisée par la conservation départementale. Une partie de celle sur le mariage a été conservée. L'association, qui aurait souhaité la prolonger en totalité, a réalisé parallèlement une présentation de la moitié des photographies de mariages (antérieures à 1929, dans le souci du respect des droits des photographes) avec index des noms de mariés, des lieux et dates de mariage, sur borne interactive, avec succès auprès du public.

En 2000, le thème retenu par la conservation était la chaussure (« Le pied dans l'an 2000 ») ; l'association a commencé ses recherches, en a communiqué le résultat au musée, mais aucun élément n'en a été retenu pour l'exposition. Celle-ci a présenté, très bien d'ailleurs, de nombreux modèles du musée de Romans et des œuvres de stylistes contemporains, à côté d'ateliers de cordonnier et sabotier, le tout complété par les créations des artisans extérieurs au Revermont. En liaison avec l'exposition, l'association s'est mobilisée pour l'opération proposée par Handicap international le 16 septembre, lors des Journées européennes du patrimoine, avec une pyramide de chaussures présentée en face du musée, dont l'entrée était libre ce jour-là.

La rénovation de la salle sur l'enfance a été réalisée au printemps 2000, sans la concertation prévue par l'article 13 de la convention : il était difficile de recourir aux auteurs de la première présentation, mais certains éléments auraient sans doute pu être réutilisés, et d'autres, trouvés à propos du mariage, intégrés.

L'association s'est donc contentée de réaliser, pour la réouverture du musée en avril 2000, un double programme de complément pour la borne interactive du musée du Revermont avec :

– les photographies de classe (une centaine antérieures à 1930) nécessitant la recherche des noms des élèves par village ;

– la présentation des éléments les plus caractéristiques (costumes, environnement, emplacement des personnes, musiciens, cuisinières, etc.) des photographies de mariage, et un index complémentaire de près de sept mille noms, imprimé sur papier pour en permettre l'accès à toutes les personnes identifiées sur les photographies de mariage présentées sur la borne depuis 1999.

Les programmes figurant sur la borne font maintenant partie des collections du musée. Un certain nombre d'observations et de propositions pour l'amélioration des programmes ont été formulées par la conservation départementale. Elles pourraient facilement être prises en compte par les médiatrices culturelles, seules compétentes pour déterminer comment les utiliser en fonction de leurs animations.

Dans tous les domaines une collaboration est en effet indispensable : un véritable partenariat doit s'établir dans la confiance, le respect et la transparence réciproques, sans qu'aucun des partenaires ne cherche à faire exécuter par l'autre des choix non élaborés en commun.

Bien que les idées ne manquent pas, le groupe de recherches, après avoir envisagé de poursuivre ses investigations sur le thème de la mort afin de compléter le travail entrepris sur les différentes étapes de la vie, s'est trouvé démobilisé, parce que sans espoir d'une utilisation dans des expositions futures. Le rôle et les missions reconnues à l'association des Amis du musée du Revermont-patrimoine vivant par la nouvelle convention[1] sont pourtant de nature à faciliter la concertation.

N'est-ce pas une chance pour un musée d'avoir à ses côtés une association par laquelle la population du territoire proche est associée, en particulier grâce à la collecte d'objets, photographies et documents ? La recherche et l'identification de photographies (une centaine de photographies scolaires, cinq fois plus de photographies de mariages) a ainsi joué un rôle essentiel. L'indication du nom des donateurs sur les « cartels » est aussi un élément attractif pour les proches, qui viennent rechercher dans un nouveau cadre, bien présenté, ce qu'ils ont connu dans la vie quotidienne. Ceci peut avoir valeur d'exemple. C'est une chance également de pouvoir connaître ainsi les réactions d'un public assez large puisqu'une grande variété de catégories socioprofessionnelles, dont certaines sont habituellement peu sensibles aux réalisations culturelles, se trouve représentée. Il ne devrait pas être impossible de pouvoir discuter du choix des thèmes d'exposition comme de la présentation, de la muséographie, qui trop soumises à des modes, devraient rester des moyens, comme l'informatique, et non une fin.

Les membres fondateurs ont beaucoup payé de leur personne depuis la création du musée, avec le souci constant d'éviter des dépenses excessives. Les exigences demandées au niveau administratif et financier sont susceptibles d'être mal ressenties, si elles le sont en sens unique. Ainsi des signes, peu importants en soi, finissent par le devenir à force d'accumulation : le bilan de la fréquentation du musée qui n'est pas communiqué à l'association ; la réunion annuelle prévue par la convention, « à l'initiative du conseil général », à une période fixée par lui, qui n'est pas toujours respectée ; les demandes de subventions qui, devant être adressées selon des règles très précises, conduisent à ne plus identifier celles attribuées aux Amis du musée de la masse du budget de la conservation départementale. L'association, dont les ressources sont relativement importantes grâce aux économies réalisées dans le passé, s'en voit demander le compte et ne dispose pas de la liberté de ne pas demander de subventions dans la mesure où elles peuvent être ainsi utilisées par la conservation.

Cette mise au pas fait assimiler l'association à un enfant qui n'arrive pas à s'émanciper. La considérer comme un partenaire à part entière n'augmenterait pas ses exigences et devrait plutôt faciliter son renouvellement dans un plus juste partage des responsabilités, avec la participation de ses membres, à même de reconnaître facilement les compétences des professionnels du musée. Il y a pour ces derniers une gageure à relever. Même si on sait qu'ils peuvent très bien faire seuls, toutes les recherches et collectes nécessaires, même si on peut trouver ailleurs les traces de certaines traditions, accepter la participation de l'association ne devrait rien enlever à leur compétence, mais devrait leur apporter un complément utile. Mettre en valeur les apports de l'association serait tout à leur honneur.

Je n'ai pas compris pour ma part pourquoi il était si difficile d'oublier les anciennes tensions. De Lyon à Nîmes, en passant par Marseille, j'ai eu des expériences très intéressantes en suivant les propositions de lecteurs et chercheurs passionnés pour des expositions réalisées avec leur aide et en collaboration avec collègues des archives et des musées. La décentralisation ne devrait pas empêcher, malgré une recentralisation au niveau départemental, des actions en complémentarité...

Françoise Cotton*, *La Lettre de l'OCIM*, n° 75, 2001.

1. Article 1 : « – animations ponctuelles en liaison avec la visite du musée et en cohérence avec la programmation saisonnière et les collections permanentes, telles que manifestations, transmissions de savoirs, conférences et rencontres diverses, visites guidées en partenariat avec la conservation départementale ;
– aide à la collecte des objets, relais auprès des donateurs ;
– entretiens et recueil de témoignages en liaison avec les thématiques du musée, ses expositions permanentes et temporaires, selon une démarche définie en collaboration avec la conservation départementale, et en accord avec le conservateur départemental,
– réalisation de documents culturels. »

* Présidente de l'association des Amis du musée du Revermont (1998-1999).
Téléphone + 33 04 74 30 64 18

2. Épreuve facultative écrite de langue *
(pour les trois concours)

Durée : 2 heures ;
coefficient : 2 (concours externe et interne) ;
coefficient : 1 (3e concours).

Anglais

Sujet mai 2005

Now it's not what you know, but how connected you are

Many years ago, Howard Rheingold, who was one of the first people to understand the social potential of cyberspace, posed an interesting question: 'Where is the Library of Congress, when it's on your laptop?' To most people at the time, it seemed a meaningless question.

In the old days, libraries were society's only repositories for the information and knowledge embodied in books. To get at the knowledge, you had to go to make the physical journey to where it was stored. Rheingold's question was about how that would change when everything that had ever been printed was available online. But for the most part, Rheingold was ignored because the prospect of universal digitalisation seemed so remote. Just for starters, who would bear the unconscionable costs of scanning millions and millions of texts?

Who indeed? Last week, Google announced that it was planning to make digital copies of some of the world's largest university library collections and incorporate the texts into its vast web index. The goal is to enable anyone, anywhere instantly to tap into enormous academic libraries – some with texts dating back centuries.

Nothing has been conceived on this scale. Which brings us back to Rheingold's question. We have not begun to comprehend the implications of what's going on. Will the Google project reinforce the stranglehold of English as the global language? If I were Jacques Chirac, I'd already be negotiating with the company to scan the contents of the

Bibliothèque Nationale.

John Naughton, Sunday December 19, 2004, adapted from *The Observer*.

* non corrigée

Allemand

Sujet mai 2005

Eva Menasses Roman „Vienna": das literarische Debüt einer Journalistin

Heute gehört es fast zum guten Ton, als Schriftsteller in Erscheinung zu treten. Wer Reportagen schreiben kann, wird doch wohl auch einen Roman hinkriegen. Die frühere Furcht vor Neid und Eifersucht im Kollegenkreis, vor besonders strenger Kritik beim Wechsel des Metiers ist offenbar ganz unbegründet.

So jedenfalls zeigt es sich jetzt beim literarischen Debüt der Österreicherin Eva Menasse, die als Kulturkorrespondentin der „Frankfurter Allgemeinen" („FAZ") in Wien tätig war, heute in Berlin lebt und ihrem hauptsächlich in Wien spielenden Roman des Titel „Vienna" gegeben hat.

Das Wiener Nachrichtenmagazin „Profil" hat sechs Seiten aufgeboten, um aus Anlass des Romandebüts die Familie Menasse ausführlich zu porträtieren.

Diese Familie mag ein Grund für das Interesse in Österreich sein, wo das Buch offenbar als Schlüsselroman gelesen wird. Kein Wunder: Die Autorin hatte ursprünglich die Idee, wie sie in einem Interview verriet, „einen kurzen Text über meine echte Familie zu schreiben". Das hätte ein spannender Aufsatz werden können, vielleicht auch ein größeres Porträt des Vaters.

Der spätere Fußballspieler, Sohn einer aus dem Sudetenland* stammenden Mutter und eines jüdischen Vaters, war 1938, im Alter von acht Jahren, zusammen mit seinem älteren Bruder auf einem der letzten Kindertransporte nach England gekommen und dort bis 1947 geblieben – als er nach Wien zurückkehrte, musste er erst wieder Deutsch lernen. Wie sich die Familie Menasse im Nachkriegs-Wien neu etabliert, ist wahrscheinlich spannender Stoff.

Leider hat Eva Menasse einen schlechten Roman daraus gemacht, der, wie „Profil" formuliert, „konzentrische Kreise um die reale Familie" zieht.

Das Buch dürfte jedoch seinen Weg machen...

Nach Volker Hage, in ‚*Der Spiegel*' 9/2005.

* Das Sudetenland: la région des Sudètes.

Espagnol

Sujet mai 2005

Caminos en el aire, el arte de construir puentes

Belleza y técnica se funden en el viaducto de Millau, de Foster, un nuevo hito en la carrera del ser humano por superar los obstáculos, en la que le han precedido los alardes de Eiffel, Calatrava, Conzett.

La inauguración del viaducto de Millau, diseñado por Norman Foster, se ha convertido en un acontecimiento mediático mundial. El puente más alto del mundo ha atraído todas las miradas por sus cifras y también por su belleza, reconocida de manera unánime. La elevación de sus apoyos alcanza los 343 metros sobre el fondo del valle, con grandes pilares que sustentan el tablero a 245 metros, alcanzando un nuevo récord absoluto. Los puentes siempre han fascinado a la humanidad, pero el viaducto francés va más allá de las cifras para entrar en el Olimpo de las obras en las que resulta imposible separar la belleza y la técnica. Razón por la que algunos proponen situarlo entre las siete maravillas del mundo moderno.

Los puentes han permitido levantar caminos en el aire, volar sobre el territorio sin despegar los pies del suelo, salvar valles y caminar sobre las aguas. La circulación de personas, datos, mercancías e información define nuestro tiempo, de manera que una sociedad moderna no puede concebirse sin la continua mejora de los canales de comunicación. El puente se ha convertido en el paradigma de la movilidad, en la herramienta que permite transitar el territorio superando los obstáculos físicos, extendiendo las diferentes redes de conexión en niveles superpuestos sin que encuentren impedimentos, estableciendo nuevos nexos y abriendo caminos que parecían imposibles para incrementar la capacidad de desplazamiento e intercambio.

No es extraño que los puentes diseñados por arquitectos hayan devuelto al primer plano de la actualidad la importancia de estos elementos emblemáticos, en cuya definición los arquitectos han aportado un sentido de la escenografía y de la pertinencia urbana propio de su profesión.

Enrique Dominguez Uceta, *Descubrir el Arte*, n° 72, febrero 2005.

Italien

Sujet mai 2005

A Lucca da quarant'anni, la fiera delle strisce è diventata un appuntamento internazionale sempre più frequentato
Alla gran festa dei comics si apre il mercato dei sogni
Editori, libri e fan in aumento : un settore in netta ripresa

Luca Raffaelli

Sono ormai quasi quarant'anni che a Lucca si celebra la festa dei fumetti, anzi de comics. Ed è nella città di Puccin che si sono cominciati a chiamare anche in Italia con il termine americano, in onore dell'età dell'oro del fumetto, quella di Flash Gordon, Mandrake, L'uomo mascherato. Èstata quella la prima a essere studiata qui in convegni internazionali. Un tempo Lucca era soprattutto questo, con l'appendice di un pallone aerostatico in mezzo alla Piazza del Giglio, a raccogliere gli stand di alcune decine di editori specializzati. Oggi le parti si sono invertite ed è la parte fieristica a coinvolgere con le sue attrattive le decine di migliaia di appassionati che partecipano alla manifestazione. A dimostrazione di quanto la paventata crisi del fumetto sia tutta da capire: com'è, dov'è, se gli editori sono in aumento e insieme a loro le iniziative editoriali?

Forse non ci sono più certi grandi numeri da edicola di un tempo, ma ci sono tante altre opportunità con cui il fumetto può e deve avere a che fare: le librerie specializzate, internet, il mondo dei giochi, i cartoni animati, la tv, il cinema. E fa bene Lucca a celebrare quest'anno Alessandro Barbucci e Barbara Canepa, che con le loro creazioni (Witch, Monster Allergye Skydoll) hanno rinnovato lo stile disneyano, fondendolo con suggestioni giapponesi. I loro personaggi hanno avuto il merito di riportare al fumetto una generazione adolescenziale. Co-protagonista di Lucca 2004 è Tito Faraci, uno dei più fantasiosi sceneggiatori italiani, inventore di storie per molti dei personaggi di successo che si prepara al salto: una sua mini-serie.Tra i grandi ospiti Gradimir Smudja, fumettista dallo stile pittorico, autore di una biografia di Van Gogh. Tra le mostre, da segnalare quella che Antonio Faeti dedica a Magico Vento, personaggio bonelliano di Gianfranco Manfredi: pannelli che guidano il lettore-visitatore alla scoperta delle tracce horror che in questo fumetto contaminano il genere western.

La Repubblica, venerdì 22 ottobre 2004.

Grec moderne

Sujet mai 2005

Πρόσωπα και πράγματα μιας χρονιάς

Του **ΝΙΚΟΥ Γ. ΞΥΔΑΚΗ**

Το πρόσωπο της χρονιάς για το ελληνικό 2004 αναντίρρητα είναι πληθυντικά περιεκτικό: είναι Εμείς. Είναι το πολυώνυμο πλήθος που τιτίβιζε, παραμιλούσε και χαιρόταν, από το πρώτο ματς στην Πορτογαλία έως και την τελετή λήξεως των Ολυμπιακών – όσο κράτησε το μακρύτερο ελληνικό καλοκαίρι που μπορούμε να θυμηθούμε. Η χρονιά όλη συμπυκνώθηκε στο ακατανίκητο μεσογειακό θέρος, σκληρό πυρήνα της εθνικής μας αυτομυθολόγησης, και τότε, με άδειες εν αναστολή, χωρίς διακοπές, καταχρεωμένος, εν μέσω μιας τεταμένης αναμονής, ένας λαός σε διαρκή αυτοϋποτίμηση ξεχύθηκε στους δρόμους, πανηγύρισε για τον εαυτό του, για τις λανθάνουσες δυνατότητες που φανερώνονταν και έλαμπαν, ρούφηξε τους φαντασιακούς θριάμβους και τους δύσκολους επαίνους των ξένων, χάιδεψε με το βλέμμα τη μεταμορφωμένη Αθήνα, πίστεψε προσώρας στον εαυτό του.

Η τελετή ενάρξεως στους Ολυμπιακούς, που ώς τότε έπλεαν σε ένα υποκριτικό correct kitsch, συμπύκνωσε σχηματικά την Ελλάδα που λαχταράμε όλοι: παλαιά και σοφή, ποπ και νέα, λυρική και κομψή, ανοιχτή, μοντέρνα, πάμφωτο πλοίο στον χρόνο. Ο,τι προηγείται και έπεται του καλοκαιριού αθροίζεται σε αυτή τη μέθη των χορτασμένων αισθήσεων, των πληρωμένων προσδοκιών, της ανανεωμένης αυτοαναγνώρισης, της γλυκιάς φενάκης.

Τι μένει; Το τέλος του πάρτι αφήνει πίσω άδεια ποτήρια, χαρτοπόλεμο, αποκαΐδια βεγγαλικών. Μα και πείρα, όση αντέχουμε να χωνέψουμε· και αυτογνωσία, όση αντέχει το ματαιόδοξο πετσί μας· μια οξύτερη (ενοχλητικά, οδυνηρά σχεδόν) αίσθηση του ιστορικού χρόνου, του momentum· τη φανερωμένη δυνατότητα μιας άλλης διαμονής στον τόπο, μιας άλλης πορείας στον χρόνο.

Καθώς το συναρπαστικό καλοκαιρινό 2004 θα μακραίνει στον χρόνο, η πρωτογενής χαρά θα χλωμιάζει, θα ξεθωριάσει, τα αισθήματα γαρ σβήνουν πρώτα· τώρα σωρεύεται η επίνοια, η κατανόηση, η αναχώνευση. Το θαύμα θα λειτουργεί εφόσον κερδίσουμε την εμπειρία και σαν γνώση.

Portugais

Sujet mai 2005

Obras de Paula Rego editadas em 100 milhões de selos e postais

O Royal Mail[1] britãnico está a comemorar os 150 anos da morte da escritora Charlotte Brontë com a edição de uma colecção especial de selos feitos a partir de litografias da pintora portuguesa Paula Rego. Considerada pelo próprio Royal Mail como a sua mais importante colecção do ano, a edição, que já está disponível, tem seis selos diferentes e uma tiragem de cerca de 100 milhões de cópias. Uma das litografias, que representa Brontë num vestido roxo, foi também editada em postal – vendem-se em pacotes de sete e custam très euros.

Todos os selos editados estão relacionados com os ambientes e personagens da novela Jane Eyre, publicada pela primeira vez em 1847 e a mais conhecida de Brontë. Partem de trabalhos realizados pela artista entre 2000 e 2001 e apresentados pela primeira vez em 2003 na exposição "Jane Eyre e Outras Histórias", da galeria Marlborough Fine Arts, que representa a artista em Inglaterra. É lá que Rego vive e trabalha desde os anos 70.

No seu site da Internet, onde esta colecção surge em destaque e com imagens dos selos editados, o Royal Mail fala da expressividade da obra de Rego. "Esta artista nascida em Lisboa consagrou-se nos anos 80 pela forma como dramatiza as ansiedades femininas num, trabalho refinado com inspiração nos contos de fadas. O seu trabalho Jane Eyre combina expressivas figuras individuais com cenas narrativas mais detalhadas", escreve-se.

Tida como a artista portuguesa mais conhecida da segunda metade do século XX, Paula Rego, de 70 anos, teve recentemente uma exposição importante no Museu de Arte Contemporánea de Serralves, no Porto. Coin 150 obras, foi um dos maiores fenómenos de público dos últimos anos: 157 mil pessoas em très meses. Em Inglaterra, a artista teve também uma exposição importante entre Outubro e Janeiro: a Tate Britain mostrou uma selecção de obras suas dos anos 60 até hoje.

Texto adaptado, *Pûblico On Une* n° 5458, Sábado, 5 de Março de 2005.

1. Royal Mail : ne pas traduire

Néerlandais

Sujet mai 2005

200 jaar sprookjes

De schrijver Hans Christian Andersen werd 200 jaar geleden op het Deense eiland Funen geboren. Hij is wereldberoemd door sprookjes als De kleine zeemeermin en Het lelijke jonge eendje. Andersen schreef in totaal 156 sprookjes. Zijn geboortejaar wordt in verscheidene landen gevierd.

In Nederland is het werk van Andersen te bewonderen in kasteel van Amersoyen. Het Intorno Ensemble verzorgt het programma voor het Andersenfestival in Rotterdam. Op 9 april voert het ensemble een jeugdopera op rondom de onbekende verhalen van de schrijver. Jeugdtheater Sonnevanck brengt in een aantal Nederlandse theaters de sprookjes De sneeuwkoningin en De nachtegaal voor het voetlicht.

In Denemarken begint de officiële viering op 2 april, de geboortedag van Andersen. De festiviteiten worden afgesloten op 6 december, de dag dat de schrijver ereburger werd van zijn geboortestad Odense.

In heel Denemarken zijn activiteiten voor de Denen en voor toeristen. In Kopenhagen, de stad die Andersen inspireerde, is dagelijks een Hans Christian Andersen wandeling in het Deens en in het Engels en in de Deense theaters worden sprookjes opgevoerd.

www.ad.nl, 29/12/04 (nl.hca2005.net).

Russe

Sujet mai 2005

СОВРЕМЕННАЯ ШКОЛА ИДЕАЛЬНО ПОДХОДИТ ЛИШЬ ДЛЯ ОДНОГО ИЗ ДЕСЯТИ ЧЕЛОВЕК. ВО ВСЕМ ВИНОВАТО ОБУЧЕНИЕ ЧЕРЕЗ ТЕКСТЫ, СЧИТАЕТ МИЛОСЛАВ БАЛАБАН

Антон ЗВЕРЕВ

Пятнадцать лет назад, в декабре 1989 года, американские ученые из Института Гэллапа произвели эксперимент. Жителей девяти ведущих государств в возрасте от 20 до 27 лет просили показать на карте несколько океанов, мегаполисов и стран, включая собственную родину (итого 16 заданий). Но только один из каждых десяти японцев, англичан, французов, россиян, канадцев и т.д. справился со всеми элементарными вопросами. Тогда экспериментаторы не обратили на эту закономерность внимания, сделав упор на детали: какая из стран в какой степени показала лучшие результаты. Соответственно доложили: впереди всех оказались шведы, следующие строчки заняли жители ФРГ, японцы и т.д.

Закономерность «1 из 10» привлекла интерес только одного человека — российского ученого, доцента МГУ Милослава БАЛАБАНА. Все эти пятнадцать лет он занимался ее исследованием и пришел к сенсационному выводу: современная школа способна эффективно обучать только одного из 10 человек — будь то в США или в Мексике. Что следует из этого вывода? Об этом Милослав БАЛАБАН рассказал в интервью «МН».

— Различий, разных укладов и традиций в образовании — масса, но общее у всех одно: классно-урочная система. Детей всюду рассаживают по возрасту (класс), занятия нарезают на порции (урок), а знания раскладывают по сферам (предмет). Венчает все это экзамен. И вот итог: только один из каждых десяти «продуктов школы» способен учиться с книгой в руках.

— Я призываю дополнить обучение через письмо другими, более живыми формами. Что это будет, пусть подсказывают сами дети.

Если мы сделаем классы открытыми, то эффективность школы резко возрастет, а грамота предстанет лишь одним из способов обмена информацией.

Эти идеи уже воплощаются в московской Школе самоопределения Александра Тубельского.

Московские Новости №46 (1264) \ 03–09 декабря 2004 года

[redacted]

Arabe moderne

Sujet mai 2005

افتتاح معرض للمخطوطات الأندلسية بمكتبة الإسكندرية

افتتح أمس في مكتبة الإسكندرية معرض للمخطوطات و الوثائق العربية و الإسلامية المحفوظة في إقليم كاتلونيا الإسباني. و يستمرّ المعرض الذي يحمل اسم " جواهر مكتوبة " حتى يوم 29 مارس القادم . و حضر الافتتاح حاكم كاتلونيا جوردي بوخول و مدير مكتبة الإسكندرية د. إسماعيل سراج الدين . و يضمّ المعرض حوالي2 5 مخطوط و وثيقة عربية و إسلامية ترجع إلى عدّة قرون.
و يقول مدير إدارتيْ التوثيق و المخطوطات في مكتبة الإسكندرية د. يوسف زيدان إنّ المعرض يشمل عددا من المصاحف التي كتبت بالخط المغربي. كما يشمل وثائق تاريخية خاصة بالأندلس حين كانت جزءا من الدولة الإسلامية. و من المعروضات أيضا كتابات عن الحجّ و الشّعائر الدّينية و العبادات ترجع إلى القرن الثامن عشر و التاسع عشر، و أيضا كتب عن الفلك ترجع إلى القرن الثامن عشر و كتاب تقويم القدّيسيين من القرن التاسع عشر.
و تحدث مدير مكتبة الإسكندرية في الكلمة التي ألقاها في افتتاح المعرض عن الروابط التي تربط مصر و إسبانيا منذ قرون عدّة و التّشابه الموجود بين كاتلونيا و محافظة الإسكندرية في السمات المعمارية و ملامح السكان و الطبيعة الثقافية. و من جانبه، تحدّث حاكم إقليم كاتلونيا عن التاريخ الذي يربط مصر و إسبانيا من خلال وجودهما في حوض البحر المتوسط و من خلال المدّ الإسلامي حين كان البلدان جزءا من إمبراطورية واحدة و كانت منطقة الأندلس تمثل حدود الإمبراطورية الإسلامية كما كانت جسرا لانتقال المعارف. و رأى مدير المعهد الكاتلوني للدراسات المتوسّطية أندريو كلاريت في معرض " جواهر مكتوبة " انتعاشا للحوار بين شعوب البحر المتوسط. و صرّح بأنّ المعرض الحالي خطوة مكمّلة للمعرض الذي أقامه المعهد في كاتلونيا عام 1998 تحت عنوان " الإسلام و كاتلونيا".

الجزيرة نت، 2.7.2002

Latin

Sujet mai 2005

Quintilien, à l'instar du philosophe grec Chrysippe, donne des conseils pour le choix des nourrices des futurs orateurs.

Nemo reperitur, qui sit studio nihil consecutus. Hoc qui perviderit, protinus ut erit parens factus, acrem quam maxime curam spei futuri oratoris impendat.

Ante omnia ne sit vitiosus sermo nutricibus ; quas, si fieri posset, sapientes Chrysippus optavit, certe, quantum res pateretur, optimas eligi voluit. Et morum quidem in his haud dubie prior ratio est, recte tamen etiam loquantur. Has primum audiet puer, harum verba effingere imitando conabitur, et natura tenacissimi sumus eorum, quae rudibus animis percepimus ; ut sapor quo nova imbuas vasa durât, née lanarum colores, quibus simplex ille candor mutatus est, elui possunt, et haec ipsa magis pertinaciter haerent quo détériora sunt. Nam bona facile mutantur in pejus ; quando in bonum verteris vitia ? Non adsuescat ergo, ne dum infans quidem est, sermoni qui dediscendus sit.

QUINTIUEN, *De l'institution oratoire*, 1,1,3-5.

Grec ancien

Sujet mai 2005

Ἀλλ' εἴ τι ἐξέλιπον, σὸν
ἔργον, ὦ Ἀριστόφανες, ἀναπληρῶσαι· ἤ, εἴ πως ἄλλως ἐν
νῷ ἔχεις ἐγκωμιάζειν τὸν θεόν, ἐγκωμίαζε, ἐπειδὴ καὶ
τῆς λυγγὸς πέπαυσαι. »

Ἐκδεξάμενον οὖν ἔφη εἰπεῖν τὸν Ἀριστοφάνη ὅτι· 189
« Καὶ μάλ' ἐπαύσατο, οὐ μέντοι πρίν γε τὸν πταρμὸν
προσενεχθῆναι αὐτῇ, ὥστε με θαυμάζειν εἰ τὸ κόσμιον τοῦ
σώματος ἐπιθυμεῖ τοιούτων ψόφων καὶ γαργαλισμῶν, οἷον
καὶ ὁ πταρμός ἐστιν. Πάνυ γὰρ εὐθὺς ἐπαύσατο ἐπειδὴ
αὐτῷ τὸν πταρμὸν προσήνεγκα. » Καὶ τὸν Ἐρυξίμαχον·
« Ὠγαθέ, φάναι, Ἀριστόφανες, ὅρα τί ποιεῖς· γελωτο-
ποιεῖς μέλλων λέγειν, καὶ φύλακά με τοῦ λόγου ἀναγκάζεις b
γίγνεσθαι τοῦ σεαυτοῦ ἐάν τι γελοῖον εἴπῃς, ἐξόν σοι ἐν
εἰρήνῃ λέγειν. » Καὶ τὸν Ἀριστοφάνη, γελάσαντα, εἰπεῖν·
« Εὖ λέγεις, ὦ Ἐρυξίμαχε, καί μοι ἔστω ἄρρητα τὰ εἰρη-
μένα. Ἀλλὰ μή με φύλαττε, ὡς ἐγὼ φοβοῦμαι περὶ τῶν
μελλόντων ῥηθήσεσθαι, οὔ τι μὴ γελοῖα εἴπω (τοῦτο μὲν
γὰρ ἂν κέρδος εἴη καὶ τῆς ἡμετέρας μούσης ἐπιχώριον),
ἀλλὰ μὴ καταγέλαστα. — Βαλών γε, φάναι, ὦ Ἀριστό-
φανες, οἴει ἐκφεύξεσθαι. Ἀλλὰ πρόσεχε τὸν νοῦν καὶ
οὕτως λέγε ὡς δώσων λόγον· ἴσως μέντοι, ἂν δόξῃ μοι, c
ἀφήσω σε.

— Καὶ μήν, ὦ Ἐρυξίμαχε, εἰπεῖν τὸν Ἀριστοφάνη,
ἄλλῃ γέ πῃ ἐν νῷ ἔχω λέγειν ἢ ᾗ σύ τε καὶ Παυσανίας
εἰπέτην. Ἐμοὶ γὰρ δοκοῦσιν ἄνθρωποι παντάπασι τὴν
τοῦ Ἔρωτος δύναμιν οὐκ ᾐσθῆσθαι, ἐπεὶ αἰσθανόμενοί γε
μέγιστ' ἂν αὐτοῦ ἱερὰ κατασκευάσαι καὶ βωμούς, καὶ
θυσίας ἂν ποιεῖν μεγίστας, οὐχ ὥσπερ νῦν τούτων οὐδὲν
γίγνεται περὶ αὐτόν, δέον πάντων μάλιστα γίγνεσθαι.
Ἔστι γὰρ θεῶν φιλανθρωπότατος, ἐπίκουρός τε ὢν τῶν d
ἀνθρώπων καὶ ἰατρὸς τούτων ὧν ἰαθέντων μεγίστη εὐδαι-
μονία ἂν τῷ ἀνθρωπείῳ γένει εἴη. Ἐγὼ οὖν πειράσομαι
ὑμῖν εἰσηγήσασθαι τὴν δύναμιν αὐτοῦ, ὑμεῖς δὲ τῶν ἄλλων
διδάσκαλοι ἔσεσθε.

Platon, *Le Banquet* (188c-189b).

3. Traitement automatisé de l'information (pour les trois concours)

Programme de l'épreuve orale facultative de traitement automatisé de l'information*

1. Les aspects techniques : notions générales :

– notions générales sur les différents types de réseaux, les principales fonctions des ordinateurs, les terminaux et les périphériques ;

– les logiciels : notions générales sur les systèmes d'exploitation et les différents types de logiciels : logiciels propriétaires, logiciels libres ; les fichiers ;

– l'Internet : notions générales et principales fonctionnalités ;

2. L'informatique et les nouvelles technologies de la communication dans la fonction publique :

– informatique et relations du travail ;

– informatique et organisation des services ;

– informatique et communication interne ;

– informatique et relation avec les usagers et le public ;

3. La société de l'information :

– les politiques publiques de l'informatique et des nouvelles technologies ;

– l'économie des nouvelles technologies de l'information et de la communication ;

– la sociologie des nouvelles technologies de l'information et de la communication : impact sur les compétences et les emplois ;

– le droit des nouvelles technologies de l'information et de la communication : maîtrise d'ouvrage et d'œuvre. Propriété intellectuelle ;

– informatique et libertés.

Exemples de sujets

1. Que pouvez-vous dire de la mise en place d'une application documentaire (cahier des charges) ?

* Cette option est valable pour les concours des deux professions.

2. Quelle différence existe-t-il entre mémoire vive, mémoire morte et mémoire de stockage ?

3. Quelles sont les différentes composantes d'une unité centrale ?

4. Depuis 2 ou 3 ans, de nouveaux types de terminaux apparaissent : compatibles Windows, multimédias, équipés de souris mais sans lecteur de cédérom ni lecteur de disquette, ces terminaux Windows sont de sérieux concurrents des micro-ordinateurs. Dans votre métier, comment voyez-vous l'utilisation de ces terminaux ? Quels en sont les avantages et les inconvénients ?

5. L'informatique est de plus en plus présente dans nos organisations. Comment faire face à d'éventuelles défaillances de ces systèmes ?

6. Qu'est-ce qu'un système d'exploitation, un pilote d'imprimante, l'unité de mesure en informatique, les composantes d'un ordinateur ?

7. Comment procéderiez-vous pour l'informatisation d'un service : progiciel ou développement de produit spécifique ; avantages et inconvénients de chaque solution.

8. Qu'est-ce qu'un microprocesseur ? À quoi sert un thésaurus ?

9. Comment réglez-vous un problème informatique (démarche à suivre, différents interlocuteurs) ?

10. Qu'englobe le terme de bureautique ?

11. Définissez le rôle du processeur dans une machine à traiter l'information.

12. Citez trois types de mémoires que l'on peut trouver sur un micro-ordinateur, ainsi que leurs caractéristiques.

13. Effectuez le schéma des différents éléments nécessaires au fonctionnement courant d'un micro-ordinateur (unité centrale et périphérique)

14. Spécifiez le rôle du système d'exploitation. Citez trois noms de systèmes d'exploitation, ainsi que leurs particularités principales.

15. Qu'est-ce qu'un logiciel intégré ? un logiciel intégrateur ?

16. Comment faire face au quasi-monopole de certains éditeurs de logiciels ?

17. Les logiciels libres, les logiciels propriétaires : quelle place leur accorder ? Quelles répercussions sur le plan économique et sur le fonctionnement ?

18. L'informatisation d'un secteur d'activités : choix d'un progiciel ou développement spécifique ?

19. L'utilisation des logiciels libres est en augmentation. Analysez cette situation, ses causes, ses effets, ses conséquences dans l'activité de la direction des systèmes d'information.

20. Quelles sont les démarches nécessaires pour renouveler le matériel informatique de son service ?

21. Comment protéger un ordinateur contre les virus ?

22. Que savez-vous de la sécurité des fichiers informatiques (CNIL, piratage, copies, précautions à prendre, etc.) ?

23. Quelles sont les contraintes techniques et organisationnelles de la loi informatique et libertés ?

24. À qui appartient un logiciel ? Qu'achète-t-on légalement lorsqu'on achète un logiciel ?

25. Qu'est-ce que la CNIL ? Quelles sont ses missions et ses pouvoirs ?

26. La sécurité informatique : quels sont les systèmes concernés ? Quels moyens mettre en œuvre ? Qu'est-ce qu'Intranet ?

27. Les différentes formes de « piratage informatique » ; les enjeux. Les moyens à développer pour l'éviter.

28. Que savez-vous du protocole de mise en ligne et des implications juridiques d'Internet ?

29. Quels sont les différents aspects de la cybersurveillance ?

30. Que savez-vous des aspects juridiques pour les usagers en informatique, les collectivités et les professionnels ?

31. Qu'est-ce qu'un routeur, une carte réseau, une adresse IP, la e-administration, la charte de l'utilisateur d'une salle multimédia ?

32. Quelle part du budget doit-on consacrer à la sécurité du système informatique et pourquoi ?

33. Que pouvez-vous dire sur la protection des données personnelles des utilisateurs ?

34. Quels moyens mettre en œuvre pour assurer la sécurité d'un système d'information tout en maintenant la continuité du service public ?

35. Que savez-vous sur la propriété intellectuelle des documents numériques ?

36. Que savez-vous d'Internet, d'Intranet, d'Extranet, du haut débit, de l'ADSL, des fibres optiques, des modems, du protocole TCP/IP ?

37. Vous arrivez dans une commune et devez mettre en place un accès internet. Comment procédez-vous ?

38. Quelle fiabilité accorder aux informations que l'on peut trouver sur Intranet et Internet ? Pourquoi ?

39. Quelles sont les précautions à prendre lors de la création d'un site Internet ? Quels en sont la méthodologie et les aspects juridiques ?

40. Quelles connaissances particulières dans le domaine de l'informatique et des nouvelles technologies de l'information doit-on attendre d'un agent d'établissement culturel ?

41. Quel est l'impact des systèmes d'information sur les différents métiers d'un établissement culturel ?

42. Quel est le rôle de l'informatique dans les bibliothèques ?

43. Parlez-nous de l'emploi des NTIC et du multimédia dans les collectivités locales.

44. Qu'est-ce que la GED ?

45. Quels sont les différents modes de circulation des revues dans une bibliothèque, un centre de documentation ?

46. Quel est l'impact des nouvelles technologies de l'informatique sur les métiers et les organisations ?

47. Quel est l'impact de l'Intranet sur une collectivité locale ? Que faut-il mettre en place pour que la hiérarchie soit respectée malgré la messagerie électronique et vérifier la véracité du contenu des messages internes ?

48. Comment procéder pour l'informatisation d'une bibliothèque ? À qui revient la réalisation des cahiers des charges, aux bibliothécaires ou aux informaticiens ? Quel est l'intérêt d'un fonctionnement en réseau ? Comment sauvegarder les données du serveur ? Qu'est-ce qu'un *firewall* ? Où le placer sur le réseau ?

49. Comment les systèmes d'information permettent-ils le travail partagé ?

50. Quels changements un système d'information peut-il induire dans la communication interne d'un établissement culturel ?

51. Quelle peut être l'incidence de l'intercommunalité sur les systèmes d'information dans les services culturels et patrimoniaux des collectivités territoriales ?

52. Comment peut-on procéder à la formation du public à l'informatique en médiathèque ?

53. Comment les technologies de l'information et de la communication peuvent-elles favoriser l'intégration du public handicapé dans les établissements culturels ?

54. Un système de gestion en bibliothèque est-il au service des usagers ?

55. Qu'apportent les systèmes d'information au public ?

56. Quels sont les services offerts par les cybercafés et les espaces publics multimédias ?

57. Quelles sont les caractéristiques techniques d'un scanner ?

58. Les technologies de l'information et de la communication ont-elles une incidence sur les pratiques d'écriture ? Sur les pratiques culturelles ?

59. Comment les technologies de l'information et de la communication peuvent-elles aider à valoriser le patrimoine d'un établissement culturel ?

60. Comment utiliser les TIC dans les actions culturelles de l'établissement ?

61. Que pouvez-vous dire du contrôle de l'accès à Internet dans les établissements culturels ?

4. Entretien avec le jury
(3e concours)

Cette épreuve consiste en « un entretien ayant pour point de départ un exposé du candidat sur son expérience, destiné à apprécier ses qualités d'analyse et de réflexion, ainsi que sa motivation à exercer les missions dévolues à son cadre d'emplois ».

Objectifs de l'entretien

– apprécier la personnalité du candidat ;

– juger les capacités de réflexion du candidat ;

– apprécier le niveau de connaissances générales ;

– déterminer la motivation professionnelle du candidat.

1. Conseils

L'entretien est une épreuve qui se prépare elle aussi, afin de ne pas se trouver décontenancé devant une multitude de questions auxquelles on ne s'attendait pas.

Avant tout, il faut prendre le parti d'être honnête et de répondre sincèrement à toutes les questions qui vous seront posées. Il faut savoir que le jury a la possibilité de piéger les candidats en posant deux fois la même question sous une forme différente à cinq minutes d'intervalle. Il est donc préférable d'être naturel.

Les questions posées peuvent concerner le cursus scolaire, les loisirs, le milieu familial, les motivations, les connaissances de la profession et les traits caractéristiques du candidat.

Pour convaincre le jury, il faut prouver une personnalité affirmée et une détermination pour le métier choisi.

2. Le comportement

En entrant dans la salle :

– avancez-vous devant la table du jury ;

– saluez-le : « Bonjour mesdames et messieurs » d'une voix intelligible et en regardant les personnes dans les yeux, l'une après l'autre ;

– attendez que l'on vous invite à vous asseoir ;

– présentez-vous rapidement : nom, prénom ;

– tenez-vous droit, les mains posées devant vous et ne posez pas les coudes sur la table.

Le trac : lors de cette épreuve, vous êtes seul face à des personnes que vous ne connaissez pas et qui vous impressionnent. Leur rôle est de sélectionner parmi un certain nombre de candidats ceux qui leur semblent les plus aptes, par leurs motivations et leur intérêt pour la profession, à devenir assistant du patrimoine. À vous de faire bonne impression et de mettre vos qualités en évidence.

N'oubliez pas que les membres du jury font passer des entretiens toute la journée, plusieurs jours de suite et que le temps leur semble très long. Si vous voulez attirer leur attention, faire en sorte qu'ils ne s'ennuient pas en vous écoutant, à vous de les captiver en leur racontant ce qu'ils n'ont pas encore entendu ou en le présentant de façon différente. Soyez souriant, ayez l'air à l'aise, de façon à surprendre agréablement le jury en vous distinguant de tous les candidats trop sérieux ou intimidés qu'ils voient défiler.

Enfin respirez profondément, prenez votre temps avant de parler ; contrôlez votre débit de paroles et surtout ne vous répétez pas.

3. Éléments d'appréciation

Cet entretien est destiné à vérifier les aptitudes requises pour l'accès à la profession et aux différents emplois :

– identification du « savoir-être » = motivation ;

– identification du « savoir-faire » = expérience professionnelle, universitaire, scolaire, associative, sportive, etc.

4. Conduite générale de l'entretien

Celui-ci débute toujours par un exposé du candidat sur ses motivations en cinq minutes. Le jury peut vous interrompre quand les cinq minutes sont écoulées. Ne perdez pas de temps et exposez rapidement et d'emblée ce qui est le plus important. Vous pourrez apporter des détails si on vous le demande. Dans le quart d'heure restant, plusieurs questions peuvent être posées au candidat selon des thèmes différents autant pour le « savoir-faire » que pour le « savoir-être ».

Pour chaque domaine, quelques formulations types sont retenues. Puis les membres du jury peuvent poser des questions complémentaires afin de se faire préciser certains points de la réponse (en vue de mieux estimer le ou les critères appréciés).

Ces questions doivent être ouvertes :

– « Pouvez-vous nous préciser ce que vous voulez exprimer par… ? » ;

– « Pouvez-vous développer cette idée ?… » ;

– « Indiquez-nous comment vous appliquez… » ; etc.

5. Définition des critères d'évaluation

a) Critères attachés à la prestation du candidat : « savoir- être »

– Présentation physique, vestimentaire et comportementale : aura une bonne note celui qui sera à l'aise et correctement vêtu. Le comportement au cours de l'entretien sera bien noté si le candidat coopère et répond spontanément aux questions. En revanche, des hésitations, une gêne visible, une réaction agressive ou détachée à certaines questions peut n'attribuer qu'une note basse.

Exemples de questions posées : Avez-vous beaucoup d'amis ? Quelles sont vos qualités ? Quel est le défaut qui vous agace le plus chez les autres ? Êtes-vous tricheur ? Savez-vous vous adapter ? Où vous voyez-vous dans dix ans ?

– Qualité de l'expression et maîtrise de soi : il faut veiller à s'exprimer avec des phrases bien construites et un vocabulaire riche, préférable à un débit haché, des mots familiers ou argotiques. Il est important aussi de ne pas répondre par oui ou par non ou par un seul mot. Il faut construire des phrases et argumenter. Le candidat qui se laisse démonter facilement, qui se contredit pour faire plaisir au jury ou qui ne sait pas quoi répondre sera mal noté.

– Culture générale : la culture personnelle, l'ouverture d'esprit, l'intérêt pour l'actualité seront bien notés. Le candidat qui se désintéresse de tout et qui n'a aucun loisir ne retiendra pas l'attention du jury.

Exemples de questions posées : Quel est le dernier livre que vous avez lu ? Quel est le dernier film que vous avez vu ? Savez-vous qui a remporté la palme d'or au dernier Festival de Cannes ? Où les prochains Jeux olympiques d'été auront-ils lieu ? Vous tenez-vous régulièrement informé en lisant la presse ? Quelle personnalité admirez-vous ?

– Cohérence des réponses : Il est très important de répondre précisément à la question posée ; si vous pensez que vous devez amener la réponse en faisant une digression préalable, vous le pouvez à condition de ne pas perdre de vue le but de votre discours et de garder le fil conducteur.

– Motivation : Elle est essentielle. Il faut donc prouver que l'on connaît à fond la profession à laquelle on se destine plutôt que de laisser paraître qu'on se trouve là par hasard.

Exemples de questions posées : Pourquoi avez-vous choisi ce métier ? Que connaissez-vous de ce métier ? Quelle est, d'après vous, la principale difficulté de ce métier ? Le salaire vous semble-t-il suffisant ? Quelles qualités pensez-vous être indispensables pour exercer ce métier ? Pensez-vous posséder ces qualités ? Que pensez-vous de la hiérarchie ? Si votre supérieur hiérarchique refuse d'écouter vos suggestions, que faites-vous ? Saurez-vous faire la part entre votre vie professionnelle et votre vie privée ? Êtes-vous capable de travailler sous pression ? Êtes-vous souvent stressé ? Êtes-vous prêt à vous déplacer dans l'exercice de vos fonctions ? Comment vous organisez-vous dans votre travail ?

b) Critères attachés aux aptitudes et qualités du candidat : « savoir-faire »

– Capacité à s'adapter à la vie en collectivité ; compatibilité comportementale au système hiérarchique : la prise d'initiatives, le goût du travail en équipe seront bien notés tandis qu'une personnalité inhibée, incapable de travailler en équipe, de prendre des décisions et de s'organiser sera laissée de côté.

– Souci de l'entretien de sa forme physique : celui qui ne craint pas les difficultés et qui est sportif sera mieux noté que celui qui n'est pas persévérant et qui ne pratique aucun sport.

Exemples de questions posées : Avez-vous un hobby ? Pratiquez-vous régulièrement une activité physique, pourquoi ?

– Sens du service public recherché par l'inclination du candidat à « rendre service ». Si vous faites partie d'une association il faut en parler, que ce soit dans le club de foot de votre quartier ou Les Restos du cœur. Donnez les raisons de votre engagement, cela ne peut que vous apporter des points positifs.

– Exemples de questions posées : Appartenez-vous à une association ? Que faites-vous pendant les vacances ? Que faites-vous le week-end ? Citez les trois services publics qui vous paraissent les plus importants dans notre société, expliquez pourquoi.

– Expérience personnelle : Quel est l'événement qui vous a le plus marqué parmi les expériences scolaires, universitaires, associatives ou autres activités que vous avez vécues ?

5. Épreuve orale de vérification des connaissances (3e concours)

Une des épreuves orales d'admission du 3e concours consiste en une épreuve orale de vérification des connaissances du candidat dans la spécialité choisie par lui au moment de son inscription (musée, bibliothèque, archives, documentation) (durée : 20 minutes, auxquelles s'ajoutent les 20 minutes consacrées à la préparation de l'épreuve ; coefficient : 3).

Les conseils donnés pour l'entretien avec le jury sont valables évidemment pour cette épreuve, mais ici, il s'agit d'une épreuve professionnelle, c'est-à-dire que le jury va vérifier les connaissances du candidat dans la spécialité choisie. Les questions seront donc pointues et précises. Le candidat sait répondre ou il ne connaît pas les réponses. Dans ce cas, mieux vaut avouer franchement son ignorance que de répondre n'importe quoi pour essayer de donner le change.

Exemples de questions précises dans chacune des quatre spécialités :

Archives :

– Que savez-vous de l'archivage à long terme des documents électroniques ?

– Parlez-nous de la déontologie, de l'éthique et des obligations légales et réglementaires des archivistes français.

– En quoi consiste la fonction de contrôle des directions des archives départementales ?

Bibliothèques :

– Parlez-nous de l'informatisation des bibliothèques et des répercussions sur le public.

– Citez les outils de référence pour la politique d'acquisition en bibliothèque.

– Que pensez-vous du catalogage en bibliothèque ?

Documentation :

– Quelles sont les différentes étapes de la chaîne documentaire ?

– Pouvez-vous faire la distinction entre « veille » et « documentation classique » ?

– Quelles sont les procédures d'analyse et d'indexation des documents ?

Musées :

– Que savez-vous des nouveaux supports, et qu'en pensez-vous ?

– Pouvez-vous dresser l'évolution de la notion de « musée » jusqu'à aujourd'hui ?

– À quels objectifs répond la « conservation préventive » ?

Partie 2

Assistant territorial qualifié de conservation du patrimoine et des bibliothèques

1. Présentation générale

1. Présentation de la profession

1. Textes réglementaires de référence

– Décret n° 2005-1142 du 8 septembre 2005 modifiant le décret n° 92-906 du 2 septembre 1992 relatif aux conditions d'accès et aux modalités d'organisation des concours pour le recrutement des assistants territoriaux qualifiés de conservation du patrimoine et des bibliothèques.

– Décret n° 91-848 du 2 septembre 1991 portant échelonnement indiciaire applicable aux assistants territoriaux qualifiés de conservation du patrimoine et des bibliothèques.

– Décret n° 91-847 du 2 septembre 1991 portant statut particulier du cadre d'emplois des assistants territoriaux qualifiés de conservation du patrimoine et des bibliothèques modifié par décret n° 92-504 du 11 janvier 1992

– Décret n° 93-158 du 29 janvier 1993 relatif à l'organisation de la formation initiale d'application des assistants territoriaux qualifiés de conservation du patrimoine et des bibliothèques.

– Décret n° 92-906 du 2 septembre 1992 relatif aux conditions d'accès et aux modalités d'organisation des concours pour le recrutement des assistants territoriaux qualifiés de conservation du patrimoine et des bibliothèques, modifié par décret n° 95-1117 du 19 octobre 1995.

– Décret n° 92-907 du 2 septembre 1992 relatif aux modalités d'organisation des examens professionnels d'accès au grade d'assistant territorial qualifié de conservation du patrimoine et des bibliothèques.

– Arrêté du 2 septembre 1992 modifié fixant le programme des épreuves des concours externe et interne pour le recrutement des assistant territoriaux qualifiés de conservation du patrimoine et des bibliothèques.

2. Conditions d'activité

Les assistants territoriaux qualifiés de conservation du patrimoine et des bibliothèques constituent un cadre d'emploi culturel de catégorie B.

Le cadre d'emploi des assistants territoriaux qualifiés de conservation du patrimoine et des bibliothèques comprend les grades d'assistant qualifié de conservation de 2e classe, d'assistant qualifié de conservation de 1er classe et d'assistant qualifié de conservation hors classe.

Les assistants territoriaux qualifiés de conservation du patrimoine et des bibliothèques sont affectés en fonction de leur formation, dans un service ou un établissement correspondant à l'une des spécialités suivantes de la conservation :

– musées ;
– bibliothèques ;
– archives ;
– documentation.

Les assistants qualifiés exercent sous l'autorité d'un supérieur hiérarchique des responsabilités techniques supérieures. Ils ont des responsabilités particulières dans le traitement, la mise en valeur, la conservation des collections, la recherche documentaire et la promotion de la lecture publique.

Ils peuvent être nommés aux emplois de direction des services ou des établissements qui ne sont pas réservés à des fonctionnaires appartenant à des cadres d'emplois culturels de catégorie A.

2. Conditions de recrutement

1. Conditions générales

Pour pouvoir se présenter au concours, il faut être :

– de nationalité française ou ressortissant d'un État membre de l'Union européenne, ou d'un État faisant partie de l'AEEE (Accord sur l'Espace économique européen).

Au moment de son recrutement, la collectivité employeur appréciera la condition de nationalité au vu des fonctions à exercer ; le cas échéant, la nationalité française pourra être exigée ;

– en situation régulière au regard du Code de service national pour les hommes nés au plus tard le 31 décembre 1978 ou avoir satisfait à l'obligation de recensement et, le cas échéant, avoir participé à l'appel de préparation à la défense pour les jeunes hommes nés après le 31 décembre 1978 et les jeunes femmes nées après le 31 décembre 1982, idem pour les ressortissants des États de l'UE vis-à-vis de leurs obligations ;

– au moment de sa nomination, le candidat doit faire la preuve qu'il remplit les conditions physiques exigées pour l'exercice de la fonction et qu'il jouit de ses droits civiques ; le cas échéant, les mentions inscrites au casier judiciaire (bulletin n° 2) doivent être compatibles avec l'emploi postulé.

2. Conditions d'accès au concours externe

Le concours externe sur épreuves est ouvert aux candidats titulaires du baccalauréat et d'un diplôme sanctionnant deux années de formation technico-professionnelle, figurant sur la liste établie par arrêté du ministre des Collectivités territoriales et du ministre de la Culture, dans une des spécialités suivantes :

– musées ;

– bibliothèques ;

– archives ;

– documentation.

1. Spécialité musées

Diplôme d'études universitaires générales d'histoire de l'art et d'archéologie ;

Diplôme d'études universitaires générales en sciences humaines et sociales mention histoire ;

Diplôme de premier cycle de l'École du Louvre.

2. Spécialité bibliothèque et documentation

Diplôme universitaire de technologie de la spécialité carrières de l'information, option documentation ;

Diplôme universitaire de technologie de la spécialité information-communication, option documentation d'entreprise ;

Diplôme universitaire de technologie de la spécialité information-communication, option métiers du livre ;

Diplôme d'études universitaires scientifiques et techniques des métiers du livre et des médias : Aix-Marseille I ;

Diplôme d'études universitaires scientifiques et techniques de documentation, information et communication : la Réunion ;

Diplôme d'études universitaires scientifiques et techniques des sciences et techniques de l'information et de la documentation : Lille III ;

Diplôme d'études universitaires scientifiques et techniques des métiers de la culture, option médiathèque : Limoges ;

Diplôme d'études universitaires scientifiques et techniques information et documentation scientifique et technique : Lyon I ;

Diplôme d'études universitaires scientifiques et techniques information documentation : Lyon III ;

Diplôme d'études universitaires scientifiques et techniques, gestion en exploitation des médiathèques : Toulouse II ;

Diplôme de l'école des bibliothèques documentalistes de l'Institut catholique de Paris ;

Diplôme technique de documentaliste délivré par l'Institut national des techniques documentaires ;

Diplôme d'études universitaires scientifiques et techniques des métiers du livre : Clermont-Ferrand II ;

Diplôme d'études universitaires scientifiques et techniques des métiers du livre et de la documentation : Rennes II.

3. Spécialité archives

Diplôme universitaire de technologie de la spécialité information et communication, option métiers du livre ;

Diplôme d'études universitaires générales en sciences humaines et sociales, mention histoire ;

Diplôme d'études universitaires générales en sciences de l'information.

Les mères élevant ou ayant élevé effectivement au moins trois enfants sont dispensées de toute condition de diplôme.

Les sportifs de haut niveau, figurant sur la liste des sportifs de haut niveau fixée chaque année par le ministre chargé de la Jeunesses et des Sports, sont dispensés de toute condition de diplôme.

Pour les candidats non titulaires des diplômes requis ou titulaires de diplômes étrangers non européens, voir pages 29-30.

3. Conditions d'accès au concours interne

Le concours interne sur épreuves est ouvert pour 40 % au plus des postes à pourvoir, aux fonctionnaires et agents publics de l'État, des collectivités territoriales ou d'un établissement public en dépendant. Les candidats doivent justifier, au 1er janvier de l'année du concours, de quatre ans au moins de services publics, compte non tenu des périodes de stage ou de formation dans une école ou un établissement ouvrant accès à un grade de la fonction publique dont deux années au moins dans un des services des musées, bibliothèques, archives ou documentation.

4. Conditions d'accès au troisième concours

Le troisième concours est ouvert aux candidats justifiant de l'exercice pour une période de quatre ans minimum, à la date de la première épreuve, d'une ou de plusieurs activités professionnelles correspondant à la participation à des activités de développement culturel ou patrimonial ou bibliothécaire, d'un ou de plusieurs mandats de membre d'une assemblée élue d'une collectivité territoriale ou d'une ou de plusieurs activités accomplies en qualité de responsable d'une association.

La durée de ces activités n'est comptabilisée que dans le cas où le candidat n'avait pas, au moment de leurs exercices, la qualité de fonctionnaire, de magistrat, de militaire ou d'agent public.

3. Le dossier de candidature

1. Pièces à fournir pour le concours externe

– Un dossier individuel d'inscription délivré par le CNFPT (Centre national de la fonction publique territoriale) dûment rempli et signé ;

– la copie du baccalauréat et du diplôme sanctionnant deux années de formation technico-professionnelle dans l'une des spécialités (se reporter à la liste présentée précedemment) ;

– le relevé des notes dans chaque unité de valeurs (UV) ou matière pour chacun des diplômes du candidat ;

– toute pièce que l'administration jugera utile de demander pour l'instruction des dossiers. Les fonctionnaires titulaires sont dispensés de fournir ces pièces (répondre au dossier individuel d'inscription pour les autres pièces éventuelles à fournir).

2. Pièces à fournir pour le concours interne

– un dossier individuel d'inscription délivré par le CNFPT ;

– un état détaillé des services publics effectifs effectués depuis la date d'entrée dans la fonction publique comportant le (ou les) visa(s) de (des) autorité(s) compétente(s) (exemplaire délivré par le CNFPT) ;

– une copie de l'arrêté justifiant du grade ou de l'emploi détenu au moment de l'inscription avec indication de l'échelon détenu et de l'indice y afférent ou une copie du contrat et du dernier avenant, le cas échéant, pour les agents non titulaires ;

– toute pièce que l'administration jugera utile de demander pour l'instruction des dossiers.

Les fonctionnaires titulaires, eux, sont dispensés de fournir ces pièces.

3. Pièces à fournir pour le troisième concours

– un dossier individuel d'inscription délivré par le CNFPT dûment rempli et signé ;

– dans le cas où le candidat justifie d'une ou de plusieurs activités professionnelles, une fiche établie conformément à un modèle fixé par arrêté du ministre chargé des Collectivités territoriales, exemplaire délivré par le CNFPT ;

– dans le cas où le candidat justifie de l'accomplissement d'un mandat de membre d'une assemblée élue d'une collectivité territoriale, toute pièce attestant le respect de cette condition ;

– dans le cas où le candidat justifie d'une activité en tant que responsable d'une association, les statuts de l'association à laquelle il appartient et les déclarations faites à la préfecture du département ou à la sous-préfecture de l'arrondissement où l'association a son siège social. Est considérée comme responsable d'une association toute personne chargée de la direction ou de l'administration à un titre quelconque d'une association régie par la loi du 1er juillet 1901 ;

– toute pièce que l'administration jugera utile de demander pour l'instruction des dossiers.

4. Les épreuves des concours

1. Le concours externe

A. Les épreuves d'admissibilité

Les épreuves d'admissibilité du concours externe de recrutement des assistants territoriaux qualifiés de conservation du patrimoine et des bibliothèques comprennent :

1) une composition portant sur un sujet relatif à l'une des spécialités et à leur environnement professionnel, choisie au moment de l'inscription : musée, bibliothèque, archives, documentation (durée : 3 heures ; coefficient : 3) ;

2) un questionnaire de six à dix questions destinées à vérifier les connaissances du candidat dans la spécialité choisie au moment de l'inscription. Chaque question appelant une réponse courte ou développée (durée : 3 heures ; coefficient : 2).

Programme de cette épreuve :

a) Option conservation :
- histoire des musées et des collections de France ;
- législation sur les musées, le patrimoine et les biens patrimoniaux ;
- organisation administrative des musées ;
- inventaire muséographique et méthodes de documentation ;
- techniques de l'étude scientifique des œuvres ;
- conservation préventive ;
- déontologie, histoire et techniques de la restauration des œuvres.

b) Option médiation culturelle :
- histoire des musées et des collections de France ;
- législation sur les musées, le patrimoine et les biens patrimoniaux ;
- connaissance des partenaires institutionnels ;
- gestion et politiques des activités de médiation ;
- fonctions d'accueil, de communication et de promotion ;
- typologies et analyses des publics ;
- discours sur l'œuvre : les techniques et les différentes approches de la présentation orale, écrite et audiovisuelle ;
- produits et services aux publics : typologie (opérations, programmes et projets) : situations : conférences, ateliers, expositions, documents d'aide à la visite, le musée hors les murs.

c) Option histoire des institutions de la France :
- les institutions des XVIIe et XVIIIe siècles ;
- les institutions de 1789 à 1958 ;
- les institutions de la Ve République.

d) Option sources documentaires :

– identification des sources (connaissances des outils, bibliographie, catalogues, bases de données...) ;

– utilisation des sources (recherche de l'information).

Toute note inférieure à 5 sur 20 entraîne l'élimination du candidat de la liste d'admissibilité.

B. Les épreuves d'admission

Seuls les candidats ayant été déclarés admissibles à l'issue des épreuves précédentes sont autorisés à se présenter aux épreuves d'admission qui s'organisent de la façon suivante :

1) une conversation à partir d'un texte à caractère culturel permettant de vérifier la culture générale et la motivation du candidat (durée : 20 minutes, après une préparation de même durée ; coefficient : 3) ;

2) s'ils en ont exprimé le souhait au moment de l'inscription au concours, les candidats peuvent demander à subir l'une des épreuves facultatives suivantes :

– une épreuve écrite facultative de langue, choisie par le candidat au moment de son inscription au concours, comportant la traduction :

– soit, sans dictionnaire, d'un texte dans l'une des langues étrangères suivantes : anglais, allemand, italien, espagnol, grec, portugais, néerlandais, russe ou arabe moderne,

– soit, avec le dictionnaire, d'un texte dans l'une des langues anciennes suivantes : latin, grec (durée : 2 heures ; coefficient : 1).

Pour cette épreuve, seuls les points supérieurs à la moyenne sont pris en compte.

OU

Une épreuve orale portant sur le traitement automatisé de l'information (durée : 20 minutes, avec préparation de même durée ; coefficient :1) Voir programme page 359.

Pour cette épreuve, seuls les points au-dessus de 10 sont pris en compte ; ils s'ajoutent au total des notes obtenues aux épreuves obligatoires et ne sont valables que pour l'admission.

2. Le concours interne

A. les épreuves d'admissibilité

Les épreuves d'admissibilité du concours interne de recrutement des assistants territoriaux qualifiés de conservation du patrimoine et des bibliothèques comprennent :

1) la rédaction d'un rapport à partir d'un dossier portant sur une matière relevant de l'une des spécialités choisie par le candidat au moment de l'inscription : musée, bibliothèque, archives, documentation (durée : 3 heures ; coefficient : 3) ;

2) un questionnaire de six à dix questions destinées à vérifier les connaissances du candidat dans la spécialité choisie au moment de l'inscription ; chaque question appelant une réponse courte ou développée (durée : 3 heures ; coefficient : 2).

B. Les épreuves d'admission

Seuls les candidats ayant été déclarés admissibles à l'issue des épreuves précédentes sont autorisés à se présenter aux épreuves d'admission qui s'organisent de la façon suivante :

1) une conversation à partir d'un texte à caractère culturel permettant de vérifier la culture générale et la motivation du candidat (durée : 20 minutes, après une préparation de même durée ; coefficient : 3) ;

2) s'ils en ont exprimé le souhait au moment de l'inscription au concours, les candidats peuvent demander à subir l'une des épreuves facultatives suivantes :

– une épreuve écrite facultative de langue, choisie par le candidat au moment de son inscription au concours, comportant la traduction :

soit, sans dictionnaire, d'un texte dans l'une des langues étrangères suivantes : anglais, allemand, italien, espagnol, grec, portugais, néerlandais, russe ou arabe moderne ;

soit, avec le dictionnaire, d'un texte dans l'une des langues anciennes suivantes : latin, grec (durée : 2 heures ; coefficient : 1).

Pour cette épreuve, seuls les points supérieurs à la moyenne sont pris en compte.

OU

Une épreuve orale facultative portant sur le traitement automatisé de l'information (durée : 20 minutes, avec préparation de même durée ; coefficient : 1) Voir programme page 359.

Pour cette épreuve, seuls les points au-dessus de 10 sont pris en compte ; ils s'ajoutent au total des notes obtenues aux épreuves obligatoires et ne sont valables que pour l'admission.

3. Le troisième concours

A. Les épreuves d'admissibilité

Les épreuves d'admissibilité du troisième concours de recrutement des assistants territoriaux qualifiés de conservation du patrimoine et des bibliothèques comprennent :

1) un commentaire de texte en lien avec une matière relevant de l'une des spécialités choisie par le candidat au moment de l'inscription : musée, bibliothèque, archives, documentation (durée : 3 heures ; coefficient : 3) ;

2) un questionnaire de six à dix questions destinées à vérifier les connaissances du candidat dans la spécialité choisie au moment de l'inscription ; chaque question appelant une réponse courte ou développée (durée : 3 heures ; coefficient : 2).

B. Les épreuves d'admission

Seuls les candidats ayant été déclarés admissibles à l'issue des épreuves précédentes sont autorisés à se présenter aux épreuves d'admission qui s'organisent de la façon suivante :

1) une conversation à partir d'un texte à caractère culturel permettant de vérifier la culture générale et la motivation du candidat (durée : 20 minutes, après une préparation de même durée ; coefficient : 3) ;

2) s'ils en ont exprimé le souhait au moment de l'inscription au concours, les candidats peuvent demander à subir l'une des épreuves facultatives suivantes :

– une épreuve écrite facultative de langue, choisie par le candidat au moment de son inscription au concours, comportant la traduction :

soit, sans dictionnaire, d'un texte dans l'une des langues étrangères suivantes : anglais, allemand, italien, espagnol, grec, portugais, néerlandais, russe ou arabe moderne ;

soit, avec le dictionnaire, d'un texte dans l'une des langues anciennes suivantes : latin, grec (durée : 2 heures ; coefficient : 1).

Pour cette épreuve, seuls les points supérieurs à la moyenne sont pris en compte.

OU

Une épreuve orale facultative portant sur le traitement automatisé de l'information (durée : 20 minutes, avec préparation de même durée ; coefficient : 1).

Voir programme page 359.

Pour cette épreuve, seuls les points au-dessus de 10 sont pris en compte ; ils s'ajoutent au total des notes obtenues aux épreuves obligatoires et ne sont valables que pour l'admission.

5. Après le concours

1. Inscription sur la liste d'aptitude

(voir page 38)

2. La nomination

Les candidats inscrits sur la liste d'aptitude et recrutés sur un emploi d'une des collectivités ou établissements publics mentionnés à l'article 2 de la loi du 26 janvier 1984 modifiée sont nommés assistants qualifiés de conservation stagiaires pour une durée d'un an par l'autorité investie du pouvoir de nomination.

3. La formation initiale

Au cours de leur stage, les assistants qualifiés stagiaires doivent suivre une formation, éventuellement discontinue, d'une durée totale de trois mois. Cette formation comprend des sessions théoriques d'une durée totale de deux mois et des stages pratiques d'une durée totale d'un mois accomplis en totalité ou en partie hors de la collectivité qui a procédé au recrutement.

4. La titularisation

La titularisation des stagiaires intervient, par décision de l'autorité territoriale, à la fin du stage d'un an, au vu notamment d'un rapport établi par le président du Centre national de la fonction publique territoriale.

Lorsque la titularisation n'est pas prononcée, le stagiaire est soit licencié s'il n'avait pas auparavant la qualité de fonctionnaire, soit réintégré dans son cadre d'emplois, corps ou emploi d'origine.

Toutefois, l'autorité territoriale peut, à titre exceptionnel et après avis du président du CNFPT, décider que la période de stage est prolongée d'une durée maximale de neuf mois.

Dans un délai de deux ans après leur titularisation, les assistants qualifiés de conservation doivent suivre une formation d'adaptation à l'emploi, éventuellement discontinue, d'une durée totale de trois mois. Cette formation comprend des sessions théoriques d'une durée totale de deux mois et des stages pratiques d'une durée totale d'un mois accomplis en totalité ou en partie hors de la collectivité employeur.

Par dérogation aux dispositions de l'alinéa précédent, les assistants qualifiés de conservation pouvant prétendre à un avancement de grade avant l'expiration du délai de deux ans, doivent suivre leur formation d'adaptation à l'emploi dans le délai minimum nécessaire pour bénéficier de cet avancement de grade.

Les formations sont organisées par le CNFPT.

6. La carrière

1. L'avancement d'échelon et de grade

Le grade d'assistant qualifié de conservation de 2e classe comprend douze échelons. Le grade d'assistant qualifié de conservation de 1re classe comprend cinq échelons. Le grade d'assistant qualifié de conservation hors classe comprend sept échelons.

La durée maximale et la durée minimale du temps passé dans chacun des échelons, des grades et classes et l'échelonnement indiciaires sont fixés comme indiqué dans le tableau récapitulatif page suivante.

A. L'accès au grade d'assistant qualifié de conservation de 1re classe

Peuvent être nommés assistants qualifiés de conservation de 1re classe, après inscription sur un tableau d'avancement, les assistants qualifiés de conservation de 2e classe comptant trois ans de services en cette qualité, compte non tenu de la durée du stage et ayant atteint le 9e échelon de ce grade.

Le nombre d'assistants qualifiés de conservation de 1re classe ne peut être supérieur à 25 % du nombre des assistants qualifiés de conservation de 1re classe et des assistants de conservation de 2e classe de la collectivité ou de l'établissement. Toutefois, s'il existe trois emplois de ce cadre d'emploi dans la collectivité, une nomination peut être prononcée.

Les assistants qualifiés de conservation pouvant prétendre à un avancement de grade avant l'expiration du délai de deux ans après leur titularisation doivent suivre leur formation d'adaptation à l'emploi dans le délai minimum nécessaire pour bénéficier de cet avancement de grade.

L'inscription au tableau d'avancement pour le grade d'assistant qualifié de conservation de 1re classe, des assistants qualifiés de conservation de 2e classe devant suivre la formation d'adaptation à l'emploi ne peut intervenir qu'au vu d'une attestation établie par le président du CNFPT et certifiant que l'intéressé a suivi cette formation.

B. L'accès au grade d'assistant qualifié de conservation hors classe

Peuvent être nommés assistants qualifiés de conservation hors classe, après inscription sur un tableau d'avancement :

– les assistants qualifiés de conservation de 1re classe comptant trois ans de services en qualité d'assistant qualifié de conservation de 1re classe et ayant atteint le 3e échelon de leur grade ;

– les assistants de conservation de 2e classe comptant trois ans de services en cette qualité et un an d'ancienneté dans le 8e échelon de ce grade et ayant satisfait à un examen professionnel organisé par les délégations régionales ou interdépartementales du CNFPT.

Le nombre d'assistants qualifiés de conservation hors classe ne peut être supérieur à 15 % du nombre des assistants qualifiés de conservation de 2e classe, des assistants qualifiés de conservation de 1re classe et des assistants qualifiés de conservation hors classe.

Toutefois, s'il existe cinq emplois de ce cadre d'emplois dans la collectivité, une nomination peut être prononcée.

2. La rémunération

Les stagiaires sont rémunérés par la collectivité ou l'établissement qui a procédé au recrutement sur la base de l'indice afférent au 1re échelon de leur grade.

Le traitement mensuel brut est de 1 375,36 euros (valeur du point au 1er novembre 2005).

Toutefois ceux qui avaient auparavant la qualité de fonctionnaires perçoivent le traitement indiciaire correspondant à leur situation antérieure si ce traitement est supérieur à celui correspondant au premier échelon du grade d'assistant qualifié de conservation.

Lorsque ces fonctionnaires sont titularisés, ils sont placés à l'échelon du grade d'assistant qualifié de conservation correspondant à l'ancienneté acquise depuis leur nomination dans le cadre d'emplois sans qu'il soit tenu compte de la prolongation éventuelle de la période de stage.

GRADES ET ÉCHELONS	Durée maximale	Durée minimale	Indices bruts
Assistant qualifié de conservation hors classe			
7e échelon	–	–	638
6e échelon	3 ans	2 ans 9 mois	600
5e échelon	3 ans	2 ans 9 mois	560
4e échelon	2 ans 6 mois	2 ans 3 mois	525
3e échelon	2 ans	1 an 9 mois	480
2e échelon	2 ans	1 an 9 mois	455
1er échelon	2 ans	1 an 9 mois	422
Assistant qualifié de conservation de 1re classe			
5e échelon	–	–	593
4e échelon	3 ans 6 mois	3 ans	543
3e échelon	3 ans	2 ans 6 mois	519
2e échelon	2 ans 9 mois	2 ans 6 mois	499
1er échelon	2 ans 9 mois	2 ans 6 mois	471
Assistant qualifié de conservation 2e classe			
12e échelon	–	–	558
11e échelon	3 ans 3 mois	3 ans	520
10e échelon	3 ans	2 ans 9 mois	500
9e échelon	3 ans	2 ans 6 mois	470
8e échelon	2 ans 9 mois	2 ans 6 mois	452
7e échelon	2 ans 9 mois	2 ans 6 mois	420
6e échelon	2 ans 3 mois	2 ans	390
5e échelon	1 an 6 mois	1 an 6 mois	380
4e échelon	1 an 6 mois	1 an 6 mois	362
3e échelon	1 an 6 mois	1 an 6 mois	350
2e échelon	1 an 6 mois	1 an 6 mois	335
1er échelon	1 an	1 an	322

II. Épreuves d'admissibilité

(concours externe, interne et 3e concours)

1. Composition (concours externe)

Durée : 3 heures ; coefficient : 3

1. Méthodologie générale

1. *Mise au point*

C'est une épreuve écrite d'admissibilité qui nécessite des qualités d'expression et de communication, en même temps que des connaissances techniques.

Que cherche-t-on à apprécier chez le candidat ?

À travers cette épreuve, on essaie de découvrir les connaissances du candidat, son tempérament et surtout son **aptitude au raisonnement**. Cela implique de solides notions de base sur les quatre spécialités de la profession.

On récusera toujours la répétition mécanique d'un cours, les connaissances insuffisantes, etc. de même que les égarements bavards, les attitudes sectaires, trop provocatrices, passionnées, tout comme un conformisme excessif.

En revanche, on évaluera les qualités humaines et intellectuelles, les **aptitudes à mener une réflexion ordonnée** et à exprimer clairement un point de vue fondé sur des arguments intéressants et convaincants.

2. *Point méthode*

On peut proposer aux candidats deux approches parallèles :

– théorique : réfléchir aux conseils méthodologiques qui ont fait leur preuve ; s'attacher aux effets produits sur le correcteur par tel ou tel comportement du candidat ;

– pratique : s'exercer dans les conditions de l'examen pour se familiariser avec les conseils de méthode et retenir ceux qui lui conviennent le mieux.

La dissertation doit séduire par la forme, ce qui implique :

– **une calligraphie claire :** le candidat doit mesurer combien le graphisme des mots détermine la note. Obligé de déchiffrer, le correcteur perd le contact avec la pensée du candidat et ne parvient plus à comprendre le message. La première impression produite par une copie est parfois déterminante, et quelle que soit la qualité du travail, le candidat court le risque de ne pas être compris, voire de ne pas être lu si son écriture est illisible ;

– **une mise en page soignée :** dans une copie, celle-ci est fondamentale ; une copie aérée avec des structures apparentes, témoigne de la rigueur du développement, rendue évidente par les marges, les espaces, les interlignes ;

– **une orthographe et une grammaire irréprochables :** inutile de préciser que c'est la moindre des corrections par rapport au correcteur ;

– **un vocabulaire approprié :** le « niveau de langage » ne doit jamais être « relâché » mais peut parfois atteindre le niveau « soutenu ». Tous les jargons sont à proscrire. Il convient également d'éviter les impropriétés, c'est-à-dire l'utilisation de mots dans un sens qu'ils n'ont pas. De même les barbarismes et néologismes sont à éviter. Il faut s'efforcer de n'utiliser que les mots dont on connaît le sens précis ;

– **le style :** on exige de la clarté, de la simplicité, du naturel et de l'élégance. On récuse donc la confusion, l'imprécision, le déséquilibre et l'affectation.

Quelques règles à respecter :

– un seul adjectif par nom ;

– un seul adverbe pour un verbe ;

– un seul verbe pour une action.

Il faut chasser les digressions, les phrases et les mots trop longs qui nuisent à la **lisibilité**.

Les verbes comme « faire », « avoir », « dire », « être » peuvent facilement être remplacés par des verbes plus signifiants ; il convient aussi de substituer aux mots « choses » ou « problèmes » des mots plus précis.

– **Le ton :** la largeur d'esprit, l'aptitude au recul, la capacité d'analyse que l'on cherche à évaluer peuvent être anéanties par un ton inapproprié.

On n'emploie jamais ni le « je » (on sait que c'est vous qui écrivez !) ni le « nous », pluriel de majesté qui laisse souvent deviner un candidat qui s'écoute parler. On peut à la rigueur utiliser le « on », mais il faut se méfier de son ambiguïté : est-ce vous qui parlez ou rapportez-vous les idées d'un autre ? Qui est cet autre ?

Deux défauts sont impardonnables : la partialité et l'arrogance. Évitez de donner des leçons au lecteur, n'abusez ni d'évidences ni de clichés (« de tous temps, les hommes… »). Proscrivez le ton doctrinal qui tend à considérer le correcteur comme sous-doué ou des formules comme « on observera », « il faut noter que », « il faut souligner », « il faut remarquer que », etc.

Une idée d'ensemble du projet

Il n'est pas possible de construire un plan, ni d'écrire une bonne introduction, sans savoir où l'on va. Si l'on manque de cohérence, le correcteur devra revenir en arrière pour retrouver des traces de votre raisonnement, et il n'aime pas cela.

Comment naissent les idées ?

Une idée n'est jamais rien d'autre que l'alliage de plusieurs connaissances qui, mises ensemble, produisent une nouvelle matière : matière à réfléchir, matière à créer. Dès lors, la capacité à avoir des idées n'est plus qu'une question de culture et d'entraînement. La culture augmente votre répertoire (vos compétences), l'entraînement accroît vos performances.

La dissertation réclame donc des connaissances avant tout et un entraînement. Ce sont les deux maîtres-mots de la réussite. Il faut avoir exploré et traité un maximum de sujets différents pour arriver serein devant sa copie le jour du concours, et donner le meilleur de soi.

Le sujet

Tout part de là. On ne lit pas un sujet. On l'examine, on le dissèque, on le fait avouer. Il contient en germe tout ce qu'on va écrire. Tout est là, comme dans le noyau de la cerise.

Une bonne méthode consiste à souligner les mots clés quand il s'agit d'une citation ou d'un sujet court, ou à réécrire les idées maîtresses du texte. Autour des mots clés ou des idées maîtresses du texte, on peut prendre du temps (dix minutes environ) pour annoter les idées qui nous viennent à l'esprit.

Le plan

Au moment où le plan commence à se dessiner dans votre esprit, il faut l'écrire, de la manière la plus détaillée possible. Ensuite, il est impératif de prendre du recul par rapport à celui-ci, pour s'assurer de deux choses :

– que l'on est bien dans le sujet ou que l'on répond bien à la question posée ;

– que l'on dispose bien de la matière rédactionnelle suffisante pour « remplir » les paragraphes correspondant aux titres. En cas de doute, il faut renoncer sans scrupules : c'est une idée creuse.

Il faut considérer le plan comme une ossature souple, qui peut s'aménager et se modifier en cours de rédaction.

La conclusion

La conclusion « classique » doit commencer par une clôture du développement en une ou deux phrases pour fermer le débat. Le reste de la conclusion est réservé à l'ouverture, l'esquisse d'une autre problématique ou l'élargissement des perspectives offertes par la thèse soutenue, dans d'autres domaines.

L'introduction

C'est un travail qui demande un peu de virtuosité pour être réussi.

Elle comporte trois parties, selon les règles de la dissertation classique :

– l'entrée en matière donne le ton du devoir et doit séduire le correcteur. C'est aussi l'occasion d'exposer sa culture ;

– le rappel du sujet montre qu'on a bien compris la question et permet de souligner l'angle sous lequel on compte l'aborder ;

– l'exposé du plan est un exercice de style obligatoire. Il prouve au lecteur que l'on a fait un plan avant de se lancer, et le guide dans sa lecture.

Le développement

Aujourd'hui, le développement possède deux ou trois parties qui comportent plusieurs sous-parties. Les retours à la ligne aident à la lecture et à la compréhension, en marquant le passage d'une idée à une autre.

La peur du blanc

Si vous tombez sur un sujet qui ne vous dit rien, ne paniquez pas ! Vous devez procéder ainsi :

– premier temps : ce sujet ne vous dit « rien », ou plutôt « pas grand-chose ». Écrivez ce « pas grand-chose » sur une première feuille. Ce n'est sans doute pas très intéressant mais vous le constatez, le simple fait d'écrire ses premières idées peut vous aider. Et puis en écrivant, il vous vient une autre idée… Ce n'est pas le miracle, mais le début d'un brouillon de plan ;

– deuxième temps : pensez à quelqu'un que vous estimez beaucoup et que vous connaissez bien – parent, ami, professeur… Écrivez ce que lui ou elle, aurait à dire à ce sujet. Demandez-vous si vous seriez d'accord avec cet avis. En cas de désaccord, écrivez pourquoi vous ne partagez pas cet avis. Dans les deux cas, vous avez esquissé, à défaut de plan, un fil conducteur qui doit vous permettre de faire une dissertation acceptable ;

– troisième temps : s'il vous reste encore assez de temps, tentez de transformer le canevas en un vrai plan, et de construire une dissertation classique. Vous rédigerez le développement sans brouillon, tant pis, mais au moins, vous serez tenu(e) par un plan solide. Faites néanmoins un plan pour l'introduction et la conclusion, c'est trop important ;

– quatrième temps : avant de vous lancer dans le grand bain du développement, vous voici face à l'introduction. Il faut alors vous remémorer le contexte, le sujet et les points clés du plan. Même si vous les exposez le plus platement du monde, ces trois points de vue vous sauvent la mise. Ce devoir ne sera ni brillant ni bon, sans doute, mais pas nul en tout cas et, vraisemblablement, pas mauvais. Dans tous les cas, il faut se mettre à écrire et ne plus s'arrêter.

2. Annales corrigées

Sujet 1 : mai 2006

Option : bibliothèques

Durée : 3 heures

Coefficient : 3

« Il est assez généralement reconnu aux bibliothèques municipales, à côté de leur vocation culturelle, une vocation sociale. Mais celles-ci sont souvent vécues sinon comme étant en opposition, du moins comme tirant dans des directions différentes. Jusqu'à quel point la vocation sociale peut-elle être prise en compte, ne serait-ce pas au détriment de la mission culturelle ? ».

Jean-Luc Gautier-Gentes, *Une République documentaire. Lettre ouverte à une jeune bibliothécaire et autres textes*. BPI/Centre Pompidou, 2004 (En débat).

Nota :

– 1 point sera retiré de la note sur 20 si la copie contient plus de 10 fautes d'orthographe ou de syntaxe.

– Les épreuves sont d'une durée limitée. Aucun brouillon ne sera accepté, la gestion du temps faisant partie intégrante des épreuves.

Corrigé

Introduction

Que l'habitude de segmenter les genres soit un travers français ou une calamité universelle, peu importe : pour la bibliothèque publique, l'auteur distingue deux missions : une vocation culturelle et une mission sociale. Il les distingue et même, il se demande si elles ne s'opposent pas l'une à l'autre.

Allons dans son sens pour commencer, afin de voir ce qui compose chacune de ces deux missions, avant de se demander si elles s'opposent et de répondre à son interrogation.

Première partie

La vocation culturelle de la bibliothèque municipale ne fait aucun doute. Elle constitue le lieu où s'épanouit le livre, où se collectionne le savoir. Le livre est l'outil central de la culture puisque l'écrit est le vecteur des civilisations et que le livre, dans sa diversité, diffuse la totalité des connaissances : œuvres littéraires, philosophiques, scientifiques, mais également livres d'art, de photographies, encyclopédies, recettes de cuisines, traités de jardinage, etc. C'est au livre également qu'est confié l'apprentissage : initiation à la lecture, découverte du monde, textes de lois, etc. Depuis que les bibliothèques sont devenues médiathèques, les nouveaux supports de diffusion sont venus compléter les moyens de remplir cette mission culturelle.

Si elle va de soi, la mission culturelle de la bibliothèque n'en est pas pour autant une donnée immanente. Cette mission est plus ou moins remplie selon deux critères essentiellement : les choix dans les acquisitions, et la qualité dans la mise à disposition.

Sur le premier point, la marge de manœuvre est heureusement assez large pour permettre aux bibliothécaires de personnaliser leurs choix et, au-delà des titres incontournables, d'exercer une influence réelle sur leurs fonds de livres : plus ou moins littéraires, plus ou moins populaires, plus actuels ou plus intemporels, etc. L'un accordera plus de place à l'enfance, l'autre va développer un rayon de philosophie…

Sur le second plan, une fois qu'on est tombé d'accord sur les règles de base – rangement, classement, répertoire – que peut-on faire pour améliorer la mise à disposition ? Une fois résolues les questions élémentaires sur l'éclairage et la circulation dans les rayons, quelles solutions reste-t-il à trouver ? Il reste à favoriser la rencontre entre le livre et son lecteur d'un jour. On peut y parvenir par exemple en exposant les nouveautés à l'entrée, en affichant les critiques parues, en organisant des semaines ou des expositions à thèmes, des gros plans sur des auteurs, etc. On peut également mettre en place une fonction de médiation.

Deuxième partie

Cette notion de médiation est exactement la rencontre entre la mission culturelle de la bibliothèque et sa fonction sociale. Comme son nom l'indique, elle est chargée de faire le lien entre le fonds livresque – la « culture » – et des publics qui n'y ont pas un accès naturel et facile. Confiée à des personnes de statuts différents selon les moyens de l'établissement – stagiaires, titulaires – cette tâche commence souvent hors les murs, dans les « quartiers » si l'on veut schématiser, dans les écoles en tout cas puisqu'on est certain d'y rencontrer toutes les catégories sociales et culturelles. La médiation va plus loin encore lorsqu'elle cherche à atteindre également les 5 à 7 % d'illettrés, en lien avec les associations concernées.

L'image la plus frappante de cette médiation est celle d'une personne venant s'asseoir chaque semaine sur le même banc, « au pied des tours », avec sa valise de livres. Les enfants s'approchent, écoutent une histoire. Les grands frères se tiennent un peu plus loin, une oreille à la traîne. Une jeune fille vient rendre un roman emprunté la semaine précédente, en choisit un autre. Un adulte arrive, puis un groupe se forme au gré des allées et venues, venant picorer la culture comme des oiseaux.

Mais la mission sociale de la bibliothèque commence déjà très en amont, dès les choix des acquisitions de livres, musiques et films. Si l'on s'en tient à une culture très classique et aux auteurs difficiles, on a peu de chances de succès auprès d'un public large. On aura une bibliothèque bien rangée, propre et silencieuse… Vide. Il faut sélectionner non pas seulement « ce qui marche » en librairie, mais un large éventail de livres pouvant toucher tous les publics, dans une exigence constante de qualité. Et l'on est toujours récompensé de ne pas tomber dans la facilité : un exemplaire de *La Religieuse* de Diderot est revenu exténué, sa couverture recollée, d'un prêt dans un immeuble où il a été lu, en un mois, par une dizaine de jeunes filles, en majorité de confession musulmane – en cachette, naturellement.

Depuis la politique d'acquisition jusqu'aux méthodes de mise à disposition des ouvrages, la préoccupation sociale est donc toujours associée au cœur culturel du métier de bibliothécaire. Sinon, pourquoi prêter des livres au public ? Ils n'ont qu'à se les acheter…

Conclusion

À la réflexion, il semble inouï que l'on puisse opposer la mission sociale des bibliothèques à leur mission culturelle. La notion même de bibliothèque publique suppose que l'on superpose ces deux missions pour en faire une vocation : la culture pour tous. S'il semble nécessaire de temps en temps de rappeler cette évidence, c'est peut-être parce qu'il est moins facile de partager la culture que de la compiler, et que la formation des bibliothécaires les a tenu(e)s plus près des livres savants que de l'action sociale.

Sujet 2 : mai 2006

Option : musée

Durée : 3 heures

Coefficient : 3

« Selon vous, le patrimoine culturel immatériel a-t-il sa place dans les musées ? »

Nota :

– 1 point sera retiré de la note sur 20 si la copie contient plus de 10 fautes d'orthographe ou de syntaxe.

– Les épreuves sont d'une durée limitée. Aucun brouillon ne sera accepté, la gestion du temps faisant partie intégrante des épreuves.

Corrigé

Introduction

L'immatérialité du patrimoine est une notion complexe. Une chanson est un patrimoine culturel immatériel, même si le support – disque vinyle, bande magnétique, stockage numérique – est bien concret.

Débattre pour savoir si le patrimoine culturel immatériel a sa place, ou non, au musée ne sera possible qu'à la condition de bien définir ce concept tout d'abord. Ensuite, la réponse dépendra en grande partie du rôle ou des rôles qu'on lui attribue, et des formes que cela peut prendre.

Première partie

La collecte du fonds des traditions orales, des chants et danses d'une région fait partie, par exemple, des actions de sauvegarde d'un patrimoine indéniablement culturel, qui demeure immatériel même s'il trouve un support durable pour en fixer la trace : écrits et bandes-son pour les récits et les chants, vidéo pour les scènes rituelles ou les danses.

Si la question se pose aujourd'hui, c'est que la tradition muséographique s'est longtemps cantonnée à la conservation des objets. Ainsi, d'un rituel guerrier papou, fait de marquages corporels, de chants, de danses, etc., on avait tendance à ne garder que la lance et la parure de plumes. Plus tard, un grand pas en avant fut accompli lorsque les pièces exposées commencèrent d'être accompagnées de sons et de vidéos. Resitué dans son contexte, enrichi de son environnement musical, l'objet prend une nouvelle dimension. On s'éloigne du cabinet de curiosités pour rapprocher le musée de sa double vocation : servir la recherche multidisciplinaire et donner au public les moyens d'appréhender globalement une culture, une société, un thème. Le récent musée des Arts premiers illustre parfaitement la préoccupation actuelle de restituer l'environnement des collections.

Deuxième partie

On comprend parfaitement le rôle de ce patrimoine immatériel dans un musée du domaine des sciences humaines : histoire, archéologie, anthropologie, etc. Mais, que faire de cette notion dans un musée d'art ? Les arts plastiques – peinture, sculpture, etc. – produisent par définition des œuvres concrètes. Quant aux arts « vivants », on a peine à imaginer des musées du Théâtre, de la Danse ou de la Musique, sauf à réduire ces expressions à leur trace numérique et à des collections de costumes, de tutus, d'instruments... Sauf à monter des scènes et des salles de spectacles dans les musées, mais alors ils deviendront théâtres.

Ce n'est pas parce qu'il se dit parfois « abstrait » que l'art moderne ou contemporain est dématérialisé. Même si certaines avant-gardes cherchent à détacher le geste créatif de tout support, même si la durée ou le statut de l'œuvre sont parfois remis en cause, il reste toujours un tableau accroché au mur, une sculpture posée sur un socle, une installation occupant une pièce.

En muséographie, la véritable abstraction est ailleurs. Il existe un patrimoine culturel considérable, longtemps tenu à l'écart parce qu'on doutait qu'il fût vraiment culturel. Il s'agit de l'ensemble des savoir-faire dits « traditionnels ». Ces techniques, qui correspondent au sens premier du mot « art » puisqu'elles produisent les artefacts, ont été considérées comme strictement utilitaires, donc vulgaires. Puis, ici et là, une prise de conscience a permis de sauver de l'oubli, qui une mémoire ouvrière, qui un fonds artisanal, qui un répertoire de recettes culinaires. Dans le Perche, on réapprend l'art du plessage, qui consiste à transformer des haies vives en clôtures naturelles, comme au Moyen-Âge. Partout, on redécouvre les éléments d'un patrimoine culturel populaire qu'il s'agit de conserver et de transmettre.

Ces traditions sont de plus en plus remises en valeur dans des musées et souvent de manière vivante, à la faveur de stages, formations et démonstrations. Par exemple, le port-musée de Douarnenez assure la pérennité de nombreux savoir-faire ancestraux touchant au patrimoine maritime. Cordage, matelotage, voilerie, sculpture des figures de proue, séchage et fumage du poisson, chants de marins, etc. Le chantier du musée forme une nouvelle génération de charpentiers de marine. Il était temps : à vingt ou trente années près, on risquait de voir se perdre l'un des plus beaux et des plus complexes métiers de nos côtes.

Conclusion

Le patrimoine culturel immatériel est déjà présent au musée ; c'est le bruit de fond du contexte qui environne chaque pièce exposée ; c'est le bruissement qu'une société produit toujours autour des œuvres d'art qu'elle voit – fait – naître ; c'est enfin et surtout l'immense travail de collecte, de préservation et de transmission des savoir-faire traditionnels.

L'immatériel doit entrer davantage au musée, pour l'éclairage qu'il apporte aux œuvres, et pour ce qu'il mérite d'être lui-même mis en valeur.

Sujet 3 : mai 2006

Option : documentation

Durée : 3 heures

Coefficient : 3

Sujet (entraînement) non corrigé

« Selon vous, quelle est la place des centres de documentation d'une collectivité dans l'accès à l'information des publics ? »

Nota :

– 1 point sera retiré de la note sur 20 si la copie contient plus de 10 fautes d'orthographe ou de syntaxe.

– Les épreuves sont d'une durée limitée. Aucun brouillon ne sera accepté, la gestion du temps faisant partie intégrante des épreuves.

Sujet 4 : mai 2006

Option : archives

Durée : 3 heures

Coefficient : 3

Sujet (entraînement) non corrigé

« Qui veut bien reconnaître que la banlieue a une histoire ? L'histoire toute simple des gens et du territoire des cent dernières années. Peu de monde, en vérité, tant la banlieue est d'abord stigmatisée comme une succession de lieux sans passé et sans racines ».

« L'exposition "Douce Banlieue" invite à une toute autre vision. Deux sources originales – le témoignage oral enregistré et la photographie de famille – offrent une approche inédite… humaine et chaleureuse ».

Exposition « Douce Banlieue », archives municipales de Saint-Denis, extrait du discours d'inauguration de M. Patrick Braouzec, député-maire de Saint-Denis, 23 avril 2004.

Le service d'archives municipales était le maître d'œuvre de cette exposition. Exposez quel peut être le rôle d'un service d'archives en matière de politique de la ville, à tous les niveaux de collecte, conservation et valorisation des documents d'archives.

Nota :

– 1 point sera retiré de la note sur 20 si la copie contient plus de 10 fautes d'orthographe ou de syntaxe.

– Les épreuves sont d'une durée limitée. Aucun brouillon ne sera accepté, la gestion du temps faisant partie intégrante des épreuves.

Sujet 5 : décembre 2003

Option : musée

Durée : 4 heures

Coefficient : 3

Lors de l'été 1896, la revue *L'Artiste* a lancé auprès de ses lecteurs un débat à propos de la gratuité d'entrée dans les musées. Le peintre Eugène Carrière y déclara : « Il est tout à fait extraordinaire d'avoir l'idée de faire payer la vue d'œuvres d'art à ceux qui ont déjà fourni l'argent pour les acquérir ».

Pensez-vous que l'on puisse appliquer son jugement à la situation actuelle en France et ailleurs ?

Corrigé

Introduction

Le peintre cité a le sens de la formule mais pas celui de la gestion, puisqu'il semble oublier qu'il ne suffit pas d'acquérir des œuvres pour les montrer au public. Il faut des bâtiments pour les exposer, du personnel pour les gérer, de la sécurité pour les garder, de l'éclairage pour les mettre en valeur, de la publicité pour faire venir le public, etc. Mais il a le mérite de soulever crûment le problème de la gratuité des musées publics, en mentionnant que les œuvres sont acquises aux frais de l'État, donc du contribuable.

Aujourd'hui, en France et à l'étranger, la question se pose dans la mesure où les musées sont publics, et payants. Mais elle entraîne d'autres interrogations.

Elle est avant tout une occasion de suivre, à travers les évolutions de l'activité des musées, diverses manières de considérer la culture et le patrimoine. Elle s'accompagne nécessairement d'une interrogation sur les conditions à réunir pour permettre la gratuité. Enfin ce qui semble aller de soi mérite quand même un peu de réflexion : est-il réellement souhaitable de rendre les musées gratuits ?

Première partie

Issu d'une histoire, le musée et son statut portent aujourd'hui encore la trace d'une vision politique de la culture et des raisons de mettre le patrimoine à la disposition du public. En France, le musée naît à la fin du XVIIIe siècle de l'annexion républicaine des collections royales et du patrimoine artistique des familles nobles et du clergé. Mais le XIXe siècle est bourgeois et récupère aussitôt la culture comme instrument de distinction : le musée fonctionne comme séparateur de classes : il est payant. En Angleterre, le musée est un geste des possédants vers le peuple : tout à la fois cadeau éducatif et démonstration de magnificence, il est gratuit. Le British Museum est une parfaite illustration du va-et-vient entre initiative privée et cause publique et du rapport fusionnel entre la nation et la couronne anglaise. Sir Hans Sloane, éminent médecin et naturaliste, meurt au milieu de l'année 1753 en léguant ses collections au roi, à charge pour lui de les enrichir et de les mettre à disposition de tous. Le musée devient rapidement une fenêtre ouverte sur l'empire et la vitrine d'une royauté éclairée soucieuse d'éduquer son peuple. De même la National Gallery, la Royal Academy, la Tate Britain, la Tate Modern, le Victoria & Albert Museum, etc, sont gratuits et chargés de témoigner à la fois de la grandeur de la famille royale et du génie ou de la puissance de la nation. Emboîtant le pas aux financements royaux, le mécénat privé est une tradition anglaise qui a pris une autre forme outre-Atlantique, où les grands musées sont essentiellement privés, mais payants. L'entrée à la fondation Guggenheim de New York coûte 10 à 15 dollars. Dans cet immense pays neuf, il s'agit surtout, pour quelques grandes fortunes, d'effectuer de spectaculaires opérations de légitimation culturelle, de s'acheter en quelque sorte les plus voyants des certificats de bon goût. À l'instar de François Pinault (propriétaire du Printemps, de la Redoute, de la Fnac, d'Yves Saint-Laurent, etc.) qui projette de le faire sur l'île Seguin à Boulogne-Billancourt en y établissant le plus grand musée d'art contemporain d'Europe, alimenté de ses collections personnelles. Mais ces grands musées privés ne sont pas gratuits, comme si leurs fondateurs richissimes passaient ce message : tout a un prix, même la culture.

Le modèle russe est encore différent. Les musées sont gratuits pour les citoyens russes, mais payants pour les touristes. Ainsi les Russes ont-ils libre entrée au musée de l'Ermitage de Saint-Pétersbourg tandis qu'il en coûte 300 roubles, soit 10 euros, pour les visiteurs étrangers. La gratuité est ici un héritage de l'ère soviétique, quand elle est en Angleterre une émanation de la monarchie constitutionnelle. Mais toujours, le prétexte est l'éducation du peuple et son droit essentiel d'accéder librement aux œuvres d'art et au patrimoine de l'humanité.

Deuxième partie

D'ailleurs la gratuité des musées, lorsqu'elle se met en place en France, est le fait d'élus de gauche, pour qui, en principe, la culture est non pas l'attribut d'une classe, mais un outil d'émancipation sociale. Les deux seules vraies initiatives actuelles sont à mettre au compte de la Mairie de Paris et du Conseil général de l'Isère. « C'est un enjeu démocratique fondamental. Accéder à l'émotion artistique et culturelle est un droit pour chacun » déclarait Bertrand Delanoë en décembre 2001 lorsqu'il a rendu gratuites toutes les collections permanentes des musées municipaux de Paris comme le musée Carnavalet ou le musée d'Art moderne ainsi que les expositions temporaires pour les enfants. Autre précurseur dans notre pays, le département de l'Isère a voté la gratuité des musées départementaux pour tous à partir de janvier 2004.

Mais comment font-ils ? En réalité, on ne prend pas une telle mesure sans être fermement décidé à augmenter le budget des musées pour compenser la perte. La réduction des frais de billeterie ne compense aucunement la perte des entrées payantes. Certes, la fréquentation accrue des boutiques des musées (livres, répliques, souvenirs, etc.) offre des opportunités de bénéfices supplémentaires. Mais il faut relativiser : le montant des entrées payantes (424 000 euros en 2001) représentait moins de 10 % du budget de fonctionnement des musées de la ville de Paris (4,9 millions d'euros hors personnel). De toute manière, 75 % des entrées dans un établissement comme le musée Carnavalet étaient déjà gratuites avant 2001, pour une raison ou pour une autre (enseignants, scolaires, étudiants en art, etc.). En fait, la gratuité n'a fait perdre que le quart des entrées totales, mais elle présente le grand intérêt d'avoir permis de communiquer fortement l'envie de découvrir des œuvres d'art. Car ce n'est pas en termes de gestion à court terme que le bilan de l'opération peut s'évaluer. Ce sont les chiffres de la fréquentation qui parlent. Dès 2002, les musées de la ville de Paris connaissaient une augmentation de 78 % du nombre des visiteurs, et encore de 28 % en 2003 malgré une conjoncture internationale défavorable qui dans le même temps faisait perdre 7 % aux musées nationaux. De plus, de nouveaux publics sont touchés. Même les expositions temporaires, qui demeurent payantes, si elles ont connu une baisse en 2002, ont vu leur fréquentation faire un bond de 27 % en 2003 par un effet d'entraînement qui achève de rendre le tableau très positif : un nouveau public se rend en masse dans les musées gratuits et à l'occasion, accepte même de payer pour découvrir les nouveautés.

Troisième partie

Mais certains acteurs culturels, parmi les plus ardents militants de la gratuité, fournissent eux-mêmes l'argument contraire le plus déterminant : selon Sandrine Mazetier, adjointe au

maire de Paris chargée du patrimoine et des musées, la gratuité « a tendance à fai
que la culture a un coût. Elle ne tombe pas du ciel. La recherche, la formation, le trav
fonctionnement des institutions doivent se payer d'une manière ou d'une autre. »

Les premières études menées en France sur le sujet montrent que, si la gratuité peut avoir un impact positif, par un effet d'aubaine, sur le public majoritaire des personnes ne fréquentant pas habituellement les musées, elle entraîne chez certains habitués une réaction négative qui peut se résumer à l'idée d'une perte de valeur de l'objet culturel. Si la visite est gratuite, pour les uns c'est l'occasion d'aller la voir, pour les autres cela n'en vaut plus la peine. Pour les premiers, l'effet de foule escompté par la gratuité facilite le premier pas vers l'institution culturelle : « pas mal de gens intimidés par la culture se sentent protégés par l'affluence. » (Aline Hémond, *Télérama* du 6 novembre 2002). Pour les seconds, on n'a plus le loisir de ressentir l'émotion esthétique lorsqu'il y a du monde et du bruit. On voit s'estomper chez les uns la crainte d'être « mal vus » par les initiés, on sent les autres ennuyés d'être confondus avec ceux qui n'y connaissent rien. Ces réactions opposées se font jour surtout à l'occasion des dimanches gratuits du « Printemps des musées » (dans un millier d'établissements en France) ou des dimanches gratuits du Louvre et des musées nationaux (premier dimanche de chaque mois).

Mais ce sont des appréciations marginales sur une tendance qui semble globalement approuvée par la plupart des visiteurs, et qui ne modifie pas sensiblement les attitudes en cours de visite. On pouvait craindre qu'avec la gratuité apparaissent des comportements de visites rapides, une moindre considération pour les œuvres, des difficultés accrues pour la surveillance et même des risques de vandalisme. Or rien de tel n'a été mesuré et tout semble prouver que l'acte de se rendre au musée demeure un geste de foi dans la culture, de respect pour les œuvres et d'estime pour l'institution qui les met à la disposition de tous.

Conclusion

On peut penser qu'en France, l'esprit républicain confirmera la tendance amorcée vers une gratuité des musées. Il faudra trouver, au cas par cas, des solutions budgétaires mais on l'a vu, la vente des billets d'entrée n'est pas ce qui fait vivre le musée, qui n'a d'existence que par la volonté de la puissance publique, des mécènes et des fondations dont une loi récente encourage l'action. Cependant, la gratuité au bénéfice des citoyens n'a pas de raison de bénéficier aux touristes, qui devraient demeurer des apporteurs de devises : ainsi le Louvre, dont 63 % des visiteurs sont étrangers, pourrait être gratuit pour les Français et payant pour les étrangers, y compris le premier dimanche du mois. En effet, il s'agit de voyageurs aisés (Américains, Japonais, Allemands, Britanniques) qui ne sont pas rebutés par des tarifs d'entrée élevés et qui désirent visiter le plus grand musée du monde dans la plus belle ville du monde.

Cependant, il demeure un paradoxe : quand il s'agit de voir des œuvres d'art, on consent facilement à payer pour entrer au musée, au concert ou au théatre, mais il n'est presque jamais question de régler un ticket d'entrée pour assister à une exposition d'un peintre, d'un sculpteur ou d'un plasticien vivant. Ce « droit de monstrance » qui est revendiqué par certains artistes actuels se heurte tout simplement à l'usage courant et aux lois du marché : sauf pour la cinquantaine de créateurs mondiaux les plus reconnus, il n'y aurait personne. Quant aux galeries, elles se comportent simplement comme des magasins, et ne peuvent pas imaginer vendre des billets à l'entrée, juste pour voir. En réalité, cette question ne se pose que pour les peintres et les sculpteurs qui ne vendent pas et supportent les frais d'exposition. Ceux qui vendent n'ont pas ce problème et veulent bien exposer gratuitement leurs œuvres.

2. Questionnaire de 6 à 10 questions (pour les trois concours)

6 à 10 questions destinées à vérifier les connaissances du candidat dans la spécialité choisie à l'inscription (musée, bibliothèque, archives, documentation)

Durée : 3 heures

Coefficient : 2

Musée

1. Le principe d'inaliénabilité. *(2 points)*

2. Les acteurs d'une exposition et leur rôle : de la conception au démontage. *(3 points)*

3. Le rôle de l'inventaire des collections. *(3 points)*

4. Le mouvement des œuvres. *(3 points)*

5. Les différentes formes d'aide à la visite dans un musée. *(2 points)*

6. Les différentes formes de mise en valeur des collections d'un musée. *(2 points)*

7. Les principales causes d'altération des collections de musée. *(3 points)*

8. L'appellation « musée de France ». *(2 points)*

Bibliothèque

1. La bibliothèque dans la politique de développement culturel du territoire. *(4 points)*

2. La gestion des périodiques : éditions papier et en ligne. *(2 points)*

3. Quelles sont les compétences obligatoires des départements en matière de culture ? *(1 point)*

4. Qu'est-ce qu'un pôle associé ? *(1 point)*

5. Bibliothèques départementales de prêt : organisation, public, activités. *(4 points)*

6. Comment s'applique le droit de l'audiovisuel en bibliothèque ? *(2 points)*

7. Quels sont les objectifs du récolement ? *(2 points)*

8. Qu'est-ce que la loi sur le droit de prêt ? *(2 points)*

9. Quels sont les principaux canaux de vente du secteur du livre ? *(2 points)*

Archives

1. Quelles peuvent être les activités proposées aux scolaires par un service éducatif en archives ? *(3 points)*

2. Quelles sont les compétences obligatoires des départements en matière de culture ? *(1 point)*

3. Quels sont les avantages d'un site Web pour les usagers des archives ? *(2 points)*

4. Quelles sont les lois fondamentales votées en 1978 et 1979 en matière d'archives et de droit à l'information ? *(2 points)*

5. La notion de versement. *(2 points)*

6. Le registre paroissial. *(3 points)*

7. Plan de classement et tableau de gestion : quelles différences ? *(4 points)*

8. Qu'est-ce que le parchemin ? *(1 point)*

9. Le secret professionnel. *(2 points)*

Documentation

1. La veille documentaire. *(2 points)*

2. Comment peut-on organiser le prêt dans un service de documentation ? *(3 points)*

3. La diffusion des panoramas de presse et le droit. *(3 points)*

4. Quelle est la différence entre une liste de diffusion et une liste de discussion ? *(1 point)*

5. En quoi Internet modifie-t-il le travail de documentaliste ? *(3 points)*

6. Quelle définition donner de « document primaire » et « document source » ? *(1 point)*

7. Répertoires, moteurs de recherche et méta moteurs : différence ou complémentarité. *(3 points)*

8. Existe-t-il une loi au droit d'accès à l'information administrative ? *(1 point)*

9. Comment construire une politique de conservation en matière de périodiques ? *(3 points)*

Nota : 1 point sera retiré de la note sur 20 si la copie contient plus de 10 fautes d'orthographe ou de syntaxe.

Les épreuves sont d'une durée limitée ; aucun brouillon ne sera accepté, la gestion du temps faisant partie intégrante des épreuves.

3. Rédaction d'un rapport (concours interne)

1. Documentation

Sujet mai 2006 : concours interne

Durée : 3 heures

Coefficient : 3

Le directeur général des services de votre collectivité (commune dénommée ici DOCA) souhaite mettre en place une rénovation complète du réseau informatique municipal : il a confié à chaque service le soin d'étudier les perspectives qu'apporterait ce changement. Votre chef de service (responsable du service archives-documentation de la ville) vous confie la rédaction d'un rapport sur un projet d'intranet documentaire.

À partir des documents ci-joints vous rédigerez un rapport permettant de cerner la méthodologie de travail pour la mise en place de l'intranet documentaire ainsi que les diverses possibilités de contenus, de services et de fonctionnement de ce futur intranet.

Documents joints

Document n° 1 : « Démarche d'informatisation », Didier Frochot, site Internet Défidoc, décembre 2003.

Document n° 2 : « Intranet et les documentalistes », Didier Frochot, site Internet Défidoc, septembre 2000/décembre 2003.

Document n° 3 : « L'Intranet documentaire : un accès différent à l'information », extrait de *Gestion de l'information et de la documentation dans les collectivités territoriales*, P. Bouton, La Lettre du cadre territorial, 2002.

Document n° 4 : La charte d'édition électronique, Groupement des éditeurs de services en ligne, 2005/2006.

Document n° 5 : « La revue de presse électronique », extrait de *Réaliser une revue de presse*, Gérard Hoffbeck, Jacques Walter, Dunod, 2000.

Document n° 6 : « Conception d'un site web », Didier Frochot, site Internet Défidoc, juillet 1998/janvier 2004.

Document n° 7 : « De l'utilisateur au publieur circulez : y'a tout à voir », David Bessot, *Archimag* n° 169, novembre 2003.

Document n° 8 : « Quelques outils de publication en ligne », extrait du dossier « Forum des usages coopératifs », rencontre nationale des Espaces Culture Multimédia, juillet 2004.

Document n° 9 : « Analysez la fiabilité de l'information sur Internet », Carlo Revelli, *Intelligence stratégique sur Internet*, Dunod, www.veille.com.

Document n° 10 : « Documentaliste sur Intranet », *Avenirs* n° 502, octobre/novembre 99, Onisep.

Nota :

– 1 point sera retiré au total de la note si la copie contient plus de 10 fautes d'orthographe ou de syntaxe.

– Les épreuves sont d'une durée limitée. Aucun brouillon ne sera accepté, la gestion du temps faisant partie intégrante des épreuves.

– Lorsque les renvois et annotations en bas d'une page ou à la fin d'un document ne sont pas joints au sujet, c'est qu'ils ne sont pas indispensables.

– Comme pour les renvois et annotations qui ne sont pas joints systématiquement, les sigles utilisés dans ce dossier, qui ne sont pas explicités, ne sont pas nécessaires à la compréhension des documents.

Document n° 1

Démarche d'informatisation

Nous proposons ici quelques pistes synthétiques sur la démarche d'informatisation.

CONDUITE DE PROJET

La méthode de conduite de projet a été conçue pour bien cerner les attentes des utilisateurs. C'est donc une démarche très utile à mettre en œuvre lors de la mise en place d'une nouvelle fonction, d'un nouveau service, et donc notamment d'une informatisation.

Les phases de la méthode

Répartir les besoins des utilisateurs

Distinguer entre :
- besoins exprimés ;
- besoins réels ;
- besoins reformulés.

Analyser les besoins en termes de fonctions d'usage et autres

Fonction d'usage : décrit un besoin à partir de la ou des fonctions élémentaires auxquelles il doit répondre. *Exemple :* s'informer régulièrement sur un sujet.

Une *fonction* s'exprime le plus souvent par un verbe actif. Il peut être assorti de critères qui sont autant d'adverbes ou de qualificatifs.

Exemple : transmettre l'information *rapidement* – Recevoir une information *fiable*.

Cette phase de l'analyse fonctionnelle est très importante en ce sens qu'elle permet de lever les ambiguïtés qui se glissent fréquemment dans l'expression des besoins. Elle permet ainsi d'éviter de partir sur de fausses pistes.

Analyse de l'existant

Cette phase permet de dresser l'inventaire de ce qui existe, même si cet existant est strictement embryonnaire. Une situation n'est jamais totalement vierge.

Elle permet en outre de valider les premières analyses fonctionnelles réalisées en phase précédente.

Recherche de solutions

C'est dans cette phase qu'il est fait appel à l'expertise professionnelle du conseil. C'est lui qui connaît les différentes solutions possibles, en fonction de l'offre du marché, et en fonction des besoins réels bien cernés et bien reformulés.

Dans cette phase, est mis en œuvre le syllogisme fonctionnel, proche du syllogisme juridique : à tout besoin doit correspondre une solution. On va donc mettre une série de fonctions attendues en regard d'une série de solutions pour aboutir à faire coïncider les deux.

Résultat de la conduite de projet

L'ensemble de cette opération débouche sur des propositions concrètes, présentant souvent trois solutions de niveaux et de coûts différents : hypothèse basse, hypothèse moyenne, hypothèse haute.

La réalisation du projet

Le choix ayant été fait, la grande étape suivante consiste à réaliser le projet, dans sa configuration retenue.

PHASES D'UNE INFORMATISATION

Précautions terminologiques

– L'*utilisateur* ou l'*usager* est celui qui est censé avoir le besoin.

– Le *conseil* ou *prestataire* est la personne qui conduit le projet. Il peut y avoir une succession de conseils dans les cas où le cahier des charges fonctionnel est confié à une personne différente de celle qui signe le cahier des charges final du projet, et de celle qui réalise le cahier des charges d'informatisation (technique celui-là).

– Le *commanditaire* est celui qui exprime le besoin des utilisateurs. Il peut être différent du financeur ou du décideur. On peut être son propre commanditaire dans un projet d'informatisation ou de réinformatisation interne. Il convient dans ce cas, pour la clarté du travail, de rester conscient des divers rôles qu'on joue (conseil et commanditaire).

– Le *décideur* est celui qui donne son accord pour réaliser le projet. Il peut être amené, lorsqu'il est aussi commanditaire, à donner son avis sur les phases préalables.

– Le *financeur* est la personne physique ou morale qui finance l'informatisation.

Phases principales de l'informatisation

Conduite de projet

– Étude en vue de la reformulation du besoin.
– Analyse fonctionnelle.
– Reformulation du besoin accompagné des fonctions attendues.
– Cahier des charges fonctionnel : définit les fonctions attendues par les usagers.

– Validation du cahier des charges fonctionnel par le commanditaire.

– Recherche d'un éventail de solutions techniques possibles.

– Rapport de projet présentant en général trois solutions possibles :

– une *solution haute*, la plus coûteuse ou la plus lourde techniquement, ou encore la plus élaborée ;

– une *solution intermédiaire* ;

– une *solution basse* qui doit correspondre au minimum de ce qu'on peut attendre de l'informatisation.

NB : chaque solution est présentée avec ses avantages et ses inconvénients. Le conseil peut préconiser une ou plusieurs solutions.

– *Présentation du rapport de projet.* Le conseil peut alors être amené à recommander une seule solution qui lui paraît la meilleure.

– *Validation du rapport et choix.* Une solution est généralement arrêtée. Néanmoins, on peut tout à fait envisager d'explorer plus avant deux solutions concurrentes pour se faire une meilleure idée (tests comparatifs d'utilisation de logiciels dans le contexte contacts avec les éditeurs de logiciels pour voir leur sérieux, etc.).

RÉALISATION DU PROJET

• Écriture du cahier des charges techniques

Structure de la base de données :

– les champs à prévoir ;

– leur statut ;

– les règles d'écriture dans chaque champ ;

– précisions sur les éléments attendus en texte intégral.

Si le projet prévoit un système d'information complexe, composé d'une base de données au sens strict et d'un système plus ouvert à côté, du style Intranet, il y a lieu d'élaborer plusieurs cahiers des charges techniques : un pour la base, un pour l'Intranet, un pour le moteur de l'Intranet, si on en prévoit un. C'est ce type de cahier des charges, assorti d'éléments de présentation du contexte, qui est transmis aux différents apporteurs de solutions : producteurs de logiciels, producteurs de moteurs en texte intégral, producteurs de solutions HTML (éditeurs de pages HTML), respectivement pour leur partie.

Il peut faire apparaître des phases de réalisations. On peut démarrer par une partie du projet, la base de données par exemple, pour développer les autres ensuite. Il importe d'inscrire l'ensemble du projet dans la continuité pour assurer la cohérence et garder à tout moment la vision globale.

• Choix et acquisition des éléments techniques

Selon les réponses les plus approchantes au cahier des charges, les rapports avec les prestataires de services et vendeurs, les choix sont arrêtés et les acquisitions sont faites.

• Contrat liant le conseil et/ou le prestataire à l'organisme commanditaire

Ce contrat est très important. Pour sa pleine efficacité, il doit impérativement annexer le cahier des charges, objet de l'appel à propositions. Si ce dernier est bien conçu et prend valeur contractuelle, toute attente décrite dans le document et non satisfaite peut constituer une faute contractuelle et peut dès lors être plus facilement réglée juridiquement, en cas de contentieux.

- **Mise en place de la solution retenue au moyen des outils techniques choisis**

C'est cette phase qui constitue la réalisation proprement dite. C'est alors qu'apparaissent tous les petits éléments auxquels on n'a pas pensé dans les phases de conception et qui nécessitent des ajustements. C'est là que le produit attendu prend corps réellement.

Le cas échéant, on peut encore distinguer deux sous phases :
– phase de test du système ;
– phase de mise en exploitation régulière.

LE CAHIER DES CHARGES D'APPEL À PROPOSITIONS

Qu'il soit réalisé en phase fonctionnelle, en phase de projet chiffré et arrêté, ou en phase de mise en œuvre technique, un cahier des charges d'appel à propositions s'adresse toujours à quelqu'un d'extérieur. C'est donc un document de communication. À ce titre, il doit contenir des informations propres à informer son destinataire, sur l'ensemble du contexte dans lequel il sera amené à intervenir. Les éléments suivants seront donc présents :

Présentation des éléments d'ensemble

Présentation de l'organisme cadre

Ou : *Qui sommes-nous ?* Il s'agit là de présenter succinctement l'entreprise, la collectivité locale, l'administration dans laquelle le projet se réalise ou se réalisera.

Le contexte plus précis

Dans quel cadre et environnement institutionnel, politique, économique le projet intervient-il ?

Le projet lui-même et les fonctions attendues

Description du pourquoi et du comment du projet. Présentation des besoins reformulés, des fonctions attendues. Même si on est en phase de réalisation technique, il importe de rappeler les éléments essentiels du cahier des charges fonctionnel.

Le programme des réalisations (en phase de réalisation uniquement)

On indiquera ici le calendrier de réalisation, les délais à respecter, les phases éventuelles de la mise en œuvre de l'ensemble du projet.

La ou les réalisations possibles

C'est là que s'intègre le ou les cahiers des charges techniques. Le destinataire connaît déjà le contexte, les contraintes de temps et autres. Il peut prendre toute la mesure de ce qu'on attend de lui.

Délais pour répondre à l'appel à propositions

L'appel à propositions fournit généralement un délai strict qui doit être respecté par les prestataires postulants. Ce délai doit être raisonnable, ni trop long parce que le projet doit avancer, pas trop court non plus pour laisser aux prestataires le temps de préparer une réponse sérieuse.

Choix final

Une fois les divers appels d'offres examinés, le choix se porte sur un prestataire. Celui-ci est alors désigné. Si le marché est passé en la forme d'un marché public avec appel d'offres, c'est un arrêté qui nomme le prestataire retenu. Cet arrêté vaut attribution du marché.

© Didier Frochot, décembre 2003, site de Défidoc.

Document n° 2

Intranet et les documentalistes

[...]

Vers la documentation virtuelle

Lorsqu'il navigue sur Internet et repère des sites intéressants pour lesquels il pose des signets (ou favoris) dans son navigateur, le documentaliste fait déjà œuvre de collecte documentaire, à ceci près qu'il n'acquiert pas physiquement de document mais, par le biais d'un lien (ou signet) il se donne les moyens de se reporter à la ressource sur Internet, le moment venu. S'il organise et reclasse ses signets, il fait œuvre d'organisation documentaire, exactement comme le professionnel qui organise son fonds documentaire papier, en grandes rubriques, directement accessibles par l'utilisateur. Il y a, à la base, un plan de classement, tout comme pour des signets classés. C'est ainsi que nous n'avons pas hésité à parler de *documentation virtuelle*, au point que les documentalistes deviendraient des *virtualistes* [1] !

Intranet ou le centre de documentation virtuel

L'intérêt de cette démarche grandit considérablement lorsque ces listes classées de signets ne végètent pas sagement sur le poste de consultation du centre de documentation mais sont accessibles à tous, partout dans l'entreprise, parce que mises en page sur l'Intranet. Les Intranets documentaires ont donc, parmi leurs principales missions, celle de faciliter l'accès à l'Internet pour les utilisateurs, en préparant des accès privilégiés à telle ou telle ressource soigneusement visitée, répertoriée, évaluée (comme une bibliographie critique) et qualifiée par les documentalistes.

Les autres missions d'un Intranet documentaire sont notamment de faciliter l'accès aux documents internes, par exemple à une commune (actes réglementaires : il arrive que cette mission soit confiée au service de documentation et d'information), aux collections du fonds documentaire papier (accès au catalogue comme pour une bibliothèque, accès en texte intégral directement en ligne – réserve faite des questions de droit d'auteur...). En ce domaine, l'imagination est au pouvoir et nous ne saurions donner la liste exhaustive des applications possibles d'un Intranet documentaire.

© Didier Frochot, septembre 2000/décembre 2003, site de Défidoc.

1. Nous avons risqué ce néologisme – acronyme des mots *documentaliste* et *virtuel* – par jeu, mais il ne nous a pas convaincu plus que cela... Il semble trop accréditer l'idée que les documentalistes s'occupent de virtuel, trop synonyme de *vent* chez quelques esprits chagrins...

Document n° 3

L'Intranet documentaire : un accès différent à l'information

(extrait)

A – L'intranet documentaire

Conçus pour permettre l'accès aux documents et applications informatiques de l'organisme, les Intranets se sont récemment développés au sein des collectivités territoriales pour favoriser le partage d'informations et la collaboration entre les agents. Leur développement constitue une opportunité très intéressante pour les documentalistes d'élargir leur public, de faire connaître plus largement leur service et de valoriser les ressources documentaires disponibles.

Les unités documentaires comptent d'ailleurs souvent parmi les premiers services présents sur l'intranet de la collectivité, souvent sous l'impulsion des documentalistes, habitués depuis longtemps à fréquenter les réseaux et à diffuser de l'information.

L'intranet présente de nombreux avantages en termes de diffusion de l'information :

– l'information est diffusée très rapidement, à un grand nombre d'usagers, sans frais ni travail supplémentaires ;

– grâce à un simple navigateur, l'utilisateur accède aisément de son poste de travail, éventuellement à distance, à un important réservoir d'informations, et ce sans délai, de façon permanente et sans intermédiaire ;

– l'information diffusée peut être personnalisée si l'intranet de la collectivité se présente comme un portail offrant des fonctions de personnalisation.

Le service peut demander à gérer une rubrique en son nom propre (« Documentation ») où il proposera des services et des produits. Cette rubrique devra apparaître dès la page d'accueil générale de l'intranet.

Que proposer sur les pages de l'intranet documentaire ? Doit-on transférer les produits actuellement réalisés en version papier et les supprimer au bénéfice de leur version électronique ? Doit-on maintenir la version papier parallèlement à la version électronique ? Faut-il complètement délaisser les produits traditionnels pour lancer de nouveaux produits ? Il n'existe pas de réponse absolue à ces questions : les choix doivent là encore être faits sur la base des besoins et des pratiques des utilisateurs, mais aussi en fonction des compétences et des disponibilités de l'équipe, forcément réduites à l'occasion de la mise en place des 35 heures.

Mais il est clair que l'irruption d'un intranet amène forcément à repenser l'offre documentaire du service…

Les pages de l'intranet documentaire de la collectivité pourront par exemple contenir :

· une présentation de l'unité (l'équivalent du guide de l'utilisateur) – les missions du service, sa localisation, les horaires d'ouverture, ses téléphone, fax et adresse électronique – un organigramme ou un trombinoscope de l'équipe avec des photographies numériques, le nom, la qualité et les compétences des agents ;

• des services en ligne :

– la demande d'information : elle permet à l'utilisateur d'adresser sa demande et de formuler sa recherche dans un message électronique qui parviendra sur la boîte aux lettres générique du service,

– la commande de documentation : un formulaire en ligne permet à l'usager d'indiquer ses coordonnées et de décrire le document dont il a besoin. Une mention « avec l'autorisation expresse du directeur » peut être ajoutée pour préciser que le supérieur hiérarchique est au courant de la commande et qu'il l'a validée,

– la suggestion d'acquisition : l'usager indique les références de documents qu'il souhaite voir acquérir par le service ;

• des produits documentaires en ligne ; par exemple :

– la revue de presse,

– la revue de sommaires,

– le catalogue du fonds documentaire : c'est l'outil le plus couramment proposé par le service documentation sur les intranets grâce aux modules web développés par les éditeurs de logiciels documentaires. Ils contribuent à l'autonomie des utilisateurs en leur permettant d'effectuer leurs recherches depuis leur poste de travail, d'identifier et de localiser les documents qui leur paraissent pertinents, éventuellement de les réserver. Les fonctions de GED permettent même d'effectuer des recherches en texte intégral et d'accéder aux documents primaires. Il est utile de proposer une aide en ligne aux usagers leur présentant le contenu du catalogue et les modalités d'interrogation,

– des dossiers documentaires : les dossiers susceptibles d'intéresser un grand nombre d'usagers peuvent être mis en ligne sur l'intranet. Ils seront constitués de documents électroniques ou numérisés : articles de journaux, extraits de rapports, textes officiels, etc., mais aussi de liens vers des sites web ou des pages pertinentes. Ils peuvent être réalisés ponctuellement, en lien avec l'actualité (évolution législative, lancement d'une nouvelle politique, etc.) ; ils seront alors clairement datés et évidemment supprimés au bout d'un certain temps, ou placés dans une rubrique « Archives ». Il peut aussi s'agir de dossiers « permanents », régulièrement tenus à jour, et portant sur des questions formulées de façon récurrente au centre de documentation,

– des bibliographies : le service peut diffuser des bibliographies sous forme électronique qui contiendront éventuellement des liens hypertextes renvoyant vers des documents en ligne,

– le bulletin bibliographique : le service peut proposer en ligne la liste des nouveautés (ouvrages, articles, etc.) acquises et reçues au centre de documentation ou dans la collectivité,

– des brèves d'information : une sélection d'informations d'actualité intéressant la collectivité est proposée selon une fréquence régulière (chaque semaine par exemple). Ces actualités, assez courtes, ont une fonction de signalement, mais elles peuvent éventuellement contenir des liens hypertextes qui renverront l'utilisateur intéressé vers un document électronique plus détaillé (site web, rapport en ligne, etc.). Elles ne devront pas faire doublon avec les informations présentées ailleurs dans le site,

– une veille de l'actualité législative : cette rubrique permet de signaler les textes les plus intéressants pour la collectivité récemment parus au *Journal officiel* (loi, décret, etc.). Là encore, pour chaque texte, il est possible d'insérer un lien hypertexte vers le site Légifrance, les textes (à l'exception des annexes) étant intégralement disponibles. La veille peut également porter sur l'actualité parlementaire : les documentalistes signalent alors les projets de loi déposés et font le point sur leur avancement en renvoyant sur les sites de l'Assemblée nationale ou du Sénat,

– des bases de données : certains services documentation gèrent, outre le catalogue du fonds documentaire, des bases de données spécifiques (actes administratifs, statistiques, etc.). Elles peuvent être mises en ligne sur l'Intranet documentaire, à condition d'intéresser les usagers et d'être suffisamment ergonomiques. Elles permettent notamment de valoriser la production interne à la collectivité,

– la mise en ligne d'un service extérieur : il est possible d'intégrer à l'intranet des flux d'information (dépêches d'actualité, articles de presse, etc.) ou des pages web produites par un organisme extérieur, à condition bien sûr que l'offre soit pertinente pour les agents (en termes de couverture thématique, mise à jour, coûts, etc.). Le site Localtis développé par la Caisse des dépôts et consignations est par exemple développé pour pouvoir être diffusé sur un intranet.

Intranet documentaire : les clés de la réussite

Quelques principes simples permettent d'optimiser la gestion du site documentaire et d'assurer son succès auprès des usagers :

– un contenu riche et pertinent : les pages doivent présenter une bonne cohérence éditoriale, donner accès à des informations ou des documents d'actualité, sur des sujets en rapport avec les centres d'intérêt du public. Mieux vaut faire le choix de gérer un nombre modeste de pages que l'on est sûr de pouvoir alimenter et tenir à jour que d'opter pour une multiplicité de contenus qui se périmeront rapidement, faute de disponibilités et de matière ;

– une mise à jour régulière et signalée : le service documentation veille à proposer régulièrement des nouveautés (et à éliminer les pages « périmées ») pour que les utilisateurs prennent l'habitude de visiter le site. Il signale par un logo spécifique les éléments nouveaux ou actualisés. L'utilisateur doit trouver sur chaque page la date de la dernière mise à jour, une signature claire (nom du service gestionnaire) ;

– une présentation claire, un rubriquage sobre : la consultation des pages doit être rapide et aisée. Il est donc inutile de les encombrer de graphismes lourds et de fioritures inutiles ;

– des libellés courts et précis : mieux vaut éviter les textes très longs et préférer des pavés courts. Une vigilance particulière doit être accordée aux intitulés de rubriques : il faut choisir des titres explicites, univoques, et tester leur compréhensibilité auprès des utilisateurs ;

– un cheminement rapide et ergonomique : il faut bannir les images ou les graphiques lourds qui ralentissent considérablement l'affichage des pages. Mieux vaut par ailleurs opter pour une organisation simple des pages, et permettre à l'utilisateur de revenir en page d'accueil à tout moment. Là encore, il est conseillé de tester la navigation auprès des utilisateurs avant de lancer le site. Un plan du site ou un moteur de recherche facilite considérablement la navigation des agents ;

– une communication spécifique : lors du lancement du site, une animation particulière peut être proposée pour faire connaître la rubrique. Ultérieurement, le service doit penser à promouvoir régulièrement le site et à informer les agents de la mise à jour d'une rubrique ou de la mise en ligne d'un document intéressant, par des messages d'appel en page d'accueil de l'intranet, par des alertes sur la messagerie électronique, par des démonstrations, par la diffusion de produits publicitaires (brochure, signet, etc.) ;

– une formation de sensibilisation à l'outil : il est utile d'initier les nouveaux agents lors de la visite des nouveaux arrivants, et d'organiser de temps en temps des sessions de présentation pour faire découvrir (ou redécouvrir) la rubrique aux usagers, et les possibilités de recherche ;

– une remise en question positive et dynamique : le service doit avoir le souci d'améliorer régulièrement ses pages. L'examen des statistiques de consultation est utile pour réfléchir sur le bien-fondé de certaines rubriques : il éclaire la réflexion sur leur organisation, leur intitulé, la communication.

B – La documentation sur le site web de la collectivité

Lorsque leur collectivité est présente sur Internet à travers un site web, les unités documentaires ouvertes au public extérieur peuvent souhaiter promouvoir leur service ; elles peuvent alors demander à bénéficier d'une rubrique présentant leur fonds, leurs prestations et leur fonctionnement à l'intention des utilisateurs externes (localisation, horaires, conditions d'accès, etc.).

Le service documentation peut également proposer sur le site web une rubrique permettant au public extérieur de commander en ligne les brochures éditées par la collectivité. Un formulaire, adressé par courrier électronique, permet à l'utilisateur d'indiquer ses coordonnées et de choisir un ou plusieurs documents (brochures sur les compétences ou les politiques de la collectivité, dépliants touristiques, etc.). Le courrier est traité par le service documentation qui assure l'envoi. Il est souhaitable que les pages relatives à la commande de brochures contiennent les coordonnées du service (téléphoniques et électroniques) ; ainsi, l'usager qui n'aurait pas trouvé sur le site de réponse à ses interrogations peut prendre contact avec un documentaliste qui lui fournira l'information adéquate ou l'orientera vers un service compétent.

Intranet et site web sont le plus souvent gérés par la direction de la communication de la collectivité (communication interne et externe), en collaboration avec la direction des services informatiques et la direction des ressources humaines (pour l'Intranet).

Au contact permanent des agents, mais aussi des usagers extérieurs, les documentalistes connaissent leurs besoins et leurs attentes en matière d'information. Professionnels de la mise en forme et de la diffusion de l'information, ils sont bien placés pour contribuer au contenu des sites, en interne comme en externe.

P. Bouton, « Gestion de l'information et de la documentation dans les collectivités territoriales », *La Lettre du cadre territorial*, 2002.

Document n° 4

Groupement des éditeurs de services en ligne

GESTE

La charte d'édition électronique

• **Les engagements :**
– L'éditeur
– L'utilisateur

• **Autorisé**
– La citation
– Cas particulier : les titres et sous-titres
– L'analyse
– La revue de presse
– Création d'un lien

• **Interdit sans autorisation préalable :**
– La reproduction électronique
– Le panorama de presse
– Le résumé
– La diffusion via Intranet
– La création d'archives

• **Rappel : reproduction du papier vers le papier**

• **Liste des signataires**

• **Accord GESTE et L'ADBS sur la charte d'édition électronique**

• **Les engagements**

L'éditeur

L'édition d'informations en ligne obéit aux mêmes règles légales que l'édition traditionnelle. Le contenu du site est donc régi par la loi qui confère au lecteur divers droits et devoirs.

L'éditeur du site s'engage à respecter scrupuleusement les règles éditoriales en vigueur :

– disposer du droit de diffuser sur son site le contenu proposé ;

– faire tout son possible pour vérifier la validité des informations portées à la connaissance du public ;

– respecter les règles de déontologie journalistique en vigueur ;

– ne porter atteinte ni à la liberté, ni aux droits et à la dignité de la personne ;

– informer le lecteur de la nature éditoriale ou publicitaire des contenus proposés ;

– autoriser le lecteur à imprimer tout ou partie du contenu proposé sur le site pour son usage strictement personnel.

L'utilisateur

L'utilisateur du site s'engage pour sa part à respecter les règles de propriété intellectuelle des divers contenus proposés sur le site, c'est-à-dire :

– à ne pas reproduire, résumer, modifier, altérer ou rediffuser, sans autorisation préalable de l'éditeur, quelque article, titre, application, logiciel, logo, marque, information ou illustration, pour un usage autre que strictement privé, ce qui exclut toute reproduction à des fins professionnelles ou de diffusion en nombre ;

– à ne pas recopier tout ou partie du site sur un autre site ou un réseau interne d'entreprise ;

– à ne pas créer de lien hypertexte entre un autre site et le présent site sans accord préalable de l'éditeur.

La violation de ces dispositions impératives soumet le contrevenant, et toutes personnes responsables, aux peines pénales et civiles prévues par la loi.

- **Autorisé**

La citation

La citation est une reproduction d'un extrait de la publication, respectant le droit moral de l'auteur par l'indication de son nom et de la source.

Elle est nécessairement courte pour éviter le plagiat. Le qualificatif « courte » s'apprécie tant par rapport à la publication dont elle est extraite que par rapport à celle dans laquelle elle est introduite.

La citation illustre un propos et ne doit pas concurrencer la publication à laquelle elle est empruntée. La multiplication des citations aboutit à la création d'une anthologie, considérée comme œuvre dérivée, et donc soumise à l'accord préalable de l'auteur ou de l'ayant droit.

Cas particulier : les titres et sous-titres

Dans le cas particulier des titres et sous-titres, l'éditeur de ce site considère que la reprise de plus de trois titres et/ou sous titres d'une même édition, qu'il s'agisse de la reprise du journal papier ou de l'édition en ligne, ne saurait être considérée comme une citation et fera l'objet d'un accord spécifique et préalable de l'auteur.

L'analyse

L'analyse doit respecter le droit moral de l'auteur. Le caractère de brièveté retenu dans la citation n'intervient pas ici. L'analyse est en effet un texte original, comprenant une appréciation critique, mais dont la lecture ne saurait en aucun cas dispenser de la lecture de l'article ou de la publication analysés.

La revue de presse

Selon la Cour de cassation, la revue de presse est la « présentation conjointe et par voie comparative de divers commentaires émanant de journalistes différents et concernant un même thème ou un même événement ».

Le nom de l'auteur et de la source doivent être clairement énoncés. Par ailleurs, la revue de presse ne doit pas être confondue avec le panorama de presse et est soumise aux mêmes obligations que la citation.

Création d'un lien

Il est possible de créer un lien vers un site sans autorisation expresse de l'éditeur, à la seule condition que ce lien ouvre une nouvelle fenêtre du navigateur.

Dans les autres cas et notamment :

– si vous souhaitez afficher le logo de l'éditeur ;

– si le contenu du site de l'éditeur doit s'intégrer dans la navigation de votre site, en particulier par voie de cadres (frames) ;

– si l'accès aux pages contenant le lien vers le site de l'éditeur n'est pas gratuit, vous devez demander l'autorisation expresse de l'éditeur aux adresses figurant à la fin de cette charte ;

– il est précisé que la libre autorisation de faire un lien vers un site n'inclut pas la reproduction d'une partie du contenu, notamment un titre ou un sous-titre, pour fabriquer ce lien (voir ci-dessus le paragraphe sur la citation et le cas particulier des titres et sous-titres).

• **Interdit sans autorisation préalable**

La reproduction électronique

L'abonné, l'acheteur et l'utilisateur d'une publication ou d'un article sur support papier ou numérique n'acquièrent qu'un droit d'usage de cette publication ou de cet article (lecture par une ou plusieurs personnes, archivage à usage personnel et privé).

Aucun droit de reproduction, sous quelque forme que ce soit (photocopie, scanner, copie numérique), n'est inclus dans l'acquisition de la publication ou de l'article, si ce n'est celui d'une copie unique destinée à un usage strictement personnel.

Toute autre utilisation est donc soumise à l'accord préalable de l'éditeur. Toute utilisation non autorisée constitue une contrefaçon, délit pénalement sanctionné (jusqu'à 2 ans d'emprisonnement et 1 MF d'amende). (152 449,02 €)

Est donc interdite, sans autorisation préalable de l'éditeur, toute utilisation des contenus, quels qu'ils soient, de ce site notamment pour reproduction sur un autre site, mise à disposition sur un intranet ou tout réseau d'entreprise, diffusion des titres *via* alerte e-mail, insertion dans un panorama de presse quel qu'en soit le support, dans une plaquette promotionnelle, brochure, etc.

Le panorama de presse

Selon le CFC, le panorama de presse est un assemblage d'extraits d'articles de presse. Il est généralement réalisé par une entreprise ou une administration qui le destine à ses dirigeants, ses collaborateurs, ses salariés ou ses clients ou pour un site web à destination de ses visiteurs.

Il a pour objectifs de rendre compte, grâce à des sources extérieures à l'entreprise, de l'actualité du secteur d'activité, des produits ou de l'environnement concurrentiel de l'entreprise. La reproduction de tout ou partie d'un ou plusieurs articles ou informations émanant du présent site ou du support papier y étant rattaché est donc soumise à autorisation préalable de l'éditeur.

Ce dernier va mandater plusieurs entreprises spécialisées susceptibles d'intégrer techniquement son contenu à un panorama de presse. Cette habilitation ne couvre toutefois que les aspects techniques et ne saurait en aucun cas vous dégager de l'obligation d'autorisation préalable.

Pour obtenir l'autorisation de l'éditeur, envoyez un mail aux adresses indiquées ci-dessous.

Le résumé

Le résumé d'un article est soumis à l'autorisation préalable de l'auteur ou de son ayant droit.

Il doit nécessairement mentionner le nom de l'auteur et de la source.

Il faut toutefois veiller à ce qu'il ne porte pas concurrence à la publication ou au site à partir duquel est réalisé ce résumé, ni à son auteur. Il doit donc être suffisamment concis et éloigné du texte original pour ne pas être considéré comme une contrefaçon.

La diffusion *via* Intranet

Dès lors qu'elle est réalisée sans autorisation préalable de l'éditeur, la diffusion *via* intranet et réseau informatique, obéit aux règles d'interdiction de la reproduction.

La création d'archives

L'abonné, l'acheteur comme l'utilisateur d'une publication ou d'un article sur support papier ou numérique n'acquièrent qu'un droit d'usage de cette publication ou de cet article.

Il ne peut donc en aucun cas archiver sur support numérique ou optique les contenus de ces supports, sans autorisation préalable de ceux-ci.

- **Liste des signataires :**

– a www.agefi.fr

– www.lefigaro.fr

– www.lemonde.fr

– www.lesechos.fr

– www.liberation.fr

– www.latribune.fr

– www.investir.fr

– www.zd.com

- **Rappel : reproduction du papier vers le papier (par reprographie)**

Le Centre français d'exploitation du droit de copie (CFC) est aujourd'hui la seule instance à percevoir les droits de reprographie, ou copie du papier vers le papier, (généralement via photocopie).

Si vous souhaitez reproduire à plus d'un exemplaire tout ou partie d'un livre, d'un journal, d'un magazine, vous devez remplir un formulaire de reprographie auprès du CFC (www.cfcopies.com).

La reproduction intégrale par reprographie est interdite.

Reproduction du papier ou de l'édition électronique vers un support électronique, ou d'un support électronique vers un support papier : toute reproduction de ce type est soumise à l'accord préalable de l'éditeur.

- **Accord GESTE et L'ADBS sur la charte d'édition électronique**

Le GESTE, Groupement des éditeurs de services en ligne, a pour objet de défendre les intérêts de ses membres dans les instances où se décident les règles qui s'appliquent à la communication en ligne.

L'ADBS, l'Association des professionnels de l'information et de la documentation, a notamment pour objet la défense des intérêts des professionnels de la documentation, en liaison avec les organismes intéressés, syndicaux ou patronaux, et avec les pouvoirs publics.

Le GESTE a publié sur son site Internet une charte d'édition électronique datée du 21 avril 2000. L'ADBS a manifesté son désaccord sur certains points de ce document dans une lettre adressée au président du GESTE et publiée en juillet 2000 dans *Actualités du droit de l'information*, mensuel de l'ADBS.

Les responsables des deux associations se sont rencontrés en octobre 2000 afin de trouver un compromis applicable aux pratiques des professionnels de l'Information-Documentation.

Ces professionnels ont, de manière générale, pour mission de collecter l'information, de la traiter et de la diffuser à des publics variés, plus globalement de la gérer. Les dispositions ci-après, qui ne constituent pas un contrat entre l'ADBS et le GESTE, sont destinées à rappeler aux professionnels de l'Information-Documentation les incidences des règles du droit d'auteur en matière de diffusion d'information en ligne, et aux membres du GESTE la finalité des pratiques documentaires.

Des discussions entre les responsables de l'ADBS et du GESTE ressortent les points suivants :

L'ADBS rappelle, au titre des règles déontologiques des professionnels de l'Information-Documentation, son attachement au respect des règles du droit d'auteur, notamment la nécessaire citation des sources de l'information.

Le GESTE estime que le travail des professionnels de l'Information-Documentation ne porte pas préjudice au travail des éditeurs de presse, mais contribue à le mettre en valeur en incitant à consulter les articles de presse cités.

L'ADBS et le GESTE reconnaissent :

– que la reproduction intégrale d'articles de presse en nombre sur tous types de supports, faite sans autorisation de l'ayant droit, porte atteinte aux intérêts des éditeurs et qu'elle est interdite ;

– que la modification ou altération des articles, titres, logos, marques, informations ou illustrations est également interdite ;

– que l'analyse signale l'existence d'un article mais qu'elle ne saurait en aucun cas dispenser de la lecture de l'article ou de la publication analysés ;

– que la citation est une reproduction d'un extrait de la publication, respectant le droit moral de l'auteur par l'indication de son nom et de la source, qu'elle est nécessairement courte pour éviter le plagiat et que le qualificatif « courte » s'apprécie tant par rapport à la publication dont elle est extraite que par rapport à celle dans laquelle elle est introduite. La citation illustre un propos et ne doit pas concurrencer la publication à laquelle elle est empruntée ;

– qu'il est possible de créer un lien vers un site sans autorisation expresse de l'éditeur de ce site, à la seule condition que ce lien ouvre une nouvelle fenêtre du navigateur pour distinguer clairement la source d'information entre le contenu du site consulté et celui du site vers lequel pointe le lien ;

– qu'une autorisation est nécessaire pour afficher le logo de l'éditeur, pour intégrer le contenu du site de l'éditeur dans la navigation d'un autre site, pour faire un lien vers des pages protégées par un mot de passe ou tout autre système.

Document n° 5

La revue de presse électronique

(extrait)

Le nombre de médias – généralistes ou spécialisés – ouvrant des sites sur Internet[1] et d'entreprises ou d'administrations disposant d'un Intranet va croissant. Il ne s'agit pas d'une mode, mais bien de fond. Les conditions du recueil des informations et de leur exploitation s'en trouvent grandement modifiées. Il en va de même pour l'exploitation des données. C'est pourquoi, avec le passage à une revue de presse électronique, la conception, la réalisation et l'utilisation de celle-ci sont susceptibles d'articuler encore plus fortement la documentation, le journalisme, la communication institutionnelle, mais aussi la veille stratégique ou l'information scientifique et technique (IST). D'où la nécessité de bien cadrer le projet éditorial afin de promouvoir une revue adaptée aux objectifs communicationnels de votre organisation et aux possibilités matérielles et technologiques de cette dernière.

À cet égard, le chapitre n'ambitionne pas de décrire par le menu le mode opératoire afin que tout un chacun puisse créer une revue de presse électrique. Sur le plan pratique, une telle création est du ressort d'une personne ayant des compétences éprouvées dans le champ de l'informatique et du multimédia. Si vous êtes dans ce cas, vous savez comment faire. Dans le cas contraire, vous aurez à vous former[2] ou à travailler avec des experts. Les pages qui sui-

1. Si le Web ne vous est pas familier, sachez que les adresses des sites figurent dans vos journaux.
2. Pour ce faire, les services de formation continue des universités seront à même de vous renseigner. Par ailleurs, si vous avez déjà des bases, vous pouvez tirer profit de manuels comme celui d'Henry Samien et Victor Sandoval, *La Recherche intelligente sur l'Internet et l'Intranet. Outils et méthodes*, Paris, Hermès, 1999.

vent vous aideront simplement à estimer si les avantages de ce nouveau support sont intéressants pour votre environnement ; elles vous donneront également des conseils pour collaborer avec un prestataire, que ce soit une société spécialisée ou un service intégré.

Les avantages du passage au numérique

Sans céder au discours ambiant – souvent fallacieux – sur les bienfaits supposés de la société de l'information à l'ère des nouvelles technologies, on peut néanmoins relever que passer d'une revue de presse « papier » à un produit numérisé procure des bénéfices, tant pour la *fabrication* que pour la *transmission* et l'*utilisation* ultérieure. Cependant, il ne faut pas oublier que cette rentabilité est surtout possible dans des entreprises ou des services dont le personnel, en nombre plutôt important, est équipé en terminaux et a l'habitude de s'en servir.

Fabrication

Sous l'aspect financier, dans une organisation qui n'a plus à investir massivement dans du matériel informatique, une revue électronique revient *moins cher* qu'une version classique : elle n'entraîne pas de frais d'impression, si ce n'est ceux des « sorties » papier effectuées par certains utilisateurs, sachant que, au fil du temps, ils acquerront vraisemblablement le réflexe d'exploiter le document à l'écran. Outre cette dimension économique, qui n'est pas négligeable comme on l'a vu dans les enquêtes, ce sont les modalités de fabrication qui sont profondément renouvelées.

Pour la personne chargée de la réalisation du produit, la technologie permet une gestion *plus automatisée*. Cela s'applique au recueil d'informations qui, fondé sur des critères, mène à la confection d'un produit *plus pointu* : les moteurs de recherche autorisent un ciblage très fin des sujets, que ce soient ceux qui concernent l'image de l'entreprise ou celle des concurrents, que ce soient encore des dossiers techniques. Il faut savoir qu'actuellement, on distingue deux grands types de moteurs de recherche. D'une part, les moteurs qui fonctionnent en « texte intégral » *(full text)* : offrant beaucoup de souplesse, ils permettent d'indexer tout ou partie d'un texte (de l'extrait d'une phrase au paragraphe). D'autre part, les moteurs documentaires fonctionnant sur base de données : ils reposent sur le seul usage de descripteurs sous forme de mots-clés ; l'avantage réside alors dans la rapidité d'exécution. Bien entendu, le rendement est assuré si l'on a constitué un thésaurus adapté à la situation de travail. À noter que des systèmes perfectionnés existent pour sélectionner des documents audiovisuels ou pour exploiter des images fixes. En outre, on peut transférer les données sélectionnées dans la revue filiale et, grâce à des programmes informatiques, elles trouvent place dans un cadre de présentation généré lui aussi automatiquement.

Enfin, toujours grâce à la technologie, la revue de presse a vocation à être beaucoup plus *complète*, au sens où il devient possible de combiner dans une même édition différents textes (articles, dépêches d'agence, littérature « grise », etc.), des images fixes ou animées, ou du son ; il est encore loisible de proposer des téléchargements de fichiers, des renvois vers des adresses Web sur lesquelles il suffit de cliquer… Bref, dans ces cas, on a affaire à une revue effectivement multimédia.

Transmission et utilisation

La transmission est évidemment *plus rapide* grâce à l'acheminement par une messagerie interne. Ce procédé favorise un traitement de l'information en temps réel, ce qui est appréciable dans des situations particulières, comme les périodes dites de crise : si ordinairement des documents sont expédiés à des heures programmées, des « alertes » peuvent être diffusées à un ou plusieurs utilisateurs, dès que la situation l'exige. Dans le jargon professionnel, une alerte est ni plus ni moins que le signalement de la sortie d'une information correspondant au champ d'intérêt défini avec une société prestataire ou le service de veille. Généralement, ce message contient un bref résumé du contenu et des éléments d'identification du support (journal télévisé de la chaîne X ou Y, horaire, etc.).

Le recours à l'Intranet stimule une *plus grande interactivité* : par exemple, dans le cadre de l'évaluation du produit, il est facile d'intégrer un questionnaire et de renvoyer une synthèse des réponses. Dans le même ordre de préoccupation, il est aisé de mettre en circulation une revue *plus personnalisée*. Sur la base d'une étude préalable et d'un paramétrage de la sélection des informations, on peut confectionner une revue adaptée à chaque utilisateur. Il est également possible de créer des options pour aider ce dernier à piloter sa recherche dans le stock d'informations. Avec un bon système d'indexation, la revue de presse devient alors un véritable fonds documentaire qui autorise des investigations rapides par sujet, mais aussi par support, par journaliste, par date, etc. Il est clair que ces entrées sont combinables à la demande. On comprend la dimension *plus productive et stratégique* d'un tel équipement, puisqu'il permet aisément de mener des études (d'image, de presse, etc.) grâce à des logiciels intégrant des acquis méthodologiques des sciences sociales (statistiques, lexicométrie, sémiologie, socio-linguistique).

En tout état de cause, la mise sur le réseau de la revue de presse donne l'occasion de réfléchir à une nouvelle organisation de la communication interne et externe (circulation rapide des informations, décloisonnement, échange d'informations, etc.) et à ses modes de prise en charge.

Collaborer avec un prestataire

Récapitulons les principales tâches à accomplir pour créer une revue de presse électronique : récupérer des documents sur Internet ; dépouiller des supports classiques, ce qui suppose de les numériser, de les découper électroniquement, de les intégrer à un cadre formel (mise en page, sommaire, indexation, etc.) ; diffuser la revue par messagerie ; gérer la documentation et générer des dossiers thématiques. Vaste programme. Soit vous êtes capable de faire tout cela, soit vous avez la faculté de sous-traiter en interne. Si cette solution n'existe pas, vous pouvez vous adresser à des *sociétés spécialisées* ou consulter des *sites contenant des revues de presse*. Encore faut-il s'y retrouver et savoir à quoi ils peuvent servir. En outre, pour bien fonctionner, en particulier pour que les flux d'informations soient bien gérés, une éventuelle collaboration nécessite les compétences d'un « administrateur » de la revue de presse. Telle sera peut-être votre fonction. Afin de vous aider, un encadré vous rappellera les principales *questions* à poser lorsque l'on a le projet de *créer une revue de presse électronique*.

Les sociétés et les sites spécialisés

Chacun sait que les services se trouvant sur le Web sont en émergence ou en mutation rapide. Il n'est donc pas envisageable de dresser un inventaire exhaustif des ressources existant pour créer ou alimenter une « cyber » revue de presse. Il est également hors de propos de recommander le choix de prestataires : ceux qui sont mentionnés le sont parce que, dans le milieu professionnel, ils sont considérés comme des pionniers ou des références (parfois critiqués, parce que certains estiment qu'ils pillent l'information des autres sites). En somme, notre propos consiste simplement à vous indiquer les grandes tendances de l'offre. Elles sont au nombre de trois.

Des agences de communication ou d'ingénierie informatique sont spécialisées dans la recherche, le traitement, la diffusion et la mise au point de systèmes d'exploitation de l'information multimédia (Presse + : www.presseplus.com ; VRC Technologies : www.vrc-technologies.fr ; Dip Systèmes : www.dip-systems.fr, etc.). Sur la base d'un *projet négocié avec votre entreprise* et moyennant finance (la majorité des clients sont de grandes entreprises ou des administrations), elles livrent des *revues clés en main* à partir de sources très diversifiées (agences de presse, presse, radio, télé, bases de données, Web, etc.). Les réseaux Internet ou Intranet sont évidemment leurs supports de prédilection. Cependant, pour tenir compte du stade d'évolution technologique de leur clientèle, plusieurs de ces sociétés utilisent le réseau fax Numéris qui permet une bonne qualité de reproduction des documents par l'entreprise. Et c'est bien elle qui est au centre du dispositif communicationnel. Les dispositifs suivants sont de nature différente, dans la mesure où c'est un rapport plus individualisé qui est privilégié par les promoteurs de sites dédiés à des revues de presse.

En effet, vous pouvez exploiter le *site d'une revue de presse intégré à un site d'actualité*, généralement thématique. Un bon exemple est constitué par le site www.journaldunet.com/, qui, comme son nom l'indique, est consacré à l'actualité du réseau. Il est représentatif de la communication actuelle sur le Web, parce qu'il recense des articles mis en ligne et que l'utilisateur n'a plus qu'à cliquer pour accéder au site correspondant et à l'article. Au fond, ce système fonctionne sur le principe du « poteau indicateur ». Les sites de ce genre peuvent évidemment servir à vous informer et, le cas échéant, à enrichir notre propre revue de presse. Atout de taille, l'accès est souvent gratuit.

Un pas de plus a été fait récemment dans le sens de l'individualisation par plusieurs sociétés qui proposent des *sites d'informations personnalisées* (www.dernieres.com ; www.lesinfos.com ; www.net2one.fr ; www.pagepresse.com ; www.planetepresse.com ; www.pressindex.com ; www.viapress.com, etc.). Elles permettent à l'utilisateur de faire le tri dans la masse considérable des informations disponibles sur le Web. Ces sites opèrent d'abord une présélection sur la base de leurs propres moteurs de recherche, puis elles offrent la possibilité à l'utilisateur de disposer des données qui lui conviennent en lui demandant de fournir des mots-clés. Les données rassemblées, constituant au final une sorte de revue de presse, sont exploitables sur le site ou expédiées par e-mail (sur des ordinateurs et parfois sur des téléphones mobiles, des organisateurs ou des *pagers*). Bref, ces prestataires jouent le rôle d'intermédiaire. Notez encore que certaines de ces sociétés semblent transformer leur activité : à partir de l'offre de revues de presse, elles s'orientent vers le conseil élaboré sur la base d'informations provenant de fournisseurs de contenus qui payent pour être référencés. Et le service a naturellement tendance à devenir payant...

À vous d'aller voir de plus près ces sites (et d'autres) pour avoir une représentation de ce que peut être une revue de presse électronique, mais aussi pour décider si certains prestataires peuvent, ou non, constituer un appui à la réalisation de votre projet.

Des questions à se poser pour passer à une revue numérique

Est-ce vraiment une bonne idée ?
– faire une étude de besoins et de faisabilité ;
– consulter plusieurs sociétés ;
– si les ressources sont internes, s'assurer d'une collaboration dans la durée.

Quels sont les points à ne pas oublier dans la phase de conception ?
– définition d'un cahier des charges ;
– adaptation effective aux objectifs définis par le projet éditorial ;
– se renseigner sur les types de moteurs de recherche et d'indexation (texte intégral, bases de données ou moteurs documentaires standards) ;
– application dans le cadre de systèmes informatiques standards (Word, Acrobat, etc.) ;
– possibilités de liens entre les informations afin de poursuivre une recherche ;
– respect de la charte graphique en vigueur dans l'organisation.

De quels aspects tenir compte du point de vue de l'usager et du responsable ?
– qualité ergonomique, fondée sur la simplicité d'utilisation rapide ;
– convivialité de l'interactivité ;
– formation éventuelle des utilisateurs à ce nouvel outil ;
– modalités d'accès aux documents stockés en archives (mots clés ou autres entrées) ;
– facilité d'évolution du dispositif, suite à une enquête de satisfaction ;
– suivi du projet par un interlocuteur attitré ;
– maintenance de l'équipement (la panne prolongée est l'ennemi absolu du système).

Réaliser une revue de presse, Gérard Hoffbeck, Jacques Walter, Dunod, 2000.

Document n° 6

Conception d'un site web

La conception d'un site n'est pas qu'une opération technique. Trop d'entreprises se lancent, tête baissée, dans la technique, mobilisant les informaticiens, avant même de s'être posé les bonnes questions. Les résultats sont souvent douloureux… La mise en place d'un site est bien entendu, avant tout, un projet, de communication et de mise à disposition d'information. Développons rapidement ces trois points, avant de nous pencher sur la constitution de l'équipe de gestion du projet.

Une conduite de projet

Il s'agit avant tout d'un projet. Celui-ci part d'un besoin, constaté et en tout cas exprimé. La méthode dite de *conduite de projet* part du besoin tel qu'il est exprimé par le demandeur (en l'occurrence l'entreprise, son chef, son équipe de direction) ; une reformulation est souvent nécessaire pour corriger le décalage avec la réalité du besoin, qui est au départ souvent confus, voire mal ciblé.

Par exemple, un chef d'entreprise voudra absolument son site parce que son concurrent en a déjà un, sans s'interroger sur son opportunité. Tel autre dirigeant voudra se lancer, les yeux fermés, dans cette aventure technique pour de simples raisons de prestige, sans se poser la question des réelles retombées économiques de l'investissement, même modique, que cela suppose.

La difficulté résidera donc dans le repérage des besoins réels de l'entreprise et de leur validation. En la matière, une question utile à se poser sera de savoir si sa clientèle, et notamment celle qui est potentielle, a l'habitude de pratiquer Internet. Une réponse à cent pour cent négative devrait dissuader de persister dans le projet. En revanche, si le pourcentage de connectés sur la clientèle totale est même très minime, on peut tabler sur son inévitable augmentation. Et dans ce cas, il sera profitable à l'entreprise, dans l'environnement concurrentiel, d'être une des premières de son secteur présentes sur le net.

Ces besoins étant repérés et validés, la deuxième phase du projet sera d'analyser l'existant. Et notamment, de replacer le projet web dans le dispositif global de communication et de fourniture d'information de l'entreprise, voire le dispositif commercial (si mise en place de commerce électronique). Il conviendra d'envisager dans ce cadre, les complémentarités et transferts possibles d'un canal à un autre. Par exemple, dans quelle proportion la fourniture d'informations de base sur l'entreprise et sur ses produits et services sur un site web va-t-elle réduire les appels téléphoniques de curiosité qui mobilisent une standardiste inutilement ? Dans quelle mesure, les documents publicitaires étant disponibles sur Internet, va-t-on pouvoir économiser des tirages papier et les envois postaux de ceux-ci (Internet génère un transfert de charges, notamment sur le papier à fournir). Ces paramètres seront à garder présents à l'esprit tout au long du projet. Ainsi, le budget de création et d'alimentation d'un site doit être envisagé autant en termes de charges qu'en termes d'économies prévisibles sur d'autres postes, à chiffre d'affaires égal.

La troisième phase de la conduite de projet sera la recherche de solutions. Notamment de solutions techniques. C'est là qu'intervient la connaissance de la « boîte à outils » du Web, la palette de possibilités techniques à mettre au service du projet.

À partir de cette phase, le projet suit deux filières. L'une de conception technique, l'autre de supervision, de maîtrise de la communication et de fourniture d'information. C'est toujours cette dernière filière haute qui doit prévaloir et non l'inverse comme on le voit encore trop souvent.

En effet la conception intellectuelle des contenus est la plus importante. Elle s'appuie autant sur le *contenant* (communication, image) que sur le *contenu* du site (information à fournir).

Communication

Un site web étant un produit de communication, il semble logique de l'intégrer dans la politique de communication de l'entreprise. Il convient notamment d'adopter, dans toute la mesure du possible, la même charte graphique, de sorte que le lecteur retrouve l'image qui lui est familière. L'opération la plus élémentaire sera donc l'insertion des logos. Mais beaucoup d'autres questions, inhérentes à la spécificité de l'outil Internet, vont se poser. Tout d'abord, il faut revenir aux aspects techniques pour des raisons d'ergonomie du site. Si tout est techniquement possible (en tout cas beaucoup de choses), certaines solutions sont plus élégantes, plus satisfaisantes que d'autres. Il en est ainsi d'un certain nombre d'images intégrées sur les pages. Images des logos, images des icônes de navigation, images des fonds d'écran, etc. Toutes ces enjolivures qui font le charme ou tout simplement la lisibilité d'un site doivent être conçues et choisies avec soin non seulement à cause de l'image véhiculée, cela va sans dire, mais aussi en fonction de leur poids technique. Il faut savoir qu'une image d'un certain poids (taille du fichier qui la contient) peut être très longue à se charger sur l'ordinateur du destinataire, au moment de la consultation. Il en sera de même de tous les fichiers qui constituent le site. On aura ainsi égard, dans la structuration du site, à couper en plusieurs pages les textes trop longs afin de ne pas allonger indéfiniment leur temps de chargement, lors de la connexion.

Ainsi, les meilleures solutions au point de vue de la communication, peuvent se révéler bien trop lourdes pour l'ergonomie du site. Par exemple, si un plan d'accès au site (menu) est constitué d'une belle image très soignée, comprenant des rubriques sur lesquelles on peut cliquer, mais que cette dernière, trop lourde, prend plusieurs dizaines de secondes pour s'afficher, le gain esthétique est alors ruiné par la durée inacceptable de l'affichage. L'internaute sera peut-être indulgent la première fois (curiosité et plaisir de la découverte). Mais à la longue, il hésitera à revenir sur un tel site.

Il en sera de même de beaucoup d'aspects techniques.

D'autres séries de questions vont se poser pour une entreprise ouverte à l'international : en quelle langue publier ? Doit-on avoir un site identique en deux langues (français pour les nationaux et anglais pour les autres) ? ou plus ? Cela revient à gérer deux ou plusieurs fois le site, ce qui, pour les mises à jour, peut se révéler très lourd. Ou bien va-t-on prévoir un site résumé, *digest* en anglais pour les étrangers ? On le voit, il s'agit là d'une question de politique de communication, voire de marketing, lourde de conséquences en gestion.

Un autre aspect, souvent négligé, est celui de la communication interne concernant le projet. Le meilleur gage d'échec d'un projet de communication est de le développer en secret... Bien au contraire, même s'il est un temps pour ne pas ébruiter le projet, dès que celui-ci prend corps, il est important de le faire connaître, au sein de toute l'entreprise, d'y associer psychologiquement tout le personnel. Au moins pour que chacun, en interne, sache ce que son entreprise prépare. Rien n'est plus désagréable pour un salarié que de découvrir de l'extérieur (retour par des clients, publicité, etc.) que son entreprise a créé un superbe outil de communication et n'en a pas fait état en interne. Cela paraît même quelque peu contradictoire... La première étape est donc l'information de l'ensemble du personnel. Ensuite, il faudra associer et intéresser tous les services concernés pratiquement par le développement de ce site. L'informatique bien sûr, mais aussi les divers services producteurs d'information : Communication, Marketing, Documentation, etc.

Agencement de l'information

Les domaines de la communication et de l'information sont étroitement liés. L'information ne vit que si elle circule, que si elle est communiquée, et si elle est valorisée. En effet, on peut le constater trop souvent, une information mal présentée est perdue ou mal exploitée. Le fond et la forme restent donc intimement liés.

Parmi ces questions de mise en forme, figure l'agencement de l'information. Dans ce contexte aussi, l'ergonomie du site compte. Bien entendu, il n'y a pas de recette miracle. Tout est question de goût, d'esthétique et aussi de style de communication. Les Français peuvent s'appuyer sur l'expérience qu'ils ont acquise avec les services télématiques. Certes, les moyens de communication, de mise en page, étaient singulièrement plus rudimentaires en *vidéotex*. Mais des principes de communication élémentaires avaient été mis au jour, sous le nom d'*écriture vidéotex*.

Parmi ces règles, trône notamment celle, déjà multi-séculaire, selon laquelle « ce qui se conçoit bien s'énonce clairement » (Boileau). Pour bien communiquer une information, il ne faut pas tourner autour du concept, mais aller directement à celui-ci. L'internaute a malgré tout peu de temps pour lire les pages qu'il voit, en outre il est démontré que la lecture sur écran est infiniment moins efficace et agréable que sur papier. Certes, une page web offre plus de richesse qu'une page aux normes *Télétel* et *Antiope* (les normes du vidéotex français), mais une grande partie du phénomène demeure : impossibilité professionnelle de perdre son temps, désir de trouver une réponse à sa recherche le plus rapidement possible. Ceci dicte, en grande partie, les principes à suivre pour agencer l'information sur un site web.

On aura ainsi recours à des textes courts, d'accès le plus ergonomique possible. Un plan détaillé avec renvoi, par des liens internes, aux diverses parties du texte est une des présentations les plus efficaces.

Pour des textes et documents plus longs, on pourra conseiller le recours au téléchargement. Le texte est disponible sous forme bureautique (traitement de texte ou format .pdf). Il suffit à l'utilisateur de cliquer sur un lien pour le récupérer sur son ordinateur. Il peut ensuite le lire tranquillement à tête reposée, le reprendre, le transmettre, etc.

Ces considérations nous amènent à nous pencher plus avant sur les principes de navigation.

Poser des liens entre les parties d'un site n'est pas chose si simple qu'on pourrait le croire. Non pas techniquement, mais intellectuellement. On peut distinguer sous cet angle trois types de liens :

– les *liens structurels* qui assurent la navigation dans le plan du site permettent de passer d'une partie à une autre, renvoient vers la page d'accueil, etc. ;

– les *liens logiques* qui connectent un texte vers des références, des notes, des commentaires, un peu comme les notes infrapaginales ;

– les *liens intellectuels* qui sont à l'origine, les seuls vrais liens *hypertextes* puisqu'ils sont basés sur la logique d'association d'idées : ils prennent pour support un mot du texte et renvoient vers un autre texte, voire un autre site ayant un rapport intellectuel (un lien) avec le mot pointé.

Une débauche de liens dans un texte aboutira à dérouter, voire à bloquer le lecteur. Ne sachant où se diriger, il restera prudemment sur la page qu'il lit. Il reste d'ailleurs une ambiguïté que la technique n'a pas encore permis de lever : lorsqu'on crée un lien sur un mot du texte, rien ne prouve que l'auteur et le lecteur s'attendent à trouver derrière ce mot la même association d'idées. Le jeu des liens hypertextes reste très utile mais est encore parfois flou. Il faut y prendre garde.

L'équipe de gestion du projet

Qui fait quoi dans un tel projet ? Il semble logique de développer une stratégie d'alliance, aucune fonction dans l'entreprise ne réunissant, à elle seule, l'ensemble des compétences requises.

Les compétences en présence

Les informaticiens ont leur rôle à jouer, surtout si le site est hébergé en interne dans l'entreprise. Dans ce dernier cas, il faudra s'assurer des compétences, en matière de réseaux et d'Internet des informaticiens, à l'origine, pas forcément formés à ces techniques.

Les responsables de la communication sont tout indiqués pour participer activement au projet compte tenu de ce qui a été dit plus haut.

Les professionnels de l'Information-Documentation en particulier, ont eux aussi un rôle primordial.

Média d'image ou média d'information ?

Cette question essentielle doit se poser. Si la volonté de l'entreprise est de se doter d'un outil, principalement pour renforcer son image, être présente sur le net par une belle vitrine, il est certain que la prééminence reste aux services de communication. La question est de savoir si un tel outil sera longtemps viable. L'essence de l'Internet est plus de constituer une immense base d'information plutôt qu'un beau catalogue d'entreprises et de produits.

Par contre, si la volonté de l'entreprise est plutôt d'être présente sur le net pour témoigner de son dynamisme en produisant de l'information sur ses produits, ses services, voire apporter d'autres services à ses prospects et clients, c'est alors aux professionnels de l'Information-Documentation que revient la gestion et la coordination de l'ensemble.

Ils sont en général les mieux placés. Leur connaissance de l'Internet, leur culture de l'information, leur savoir-faire en matière de retraitement et de médiation de l'information les prédisposent tout naturellement, à cette mission. La plupart de ces professionnels sont en outre des utilisateurs avertis de l'informatique, souvent déjà formés au développement de pages web. Quoi qu'il en soit, c'est leur vision globale du phénomène de l'information et de sa communication qui les place à la tête de l'équipe du projet. En fait, Internet n'est pas autre chose qu'un immense centre de documentation planétaire !

Document n° 7

De l'utilisateur au publieur : circulez, y'a tout à voir !

(extraits)

L'intranet reste un outil. Il ne résout qu'en partie les problèmes de communication de votre entreprise. Rien ne sert de proposer un outil de partage d'information si votre société ne la partage pas déjà. La mise en commun d'informations est avant tout une question de culture.

Le service communication – habitué à communiquer – publiera naturellement de l'information dans l'intranet, ce qui ne sera pas forcément le cas des autres services de l'entreprise car le partage d'information ne fait pas partie de leurs tâches usuelles. Cette différence de culture implique donc d'évaluer comment l'information circule dans votre entreprise avant de chercher à faciliter sa circulation dans l'intranet. Au moins trois indicateurs dans l'entreprise vont permettre d'évaluer la fluidité de l'information :

– la messagerie : qui envoie des e-mails ? quels contenus ? beaucoup de pièces jointes ? avec ou sans accusé de réception ? vos collaborateurs se plaignent-ils que « personne ne répond jamais aux e-mails » ?

– l'agenda partagé : est-il accessible à toute l'entreprise ? mis à jour régulièrement ?

– le disque réseaux (par exemple, « F ») ; il faut s'être fait voler ses disques durs pour se rendre compte que finalement, seule une petite partie des informations utiles pour le travail quotidien est sauvegardée sur un serveur partagé. Regardez ces disques durs disponibles en réseaux. Demandez à votre service informatique leurs statistiques de fréquentation, le nombre d'octets chargé chaque semaine, les types de documents placés sur les réseaux. Souvent, les frontières entre l'intranet et l'utilisation du disque « F » sont difficiles à cerner. Ces « sondages » ne sont pas exhaustifs et cette phase d'analyse préalable est essentielle. Menée seule ou avec l'aide d'un cabinet extérieur, elle permet de donner des indications sur la culture générale du partage d'information, de dresser un état des lieux général en vue de créer le dispositif adéquat.

Cherchez la bonne brique

Applicatif, transactionnel, documentaire, collaboratif, relationnel : un Intranet, portail ou non, c'est un ensemble de « briques fonctionnelles » différentes. Un Intranet de communication utilise par exemple la brique « gestion de contenu » qui permet au service communication de diffuser simplement des brèves internes. Cet outil n'est souvent pas adapté pour gérer le partage d'information, par exemple, pour gérer les différentes versions d'un même document de travail utilisé par différents collaborateurs de votre entreprise. Vous préférerez utiliser une brique fonctionnelle « travail collaboratif », adaptée à la gestion des versions.

Après l'état des lieux, la seconde question à se poser est donc celle des types d'information que l'on souhaite faire circuler au sein de l'Intranet et de leurs contenus : des petites annonces ? des brèves internes ? des procédures de travail ? un planning partagé entre plusieurs collaborateurs ? quels supports : des pièces jointes ? des formulaires ? quelles que soient les informations à faire circuler, cherchez la « brique fonctionnelle » la plus appropriée.

Premier exemple : faites circuler des informations sur le quotidien des services. Chaque personne au sein d'un service peut être amenée à publier une information courte, sous la forme d'un texte d'une demi-page. La lecture de ce document ne nécessite pas nécessairement une impression et peut être faite à l'écran. La brique fonctionnelle adaptée sera celle de la « gestion de contenu web ». Par une interface proche de celle proposée par les outils bureautiques traditionnels comme Word, l'utilisateur accède au « back office », saisit l'information, la propose (ou non) pour validation et la publie sur intranet. Il s'agit d'un outil de diffusion d'une personne vers l'ensemble des collaborateurs de l'entreprise.

David Bessot, consultant et responsable du pôle fonctionnel au sein du département conseil du groupe SQLI, *Archimag*, novembre 2003.

Document n° 8

Quelques outils de publication en ligne

(extrait)

« Forum des usages coopératifs »
Rencontre nationale des Espaces Culture Multimédia
Juillet 2004

Wiki (de *wikiwiki*, « rapide » en Hawaïen)
(d'après l'encyclopédie du Journal du Net et Wikipédia)

Principe de composition collaborative de pages Web, mis en œuvre à travers des logiciels, sous licence libre et personnalisables, appelés « moteurs de Wiki » (Phpwiki, UseModWiki, pikipiki, etc.).

Le concept est que n'importe qui peut modifier le contenu de la page qu'il est en train de lire, simplement *via* son navigateur Web.

Créé en 1995 par Ward Cunningham, ce système permet à chacun d'enrichir ou de corriger rapidement les documents diffusés. Le risque de vandalisme, par la simplicité de suppression d'une page ou de rédaction d'informations fausses, est réduit par un système d'archives et la possibilité de contributions correctives immédiates. Il est donc particulièrement adapté pour le suivi de projets collaboratifs, les bases de connaissances (encyclopédiques, thématiques, professionnelles, etc.) ou simplement comme bloc-notes ou pense-bête.

Les sites en Wiki se repèrent en principe facilement aux boutons permettant la modification des pages (éditer/modifier/historique/etc.).

Exemples :
site officiel : http://wiki.org/
Encyclopédie Wikipédia : http://fr.wikipedia.org
Dictionnaire en Wiki : http://fr.wiktionary.org/
Compte rendu d'Autrans : http://autrans.crao.net
Weekee : http://fr.weekee.org

SPIP (Système de publication sur Internet)
(d'après spip.net)

CMS *(Content Manage System* ou Système de gestion de contenu*)* développé par l'équipe du *MiniRezo*, qui cherchait à concevoir pour leur webzine *uZine* et pour celui du *Monde diplomatique* un système dynamique auquel n'importe qui pourrait participer.

Désormais sous licence libre GPL, il s'agit de fichiers installés sur le serveur permettant *via* une interface graphique accessible par un navigateur, d'automatiser la gestion collective d'un site et la mise en page du contenu.

L'intérêt de SPIP est de :
– éditer un site Web avec les contributions de plusieurs rédacteurs (type magazine) ;

– gérer les droits différents (composition graphique, contribution et gestion éditoriale du site) selon le statut accordé aux contributeurs ;

– automatisation de certaines tâches relatives à la publication.

Des inconvénients :

Pour l'instant, la souplesse de SPIP implique pour le webmestre quelques efforts d'apprentissage pour modifier la présentation par défaut. Contrairement à des systèmes plus contraints comme phpNuke où vous pouvez changer les couleurs et le logo en pressant simplement un bouton (mais c'est tout ce que vous avez le droit de faire), le webmestre sous SPIP doit apprendre les quelques rudiments d'un pseudo-HTML lui permettant ensuite de faire à peu près ce qu'il veut.

Autres CMS : PhpNuke, Xoops, Zope, etc.

Exemples :
Site officiel : http://spip.net
@ Brest : http://www.a-brest.net
Webzine L'Oreille : http//www.loreille.org/
Les Webreporters de Martigues : http://www.webreporters.org/
Homo Numericus : http://www. homo-numericus.net/

Blog, (de Web-log)
(d'après l'encyclopédie du Journal du Net et pointblog.com)

Site Web personnel composé essentiellement d'actualités, publiées au fil du temps et apparaissant selon un ordre ante-chronologique, le plus souvent enrichies de liens externes.

Créés en 1997 par Jorn Barger et initialement simples pages de liens compilés et commentés par un « blogger », les blogs sont apparus rapidement comme supports à des billets d'humeur ou « journaux intimes » en ligne.

Véritable phénomène de masse, qui tend à supplanter les pages perso des années 90, on trouve aujourd'hui tout type de blogs : actualités, prises d'opinion, passions, sites visités, vie privée, etc.

Ils ont cependant en commun :

– **leur caractère « unipersonnel » ou « individuel »** (quasiment exclusivement le fait d'individus intervenant à titre personnel) ;

– **l'utilisation d'outils dynamiques** (mise à jour fréquente voire quotidienne, archives consultables, outil de publication dynamique et automatisée) ;

– **l'interconnexion** (le plus souvent de multiples liens externes vers d'autres sources d'information étayant les propos tenus ou vers d'autres blogs) ;

– **la liberté de ton** : le site est placé sous la responsabilité de son auteur qui, selon son humeur, peut totalement s'affranchir du « format », tant sur la forme (fréquence des mises à jour, longueur des textes, illustrations, etc.) que sur le fond (actualités, revue de presse, prises de position, etc.).

Exemples
Actualités des Blogs et du Blog : http://mediatic.blogspot.com
L'ABC du blog : http://hwww.pointblog.com/abc

Le Neuvième Art : http://www.bdnews.net/blog/
Blog Art : http://www.blog-art.com
Annuaire francophone : http://www.blogolist.com
Hébergeur de blogs : http://www.u-blog.net et http://www.20six.fr

Document n° 9

Analysez la fiabilité de l'information sur Internet

« La fiabilité de l'information sur Internet revêt une importance cruciale. En effet, il se peut qu'après avoir passé plusieurs heures à rechercher une information, vous vous rendiez compte que son origine n'est absolument pas fiable. Hélas, cela peut arriver plus souvent qu'on ne le croit, surtout sur le web. On retombe sur le plus grand avantage/inconvénient d'Internet : l'extrême liberté qu'il y règne. Tout le monde peut s'exprimer sur Internet sans discrimination de race, de religion, de classe, de revenu, etc. Ainsi, des ressources directement issues de la Nasa ou du Sénat américain côtoient celles du jeune étudiant italien ou pire du *naziskin* anglais. Il faut le savoir, quiconque peut développer une vitrine sur le web. Le meilleur et le pire sont intimement liés.

Les fausses informations sont encore plus dangereuses. Comment savoir qui dit vrai et qui dit faux ? Comment reconnaître ceux qui essayent de dissimuler le faux sous une apparence vraisemblable ? De plus, la même information peut se trouver dans d'innombrables sites. En effet, sur les réseaux les informations peuvent être reproduites à l'infini. Comment vérifier la source d'origine ? Comment vérifier que le contenu d'un document reproduit n'a pas été altéré ?

Deux aspects doivent être considérés avec la plus grande attention au moment de l'exploitation des informations issues d'Internet : la désinformation et la contrefaçon.

La désinformation sur Internet a fait l'objet de nombreux articles et ouvrages. Il est vrai que le réseau peut se transformer en un parfait outil de désinformation. Puisque quiconque peut désormais publier des pages web et écrire dans les forums de discussion de manière complètement anonyme, ou pire en se faisant passer pour quelqu'un d'autre, les dangers sont évidents. Par exemple, dès 1988 le groupe Airbus Industrie a subi une véritable « guérilla » à travers de nombreuses fausses informations et attaques parues dans les forums de discussion consacrés à l'aviation, à la suite de l'accident d'Habsheim. Naturellement, malgré les soupçons, personne n'a réussi à prouver que les messages étaient publiés par des personnes proches du concurrent Boeing. Mais il ne s'agit pas d'un cas isolé. Toujours dans le même domaine, il faut également citer le crash de l'ATR 42 aux États-Unis en octobre 1994 et celui d'un Airbus roumain en mars 1995. Dans les deux cas, plusieurs campagnes de désinformation et de déstabilisation ont eu lieu au sein des forums de discussion.

La contrefaçon est un problème très grave sur Internet. Il est par exemple possible de copier, sans aucun effort, la documentation commerciale d'un concurrent et la reproduire sur son site. C'est le cas de figure auquel a été confronté Cybion, société française spécialisée dans la recherche d'informations et la veille sur Internet, qui a vu son offre commerciale de services purement et simplement recopiée par un concurrent français, sans adaptation, ni périphrase. Il faut cependant faire très attention car les lois du *copyright* s'appliquent aussi sur Internet. Juridiquement, la situation devient plus compliquée quand le siège social de votre concurrent se trouve dans un autre pays. Dans le cas de la contrefaçon flagrante, le concurrent peut se livrer en outre à de la concurrence déloyale et à du parasitisme.

Informations issues de Carlo Revelli, *Intelligence stratégique sur Internet*, Dunod.
www.veille.com

Document n° 10

Documentaliste sur Intranet

Bâtisseuse de l'ombre

Marianne Gautier a participé à la conception du nouveau site Intranet du ministère de l'Emploi et de la Solidarité. Impressions.

Marianne a le réflexe « com » : elle vous accueille en vous remettant un dossier de presse. Il s'agit de « Docnet », le tout nouveau site Intranet des documentalistes du ministère de l'Emploi et de la Solidarité auquel elle vient de collaborer. Via Intranet, les 200 documentalistes des services centraux et déconcentrés du ministère fonctionnent en réseau et ont, en ligne, comme les utilisateurs, les textes juridiques, les bulletins officiels... En cliquant sur la rubrique « produits documentaires du Web », ils surfent sur la toile mondiale. Que l'utilisateur qui navigue avec aisance sur Intranet n'imagine pas qu'il le doive à ses seules qualités. Sans la méthodologie du documentaliste qui joue le rôle d'un passeur invisible, il n'en serait rien.

Il n'y a aucune magie dans le fait de rebondir d'un document à l'autre. Il a fallu que Marianne fasse intellectuellement le lien entre le document sur l'enfance maltraitée et celui sur la toxicomanie et qu'elle le matérialise en langage HTML. « *Nous avons réfléchi à la navigation de l'utilisateur en balisant différents chemins d'accès qui vont du général au particulier* », explique Marianne qui a préalablement établi un classement thématique des sites. De sites pertinents par rapport aux différentes rubriques du social. « *Nous les surveillons en permanence et si un spécialiste de la santé repère un site intéressant, nous l'incluons. Par ailleurs, je coordonne les listes des différentes directions avec comme objectif de les rapprocher en privilégiant les sites référents.* »

Une palette d'outils

Gare au fameux bruit documentaire (entendez par là le trop-plein d'infor-

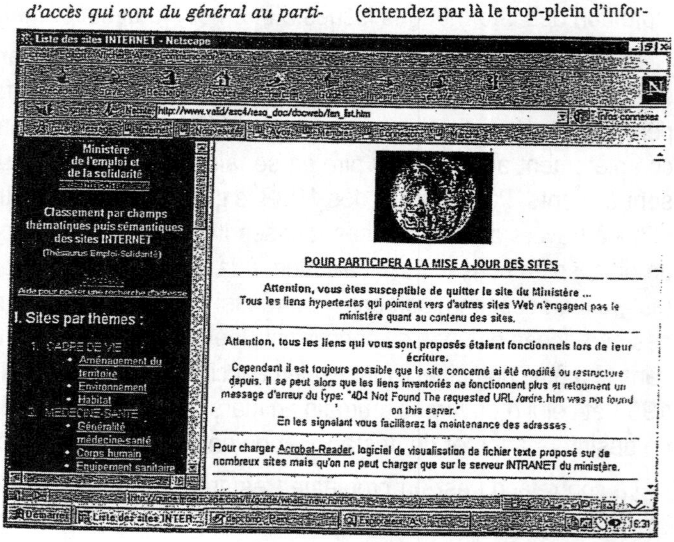

Remarque : Les photos et la configuration d'écran ne sont pas de bonne qualité. Ces informations ne sont pas indispensables à la compréhension du sujet, cependant elles ont été laissées volontairement, afin de respecter la structure des articles.

mations), l'autre écueil qui guette l'utilisateur. Pour éviter qu'il en soit victime, Marianne a choisi le moteur de recherche le plus judicieux, l'aura éventuellement relié à une liste de descripteurs pour limiter le champ

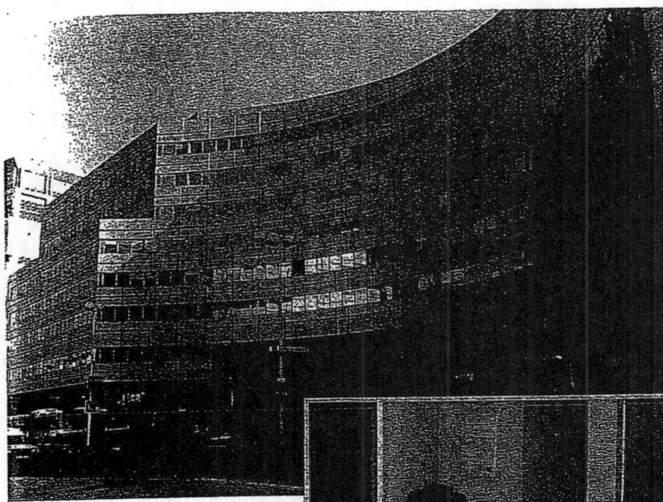

des réponses. Et c'est en fonction d'un moteur de recherche qu'elle structurera les dossiers documentaires. Pour faciliter la navigation dans « Docnet », Marianne – qui a une expérience graphique – s'est également préoccupée de la visualisation des pages. C'est ainsi que sur chaque page de texte, l'utilisateur dispose des différentes rubriques sur lesquelles il peut cliquer. « *J'ai tenu à ce que "Docnet" ait une identité visuelle et que chaque rubrique ait un pictogramme* », explique Marianne qui a fait ses choix dans le cadre de la charte graphique du ministère.

Toutes ces interventions la conduisent à une analyse de plus en plus fine du contenu tout en la libérant partiellement de la gestion quotidienne fastidieuse. Pourquoi dépouiller dix journaux quand on peut interroger dix sites de presse ? Elle dispose désormais d'une palette d'outils. « *Quand vous interrogiez les banques de données vous étiez stressé parce que c'était très cher.*

Conseil auprès des utilisateurs

Maintenant, on peut jongler d'une base de données juridiques non payante pour avoir la référence d'un texte à un cédérom où nous l'avons archivé pour l'imprimer », s'enthousiasme Marianne, éblouie par les facilités des « NTCI » (Nouvelles technologies de la communication et de l'information).

Elle y voit un autre avantage : être au cœur du système d'information du ministère. Documentaliste du social, elle pourrait éventuellement répondre à une question sur la santé sans la faire transiter par la direction compétente puisqu'elle a accès à l'information. Mieux, elle est concernée par la politique d'information et de communication du ministère. Par exemple, elle participe à un groupe de travail prospective et modernisation qui établira un guide méthodologique

Pourquoi dépouiller dix journaux quand on peut interroger dix sites de presse ?

pour que les utilisateurs puissent eux-mêmes mettre des informations en ligne. Son savoir-faire sera précieux lors des activités de conseil auprès des utilisateurs. « *Il y a du boulot* », lâche avec entrain Marianne en vous plantant d'autorité devant l'écran pour faire une démonstration.

Etre fan des nouvelles technologies ne l'empêche pas d'être passionnée par la matière qu'elle traite : le social. Dans sa bouche, ce n'est pas une formule de circonstance. La preuve : elle a une expérience de terrain, comme éducatrice spécialisée. Avec un diplôme à bac + 2 (elle est titulaire d'un DUT documentation), plus quatre années d'expérience elle remplit les conditions pour passer le concours interne de chargé d'études documentaires qui la titulariserait sur un poste de fonctionnaire de catégorie A. Problème : le ministère de l'Emploi ne propose aucun poste. Le choix en cas de succès au concours ne se fera pas sans état d'âme. ■

Avenirs, n°502 octobre / novembre 1999
ONISEP

Corrigé

La rénovation du réseau informatique municipal doit intégrer la réalisation d'un service Intranet. Le service documentaire de la ville est naturellement concerné par ce projet et peut-être l'est-il davantage encore que les autres services tant il est vrai que l'Intranet est un outil de gestion de bases de données, un moyen de collaborer et une source de communication, toutes fonctions qui appartiennent déjà à la mission d'un service documentaire, en particulier dans une collectivité territoriale.

Les avantages de l'Intranet

Les avantages se mesurent essentiellement en termes d'économie, de vitesse et de facilité, dans la production comme dans la diffusion des informations.

L'information est fabriquée plus facilement, grâce à l'automatisation partielle des tâches (revue de presse, indexation des textes de loi, etc.). Elle est produite à moindre coût. Elle engendre moins de papier et de déplacements.

L'information est diffusée très rapidement, à un grand nombre d'usagers, sans frais ni travail supplémentaire.

L'accès à l'information est simplifié pour l'utilisateur : information recherchée depuis son poste de travail, en permanence. Intranet facilite un accès privilégié des utilisateurs à des ressources documentaires classées et qualifiées par l'équipe de documentalistes, qu'il s'agisse des bases de données internes ou de sites extérieurs.

L'information peut être rendue « intelligente » grâce aux liens que l'Intranet et les moteurs de recherche permettent d'établir entre différentes sources internes et externes.

Le tri de l'information diffusée peut être personnalisé pour répondre de la manière la plus efficiente aux besoins spécifiques de chaque usager.

L'Intranet offre également l'opportunité de communiquer sur le service documentaire : il permet de décupler son efficacité, mais également de mieux le faire connaître et de mieux diffuser les possibilités qu'il offre.

C'est également l'occasion de repenser en profondeur l'offre documentaire – contenus et services – en exploitant les nouvelles ressources offertes par le réseau.

La méthode de mise en place

Les techniques de gestion de projet sont adaptées à la mise en place d'une version Intranet du service documentaire :

– identification des besoins exprimés par les usagers ;

– analyse des besoins réels et reformulation ; l'audit de la situation antérieure devra notamment faire le point sur les habitudes acquises, à partir de la fréquentation des outils préexistants : agenda partagé, disque dur en réseau ;

– établissement d'un cahier des charges recensant les moyens, les objectifs et les cadres ;

– phase technique de réalisation impliquant, soit un personnel interne formé et qualifié, soit un prestataire extérieur, choisi en fonction du cahier des charges. Cette phase implique également la formation des utilisateurs ;

– phase d'évaluation et d'ajustement – tests, mise en exploitation, mise au point, évolutions.

Les clés de la réussite :

– privilégier la rapidité et l'ergonomie : une présentation claire et un rubriquage sobre doivent faciliter un cheminement rapide ;

– le choix du ou des moteurs de recherche est crucial, ainsi que la formation des personnels (émetteurs et usagers), afin d'éviter le « bruit » documentaire, c'est-à-dire l'excès d'information mal traitée ;

– les contenus doivent être riches et pertinents, mis à jour très régulièrement, et doivent bénéficier d'une communication pour les signaler : communication de routine (alertes de la veille juridique par exemple, pour la sortie d'un nouveau texte) et communication d'événements (signaler un nouveau service ou une amélioration) ;

– dans la conception comme dans la gestion d'un Intranet documentaire, la réflexion sur les contenus, leur accessibilité et leur facilité d'utilisation doit toujours primer sur les contraintes de la filière technique.

Les contenus de l'Intranet documentaire

On peut proposer trois catégories pour les contenus d'un Intranet documentaire :

– les services en ligne : caractérisés par leur niveau d'interactivité, ce sont des « boîtes » de dialogue afin de permettre aux utilisateurs de formuler une demande d'information, une commande de document ou une suggestion ;

– les produits documentaires en ligne : valorisant la production interne de la collectivité, il s'agit de la revue de presse, des catalogues du fonds documentaire, des sommaires de dossiers, des bibliographies et du bulletin des parutions, des brèves d'information, de la veille juridique, des bases de données administratives et statistiques ;

– la mise en ligne de produits et services extérieurs : autres revues de presse et dépêches d'actualité, liens avec d'autres bases documentaires.

L'exemple de la revue de presse électronique :

Plus facile à réaliser que son ancêtre sur papier, la revue de presse numérique est également plus complète, puisqu'elle peut incorporer le son et la vidéo. Plus disponible, plus facile à archiver et à réutiliser, elle stimule également une évolution vers une communication interne décloisonnée, avec plus d'échange et de partage des informations. Pour la réaliser, il est possible de former quelqu'un en interne ou de faire appel à un prestataire spécialisé, capable de fournir une revue de presse dont il faudra établir le degré de spécialisation ou de personnalisation.

Les usages

Le fonctionnement d'un réseau Intranet répond à deux normes : les usages du champ Internet et le cadre législatif.

– Comme Internet, un réseau Intranet permet de développer des outils de trois types : relationnel, informatif, collaboratif. Un service documentaire sera naturellement plus concerné par les deux derniers aspects. L'angle informatif est couvert par tous les métiers traditionnels de la documentation. L'angle collaboratif voit s'ouvrir de nouvelles possibilités en réseau grâce à des outils de type WIKI (*cf.* l'encyclopédie en ligne Wikipédia), SPIP ou BLOG qui sont plus particulièrement destinés à l'élaboration de documents en commun.

– La liberté qui règne sur Internet peut être limitée par différents moyens, comme les mots de passe qui limitent l'accès, et les moteurs de recherche indexés par des listes de descripteurs qui limitent les champs de recherche.

– La même liberté impose à l'administrateur de site de vérifier l'authenticité des informations qu'il relaie. Le contrôle de ce qui entre et circule sur le réseau fait partie de la fonction de l'administrateur.

– Sur le plan légal, l'édition d'informations en ligne est régie par les mêmes règles que l'édition papier. Pour les éditeurs d'information comme pour les utilisateurs, le code de propriété intellectuelle et la déontologie professionnelle imposent de citer au moins l'auteur et la source. Ainsi, sont autorisés : les citations, les analyses de documents, les revues de presse et les liens vers les sites d'origine des informations. Sont interdits, ou soumis à autorisation de l'auteur et de l'éditeur : la copie, le panorama de presse, le résumé. Ainsi, on ne peut pas dupliquer, archiver et donc détenir un ouvrage pour un usage public, sans autorisation. Le GESTE (Groupement des éditeurs en ligne) et l'ADBS (Association des professionnels de l'information et de la communication) cherchent à mettre au point une charte de l'édition électronique.

Conclusion

La mise en place d'un réseau Intranet, pourvu qu'il suive une méthode éprouvée, dans un cadre normé et qu'il soit l'occasion d'ouvrir le service documentaire aux nouveaux horizons offerts par les services en ligne, ne présente que des avantages. On peut en attendre des améliorations en termes de qualité et d'économie, mais également sur le plan de l'agrément au travail et des relations interpersonnelles. Mais sur la question récurrente de la consommation de papier, il n'existe pas de réponse toute faite sinon dans la nécessité, souvent mésestimée, de former les personnels à l'usage du réseau : mieux l'Intranet sera utilisé, moins il y aura d'abus de papier.

2. Archives

Sujet mai 2006 : concours interne

Durée : 3 heures

Coefficient : 3

Vous êtes assistant qualifié dans une commune dénommée ici Archiva.

Votre directeur de service vous demande de rédiger un rapport (à partir des seuls documents joints) sur l'intérêt d'améliorer la gestion des archives courantes et intermédiaires et sur les moyens d'y parvenir.

Documents joints

Document n° 1 : Loi 78-753 du 17 juillet 1978, extraits.

Document n° 2 : Décret 79-1037 du 3 décembre 1979, extraits.

Document n° 3 : Circulaire AD 95-3 sur la communication des bordereaux de versement, 19 janvier 1995.

Document n° 4 : Exemple de tableau de gestion, extrait de *Mémento à l'usage des administrations*, Ille-et-Vilaine, 1995.

Document n° 5 : Modèle de bordereau de versement et notice d'utilisation.

Document n° 6 : « Une négligence administrative », article dans *La République du Centre*, 26 septembre 1996.

Document n° 7 : Extrait du catalogue d'exposition, « Des archives et les services municipaux », archives municipales de Lyon, 2002 .

Document n° 8 : Articles extraits du Code pénal (322-1 à 2,432-15 à 16) du code du Patrimoine (L211-1 à 6, 212-1 à 10, 213-1 à 6, 214-1 à 3), du code général des Collectivités territoriales (R1421-1 à 6).

Document n° 9 : « Tableau de gestion », Caroline Buscal, *Archimag* n° 159, 2002.

Document n° 10 : « *Records management* », Philippe Barbat, Archives de France, 2001.

Document n° 11 : *Les Archives électroniques, Manuel pratique*, Catherine Dhérent, direction des Archives de France, 2002.

Nota :

– 1 point sera retiré au total de la note sur 20 si la copie contient plus de 10 fautes d'orthographe ou de syntaxe.

– Les épreuves sont d'une durée limitée. Aucun brouillon ne sera accepté, la gestion du temps faisant partie intégrante des épreuves.

– Lorsque les renvois et annotations en bas d'une page ou à la fin d'un document ne sont pas joints au sujet, c'est qu'ils ne sont pas indispensables.

Document n° 1

Loi n°78-753 du 17 juillet 1978

Loi portant diverses mesures d'amélioration des relations entre l'administration et le public et diverses dispositions d'ordre administratif, social et fiscal

Version consolidée au 7 juin 2005 – version J.O. initiale

Titre Ier : De la liberté d'accès aux documents administratifs et de la réutilisation des informations publiques

Chapitre 1er : De la liberté d'accès aux documents administratifs

(extraits)

Article 1

Modifié par Ordonnance n° 2005-650 du 6 juin 2005 art. 2, art. 3, art. 4 (JORF 7 juin 2005).

Le droit de toute personne à l'information est précisé et garanti par les dispositions des chapitres Ier, III et IV du présent titre en ce qui concerne la liberté d'accès aux documents administratifs.

Sont considérés comme documents administratifs, au sens des chapitres Ier, III et IV du présent titre, quel que soit le support utilisé pour la saisie, le stockage ou la transmission des informations qui en composent le contenu, les documents élaborés ou détenus par l'État, les collectivités territoriales ainsi que par les autres personnes de droit public ou les personnes de droit privé chargées de la gestion d'un service public, dans le cadre de leur mission de service public. Constituent de tels documents notamment les dossiers, rapports, études, comptes rendus, procès-verbaux, statistiques, directives, instructions, circulaires, notes et réponses ministérielles, correspondances, avis, prévisions et décisions.

Ne sont pas considérés comme documents administratifs, au sens du présent titre, les actes des assemblées parlementaires, les avis du Conseil d'État et des juridictions administratives, les documents de la Cour des comptes mentionnés à l'article L. 140-9 du code des juridictions financières et les documents des chambres régionales des comptes mentionnés à l'article L. 241-6 du même code, les documents d'instruction des réclamations adressées au médiateur de la République, les documents préalables à l'élaboration du rapport d'accréditation des établissements de santé prévu à l'article L. 6113-6 du code de la santé publique et les rapports d'audit des établissements de santé mentionnés à l'article 40 de la loi de financement de la Sécurité sociale pour 2001 (n° 2000-1257 du 23 décembre 2000).

Article 2

Modifié par Ordonnance n° 2005-650 du 6 juin 2005 art. 2, art. 3, art. 5 (JORF 7 juin 2005)

Sous réserve des dispositions de l'article 6, les autorités mentionnées à l'article 1er sont tenues de communiquer les documents administratifs qu'elles détiennent aux personnes qui en font la demande, dans les conditions prévues par le présent titre.

Le droit à communication ne s'applique qu'à des documents achevés. Il ne concerne pas les documents préparatoires à une décision administrative tant qu'elle est en cours d'élaboration. Il ne s'exerce plus lorsque les documents font l'objet d'une diffusion publique. Il ne s'applique pas aux documents réalisés dans le cadre d'un contrat de prestation de service exécuté pour le compte d'une ou de plusieurs personnes déterminées.

Le dépôt aux archives publiques des documents administratifs communicables aux termes du présent chapitre ne fait pas obstacle au droit à communication à tout moment desdits documents.

L'administration n'est pas tenue de donner suite aux demandes abusives, en particulier par leur nombre, leur caractère répétitif ou systématique.

Article 6

Modifié par Ordonnance n° 2005-650 du 6 juin 2005 art. 2, art. 3, art. 7 (JORF 7 juin 2005).

I. – Ne sont pas communicables les documents administratifs dont la consultation ou la communication porterait atteinte :

– au secret des délibérations du Gouvernement et des autorités responsables relevant du pouvoir exécutif ;

– au secret de la défense nationale ;

– à la conduite de la politique extérieure de la France ;

– à la sûreté de l'État, à la sécurité publique ou à la sécurité des personnes ;

– à la monnaie et au crédit public ;

– au déroulement des procédures engagées devant les juridictions ou d'opérations préliminaires à de telles procédures, sauf autorisation donnée par l'autorité compétente ;

– à la recherche, par les services compétents, des infractions fiscales et douanières ;

– ou, de façon générale, aux secrets protégés par la loi.

II. – Ne sont communicables qu'à l'intéressé les documents administratifs :

– dont la communication porterait atteinte au secret de la vie privée et des dossiers personnels, au secret médical et au secret en matière commerciale et industrielle ;

– portant une appréciation ou un jugement de valeur sur une personne physique, nommément désignée ou facilement identifiable ;

– faisant apparaître le comportement d'une personne, dès lors que la divulgation de ce comportement pourrait lui porter préjudice.

Les informations à caractère médical sont communiquées à l'intéressé, selon son choix, directement ou par l'intermédiaire d'un médecin qu'il désigne à cet effet, dans le respect des dispositions de l'article L. 1111-7 du code de la santé publique.

III. – Lorsque la demande porte sur un document comportant des mentions qui ne sont pas communicables en application du présent article mais qu'il est possible d'occulter ou de disjoindre, le document est communiqué au demandeur après occultation ou disjonction de ces mentions.

Les documents administratifs non communicables au sens du présent chapitre deviennent consultables au terme des délais et dans les conditions fixés par les articles L. 213-1 et L. 213-2 du code du patrimoine.

Article 7

Modifié par Ordonnance n° 2005-650 du 6 juin 2005 art. 2, art. 3, art. 8 (JORF 7 juin 2005)

Font l'objet d'une publication les directives, les instructions, les circulaires, ainsi que les notes et réponses ministérielles qui comportent une interprétation du droit positif ou une description des procédures administratives.

Les administrations mentionnées à l'article 1er peuvent en outre rendre publics les autres documents administratifs qu'elles élaborent ou détiennent.

Toutefois, sauf dispositions législatives contraires, les documents administratifs qui comportent des mentions entrant dans le champ d'application de l'article 6 ne peuvent être rendus publics qu'après avoir fait l'objet d'un traitement afin d'occulter ces mentions ou de rendre impossible l'identification des personnes qui y sont nommées et, d'une manière générale, la consultation de données à caractère personnel.

Un décret en Conseil d'État pris après avis de la commission mentionnée au chapitre III précise les modalités d'application du premier alinéa du présent article.

Document n° 2

Décret n° 79-1037 du 3 décembre 1979

Décret relatif à la compétence des services d'archives publics et à la coopération entre les administrations pour la collecte, la conservation et la communication des archives publiques.

(extraits)

Article 12

Sont considérés comme archives courantes les documents qui sont d'utilisation habituelle pour l'activité des services, établissements et organismes qui les ont produits ou reçus.

La conservation des archives courantes incombe, sous le contrôle de la direction des Archives de France, aux services, établissements et organismes qui les ont produites ou reçues.

Article 13

Sont considérés comme archives intermédiaires les documents qui :

a) ont cessé d'être considérés comme archives courantes ;

b) ne peuvent encore, en raison de leur intérêt administratif, faire l'objet de tri et d'élimination conformément à l'article 16 ci-dessous.

La conservation des archives intermédiaires peut être assurée dans des dépôts spéciaux, dits dépôts de préarchivage, gérés par la direction des Archives de France ou placés sous son contrôle.

À défaut de préarchivage, les archives intermédiaires sont conservées soit dans les locaux de leur service, établissement ou organisme d'origine, sous le contrôle de la direction des Archives de France, soit dans les dépôts d'archives relevant de la direction des Archives de France.

Article 14

Sont considérés comme archives définitives les documents qui ont subi les tris et éliminations définis ci-dessous aux articles 15 et 16 et qui sont à conserver sans limitation de durées.

La conservation des archives définitives est assurée dans les dépôts d'archives relevant de la direction des Archives de France ou placés sous son contrôle.

Article 15

Sont définies par accord entre l'administration concernée et la direction des Archives de France :

1° la durée d'utilisation comme archives courantes ;

2° la durée de conservation comme archives intermédiaires ;

3° la destination définitive à l'issue de la période de conservation comme archives intermédiaires, à savoir :

a) élimination immédiate ou à terme, intégrale ou partielle, avec ou sans tri ;

b) versement, à titre d'archives définitives, dans un dépôt d'archives relevant de la direction des Archives de France ou placé sous son contrôle.

Article 16

Le tri des documents incombe à la direction des Archives de France ; toutefois, pour des catégories de documents limitativement définies, des autorisations de tri et d'élimination peuvent être accordées par celle-ci aux services, établissements et organismes dont proviennent les documents.

La direction des Archives de France établit les listes des documents dont elle propose l'élimination et les soumet au visa de l'administration d'origine. Toute élimination est interdite sans ce visa.

Les services, établissements et organismes ne peuvent s'opposer à l'élimination d'archives versées par eux dans les dépôts relevant de la direction des Archives de France qu'en raison de nécessités juridiques.

Lorsqu'il n'existe pas de nécessités juridiques justifiant le refus d'élimination, les services, établissements et organismes peuvent reprendre les archives dont l'élimination est proposée.

Cette faculté peut s'exercer dans un délai de trois mois, à l'expiration duquel la direction des Archives de France est habilitée à procéder à l'élimination.

Lorsque les services, établissements et organismes désirent éliminer les documents qu'ils jugent inutiles, ils en soumettent la liste au visa de la direction des Archives de France. Toute élimination est interdite sans ce visa.

Dans tous les cas, les documents à éliminer sont détruits sous le contrôle technique de la direction des Archives de France.

Article 21

Pour l'application des articles 12 à 20, la direction des Archives de France est représentée, en ce qui concerne les archives départementales et communales, par le directeur des services d'archives du département.

Document n° 3

Circulaire AD 95-3 du 19 janvier 1995

Objet : mise à disposition des bordereaux de versement dans la salle de lecture des services d'archives.

Il m'a été donné de constater qu'un laps de temps très long s'écoule généralement entre les versements d'archives dans vos services et l'établissement d'instruments de recherche définitifs à destination du public. Pour permettre aux administrés d'exercer leur droit à l'information et au public de disposer d'un instrument de recherche précis sur les archives contemporaines, il est nécessaire de donner la plus large publicité aux bordereaux de versement qui constituent, le plus souvent, la seule clé d'accès à ces archives.

C'est pourquoi je vous rappelle que vous devez mettre en salle de lecture, à la disposition des lecteurs et dans les plus brefs délais, la collection complète des bordereaux de versement de votre service. Cette mesure s'applique aux archives postérieures au 10 juillet 1940 ainsi qu'aux archives antérieures à cette date pour lesquelles il n'existe pas d'instrument de recherche quelconque en salle de lecture.

Pour faciliter la recherche et en vertu du principe du respect des fonds, les bordereaux seront classés par services producteurs plutôt que par ordre chronologique.

Les bordereaux seront complets : ne seront occultées que les éventuelles mentions localisant les documents dans les magasins de conservation, ceci pour garantir la sécurité des collections. Toutes les informations nécessaires à la fois à la gestion matérielle (élimination, communicabilité) et au traitement intellectuel (indexation) sont communicables au public.

S'agissant des analyses, vous veillerez à ce qu'elles ne contiennent pas d'informations qui porteraient atteinte aux secrets protégés par la loi (article 6 de la loi n° 78-753 du 17 juillet 1978).

J'attache la plus grande importance à la mise en œuvre rapide de ces dispositions qui devra intervenir dans un délai de trois mois à compter de la parution de cette circulaire.

Vous voudrez bien m'informer de l'exécution de cette circulaire dans votre service avant le 15 mai prochain.

Le ministre de la Culture et de la Francophonie

Document n° 4

(extrait)

Exemple de tableau de gestion

Typologie du document	Durée d'utilité administrative (DUA)	Sort final au terme de la DUA	Observations
Dossier de carrière	90 ans à compter de la date à la date de naissance	T	Le service versant se charge d'opérer un tri interne régulier dans les dossiers. Conserver : – 2 années sur 10, si le classement est chronologique ; – les lettres B et T si le classement est alphabétique et certains dossiers de personnes signalées
Dossier administratif	Jusqu'à cessation des fonctions dans le service affectataire	D	À substituer éventuellement aux dossiers de carrière dans le cas de services déconcentrés ou délocalisés
Dossier comptable	10 ans après la date légale de départ en retraite	D	
Dossier de pension	Jusqu'à cessation du versement de la pension et suppression du Livre de la Dette publique	D (après extraction de la fiche historique de l'agent)	Le service des pensions de Nantes avertira à la demande des administrations des dates de décès des agents
Dossier d'accident du travail ou de maladie professionnelle	90 ans à compter de la date de naissance (sauf cas particuliers signalés)	D	

Abréviations :
D = Destruction
T = Tri

Extrait de la circulaire FP/3 n° 1821 du 20 octobre 1993 relative au tri et à la conservation des dossiers de personnel des services déconcentrés de l'État et des collectivités territoriales (Archives départementales d'Ille-et-Vilaine, *Archives contemporaines – Mémento à l'usage des administrations*, 1995).

Document n° 5

Modèle de bordereau de versement et notice d'utilisation

Versements au service des archives

• Mettre en ordre préalablement les dossiers : vérifier l'ordre interne, la conformité des titres des chemises avec leur contenu, extraire les doubles.

• Supprimer les objets nuisant à terme à leur conservation : trombones, chemises plastifiées.

• Conditionner les dossiers de façon homogène, dans des boîtes à archives de préférence.

• Rédiger un bordereau de versement en deux exemplaires. Il se compose d'une liste numérotée organisée dans un ordre logique et précisant pour chaque dossier :

– son contenu (analyse succincte mais précise) ;

– ses dates extrêmes (années de début et de fin du dossier) ;

– si possible, les délais de communicabilité à appliquer. Signaler en particulier es documents librement communicables au titre de la toi 78-753 du 17 juillet 1978.

Utiliser un langage clair. Développer les sigles lors d'une première utilisation. Employer, d'un versement à l'autre, un vocabulaire uniforme, le même terme désignant la même chose. Les expressions sans signification de type « affaires diverses » sont à proscrire.

• Envoyer le bordereau au service des archives pour contrôle avant le versement.

• À la date convenue, transférer les documents en joignant les deux exemplaires du bordereau. Après vérification des dossiers, un exemplaire vous sera retourné signé avec mention du numéro d'ordre attribué au versement (à préciser pour toute demande de communication ultérieure).

• Aucune élimination de documents ne doit être effectuée (à l'exception des doubles et brouillons) sans visa du directeur des archives départementales (décret 88-849 du 28 juillet 1988). Le service des archives se charge de l'obtention de ce visa.

Comment remplir le bordereau de versement

Il est établi en 2 exemplaires :

• l'un sera conservé dans le service versant après vérification par le service des archives. Les références portées sont indispensables pour obtenir ultérieurement communication d'un dossier (n° de versement, n° d'article) ;

• le second est destiné au service des archives.

Les informations seront reprises sur un logiciel spécifique en vue d'effectuer des recherches multicritères.

Un exemplaire des bordereaux est mis à la disposition du public (circulaire du ministère de la Culture AD 95-3 du 19 janvier 1995).

Page de titre

- N° de versement : attribué par le service des archives.
- Service versant : intitulé officiel et complet du service (pas de sigles).
- Nom du responsable : responsable du service versant signataire du bordereau.
- Nombre d'articles : nombre de boîtes, registres, etc. transmis.
- Signatures : elles matérialisent la décharge et la prise en charge des dossiers.

Le bordereau est signé par le service versant après vérification par le service des archives de sa rédaction et de sa conformité avec le contenu des dossiers. L'archiviste le signe à son tour après réception des dossiers.

Feuilles de bordereau

Trois feuilles distinctes : l'une pour les documents conservés définitivement, l'autre pour les documents conservés provisoirement et la dernière pour les documents à éliminer.

- N° d'article : un article est une unité matérielle de rangement (boîte, registre, etc.).

Les articles sont numérotés de 1 à X sans rupture de continuité, ni bis. Les numéros sont reportés sur les boîtes correspondantes, sans aucune autre mention.

L'ordre général utilisé respectera dans la mesure du possible le plan de classement du service.

- Contenu : analyse sommaire mais précise de l'article.
- Support (S) : à indiquer seulement lorsqu'il ne s'agit pas de dossiers : P = rouleau de plans, R = registre.
- Dates : du plus ancien au plus récent document contenu dans l'article (généralement en années).
- Communicabilité (Com) : indiquer par la lettre I (= immédiate) les documents communicables au titre de la loi du 17 juillet 1978 sur l'accès aux documents administratifs.
- Année d'élimination : date à laquelle les documents à conserver provisoirement pourront être détruits (se référer aux tableaux de gestion).
- Zone réservée pour le visa d'élimination : ne pas remplir cette colonne. Les bordereaux de documents à éliminer sont envoyés pour visa au directeur des archives départementales avant toute destruction.

SERVICE DES ARCHIVES

N° de versement :

Attribué par le service des archives

BORDEREAU DE VERSEMENT

PARTIE A REMPLIR PAR LE **SERVICE VERSANT**

SERVICE VERSANT

DIRECTION :
SERVICE :
NOM DU RESPONSABLE :

NOMBRE D'ARTICLES :

Date : Signature :

PARTIE A REMPLIR PAR LE **SERVICE DES ARCHIVES**

METRAGE LINEAIRE TOTAL :

- A conserver définitivement :
- A conserver provisoirement :
- A éliminer :

Date de réception du versement : Signature :

DOCUMENTS CONSERVES DEFINITIVEMENT

N° de versement :

N° d'article	Contenu	S	Dates	Com.

DOCUMENTS CONSERVES PROVISOIREMENT

N° de versement :

N° d'article	Contenu	S	Dates	Année d'élimination	Com.

DOCUMENTS A ELIMINER

SERVICE VERSANT

N° de versement :

N° d'article	Contenu	Dates	Zone réservée pour le visa d'élimination

Document n° 6

Discrétion assurée...

Une négligence administrative

Les tiers provisionnels datés de 1995 des contribuables du canton ont été retrouvés par hasard à la déchetterie de Neuville-aux-Bois.

Vraiment pratiques ces déchetteries construites ces dernières années dans la plupart des cantons ! On peut y jeter presque tout ce qui encombre caves et greniers. La sélection y est faite de façon sérieuse : ici les déchets végétaux, là les plastiques, plus loin les métaux, ailleurs le tout-venant.

Parfois – bien que la pratique en soit interdite –, on récupère aussi une ou deux bricoles pouvant encore servir.

La trouvaille faite récemment par un Neuvillois a de quoi laisser perplexe. Souhaitant se débarrasser de quelques déchets non ménagers, il se rendit à la déchetterie locale et, après avoir délesté son véhicule, aperçut des casiers de bureau qu'il pensait réhabiliter comme rangements dans son atelier.

C'est ce qu'il fit.

Le montant des tiers provisionnels

De retour chez lui, il inspecta ces casiers, les épousseta et découvrit que plusieurs d'entre eux étaient encore pleins de paperasses. Il identifia, à sa grande stupéfaction, des bordereaux à l'en-tête de la trésorerie de Neuville-aux-Bois.

Bordereaux anonymes ? Pas du tout, car les quelque 1 800 coupons récupérés n'étaient autres que le montant individuel du second tiers provisionnel à payer par la plupart des contribuables du canton.

Des papiers officiels datés du 30 avril 1995 qui permettent de calculer facilement (sur la base des impôts de l'année précédente) qui payait combien lors de cette date de mise en recouvrement.

On apprend que les montants de ces tiers provisionnels ainsi jetés parmi les déchets non ménagers des Neuvillois vont de 45 F à... 131 820 F.[1]

Certes, la découverte peut surprendre. On peut se demander si la déchetterie est bien la bonne destination finale pour de tels documents ; s'il n'y a pas eu négligence au moment de leur destruction...

Pourtant, en la matière, il n'y a pas confidentialité mais plutôt discrétion. Il faut savoir, en effet, que

> **Consulter : oui ! Divulguer : non**
>
> La loi autorise tout citoyen à consulter le montant du revenu imposable d'un autre citoyen. Il suffit de prendre rendez-vous auprès de la trésorerie générale pour obtenir le renseignement souhaité.
> En revanche, on ne peut le rendre public. Le législateur a estimé que cette information devait rester secrète à partir du moment où les citoyens n'en étaient pas demandeurs. Il est donc interdit de divulguer, de quelque manière que ce soit, les revenus imposables communiqués par l'administration des finances.

1. 45 F = 6,86 € ; 131 820 F = 20 095,83 €.

chaque citoyen a le droit de connaître le montant du revenu imposable de son voisin. C'est une information qui, loin d'être secrète, peut être communiquée par le service des impôts à celui qui en fait la demande.

De là à découvrir le tout dans une déchetterie !

Laurent Camin, *La République du Centre*, 26 septembre 1996.

Document n° 7

Extrait du catalogue d'exposition « Des archives et les services municipaux », archives municipales de Lyon, 2002.

Direction du personnel et des ressources humaines/service des carrières

Huguette Lacraz, chef de service

Roselyne Guerpillon, responsable unité fin de fonctions

Muriel Lefaure, chargée des dossiers retraite des agents non titulaires

Anne-Marie Salonia, chargée des dossiers retraite des agents titulaires

Le service des carrières gère le parcours des agents titulaires ou non titulaires. Quelques années après leur fin de fonctions ou leur départ à la retraite, les dossiers individuels des agents sont transmis au service des archives. Quand, par la suite, un agent s'adresse au service des carrières pour demander une attestation d'emploi ou un relevé de salaires, afin de justifier de périodes de travail anciennes, le service des carrières demande aux Archives de lui transmettre le dossier administratif et les relevés de salaires consignés, à l'époque, manuellement dans les livres de paie.

Service des carrières, service des Archives : quels liens ?

Au sein de la direction du personnel, le service des carrières gère le parcours des agents titulaires ou non titulaires au cours de trois étapes de leur vie professionnelle :

– leur prise de fonctions, avec la constitution du dossier individuel et le lancement de la première paie ;

– les promotions d'échelon ou de grade qui interviendront pendant leur carrière ;

– leur fin de fonctions et notamment l'établissement des dossiers de retraite.

Nombre de pièces administratives dont notamment les arrêtés ou contrats, les évaluations annuelles, sont conservées dans le dossier individuel de l'agent puis, quelque années après sa fin de fonctions ou son départ à la retraite, sont transmises au service des archives.

Cependant, beaucoup d'agents n'ont pas travaillé à la ville de Lyon durant toute leur carrière.

Ils s'adressent au service des carrières par la suite pour des attestations, n'ayant pas toujours conservé les justificatifs de leur période d'emploi.

De même, au moment de leur départ à la retraite, ils demandent une attestation d'emploi, un relevé de salaires. En effet, avant 1971, les agents non titulaires ne cotisaient pas auprès d'une caisse de retraite complémentaire. Ils doivent donc justifier de ces périodes de travail anciennes afin qu'elles soient prises en compte par l'Ircantec, institution de retraite complémentaire des agents non titulaires de l'État et des collectivités publiques, créée le 1er janvier 1971.

C'est ainsi que le service des carrières demande régulièrement au service des archives de lui transmettre les dossiers administratifs de ses anciens agents et les relevés de salaires consignés à l'époque manuellement dans les livres de paie. Le service des archives transmet l'intégralité du dossier demandé et photocopie les renseignements nécessaires contenus dans les livres de paie.

La sécurité des immeubles et des terrains sur Lyon

La direction de la sécurité et de la prévention détient des dossiers et documents qui découlent de son activité au sein du service des établissements recevant du public (ERP) et du service des constructions, des balmes et des risques.

Direction de la sécurité et de la prévention
Georges Pasini, directeur
Nicole Bouillod, ingénieur,
Chef du service des constructions et des balmes

Ces documents comprennent des éléments administratifs et juridiques de grande importance reflétant les décisions prises, les avis techniques donnés sur toutes les affaires traitées. Il est indispensable que les services puissent les archiver lorsque ces affaires sont terminées.

Nous avons donc recours aux archives municipales afin de libérer nos locaux qui seraient alors saturés par les documents qui ne sont plus utilisés au quotidien.

Des affaires telles que :

– les délibérations des commissions de sécurité et les pièces s'y rattachant (ERP) ;

– les prescriptions techniques des permis de démolir traités sur l'ensemble de Lyon ;

– les dossiers traitant des immeubles menaçant ruine (arrêtés de péril et rapports) ;

– les travaux et dispositions prises sur les terrains pentus des collines lyonnaises (balmes) sont la mémoire de la direction de la sécurité et de la prévention et doivent être conservés.

Nous avons eu à plusieurs reprises besoin de consulter ces archives pour rechercher l'antériorité d'un problème ou pour répondre à des questions d'ordre juridique après sinistre.

La direction de la sécurité et de la prévention consulte ses archives pour rechercher l'antériorité d'un problème ou pour répondre à des questions d'ordre juridique après sinistre. Les archives municipales ont aussi été sollicitées pour le tri et le classement du dossier de l'effondrement de terrain survenu en juillet 1977 aux n° 14 et 15 du cours d'Herbouville, (4e arrondissement). Actuellement, il existe sur le site un ouvrage de soutènement de la colline située à l'arrière des immeubles ; du n° 13 au 16 et le secteur a été classé en zone à risque géotechnique (ZRG).

Les archives municipales ont été sollicitées, entre autres choses, pour le tri et le classement du dossier de l'effondrement de terrain du cours d'Herbouville (4e arrondissement). Ce dossier, très précieux, a fait l'objet d'un inventaire minutieux et d'un recensement complet de l'ensemble des pièces par le personnel des archives.

Il faut rappeler que, suite à un sinistre important survenu en juillet 1977 aux n° 14 et 15 cours d'Herbouville à Lyon (effondrement de terrasses et des murs de soutènement provoquant la destruction des immeubles et la mort de deux personnes), la collectivité a été amenée à faire réaliser :

– les travaux provisoires de sécurisation (étampage) ;
– les évacuations des immeubles mitoyens ;
– des surveillances, études et sondages nécessaires à la compréhension du phénomène ;
– les travaux définitifs de mise en sécurité du site.

Document n° 8

(extraits)

Code pénal
(Partie législative)

Section 1 : Des destructions, dégradations et détériorations ne présentant pas de danger pour les personnes

Article 322-1

(Ordonnance n° 2000-916 du 19 septembre 2000 art. 3 Journal officiel *du 22 septembre 2000 en vigueur le 1er janvier 2002)*

(Loi n° 2002-1138 du 9 septembre 2002 art. 24 Journal officiel *du 10 septembre 2002)*

La destruction, la dégradation ou la détérioration d'un bien appartenant à autrui est punie de deux ans d'emprisonnement et de 30 000 euros d'amende, sauf s'il n'en est résulté qu'un dommage léger.

Le fait de tracer des inscriptions, des signes ou des dessins, sans autorisation préalable, sur les façades, les véhicules, les voies publiques ou le mobilier urbain est puni de 3 750 euros d'amende et d'une peine de travail d'intérêt général lorsqu'il n'en est résulté qu'un dommage léger.

Article 322-2

(Loi n° 95-877 du 3 août 1995 art. 26 Journal officiel *du 4 août 1995)*

(Ordonnance n° 2000-916 du 19 septembre 2000 art. 3 Journal officiel *du 22 septembre 2000 en vigueur le 1er janvier 2002)*

(Loi n° 2002-5 du 4 janvier 2002 art. 27 Journal officiel *du 5 janvier 2002)*

(Loi n° 2002-1138 du 9 septembre 2002 art. 24 Journal officiel *du 10 septembre 2002)*

(Loi n° 2003-88 du 3 février 2003 art. 8 Journal officiel *du 4 février 2003)*

L'infraction définie au premier alinéa de l'article 322-1 est punie de trois ans d'emprisonnement et de 45 000 euros d'amende et celle définie au deuxième alinéa du même article de 7 500 euros d'amende et d'une peine de travail d'intérêt général, lorsque le bien détruit, dégradé ou détérioré est :

1° destiné à l'utilité ou à la décoration publiques et appartient à une personne publique ou chargée d'une mission de service public ;

2° un registre, une minute ou un acte original de l'autorité publique ;

3° un immeuble ou un objet mobilier classé ou inscrit, une découverte archéologique faite au cours de fouilles ou fortuitement, un terrain contenant des vestiges archéologiques ou un objet conservé ou déposé dans un musée de France ou dans les musées, bibliothèques ou archives appartenant à une personne publique, chargée d'un service public ou reconnue d'utilité publique ;

4° un objet présenté lors d'une exposition à caractère historique, culturel ou scientifique, organisée par une personne publique, chargée d'un service public ou reconnue d'utilité publique.

Dans le cas prévu par le 3° du présent article, l'infraction est également constituée si son auteur est le propriétaire du bien détruit, dégradé ou détérioré.

Lorsque l'infraction définie au premier alinéa de l'article 322-1 est commise à raison de l'appartenance ou de la non-appartenance, vraie ou supposée, de la personne propriétaire ou utilisatrice de ce bien à une ethnie, une nation, une race ou une religion déterminée, les peines encourues sont également portées à trois ans d'emprisonnement et à 45 000 euros d'amende.

Paragraphe 5 : De la soustraction et du détournement de biens

Article 432-15

(Ordonnance n° 2000-916 du 19 septembre 2000 art. 3 Journal officiel *du 22 septembre 2000 en vigueur le 1er janvier 2002)*

Le fait, par une personne dépositaire de l'autorité publique ou chargée d'une mission de service public, un comptable public, un dépositaire public ou l'un de ses subordonnés, de détruire, détourner ou soustraire un acte ou un titre, ou des fonds publics ou privés, ou effets, pièces ou titres en tenant lieu, ou tout autre objet qui lui a été remis en raison de ses fonctions ou de sa mission, est puni de dix ans d'emprisonnement et de 150 000 euros d'amende.

La tentative du délit prévu à l'alinéa qui précède est punie des mêmes peines.

Article 432-16

(Ordonnance n° 2000-916 du 19 septembre 2000 art. 3 Journal officiel *du 22 septembre 2000 en vigueur le 1er janvier 2002)*

Lorsque la destruction, le détournement ou la soustraction par un tiers des biens visés à l'article 432-15 résulte de la négligence d'une personne dépositaire de l'autorité publique ou chargée d'une mission de service public, d'un comptable public ou d'un dépositaire public, celle-ci est punie d'un an d'emprisonnement et de 15 000 euros d'amende.

Code du Patrimoine
(Partie législative)

Chapitre 1er : Dispositions générales

Article L211-1

Les archives sont l'ensemble des documents, quels que soient leur date, leur forme et leur support matériel, produits ou reçus par toute personne physique ou morale et par tout service ou organisme public ou privé dans l'exercice de leur activité.

Article L211-2

La conservation des archives est organisée dans l'intérêt public tant pour les besoins de la gestion et de la justification des droits des personnes physiques ou morales, publiques ou privées, que pour la documentation historique de la recherche.

Article L211-3

Tout fonctionnaire ou agent chargé de la collecte ou de la conservation d'archives en application des dispositions du présent titre est tenu au secret professionnel en ce qui concerne tout document qui ne peut être légalement mis à la disposition du public.

Article L211-4

Les archives publiques sont :

a) les documents qui procèdent de l'activité de l'État, des collectivités territoriales, des établissements et entreprises publics ;

b) les documents qui procèdent de l'activité des organismes de droit privé chargés de la gestion des services publics ou d'une mission de service public ;

c) les minutes et répertoires des officiers publics ou ministériels.

Article L211-5

Les archives privées sont l'ensemble des documents définis à l'article L. 211-1 qui n'entrent pas dans le champ d'application de l'article L. 211-4.

Article L211-6

Les modalités d'application du présent chapitre sont fixées par décret en Conseil d'État.

Article L212-1

Les archives publiques, quel qu'en soit le possesseur, sont imprescriptibles.

Article L212-2

Les conditions de la conservation des archives publiques sont déterminées par décret en Conseil d'État.

Ce décret détermine les cas où l'administration des archives laisse le soin de la conservation des documents d'archives produits ou reçus par certaines administrations ou certains organismes aux services compétents de ces administrations ou organismes. Il fixe les conditions de la coopération entre l'administration des archives et ces administrations ou organismes.

Article L212-3

À l'expiration de leur période d'utilisation courante par les services, établissements et organismes qui les ont produits ou reçus, les documents mentionnés à l'article L. 211-4 et autres que ceux mentionnés à l'article L. 212-4 font l'objet d'un tri pour séparer les documents à conserver et les documents dépourvus d'intérêt administratif et historique, destinés à l'élimination.

La liste des documents destinés à l'élimination ainsi que les conditions de leur élimination sont fixées en accord entre l'autorité qui les a produits ou reçus et l'administration des archives.

Article L212-4

(Loi n° 2004-801 du 7 août 2004 art. 18 VIII Journal officiel *du 7 août 2004)*

Lorsque les documents visés à l'article L. 211-4 comportent des données à caractère personnel collectées dans le cadre de traitements automatisés régis par la loi n° 78-17 du 6 janvier 1978 relative à l'informatique, aux fichiers et aux libertés, ces données font l'objet, à l'expiration de la durée prévue au 5° de l'article 6 de ladite loi, d'un tri pour déterminer les données destinées à être conservées et celles, dépourvues d'intérêt scientifique, statistique ou historique, destinées à être détruites.

Les catégories de données destinées à la destruction ainsi que les conditions de leur destruction sont fixées par accord entre l'autorité qui les a produites ou reçues et l'administration des archives.

Article L212-5

Lorsqu'il est mis fin à l'existence d'un ministère, service, établissement ou organisme détenteur d'archives publiques, celles-ci doivent être, à défaut d'une affectation différente déterminée par l'acte de suppression, versées à l'administration des archives.

Article L212-6

Les collectivités territoriales sont propriétaires de leurs archives. Elles en assurent elles-mêmes la conservation et la mise en valeur. Toutefois, les Régions et la collectivité territoriale de Corse peuvent également confier la conservation de leurs archives, par convention, respectivement au service d'archives du département où se trouve le chef-lieu de la Région ou de la collectivité territoriale de Corse.

Article L212-7

Les collectivités territoriales continuent de bénéficier, pour la conservation et la mise en valeur de leurs archives, des concours financiers de l'État dans les conditions en vigueur au 1er janvier 1986.

Article L212-8

Les services départementaux d'archives sont financés par le département. Ils sont tenus de recevoir et de gérer les archives des services déconcentrés de l'État ayant leur siège dans le département. Ceux-ci sont tenus de les y verser. Il en va de même des autres archives publiques constituées dans leur ressort ainsi que des archives que les communes sont tenues ou décident de déposer aux archives départementales. Les services départementaux d'archives peuvent également recevoir des archives privées.

Article L212-9

Par dérogation à l'article 41 de la loi n° 84-16 du 11 janvier 1984 portant dispositions statutaires relatives à la fonction publique de l'État, des personnels scientifiques et de documentation de l'État peuvent être mis à disposition du département pour exercer leurs fonctions dans les services départementaux d'archives.

Article L212-10

La conservation et la mise en valeur des archives appartenant aux collectivités territoriales, ainsi que de celles gérées par les services départementaux d'archives en application des articles L. 212-6 et L. 212-8 sont assurées conformément à la législation applicable en la matière sous le contrôle scientifique et technique de l'État.

Un décret en Conseil d'État fixe les conditions d'application du présent article, et notamment les conditions dans lesquelles les conservateurs d'archives, appartenant au personnel scientifique de l'État, mis à disposition du président du conseil général ou régional ou, en Corse, du président du conseil exécutif, peuvent assurer le contrôle scientifique et technique prévu à l'alinéa précédent.

Chapitre 3 : Régime de communication

Article L213-1

Les documents dont la communication était libre avant leur dépôt aux archives publiques continueront d'être communiqués sans restriction d'aucune sorte à toute personne qui en fera la demande.

Les documents mentionnés à l'article 1er de la loi n° 78-753 du 17 juillet 1978 portant diverses mesures d'amélioration des relations entre l'administration et le public et diverses dispositions d'ordre administratif, social et fiscal demeurent communicables dans les conditions fixées par cette loi.

Tous les autres documents d'archives publiques pourront être librement consultés à l'expiration d'un délai de trente ans ou des délais spéciaux prévus à l'article L. 213-2.

Article L213-2

Le délai au-delà duquel les documents d'archives publiques peuvent être librement consultés est porté à :

a) Cent cinquante ans à compter de la date de naissance pour les documents comportant des renseignements individuels de caractère médical ;

b) Cent vingt ans à compter de la date de naissance pour les dossiers de personnel ;

c) Cent ans à compter de la date de l'acte ou de la clôture du dossier pour les documents relatifs aux affaires portées devant les juridictions, y compris les décisions de grâce, pour les minutes et répertoires des notaires ainsi que pour les registres de l'état civil et de l'enregistrement ;

d) Cent ans à compter de la date de recensement ou de l'enquête, pour les documents contenant des renseignements individuels ayant trait à la vie personnelle et familiale et, d'une manière générale, aux faits et comportements d'ordre privé, collectés dans le cadre des enquêtes statistiques des services publics ;

e) Soixante ans à compter de la date de l'acte pour les documents qui contiennent des informations mettant en cause la vie privée ou intéressant la sûreté de l'État ou la défense nationale et dont la liste est fixée par décret en Conseil d'État.

Article L213-3

Sous réserve, en ce qui concerne les minutes des notaires, des dispositions de l'article 23 de la loi du 25 ventôse an XI, l'administration des archives peut autoriser la consultation des documents d'archives publiques avant l'expiration des délais prévus au troisième alinéa de l'article L. 213-1 et à l'article L. 213-2.

Cette consultation n'est assortie d'aucune restriction, sauf disposition expresse de la décision administrative portant autorisation.

Par dérogation aux dispositions du premier alinéa du présent article, aucune autorisation ne peut être accordée aux fins de permettre la communication, avant l'expiration du délai légal de cent ans, des renseignements mentionnés à l'article L. 213-2.

Article L213-4

Toute administration détentrice d'archives publiques ou privées est tenue de motiver tout refus qu'elle oppose à une demande de communication de documents d'archives.

Article L213-5

(Loi n° 2004-1343 du 9 décembre 2004 art. 78 XIV a 7° Journal officiel *du 10 décembre 2004)*

Les dispositions des articles L. 213-1 à L. 213-3, L. 213-6 et L. 213-7 sont affichées de façon très apparente dans les locaux ouverts au public de l'administration des archives et des services des collectivités territoriales qui détiennent des archives publiques.

Article L213-6

Lorsque l'État et les collectivités territoriales reçoivent des archives privées à titre de don, de legs, de cession, de dépôt révocable ou de dotation au sens de l'article 1131 et de l'article 1716 bis du code général des Impôts, les administrations dépositaires sont tenues de respecter les conditions auxquelles la conservation et la communication de ces archives peuvent être soumises à la demande des propriétaires.

Chapitre 4 : Dispositions pénales

Article L214-1

Le fait, pour toute personne, d'enfreindre les prescriptions de l'article L. 211-3 est passible des peines prévues aux articles 226-13 et 226-31 du Code pénal.

Article L214-2

Sans préjudice de l'application des articles 314-1 et 432-15 du Code pénal, le fait, pour tout fonctionnaire ou agent chargé de la collecte ou de la conservation d'archives, de violer les conditions de conservation ou de communication prévues à l'article L. 213-6 est puni d'une peine d'emprisonnement d'un an et d'une amende de 15 000 euros ou de l'une de ces deux peines.

Article L214-3

Sans préjudice de l'application des articles 322-2 et 432-15 du Code pénal, le fait, pour toute personne, lors de la cessation de ses fonctions, de détourner, même sans intention frauduleuse, des archives publiques dont elle est détentrice à raison de ces fonctions, est puni d'une peine d'emprisonnement d'un an et d'une amende de 3 750 euros ou de l'une de ces deux peines.

Code général des Collectivités territoriales : partie réglementaire

Paris, le 20 juin 2000

Art. R. 1421-1. Le contrôle scientifique et technique de l'État sur les archives des Régions, des départements et des communes, mentionné à l'article L 1421-6, porte sur les conditions de gestion, de collecte, de tri, d'élimination des documents courants, intermédiaires et définitifs et sur le traitement, le classement, la conservation et la communication des archives. Il est destiné à assurer la sécurité des documents, le respect de l'unité des fonds et de leur structure organique, la qualité scientifique et technique des instruments de recherche, la compatibilité des systèmes de traitement, la mise en valeur du patrimoine archivistique.

Il s'exerce sur pièces ou sur place.

[Décret n° 88-849 du 28 juillet 1988 relatif au contrôle scientifique et technique de l'État sur les archives des collectivités territoriales, art. 1er]

Art. R. 1421-2. Le contrôle scientifique et technique sur les archives des collectivités territoriales est exercé au nom de l'État par la direction des Archives de France, sous l'autorité du ministre chargé de la culture, dans les conditions suivantes.

Le directeur des Archives de France et les inspecteurs généraux des archives assurent le contrôle sur l'ensemble des archives des collectivités territoriales. Les directeurs des services départementaux d'archives des départements chefs-lieux de Régions assurent le contrôle sur les archives régionales telles qu'elles sont définies à l'article L 1421-1.

Les directeurs des services départementaux d'archives assurent le contrôle sur les archives des établissements départementaux et sur les archives communales dans les limites du département.

[Décret n° 88-849 du 28 juillet 1988, art. 2]

Art. R. 1421-3. Le visa du ministre chargé de la culture ou de son représentant est requis pour l'élimination des documents des collectivités territoriales.

[Décret n° 88-849 du 28 juillet 1988, art. 3]

Art. R. 1421-4. Les fonctionnaires mentionnés à l'article R 1421-2 s'assurent que les collectivités territoriales conservent leurs archives dans un bâtiment public et que la consultation par le public s'exerce exclusivement dans ce bâtiment.

Ils s'assurent également des mesures prévues par les collectivités territoriales pour la préservation de leurs archives en cas de péril. Ils leur notifient les conclusions de ces contrôles.

[Décret n° 88-849 du 28 juillet 1988, art. 4]

Art. R. 1421-5. Les collectivités territoriales informent le préfet de tout sinistre, soustraction ou détournement d'archives.

[Décret n° 88-849 du 28 juillet 1988, art. 5]

Art. R. 1421-6. Les collectivités territoriales informent le préfet de tout projet de construction, d'extension ou d'aménagement de bâtiments à usage d'archives ainsi que des projets de travaux dans ces bâtiments.

Le préfet dispose d'un délai de deux mois pour faire connaître son avis à la collectivité territoriale concernée. Les travaux ne peuvent commencer avant la transmission de cet avis.

Toute attribution de subvention en application de l'article L 1421-5 est subordonnée au visa technique de la direction des Archives de France.

[Décret n° 88-849 du 28 juillet 1988, art. 6]

Document n° 9

Archimag, n° 159, novembre 2002.

Tableau de gestion

Repérez, triez, tracez, conservez, détruisez

Le cycle de vie du document est une notion qui tend à se propager. Pour gérer ce cycle, les logiciels n'apportent que des réponses partielles. En revanche, les méthodologies relatives au tableau de gestion, qu'elles aient une orientation archivistique ou documentaire, sont aptes à satisfaire les exigences actuelles des activités des entreprises.

L'intégration de nouveaux modes de travail au sein des organismes et entreprises tels le travail collaboratif, la capitalisation des ressources documentaires, la conduite de projets transversaux, génère de nouvelles pratiques de gestion et de nouveaux besoins de partage des documents et des dossiers : création de dossiers uniques, identification précise de chaque document, prise en compte du cycle de vie documentaire, changement du support et orientation vers un archivage électronique, etc. À ces nouvelles contraintes de fonctionnement, répondent des outils de gestion qui ne sont, pour la plupart, pas toujours nouveaux : grille de dossiers, charte d'archivage, tableau de gestion des archives, tableau d'éliminables, référentiel documentaire, etc. Mais ces notions sont-elles équivalentes ? Quel terme choisir pour son organisme ou son entreprise ? Deux approches s'avèrent possibles, archivistique ou documentaire, qui ne sont pas exclusives l'une de l'autre.

L'approche archivistique

Une première explication technique des différents termes permet de les classer en une approche orientée archives pour des outils de type charte d'archivage, tableau d'éliminables, tableau de gestion des archives, qui ont pour rôle de définir le cycle de conservation des documents et des dossiers au sein d'un organisme, en prenant en compte les exigences issues de l'environnement réglementaire et les obligations légales et économiques. Ils se présentent sous forme de recensement systématique de documents d'archives, en y associant au moins pour chaque type de document, une durée d'utilité administrative et un sort final. Il s'agit donc autant d'un contrat d'archivage que d'un outil de gestion quotidien, qui apporte une double réponse aux questions classiques : « quel document faut-il archiver, combien de temps archiver ? »

Le tableau de gestion des archives

Dans ce cadre, le tableau de gestion des archives, appellation la plus couramment rencontrée, se construit de manière littérale sous forme de tableau et se structure autour de 4 éléments majeurs :

1 – l'activité ou l'entité d'origine : l'identification de l'unité administrative dont dépendent les natures documentaires identifiées, car il n'existe pas de document isolé ;

2 – la typologie des documents ou des dossiers (le double niveau est accepté), c'est-à-dire la description documentaire (intitulé et objet) présentée sous la forme d'une liste structurée et organisée ;

3 – le cycle de conservation : dans certains cas le tableau de gestion indique une durée globale appelée durée d'utilité administrative (DUA) qui est définie en fonction soit des obligations juridiques, soit des besoins d'information nécessaires au bon déroulement des activités du service ; elle est prescrite le plus souvent en années et fixée à partir de l'année d'achèvement du document ou à partir d'un événement particulier. Par exemple, un dossier de contentieux se garde 30 ans après la clôture du contentieux, un dossier individuel d'un salarié ou d'un agent est conservé 90 ans à partir de sa date de naissance ; ces informations sont donc à traduire en durée de conservation dans la colonne DUA. De manière plus opérationnelle, la durée globale est trop générique, il est conseillé de décomposer des périodes d'archivage courant, intermédiaire, puis définitif ;

4 – le sort final, c'est-à-dire le sort réservé à chaque nature documentaire au-delà de la DUA, se traduit par une mention de « destruction », de « tri sélectif » ou d'« archivage illimité ».

Double lecture

La lecture d'un tableau de gestion des archives est double : horizontale pour identifier chaque catégorie de documents, son délai de conservation, son traitement à l'issue du délai, les observations afférentes aux documents, aux durées (textes), à la justification et à l'exécution du traitement final ; verticale pour repérer visuellement toutes les catégories de documents afférentes aux attributions d'un service ou d'une activité.

Une élaboration en sept étapes

Sept étapes sont à prendre en compte pour élaborer le tableau de gestion des archives de son organisme :

1 – identification des catégories de documents ou de dossiers : ce travail se fait à partir de l'étude de l'organisation et de la répartition de ses missions ;

2 – définition des services émetteurs afin de fixer les responsabilités en matière de traçabilité et de conservation ; cette information permet d'introduire des règles de tri et d'élimination régulière pour tous les documents diffusés en deux, trois ou X exemplaires dans les services et que l'on retrouve malheureusement en autant d'exemplaires en archives ;

3 – regroupement des dossiers par catégorie, c'est-à-dire de manière logique suivant les domaines d'activité de son organisme ; attention ! trop souvent, le réflexe est de coller à l'organigramme ;

4 – détermination de la durée d'utilité administrative, à savoir la vérification des prescriptions légales en matière de conservation de documents ; la législation française indique nombre de délais à respecter, encore faut-il maîtriser la lecture de codes tels que le Code civil, le Code comptable, le Livre des procédures fiscales, etc. Un juriste au sein de son entreprise est un partenaire indispensable de cette étape ;

5 – homogénéisation des durées de conservation soit par application des délais prescrits, soit par décision interne qui permet de fixer des délais cohérents par nature de document, à l'échelle de l'organisme ; attention ! il y a nombre de documents dont la conservation n'est régie par aucun texte officiel, le rôle de l'archiviste est donc de proposer des délais ;

6 – établissement, par catégorie documentaire, du sort final ou de son alternative, à savoir la mention d'une valeur historique ou patrimoniale ;

7 – validation du tableau : en effet, il n'est rendu applicable que sur accord des autorités de gestion de son organisme ; en matière d'archives publiques, la direction des Archives de France ou la direction des archives départementales ont toute compétence pour valider les informations en tant qu'organismes de tutelle ; dans le cadre de toute entreprise de droit privé, la direction générale intervient en tant que valideur et ainsi engage la responsabilité de son entreprise en matière de conservation des documents.

Une construction répartie

Comment construire un tableau de gestion des archives ? De manière courante et pour répondre à une logique de structure d'entreprise, le tableau de gestion est élaboré à partir d'une répartition par direction ou par service. Cela a l'avantage d'être immédiatement opérationnel pour les équipes et de répondre au mode de fonctionnement : en revanche, ce tableau risque d'être modifié, voire totalement remis en question de manière récurrente, en cas de restructuration, fusion, arrêt ou lancement de nouvelles activités, réorganisation des ressources humaines, changement d'appellation des services et directions, etc. autant d'aléas qui sont la vie courante des entreprises organismes et qui ont pour conséquence de rendre caducs des outils construits sur la base d'un organigramme.

1er exemple : tableau de gestion d'archives construit autour des 3 éléments documentaires (typologie, DUA et sort final)			
Typologie des documents	**DUA**	**Sort final**	**Observations**
Dossier individuel d'agent. Il s'agit des dossiers de carrière individuels, directement gérés par l'organisme ou l'entreprise	90 ans à compter de la date de naissance	destruction	*cf.* circulaire 95-1 du 27 janvier 1995

2e exemple : notions de service d'origine et de durée de conservation sous forme d'un classement dans le service concerné					
Service	**Typologie des documents**	**Destruction**	**Durée de conservation dans le service**	**Sort final**	**Observations**
Direction des ressources humaines	Dossier individuel d'agent. Il s'agit des dossiers de carrière individuels, directement gérés par l'organisme ou l'entreprise	90 ans à compter de la date de naissance	en cours	destruction	*cf.* circulaire 95-1 du 27 janvier 1995
Agence comptable	bordereau de titre	10 ans	2 ans	destruction	

Document n° 10

Archives de France

Archivistique

Records management

Comment le *records management* peut faire progresser la transparence administrative. Communication faite à Lundt par Philippe Barbat, Direction des Archives de France, 2001.

L'organisation de la transparence est une exigence à laquelle l'administration d'un État de droit doit aujourd'hui se conformer.

La transparence est, d'abord, une exigence juridique. La plupart des États démocratiques sont dotés d'un cadre législatif et réglementaire imposant à l'administration de restituer aux usagers les informations qu'elle détient, sous réserve de la protection d'un certain nombre de secrets, touchant d'une part à la garantie des intérêts généraux de la collectivité, d'autre part à la protection de la vie privée.

En France, comme dans de nombreux pays européens, ce cadre législatif et réglementaire repose sur trois textes organisant l'accès aux fichiers individuels, aux documents administratifs et aux archives.

La loi du 6 janvier 1978 relative à l'informatique, aux fichiers et aux libertés donne à toute personne le droit de connaître et, éventuellement, de rectifier les informations la concernant conservées dans des fichiers informatiques ou sur support papier.

La loi du 17 juillet 1978 garantissant la liberté d'accès aux documents administratifs pose le principe de la libre communication de ces documents à toute personne.

Enfin, la loi du 3 janvier 1979 sur les archives dispose que les documents qui étaient librement communiqués avant leur versement dans un dépôt d'archives publiques le demeurent, une fois ce versement intervenu.

Ces trois lois posent, dans le même temps, les limites de cette transparence en donnant à l'administration le droit de refuser l'accès aux informations qu'elle détient et qui sont susceptibles de mettre en cause soit des intérêts collectifs (sûreté de l'État, défense nationale, politique étrangère ou encore sécurité publique), soit des intérêts individuels (vie privée, secret des dossiers personnels, secret des dossiers médicaux).

La transparence est, deuxièmement, une exigence sociale. Les citoyens des pays démocratiques sont de plus en plus convaincus que l'accès aux données détenues par l'administration constitue l'une des libertés individuelles fondamentales, que l'État se doit de respecter. Dans un monde où l'accès à l'information se simplifie, du fait notamment du développement des nouvelles technologies, il n'existe aucune raison de principe pour que les données détenues par l'autorité publique restent à l'écart du mouvement général. Certains courants d'opinion soutiennent même l'idée que l'absence de transparence de l'administration peut conduire celle-ci à commettre de graves erreurs. Ce reproche fut abondamment énoncé, en France, lors de l'affaire du sang contaminé. En effet, la confidentialité longtemps maintenue par certains fonctionnaires et médecins autour du risque de contamination encouru par les patients lors de transfusions sanguines a été vivement critiquée tant par la presse que par des responsables associatifs. Ce déficit d'information du public a même constitué l'un des motifs des poursuites pénales engagées contre l'administration par les patients contaminés à la suite de transfusions.

Enfin, et c'est peut être le plus important, la transparence constitue un devoir moral pour une démocratie. L'administration d'un pays libre doit être capable d'assumer ses actes devant les citoyens sans les travestir. Dans un pays comme la France, ce devoir de vérité ne s'impose pas de façon incontestée car il s'oppose au concept de « raison d'État ». Déjà présente chez Machiavel, la « raison d'État » a trouvé, en France, sa traduction concrète dans les méthodes de gouvernement mises en place dans la première moitié du XVIIe siècle par le cardinal de Richelieu afin de garantir l'unité du pays autour de l'autorité royale. Cette « raison d'État », qui justifiait, pour les serviteurs de celui-ci, de recourir à la dissimulation et au mensonge afin de préserver ce qui était conçu comme l'intérêt supérieur du pays, garde de nos jours quelques adeptes. Ces entorses à la morale publique que l'État a pu commettre – et commet parfois encore – semblent cependant de plus en plus inacceptables dans une société dont les citoyens sont désormais conscients de leurs droits. Il est probable – et souhaitable – que ces méthodes de gouvernement, correspondant à un état de société ancien, tendront à disparaître totalement dans l'avenir.

Toutefois, ces exigences de transparence, même celles qui prennent pour l'administration un caractère obligatoire du fait qu'elles sont inscrites dans la loi, courent le risque de rester abstraites. Comment, en effet, mettre en œuvre l'accès des citoyens aux informations détenues par l'administration si ceux-ci n'ont aucun moyen de connaître leur existence ? Et qu'en est-il lorsque l'administration, moins sans doute par une intention perverse de dissimulation que par négligence et absence de méthode, s'avère elle-même incapable de retrouver les données qu'elle détient ?

De ce point de vue, l'expérience que j'ai pu acquérir à la commission d'accès aux documents administratifs, dont je suis l'un des rapporteurs, est édifiante. Placée sous la tutelle des services du Premier ministre, cette commission peut être saisie par tout usager qui rencontre des difficultés d'accès à des documents administratifs ou à des archives publiques. Sollicitées par la commission afin d'exposer les raisons pour lesquelles elles n'ont pu autoriser un usager à accéder à un document, ces administrations invoquent fréquemment le fait que ce document a été détruit ou égaré. Impuissante, la commission déclare alors, sur ces motifs pourtant contestables, la demande de l'usager sans objet.

J'éprouve, en tant qu'archiviste, une certaine gêne face à la jurisprudence de la commission. Gêne, parce qu'au plan juridique, la loi du 3 janvier 1979 sur les archives et ses décrets d'application imposent de strictes règles encadrant la destruction des documents des services publics, n'autorisant celle-ci qu'après le double accord de l'administration qui a produit ces documents et de celle des archives. Or, j'ai le sentiment que ces règles ne sont pas systématiquement respectées par l'administration, parfois volontairement, souvent par ignorance. Du reste, saisis par un usager d'une demande d'accès à un document détruit, les services publics ne se réfèrent qu'exceptionnellement aux dispositions de la loi du 3 janvier 1979 relatives à l'élimination des archives publiques pour justifier cette destruction devant la commission.

Gêne, aussi, au plan professionnel, parce que s'il est un devoir que les archivistes, dont je suis, s'efforcent d'accomplir, c'est celui de faire connaître au public, sous la forme d'instruments de recherche, le contenu des fonds conservés dans leurs dépôts. Dès lors, quoique l'on puisse concevoir que la diffusion aux usagers des informations qu'elles détiennent ne soit pas la mission primordiale des administrations autres que celles des archives, il paraît cependant choquant de voir celles-ci se dérober à leur obligation de communication au motif qu'un document a été égaré.

Pour parvenir à porter à la connaissance du public les informations qu'ils conservent dans leurs dépôts, les archivistes ont mis en place, depuis le XIXe siècle – voire depuis plus longtemps – des méthodes de description qui constituent l'une des branches de l'archivistique. Reflétant à l'origine la tradition propre de chaque pays, ces méthodes ont fait l'objet, depuis de nombreuses années, d'une concertation organisée dans le cadre du Conseil international des archives. Fruit de ces échanges, la norme ISAD-G témoigne du caractère désormais largement consensuel des règles essentielles de description des archives.

Cette relative unanimité n'existait pas, jusqu'à une période très récente, dans le domaine du « *records management* » (le terme anglais n'a pas encore trouvé de traduction française qui fasse consensus). Apparu aux États-Unis dès la fin du XIXe siècle, celui-ci propose un ensemble de méthodes et de techniques visant à organiser une gestion efficace des documents au sein même de l'organisme où ils sont produits, et ce depuis leur création jusqu'à leur versement dans un dépôt d'archives. Les procédures prévues par le « *records management* », qui vont de l'enregistrement des documents aux modalités de leur conservation définitive ou de leur élimination, ont connu une évolution autonome dans les pays, essentiellement anglo-saxons, où elles ont été mises en application. Organiquement lié à la structure dans laquelle il est mis en œuvre, le « *records management* » a aussi varié selon qu'il se développait dans une administration ou dans une entreprise. Dans un tel contexte, l'élaboration d'une norme comparable à l'ISAD-G était particulièrement délicate.

Cependant, depuis 1997, un groupe travaille au sein de l'« International Standard Organization » à la rédaction d'une norme internationale en matière de « *records management* ».

Ce groupe a pris comme point de départ de ses réflexions une norme nationale élaborée en Australie. Cette norme australienne proposait une approche nouvelle du « *records management* », axée sur les procédures à mettre en œuvre lors de la création des documents afin que ceux-ci soient clairement identifiés au moyen de métadonnées, enregistrés et, par conséquent, aisément accessibles tout au long de leur cycle de vie. Ces méthodes, particulièrement adaptées au contexte de dématérialisation progressive de l'information engendrée par le développement de la bureautique, ont été reprises dans le cadre de la future norme internationale, qui devrait être publiée dans le courant de l'année 2001.

Étant l'un des délégués français au sein du groupe de travail international de l'ISO depuis quatre ans, il me semble aujourd'hui que la conception du « *records management* » qui prévaut dans le projet de norme en cours de rédaction présente le plus grand intérêt dans une perspective de développement de la transparence administrative. Les méthodes préconisées par la future norme pourraient en effet donner à l'administration les moyens d'identifier précisément les documents qu'elle détient et, par conséquent, d'en garantir l'accessibilité, au bénéfice tant de ses propres agents que du public.

En effet, la méthodologie archivistique, dont les concepts ne sont pas inadaptés dans leurs principes au classement et à la description des documents au sein des administrations, ne peut cependant être appliquée dans l'ensemble des services publics. La mise en œuvre de cette méthodologie exigeante n'est possible que dans un service d'archives, dont la mission première est la description des fonds, et où opère un personnel spécifiquement formé pour l'exercice de cette mission.

Le « *records management* » est, en revanche, mieux adapté au fonctionnement administratif parce que les techniques qu'il propose, qu'il s'agisse de l'enregistrement des documents dans des systèmes d'archivage, de la fixation des délais de conservation de ces documents dans ces systèmes, ou encore du contrôle de la conformité des éliminations avec le cadre législatif et réglementaire en vigueur, ont pour objectif de s'intégrer au travail quotidien de chaque service. Afin de garantir cette adaptation, il est indispensable de procéder au préalable à une analyse fonctionnelle des missions et des méthodes professionnelles du service dans lequel un système de « *records management* » vient s'intégrer. Là où l'archivistique développe des concepts, le « *records management* » propose, plus modestement mais aussi plus pragmatiquement, des outils adaptables à chaque contexte professionnel et destinés à permettre à l'organisme qui les utilise de connaître l'information qu'il détient.

L'approche concrète du « *records management* » bénéficie avant tout aux agents de l'organisme qui choisit de tirer profit de ses méthodes. Il est en priorité un moyen de partage de la connaissance au sein du service. Mais l'on voit immédiatement en quoi cette gestion rationnelle de l'information au sein des services publics peut bénéficier aux usagers. Le droit d'accès aux documents administratifs que donne la loi à toute personne devient beaucoup plus vaste si ces documents sont précisément identifiés et enregistrés au sein du service qui les détient. Dans un tel contexte, les risques de destruction incontrôlée ou de perte disparaissent, et seules les limites posées par la loi quant à la confidentialité de certains intérêts généraux ou privés justifient la non communication des documents au public. Une meilleure application de la loi est toujours un progrès de la démocratie et ce ne serait pas le moindre mérite du « *records management* » que d'y contribuer.

Cette dimension du « *records management* » n'a d'ailleurs pas échappé aux rédacteurs de la future norme ISO consacrée à ce sujet, qui soulignent à plusieurs reprises que l'un des objets du « *records management* » est de permettre à tout organisme de répondre aux attentes de la société, le respect du droit d'accès figurant naturellement au nombre de ces attentes. Cette finalité a été assignée au « *records management* » par les Australiens, qui sont à l'origine de la norme internationale. Elle a été fortement approuvée par les pays européens impliqués dans l'élaboration de cette norme, notamment l'Allemagne, la France et la Suède.

Il faut être conscient que le développement du « *records management* » ne pourra être garanti sans certaines modifications des méthodes de travail de l'administration, notamment dans les pays, comme la France, où aucune tradition n'existe en ce domaine. Afin que les procédures nouvelles du « *records management* » puissent être mises en œuvre, il sera nécessaire, d'une part, de créer des formations permettant aux fonctionnaires de se familiariser avec les méthodes du « *records management* » et de comprendre quel profit ils peuvent en tirer. Il faudra, d'autre part, reconnaître le « *records management* » comme une discipline professionnelle spécifique et créer, dans les services administratifs regroupant un personnel nombreux, des postes de « *records managers* ».

Il me semble en tout cas que cet effort mérite d'être accompli, à l'heure où, sous l'impulsion des directives européennes, les législations des pays de l'Union relatives à l'accès aux données publiques s'orientent vers plus d'ouverture. La conjugaison de ce cadre législatif garant des droits des citoyens au contrôle démocratique sur l'action de l'administration, avec une meilleure identification, grâce au « *records management* », des documents détenus par les services publics, permet d'espérer que la transparence de l'État progressera rapidement, pour le plus grand bénéfice de la collectivité.

Philippe Barbat, conservateur à la direction des Archives de France, chargé de mission auprès de la directrice.

Document n° 11

Les Archives électroniques, Manuel pratique, 2002

(extraits)

[...]

Dans l'environnement numérique, l'unité élémentaire d'information est la *donnée* qui n'est qu'une chaîne de caractères ou octets constitués de bits (0 ou 1). Les données sont inscrites sur des supports numériques. Il est indispensable de recourir à des outils technologiques pour les exploiter et les lire. En cela, elles diffèrent entièrement du document papier qui véhicule un message immédiatement utilisable.

Dans un environnement papier, les données et leur mise en forme et en œuvre sont sur le même support et le même document. L'archiviste dispose, sur le document même, d'une grande partie des éléments qui serviront à sa critique, à son étude diplomatique. Il en est tout autrement dans l'environnement électronique : les deux sont séparés, conservés souvent par des services différents. Ils doivent cependant être collectés ensemble pour rendre les données compréhensibles et susceptibles de faire l'objet d'une analyse historique.

Une typologie sommaire des différents objets d'archivage montre leurs grandes différences et spécificités. L'archiviste aura à conserver sur le long terme, trois grands types d'objets numériques :

– le document qui rend compte d'une activité ou d'un raisonnement, dont les limites sont fixes et précises et dont la taille est en général faible (ex. : document géré par traitement de texte, courrier électronique) ;

– la base de données qui est un réservoir de données parfois très volumineux, dynamique, mis à jour périodiquement ;

– certains objets d'information numériques qui associent les deux types précédents, sont composés d'éléments statiques et dynamiques et contiennent des liens vers des ressources externes (ex. : sites Web).

Les données et documents numériques sont plus faciles certes à manipuler, dupliquer, transférer. Mais ils sont également plus faciles à modifier et ils peuvent, très rapidement et de façon irréversible, perdre leur intégrité d'origine.

Des exigences nouvelles, dues à l'évolution rapide des langages, des formats et des supports numériques, apparaissent donc pour la conservation à long terme de l'information.

Les données et documents numériques ne sont accessibles qu'une fois tout un travail de description, d'évaluation et de sélection terminé. La description en est d'autant plus ardue que leurs contenus sont composites et qu'ils coexistent avec des types documentaires sur papier. Leur classification est aussi d'autant plus cruciale pour la recherche de l'information que leur production est abondante. En cela encore, ils sont différents des documents sur papier, dont la consultation n'est pas conditionnée par l'achèvement du travail de classement et de description.

[...]

Décrire des données numériques, les évaluer et les sélectionner prend beaucoup plus de temps que de classer des archives de format traditionnel ou de rédiger un instrument de recherche de type classique, fût-il très détaillé.

De cela découle la nécessité d'avoir une démarche globale de repérage de l'information, de ses circuits et de la production documentaire. L'archiviste se doit d'intervenir beaucoup plus tôt dans le cycle de vie de l'information. Il continue à être de façon privilégiée et presque exclusive, responsable des documents lorsque ceux-ci ont atteint l'âge historique ou définitif. Mais il doit aussi revendiquer un rôle dès l'amont de leur chaîne de traitement.

Dans l'entreprise comme dans l'administration, en effet, les bouleversements fréquents d'organigrammes et le renouvellement rapide des responsables privent de plus en plus la tradition orale de son efficacité et rendent de plus en plus nécessaire une organisation des flux documentaires dès l'origine : produire des documents en se disant que pour la conservation, on verra plus tard, est une politique à courte vue, incompatible avec la recherche croissante de qualité et avec la nécessité fréquente de justifier ses décisions passées. Ceci est d'autant plus vrai s'agissant du document électronique. La seule solution est de faire intervenir en amont, aux côtés des producteurs et techniciens, l'archiviste qui sait ce qu'il faut conserver et comment.

[...]

Corrigé

Améliorer la gestion des archives courantes et intermédiaires revient d'abord à s'assurer que toutes les dispositions légales et réglementaires sont appliquées, tant en ce qui concerne les procédures de collecte et de conservation, que la sécurité des archives et leur mise à disposition du public. C'est ensuite au chantier de la modernisation qu'il est possible de s'attaquer, en prenant notamment en compte les nouvelles habitudes de travail et les possibilités offertes par l'archivage numérique et les services en ligne.

Il incombe toujours au service producteur du document administratif d'en assurer la conservation au titre des archives courantes. Il en résulte que l'essentiel de la préparation du document en vue de son archivage est opéré par des personnels qui ne sont pas archivistes, mais sous l'autorité de la direction des archives. La formation de ces personnes doit permettre d'améliorer la suite de la vie des archives (conservation, disponibilité) en insistant sur les points suivants :

– les textes de loi qui font obligation de conserver les documents administratifs et d'en tenir certains à la disposition du public, qui fixent les durées légales de conservation et les modalité de leur destruction. Les articles de la loi de 2004 sur la communication des documents administratifs doivent être affichés dans les locaux ouverts au public ;

– la loi de juillet 1978, modifiée en juin 2005, après avoir rappelé la liberté d'accès aux documents administratifs, quel que soit leur support, donne la définition et la liste de ce qui doit être considéré comme document administratif et ce qui ne l'est pas. Puis sont définis les documents qui sont communicables, ceux qui ne le sont pas, ceux qui ne sont communicables qu'à l'intéressé ;

– le décret du 3 décembre 1997 définit les compétences des services en matière d'archivage et les collaborations entre services nécessaires à la bonne collecte, conservation et communication des archives publiques ;

– le Code Pénal (art. 322) prévoit de lourdes peines pour toute dégradation, perte, soustraction ou détournement de documents administratifs, totalement ou partiellement, volontairement ou non, même au stade de la tentative, même par simple négligence ;

– le code du Patrimoine du code des Collectivités Territoriales impose le secret professionnel aux personnels qui ont la charge des archives publiques, et les déclare imprescriptibles. Il fixe les modalités de communication des archives et notamment leur durée de communicabilité en fonction de leur nature.

Cette formation devra également rappeler l'importance des pièces de suivi d'archives et la méthode de tenue de ces pièces : bordereau de versement et tableau de gestion d'archives. Les recommandations internationales en la matière devront faire l'objet d'une initiation, de manière à préparer l'uniformisation des archives et surtout à bénéficier des méthodes qui ont fait leurs preuves. Les procédures du *records management*, qui vont de l'enregistrement au sein même de l'organisme où sont produits les documents, jusqu'aux modalités de leur conservation définitive ou de leur destruction, sont à la base d'un travail en cours, qui doit déboucher sur l'établissement d'une norme ISO.

La sécurité des archives réside d'abord dans la qualité de leur suivi. Ainsi seront évitées des erreurs comme la découverte de feuilles d'imposition de l'année en cours dans une décharge publique... Mais la réglementation prévoit que les bâtiments consacrés aux Archives de l'administration soient contrôlés par l'État. Tout nouveau bâtiment, toute transformation doivent être signalés au préfet.

L'outil informatique fournit certainement de nouvelles solutions en matière de classement et de recherche en archivage, mais il apporte aussi son lot de questions nouvelles, concernant l'archivage et la sécurité des documents numériques, si faciles à falsifier ou à faire disparaître, et dont l'immatérialité n'est pas le moindre inconvénient.

3. Documentation

Sujet mai 2004 : concours externe et interne

Vous êtes assistant qualifié de conservation du patrimoine et des bibliothèques à la ville de Silves.

À partir des seuls documents joints, vous rédigerez un rapport relatif à l'adaptation des centres de documentation à l'évolution des attentes du public.

Documents joints

Document n° 1 : « Médiation et technologies de l'information : regards croisés », Bernadette Ferchaud, documentaliste, *Sciences de l'information*, 2003, vol. 40, n° 6.

Document n° 2 : « Ce n'est pas Internet qui révolutionne l'administration, ce sont les attentes des citoyens », Mehdi Gharsallah, *Archimag*, juillet-août 2003, n° 166.

Document n° 3 : « Cerise Conseil aux étudiants pour une recherche d'information spécialisée efficace », Claire Panigel, *Bulletin des Bibliothèques de France*, 2001, t. 46, n° 5.

Document n° 4 : « Mirabilia », Éric Sutter, documentaliste, *Sciences de l'information*, 2003, vol. 40, n° 2, avril.

Document n° 5 : « Les 25 ans de la BPI », *La Lettre des professionnels de l'information*, janvier 2003.

Document n° 6 : « Forum international des bibliothèques de métropoles – 6 projets hors du commun », Mehdi Gharsallah, *Archimag*, février 2004, n° 171.

Document n° 7 : « NTIC l'e-administration prend forme – Repères », fascicule n° 2 de la *Gazette des communes – des départements – des régions*, n° 1721 du 15 décembre 2003.

Document n° 1

Colloque ADBS - EAP-ESCP
Médiation et technologies de l'information : regards croisés

Organisé par l'ADBS avec la participation de l'École européenne des affaires-École supérieure de commerce de Paris (EAP-ESCP) qui l'accueillait en ses murs, un colloque a eu lieu à Paris les 23 et 24 octobre sur le thème de la médiation. Réunissant chercheurs de diverses disciplines et praticiens de l'information-documentation, il invitait les participants à croiser leurs visions d'un phénomène qui affecte de nombreux métiers : l'évolution sensible de la fonction de médiation sous l'effet des technologies de l'information.

L'APPARITION D'UNE NOUVELLE TECHNOLOGIE dans une entreprise affecte les différentes fonctions qui la structurent et les professionnels qui les assurent. Les documentalistes s'interrogent aujourd'hui sur les conséquences de l'irruption d'Internet et sur l'usage réellement fait des outils – intranets et sites web – qui ont transformé leur fonction en « médiation virtuelle ». En quoi ces plates-formes documentaires modifient-elles le comportement des utilisateurs, comment font-elles évoluer les relations entre le service d'information et son public, et donc cette fonction de médiation qui est au cœur de leur métier ?

Ils s'interrogent d'autant plus que, dans d'autres domaines, des travaux et des réflexions affirment de façon de plus en plus forte l'importance de la médiation et de la relation de service. C'est le cas en particulier dans les sciences de gestion, qui font la part belle à la dimension relationnelle entre le prestataire et le client ; la place qu'elles accordent au CRM (*customer relation management*), qui ne se contente pas d'un engagement purement commercial mais intègre la dimension relationnelle et d'accompagnement, en est l'un des signes patents.

L'objet de ce colloque était de réunir, autour de cette problématique de l'intermédiation et de ses évolutions futures, des chercheurs de différents horizons (sciences de gestion, sciences de l'information, informatique, sociologie) et des professionnels de l'information. Pour ces derniers, il s'agit plus, devait en introduction rappeler Caroline Wiegandt, présidente de l'ADBS, d'un déplacement de leur champ d'intervention : d'une relation directe avec l'utilisateur final vers une médiation en amont (faciliter l'accès à l'information) et en aval (former les utilisateurs, traduire leurs besoins). Il était donc particulièrement intéressant d'étudier comment cette médiation a été prise en compte dans d'autres secteurs que le nôtre.

La médiation, élément essentiel de l'identité des documentalistes

Sur le plan de l'articulation entre médiation et identité professionnelle, on peut distinguer trois phases dans l'évolution de la fonction documentaire.

Dans les années soixante-dix, cette fonction se définit essentiellement par le recensement de documents (alimentation de catalogues, constitution de banques de données) afin de faciliter l'accès à ceux-ci. À la même époque, le développement de l'informatique documentaire, qui ouvre des perspectives nouvelles pour l'accès à l'information, conduit à un premier repositionnement des documentalistes, certaines tâches devenant automatisées. L'identité professionnelle se construit alors autour de la maîtrise des techniques informatiques et informationnelles et des outils, le documentaliste se positionnant comme un intermédiaire technique incontournable.

Documentaliste – Sciences de l'information 2003, vol. 40, n° 6

Le programme du colloque

• Session 1. Médiation et information, hier, aujourd'hui et demain ?
Modérateur : Paul-Dominique Pomart, Bayard-Presse
La question de la médiation en documentation : une interrogation ancienne ? Florence Muet, Information & Management et ADBS
Quelle place pour l'intermédiation dans l'économie de l'information ? Pierre Chapignac, Stratégies et Mutations
Perspectives autour du web sémantique pour la gestion et l'exploitation des contenus, Philippe Laublet, co-responsable de l'Action spécifique CNRS-STIC Web sémantique, LaLICC, Université de Paris-Sorbonne

• Session 2. Intermédiation et clients, utilisateurs ou usagers : quelles convergences ?
Modératrice : Brigitte Guyot, enseignant-chercheur, Institut national des techniques de la documentation (INTD)
La place du non marchand dans la relation de service, Éric Rémy, IAE de Rouen - CREGO
Quelle évolution de l'intermédiation dans l'économie du secteur automobile ? La problématique actuelle autour des concessionnaires automobiles, Christian Navarre, professeur de marketing, Université d'Ottawa (par visio-conférence)
La mise en place d'un service de questions/réponses en ligne à la Bibliothèque interuniversitaire de médecine : quel impact sur la médiation ? Christine Stotzenbach, BIUM

Modératrice : Martine Prévot-Hubert, Institut d'études politiques de Paris

Peu à peu, et jusqu'aux années quatre-vingt-dix, sous l'effet de la mise à disposition d'outils grand public d'accès à l'information (Minitel, cédéroms, puis Internet), le cœur de l'activité des professionnels se concentre sur le traitement et la valorisation de l'information, cette notion prenant progressivement le pas sur celle de document. Le documentaliste crée de la valeur ajoutée en sélectionnant et validant l'information pertinente, en diffusant l'information de manière sélective (DSI). La prise en compte du besoin de l'utilisateur et de sa satisfaction devient centrale. L'activité documentaire s'apparente alors à une activité de service avec un lien très fort avec le destinataire.

Actuellement, dans la troisième phase, l'autonomie – réelle ou supposée – des usagers infléchit sensiblement cette relation privilégiée. Plutôt qu'une relation de concurrence entre expert et non-expert, c'est une relation de complémentarité qu'il faut imposer, en mettant l'accent sur la valeur ajoutée par le professionnel de l'information.

Une autonomie réelle des usagers ?

Une étude menée au sein du groupe Total et portant sur les évolutions de la fonction documentaire illustre parfaitement ce glissement. Tout métier se transforme par la confrontation de deux facteurs, le modèle économique sous-jacent à toute entreprise, qui impose une transformation constante de l'organisation, et les technologies qui viennent percuter des modes d'organisation et des savoirs préexistants, même si l'apparition de ces nouveaux outils ne rend pas moins nécessaires les savoirs de base du métier en question. Dans ce cas précis, les conséquences de ces transformations pour les professionnels de l'information se sont concrétisées par un élargissement de leurs domaines d'intervention : formation de l'usager, assistance à celui-ci, vente de produits en interne, marketing, veille informationnelle, etc. Sans qu'ils cessent pour autant d'assurer leurs fonctions traditionnelles. L'introduction dans l'entreprise d'outils d'information complexes, non maîtrisés par les clients, a contraint les documentalistes à devenir prestataires de services à l'intention de clients et à jouer un rôle d'experts au niveau de la direction.

Autre expérience au sein du groupe Atofina, où les compétences des documentalistes ont évolué vers davantage de technicité, notamment dans la gestion des formats des contenus électroniques. L'intranet du groupe, auquel participe toute l'équipe, a généré des questions de plus en plus complexes de la part des usagers et imposé à ceux qui sont devenus des e-documentalistes un rôle pédagogique (élaboration d'outils d'aide en ligne, ergonomie, etc.) et d'expertise vis-à-vis de leurs interlocuteurs. Ce nouveau support de diffusion a également entraîné le développement d'autres fonctions comme la conception de produits, la production de contenus éditoriaux, la communication...

Cette transformation des fonctions repose à nouveau la question des compétences des professionnels de l'information, de leurs rémunérations et de la reconnaissance du métier.

De la médiation documentaire à une relation de service

La relation de médiation se métamorphose donc en une relation de service (consistant à apporter une solution à un utilisateur). La valeur de l'information est en lien direct avec la prise de décision. Et de multiples perspectives de valorisation d'un fonds d'information s'ouvrent dès qu'on lui apporte une valeur ajoutée de service. Aujourd'hui, la mise en place d'un tel service nécessite une approche plus globale : la construction d'un véritable système formalisé. Ce qui exige la prise en compte du capital immatériel et l'identification des gisements de valeur, la prise en considération des réseaux humains, l'intégration dans une dynamique de système[1], une démarche d'ingénierie de service. La mise en place d'un système de veille dans une entreprise en serait une bonne illustration.

Cette relation de service ne se réduit pas pour autant à ces aspects techniques. Toute relation de ce genre

1 Voir le récent ouvrage de Christiane Volant : *Le management de l'information dans l'entreprise : vers une vision systémique*, ADBS Éditions, 2002.

Le programme du colloque (suite)

Médiation et intermédiation dans le canal de distribution, Olivier Badot, professeur de marketing, EAP-ESCP
L'introduction de l'Internet dans les agences immobilières : quel impact sur les relations avec les clients ? Marie-Christine Monnoyer-Longé, professeur en sciences de gestion, co-responsable de l'équipe CHOCO-Lerass, Université Toulouse-3
La médiation documentaire et ses évolutions actuelles au groupe HEC, Agnès Melot, responsable de la bibliothèque d'HEC
Synthèse de la session 2 et débat, Jean-Michel Salaün, professeur en SIC (ENSSIB)

• Session 3. Quel devenir pour les professionnels de la médiation ?
Modérateur : Frédéric Moatty, GDR-TICS CNRS - Centre d'études de l'emploi (CEE)
Le métier de documentaliste : une analyse des transformations en cours chez Total, Anne de Fenoyl, consultante ressources humaines et TIC
Évolutions biographiques et métiers : interrogations autour de quelques métiers, Jean-Pierre Faguer, CNRS - CEE
Au carrefour de la documentation et de la pédagogie, des médiations multiples sur un espace d'autoformation multimédia, Pascaline Blandin, Cité des sciences et de l'industrie de la Villette, Espace auto-formation
Autonomie des utilisateurs, place et compétences des professionnels, Élisabeth Gayon, Atofina

comprend à la fois un aspect technique et un aspect social (le non-marchand, que l'on peut définir comme un espace de connexion entre le prestataire et le client). Ce dernier est le plus difficile à appréhender sur un plan méthodologique et théorique car il est impossible à standardiser. Cet « habillage » social peut se matérialiser sous plusieurs formes (environnement, éthique, etc.), sa combinaison avec l'aspect technique formant le système de servuction (« *organisation systématique et cohérente de tous les éléments physiques et humains de l'interface client-entreprise nécessaire à la réalisation d'une prestation de service* »).

D'intéressantes études de cas ont illustré l'importance de cette dimension sociale dans les activités commerciales, que certaines entreprises ne se privent pas d'exploiter. Le cas de la distribution est de ce point de vue exemplaire. La question de l'utilité des intermédiaires y est devenue récurrente depuis le développement du e-commerce, qui peut se passer de points de vente. Cette vision purement économique fait l'impasse sur la fonction psycho-sociologique que remplit l'intermédiaire, par exemple dans l'animation de la vie locale, dans l'intégration communautaire, dans l'effet de stimulation et de surprise, dans le plaisir de la découverte... La complexité des marchés, conjuguée à un besoin de variété chez des consommateurs de plus en plus avisés, renforce au contraire le besoin d'intermédiaires plus spécialisés. La dimension humaine restant essentielle dans un domaine comme celui-ci - même s'il doit se développer en devenant multiforme (multi-spatial, multi-formule, multi-canal).

Quand l'introduction de TIC renouvelle la relation à l'utilisateur

Plusieurs expériences ou études, dans le milieu documentaire ou dans d'autres secteurs d'activité, ont illustré la manière dont l'introduction des technologies de l'information pouvait modifier, parfois radicalement, la fonction d'intermédiation.

Destiné aux professionnels de santé, grands utilisateurs d'Internet qui modifie leurs attentes vis-à-vis des services traditionnels d'information, un service de questions/réponses en ligne (par courrier électronique) a été mis en place à la Bibliothèque interuniversitaire de médecine (BIUM) de Paris. La décision de lancer un tel service obéit à plusieurs préoccupations : meilleure visibilité sur le web, disponibilité accrue pour les usagers (24 heures sur 24), médiation rapide et performante. Le courrier électronique répondait aux impératifs identifiés : simplicité, souplesse, économie, formulation réfléchie, trace écrite, « lenteur » positive qui permet de bien répondre à la question (réponse sous 48 heures). Cet outil tend en réalité à reproduire l'entretien en face à face entre documentaliste et usager mais répond en revanche au besoin d'obtenir l'information sans se déplacer, directement sur son « bureau ».

Au groupe HEC, une véritable politique en faveur de la médiation documentaire a été menée, en adaptant cette médiation à chaque catégorie d'utilisateurs (professeurs et étudiants du doctorat HEC, étudiants du MBA, étudiants d'HEC, étudiants des treize mastères, directions et services). Cette personnalisation des services a conduit à multiplier à la fois les supports d'accès à l'information et les modes d'intervention du centre de documentation, dans l'établissement mais également à l'extérieur de celui-ci. Quel avenir pour un tel centre documentaire ? Des collections de plus en plus hybrides, entre papier et électronique ; des espaces adaptés pour les rencontres entre les utilisateurs ; des prestations à distance 24 heures sur 24, sept jours sur sept ; une offre diversifiée de services ciblés à valeur ajoutée ; un rôle de « facilitateur » pour rassembler et diffuser l'information.

En Amérique du Nord, Internet a radicalement changé le comportement des consommateurs lors de l'achat d'une voiture, provoquant des effets particuliers sur l'industrie automobile. Les constructeurs sont obligés de passer par l'intermédiaire des concessionnaires pour vendre leurs véhicules. Ces derniers exploitent massivement Internet comme outil de médiation pour présenter leurs produits et dialoguer à travers des *chats* avec les clients potentiels. Sur un processus de six mois que compte l'achat d'un véhicule, les acheteurs se présentent chez le concessionnaire sept jours seulement avant l'achat réel. Tout se passe auparavant dans le monde virtuel des images. Un vendeur peut espérer vendre, par Internet, deux cents voitures par mois contre six ou sept par l'intermédiaire d'un vendeur présent physiquement. Actuellement, ce sont les constructeurs japonais qui tirent le mieux leur épingle du jeu en ayant complètement intégré la stratégie Internet. Une industrie peut être brutalement remise en cause par une technologie. Tout se jouant, dans ce cas précis, sur l'adéquation entre le comportement des internautes et ainsi la conception des sites.

Autre terrain de réflexion : les agences immobilières où l'impact des TIC, sous la forme essentiellement de sites web, est particulièrement intéressant à étudier. Un tel site ne remplace pas le local physique mais au contraire compense une localisation en général de faible qualité qui restreint à un marché de proximité. Il permet également d'enrichir (par des photographies) les informations sur les biens. La communication avec les clients prend de nouvelles formes : intensification des échanges, réduction du formalisme grâce au courrier électronique qui facilite les contacts. Mais, malgré la variété des supports de communication, subsiste en revanche une certaine pauvreté informationnelle. Les formes d'intermédiation devraient se développer vers plus de services complémentaires en partenariat avec d'autres prestataires (banque, assurance, entreprise de déménagement, accompagnement du migrant, etc.). Mais les potentialités de renouvellement dans les services offerts aux clients seront d'autant plus nombreuses que l'appropriation technologique sera parfaitement maîtrisée.

L'espace d'autoformation de la médiathèque de la Cité des sciences et de l'industrie constitue un environnement propice aux échanges, entre l'apprenant et ses pairs et/ou une personne ressource, en l'occurrence le médiateur de l'espace. Celui-ci est confronté à plusieurs types de médiation, à la croisée du champ pédagogique et du champ documentaire. Dans ce contexte (public très hétérogène, champs d'intervention très diversifiés, etc.), la fonction d'accompagnement de l'apprenant est essentielle. Le professionnel ne peut plus se cantonner dans la gestion bibliothéconomique, mais il doit développer des compétences dans le cadre de l'interculturalité et de la formation.

Le web sémantique, mieux qu'un outil documentaire

Sur un plan technique, le web sémantique apparaît comme une véritable révolution dans l'accès à l'information sur les réseaux[2]. Il consiste en un enrichissement sémantique de l'information par l'ajout d'une couche permettant la description des contenus et la structuration des ressources avec un certain degré de formalisation, transformant ainsi l'Internet en une vaste base de données construite avec un langage structuré. Les ontologies sont l'un des outils utilisés pour y parvenir. Ce sont des langages formalisés et consensuels qui, décrivant un domaine du monde réel, permettent *« de lier le contenu exploitable par la machine avec sa signification pour les humains »*. L'objectif étant de donner un sens aux informations que même les ordinateurs pourraient comprendre.

Les futurs usages du web sémantique sont encore peu prévisibles mais, dans un proche avenir, ces technologies vont être utilisées dans les entreprises, essentiellement sur le terrain de la gestion des connaissances.

La mise en œuvre du web intelligent concerne donc tous les aspects de la gestion documentaire et particulièrement l'automatisation du traitement des contenus. Les professionnels de l'information apparaissent donc à juste titre des partenaires privilégiés dans la conception de ces outils sémantiques.

Peut-on parler d'un « néo-métier » de documentaliste ?

Le contenu de ces différentes interventions dessine un avenir plutôt prometteur pour les professionnels de l'information et de la documentation. Loin de les éloigner de leur public, les TIC renforcent au contraire la nécessité d'une médiation. Si évolution il y a, dans le milieu documentaire, c'est dans la forme et dans la nature de la relation. Le documentaliste reste assurément une interface entre l'utilisateur et l'outil, mais non plus pour aider cet usager à s'approprier la technique mais pour l'aider à décoder un besoin qu'il a souvent du mal à exprimer ou à formuler. En ce sens, il s'agit bien de jouer un rôle de traducteur.

Et si la reconnaissance que le professionnel de l'information peut attendre de l'institution est plus facile à obtenir par sa maîtrise de la technique que par sa capacité à instaurer une relation de qualité, cette dernière, dont on a parlé avec insistance, ne doit pas être occultée au seul profit de la première. Il faut certainement trouver un équilibre entre l'aspect technique de la médiation et son aspect humain.

Une diversification, déjà engagée, des métiers de l'information se dégage en filigrane : expertise (qualification des sources, ingénierie documentaire, etc.) et formation – des fonctions sur lesquelles beaucoup d'intervenants ont insisté –, mais aussi participation à la construction des systèmes d'information de l'entreprise et à la structuration des contenus électroniques. Le prix à payer en est le renoncement à cette idée que les documentalistes ont le monopole de l'information dans les organisations. Ils doivent s'intégrer dans des équipes pluridisciplinaires et travailler en synergie avec d'autres acteurs[3]. À eux de revendiquer et d'assumer ce rôle privilégié qu'ils peuvent y jouer grâce à leurs compétences et à leur spécificité professionnelles.

B.F.

2 À propos du web sémantique, voir aussi dans ce numéro pages 327-391.
3 Voir à ce sujet « Les acteurs du management de l'information », entretien avec Éric Sutter paru dans notre numéro 4-5/2003, p. 288-295.

Document n° 2

Paul Guédon, organisateur de Futurinfo 2003

« ce n'est pas Internet qui révolutionne l'administration, ce sont les attentes des citoyens »

mehdi gharsallah

Futurinfo 2003 (1) a pour objectif de réunir les 16, 17 et 18 septembre au Futuroscope de Poitiers les différents acteurs européens de l'e-administration autour du thème « Etat, collectivités, services publics : construire ensemble une e-administration au service du citoyen et des entreprises. »

Archimag. A qui s'adresse Futurinfo 2003 ?

Paul Guédon. Pour nous, le premier enjeu de l'e-administration n'est pas technique, il est organisationnel. La première édition de Futurinfo cible donc les élus des collectivités territoriales (CT), les directions générales, les professionnels de la communication, des systèmes d'information, des services de documentation... Bref, tous ceux qui produisent de l'information à l'aide de fonds publics.

Qu'englobe la notion d'e-administration ?

On considère l'e-administration comme l'utilisation des TIC (Technologies de l'information et de la communication) pour mieux répondre aux missions du service public. Dans un premier temps, chaque organisation publique est tentée de mettre en ligne ses contenus et ses services. Mais l'imbrication des compétences, les découpages administratifs font qu'elle ne possède qu'une partie de la réponse à la question des usagers. Le fondement même de la e-administration est d'utiliser les TIC pour construire des contenus et des services vers les besoins de l'utilisateur. Si l'on prend l'exemple d'un déménagement, l'idéal pour l'utilisateur serait d'avoir un seul endroit où il signale son déménagement et que cette information soit ensuite redistribuée aux différents organismes concernés. Sur un seul site, l'utilisateur entre son ancienne et sa nouvelle adresse, son numéro de sécurité sociale, son identifiant de Caisse d'allocations familiales, son numéro fiscal et toutes ces informations sont automatiquement envoyées dans les bases de ces services qui mettent le dossier à jour.

Quel est l'état de l'art en France ?

Toutes les études montrent que la France bute sur des problèmes d'organisation. La sophistication et la finesse de l'administration française sont à la fois une chance et une source de complexité, ce qui représente un handicap par rapport à d'autres pays. Cela étant, l'Etat a des démarches exemplaires (Service-public.fr, Netentreprises...) et prend le problème par le bon bout. Par ailleurs les réalisations locales de services en ligne remarquables se développent. Mais pour accélérer le mouvement, nous pensons, comme cela a été proposé dans le rapport de Pierre de La Coste, "L'hyper république", qu'il faudrait une organisation comparable à celle de l'Adae (Agence pour le développement de l'administration électronique) à l'échelle de la région (3). Quelqu'un qui joue le rôle de catalyseur.

Quels sont les enjeux pour l'Etat ? Pour les collectivités territoriales ? Pour les citoyens ?

Ce n'est pas Internet qui révolutionne l'administration, ce sont d'abord les nouvelles attentes des citoyens et des entreprises vis-à-vis de leur service public. Les TIC arrivent à point nommé comme un formidable levier pour répondre aux enjeux de modernisation de l'administration pour mieux répondre aux demandes des citoyens et des entreprises et d'optimisation de la gestion des ressources humaines des organisations publiques. La maturité n'est pas encore là. Peu de collectivités locales ont accepté de remettre à plat l'organisation de leurs chaînes de production d'information en fonction d'un service précis à l'usager ; et qui plus est avec un autre service public qui détiendrait une partie de l'information utile à ce service. En définitive, le développement de l'information et des téléservices publics repose d'abord sur la capacité des organisations (Etat, collectivités locales, services publics...) et des acteurs publics (professionnels de la documentation, de la communication, des systèmes d'information...) à renforcer leur culture et leur capacité de coopération. Cette conviction est au cœur de la création de Futurinfo.

*Directeur de la communication du Conseil général de métier, **Paul Guédon** est aujourd'hui responsable du développement des coopérations publiques au sein d'Arantis (Agence Poitou-Charentes des technologies de l'information et de la communication) (2) et organisateur du symposium Futurinfo 2003.*

(1) www.futurinfo.org
(2) www.arantis.com
(3) www.atica.pm.gouv.fr

Document n° 3

Cerise

Conseils aux étudiants pour une recherche d'information spécialisée efficace

Cerise, ou Conseils aux étudiants pour une recherche d'information spécialisée efficace[1], est un guide d'initiation aux méthodologies de l'information documentaire, à disposition de tous sur Internet. Destiné plus particulièrement aux étudiants de premier cycle universitaire, il propose des conseils de méthode et des indications pratiques qui peuvent être exploités dans un enseignement en lettres ou en sciences humaines et sociales, et facilement adaptés pour des disciplines scientifiques.

Souvent utilisé par des enseignants assurant des unités d'enseignement (UE) de méthodologie du travail universitaire[2], il sert aussi d'outil d'autoformation sur lequel pointent les sites web de nombreuses bibliothèques.

Les auteurs, Martine Duhamel, de l'université de Paris IV, et Claire Panijel, de l'Unité régionale de formation à l'information scientifique et technique-Paris (URFIST), ainsi que leurs collaborateurs, ont partagé leurs expériences d'enseignants universitaires et de spécialistes de l'information pour identifier et expliciter des démarches informationnelles constitutives du processus d'étude.

1. http://www.ccr.jussieu.fr/urfist/cerise/
2. Les unités d'enseignement de méthodologie du travail universitaire (MTU) sont des enseignements de premier cycle introduits par la loi d'orientation de l'enseignement supérieur en 1997. Cette réforme essaie de prendre en compte les difficultés du premier cycle, dont le fort taux d'échec est devenu un problème politique, et impose un cadre institutionnel favorable à la formation documentaire. Ainsi l'arrêté du 9 avril 1997 relatif au diplôme d'études universitaires générales, à la licence et à la maîtrise prévoit un premier semestre organisé en trois unités d'enseignement, dont *« une unité de méthodologie du travail universitaire permettant l'apprentissage des méthodes, pratiques et savoir-faire nécessaires à la réussite d'études à l'université ».*

Finalités

Lorsqu'en 1998, le projet de ce guide a été élaboré, la formation documentaire des étudiants, enjeu éducatif et politique, peinait à se mettre en place : ce type d'enseignement n'était pas en usage dans les universités françaises, les enseignants n'y étaient pas préparés et les personnels des bibliothèques souvent en trop petit nombre pour répondre à la demande. Quant aux manuels, ils étaient rares[3] ou bien visaient un public professionnel. Nous avons donc souhaité répondre aux besoins des formateurs et des étudiants, dans une forme hypertextuelle prévue pour une consultation ouverte à tous sur Internet.

Nous avons aussi cherché à dépasser la conception strictement technique et instrumentale traditionnellement associée à la documentation. Cerise n'est pas un guide d'utilisation des bibliothèques, ni un manuel de bibliographie. Nous avons essayé d'inclure l'usage des outils dans l'identification des étapes d'une démarche intellectuelle, en suivant les interrogations des débutants, en resituant l'usage des instruments par rapport à un objectif cognitif, en fournissant des critères d'évaluation, en montrant à la fois les aléas du cheminement et la cohérence du dispositif informationnel.

Les objectifs de formation visés sont donc plus largement ceux qui conduisent à la maîtrise de l'information, dans une définition conforme aux recommandations de

3. Signalons cependant l'excellent ouvrage, maintenant épuisé, de Geneviève Lefort, *Savoir se documenter*, Paris, Éd. d'Organisation, 1990.

BBF 2001
Paris, t. 46, n° 5

la brochure *Former les étudiants à la maîtrise de l'information*[4].

Cerise ne couvre pas la totalité de ces objectifs, mais au travers des démarches proposées, l'étudiant pourra apprendre à trouver des repères conceptuels, à chercher et sélectionner l'information utile, y compris sur Internet, et à traiter et exploiter l'information recueillie.

Forme pédagogique

Le site est organisé pour répondre à une logique d'utilisation, en partant de questions simples, proches des préoccupations des étudiants débutants. Le « ton » choisi pour la rédaction des pages essaie de privilégier le contact, tout en conservant le vocabulaire documentaire en usage. Les indications fournies, destinées aux nouveaux venus, sont volontairement limitées, pour ne pas décourager la lecture et renvoient à l'occasion, pour des renseignements plus complets, sur d'autres guides.

Des exemples, pris dans différentes disciplines, complètent les indications de méthode, à la fois pour « donner à voir » de manière plus intuitive les démarches possibles, mais aussi pour illustrer les difficultés rencontrées, tirer profit des erreurs, évaluer méthodes et résultats. Sur Internet, des parcours à thème libre proposent un cheminement marqué par des liens sur des outils documentaires mis en relation avec des objectifs d'étude.

La mise en page et les images restent sobres pour ne pas oblitérer le texte ; pour garder la maîtrise complète de la réalisation, assurer facilement les mises à jour et rester accessible à partir d'équipements informatiques de base, c'est un support technique simple qui a été choisi. Pour que l'exploration du site reste claire, la profondeur des liens n'excède généralement pas trois « clics » et toutes les pages comportent le sommaire du chapitre dans lequel s'insère la page consultée.

La convivialité du site ne doit pas faire oublier que les objectifs de formation visés par un guide ne peuvent être atteints par la seule lecture du texte. Cerise est un outil de formation, et non une formation à distance. Pour être opératoires, les conseils apportés doivent s'inscrire dans une pratique d'étude réelle, s'appliquer à des activités réalisées par des étudiants et encadrées par un enseignant qui oriente le travail, contrôle la démarche, évalue le résultat.

Comme Alain Coulon l'a montré, les repères dont les étudiants ont besoin en entrant à l'université s'élaborent dans un processus d'affiliation[5] qui s'appuie fortement sur l'apprentissage méthodologique et sur la conduite autonome d'un travail, mais qui ne peut faire l'économie d'un suivi pédagogique. C'est au cours de cette étape décisive que le débutant s'approprie des lieux, prend la mesure du temps propre à l'étude, tisse de nouveaux liens sociaux, se familiarise avec les concepts de sa discipline, et s'identifie enfin comme étudiant.

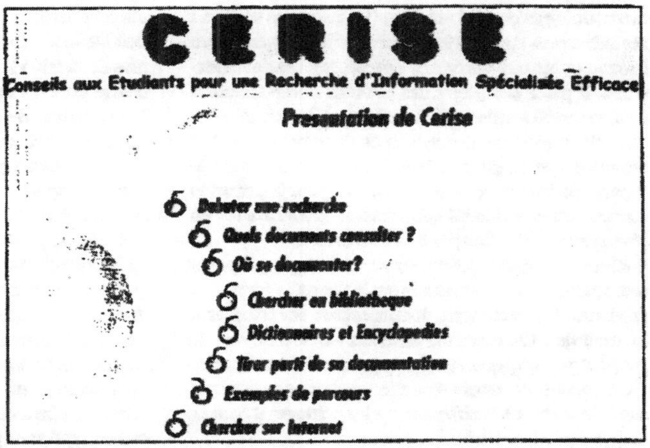

Cette réserve faite, nombreux sont les étudiants qui utilisent Cerise avec profit et de façon autonome, en suivant le cheminement proposé ou en explorant les pages en fonction de leurs besoins. Un travail mené dans le cadre de n'importe quelle unité d'enseignement peut s'appuyer sur ce guide et bien des étudiants sont à même d'en mesurer l'intérêt.

Une politique active de formation

Sans être intégré à un cursus, ce guide s'inscrit néanmoins dans une politique de formation méthodologique documentaire conduite depuis plusieurs années à l'URFIST de Paris, associant la réalisation de ressources pédagogiques, l'animation de réseaux de veille et de réflexion, un programme de formations destinées aux personnels scientifiques des bibliothèques et aux enseignants universitaires.

Cette politique est soutenue et développée au niveau national par la Sous-direction des bibliothèques et de

4. *Former les étudiants à la maîtrise de l'information, repères pour l'élaboration d'un programme*, guide réalisé par un groupe de travail réuni à l'initiative du ministère de l'Éducation nationale, coordination et rédaction finale Bruno Deshoullières, de l'université de Poitiers, Françoise Dubreuil, de l'université de Paris VII, Claire Panijel, de l'URFIST de Paris. Réimpression septembre 2000. Diffusé par l'URFIST-Paris, par courriel à dpa@ccr.jussieu.fr En version HTML : http://formist.enssib.fr/reperes/

5. Cf. Alain Coulon, *Le métier d'étudiant : l'entrée dans la vie universitaire*, Paris, PUF, 1997.

la documentation, qui a créé le serveur Formist[6] pour promouvoir la formation documentaire, assurer une meilleure visibilité des documents produits par les URFIST[7] et susciter la participation d'autres établissements[8].

Cerise s'appuie en particulier sur les activités d'un réseau d'enseignants, de chercheurs, de professionnels de la documentation : le Groupe de réflexion sur les méthodologies de l'information (GREMI)[9], qui se réunit régulièrement depuis 1996 autour de thèmes explorant le sens et les modalités des enseignements documentaires, la place des méthodes et outils informationnels dans le travail intellectuel, et la fonction sociale et culturelle de la maîtrise des systèmes documentaires. À la suggestion de ce groupe, l'URFIST produit également le répertoire de ressources pédagogiques pour la formation documentaire FOURMI (Formateurs universitaires en réseau aux méthodologies de l'information)[10].

Cerise s'appuie également sur des stages proposés aux enseignants et formateurs sur le thème : « Former les étudiants à la recherche documentaire sur Internet ». Le module « Chercher sur Internet » de Cerise sert de support pédagogique, et cette approche de la maîtrise de l'information au travers d'une technologie nouvelle sert aussi de vecteur à la réflexion sur les pratiques d'étude.

Les liens ainsi établis avec les formateurs, les échanges dans le cadre du GREMI et le suivi de l'actualité documentaire et pédagogique nous permettent de réviser ou compléter Cerise en fonction des critiques ou des propositions qui nous sont faites.

La fréquentation du site augmente régulièrement. Mis en ligne au fur et à mesure de la réalisation des pages sans annonce publique, puis annoncé officiellement[11] par Educasource en juillet 2000, sur les listes de discussion Biblio-fr, Edudoc et Formadoc en novembre, il a reçu plus de 20000 visites entre janvier 2000 et juin 2001. Ce chiffre est évidemment sans commune mesure avec la fréquentation de sites commerciaux, mais il constitue, pour ce type de ressource, un indice de son utilité.

Les questions que nous nous posons maintenant portent principalement sur l'articulation de Cerise avec l'usage qu'en font les formateurs et les étudiants.

Quels moyens donner aux étudiants de mieux contrôler leur démarche ? Des tests ponctuels seraient-ils d'une quelconque utilité ? Comment mieux inscrire Cerise dans des pratiques pédagogiques actives ? Comment aider les formateurs à proposer aux étudiants des activités en adéquation avec les objectifs de formation de la méthodologie du travail universitaire ? Comment relier plus précisément les éléments de méthodologie générale et ceux qui sont propres à une discipline ou à un domaine d'étude ? Quels indices fournir pour l'évaluation ?

À ces questions de fond se superposent les contraintes propres aux sites web : au contraire d'un manuel mis en circulation éditoriale traditionnelle, un site Internet n'est jamais terminé. Faut-il suivre l'évolution technologique et rajouter des fonctionnalités permises par de nouveaux logiciels ? Faut-il illustrer davantage le texte ? Comment trouver le temps et les ressources humaines d'un chantier toujours en construction ?

Toutes les remarques et propositions des utilisateurs de Cerise seront les bienvenues.

Claire Panijel
clpa@ccr.jussieu.fr

6. FORMIST : http://formist.enssib.fr/
7. Unités régionales de formation à l'information scientifique et technique de Bordeaux, Lyon, Nice, Paris, Rennes, Strasbourg, Toulouse. http://www.sup.adc.education.fr/bib/info/format/urfist/FrPres.htm
8. D'autres guides, souvent destinés à des étudiants plus avancés, ont ainsi été produits. Par exemple :
– pour les étudiants avancés en biologie, *Bioguide*, Paris, URFIST (http://www.ccr.jussieu.fr/urfist /biolo/frame.htm) ;
– *L'information scientifique et technique pour le chercheur*, Compiègne, BUTC (http://www.utc.fr/butc/cours2.htm) ;
– *Recherche d'information sur internet*, Lyon, URFIST http://www.[illegible].htm ;
– Saprist!, Lyon, Institut national des sciences appliquées (http://csidoc.insa-lyon.fr/saprist/digest.html) pour les sciences de l'ingénieur.
9. Le GREMI annonce ses réunions et met en ligne de nombreux documents sur Internet (http://www.ccr.jussieu.fr/urfist/gremi.htm). Ce groupe informel s'était d'abord constitué pour mettre en place des formations documentaires de premier cycle à Paris 8, puis autour d'un travail d'évaluation des résultats de ces enseignements mené par Alain Coulon, professeur en sciences de l'éducation. Le premier noyau de ce groupe s'est donc réuni à partir de 1984, date de la première réforme instaurant des unités de formation documentaire parmi les « langages fondamentaux » du premier cycle universitaire.
10. http://www.ccr.jussieu.fr/urfist/fourmi.htm

11. Une affiche en couleur est à disposition des établissements qui le souhaitent.

BBF 2001
Paris, t. 46, n° 5

Document n° 4

[redacted]

MIRABILIA

Peyrelevade, le 10 août 2043.

Comme les années précédentes, Europa, 26 ans, séjourne quelques jours chez sa grand-mère, qui habite un village près de Gentioux, en pleine "écozone du Limousin"[1].

Aujourd'hui, Europa a décidé de se rendre au vide-grenier de La Courtine, l'un des plus grands et des plus variés de la région. Une tradition qui remonte à plus de cinquante ans. On a beau être cybertravailleur, spécialiste junior de l'intermédiation, on peut s'intéresser à la vie d'autrefois...

Même si elle ne recherche rien de particulier, il y a le plaisir des yeux, l'étonnement de voir certains objets insolites, du moins par rapport à la vie contemporaine.

Peu après la ruelle qui monte vers la place de l'Eglise, Europa a le regard attiré par un stand tenu par un monsieur âgé, petit et un peu voûté, sans doute presque centenaire, mais encore alerte : on y remarque essentiellement des livres professionnels du début du siècle et quelques "antiquités" aux formes cubiques ou rectangulaires, dont certaines comportent des surfaces en verre.

Europa interroge le vieux monsieur pour savoir à quoi servaient ces machines et de quelle époque elles datent.

"Çà , c'est un Macintosh 128. C'est la société Apple qui fabriquait cet ordinateur dans les années 1985 ou 1990. C'était un sacré progrès, à l'époque, par rapport à ce qu'on appelait alors les "machines à écrire". On pouvait dessiner, faire des calculs...

C'est là-dessus que je réalisais mon bulletin d'information bibliographique, une centaine de pages à chaque fois.

- Un bulletin bibliographique, à quoi donc cela servait-il ?

- On listait les différents documents reçus et on diffusait ça tous les mois aux cadres de l'entreprise. On en éditait cent vingt exemplaires. Ça prenait du volume et beaucoup de temps pour relier les fascicules, y mettre l'étiquette du destinataire, transporter les colis jusqu'au local du courrier intérieur...

- C'était quoi votre service[2], euh, je veux dire votre métier ?

- J'étais documentaliste. C'était mon premier emploi. J'aimais bien...

- Documentaliste ? Quel drôle de nom ! Ça consistait en quoi comme activité ?

- Je vous l'ai dit : on repérait la publication de nouveaux livres ou encore des articles qui se rapportaient à l'activité de l'entreprise, qu'on sélectionnait de magazines sur support papier, puis on les signalait dans le "bulletin". Grâce à la machine, on pouvait aussi stocker les références pour éditer des listes à la demande, retrouver ce qu'on avait saisi les années précédentes. Après on allait prendre les documents dans les grandes armoires et les remettre au demandeur. C'était l'occasion de bavarder un peu et de savoir sur quoi il travaillait.

Quelquefois, certaines personnes, surtout ceux du Bureau d'études, demandaient des documents techniques sur un sujet précis. Alors, j'allumais le Minitel et je me connectais à une banque de données. Je crois me souvenir qu'elle s'appelait Electre ou quelque chose de ce genre. Mais il y en avait bien d'autres...

- Le Minitel ?

- Tenez, c'est la machine qui est au bout de la table, là, à côté du premier modèle *d'e-book*. Mais ça ne marche plus

- Elle est cassée ?

- Non, mais il n'y a plus de fichier public consultable. Ça intéresse quand même quelques collectionneurs, des membres de la communauté des vidéotexteurs surtout, car certains ont pu récupérer des applications. Les techniques ont évolué depuis, vous savez. Ce que je propose, ce sont des antiquités !

- Et vous pouviez concrétisez... je veux dire éditer les livres ?

- Ah non ! On n'avait que la référence. Après, il fallait envoyer par la poste un bon de commande à un libraire, attendre plusieurs jours avant que cela arrive...

- Oh, la, la ! On ne devait pas travailler vite dans votre entreprise...

En 2043

Documentaliste – Sciences de l'information 2003, vol. 40, n° 2, avril

- Oh, elle n'était pas plus mauvaise qu'une autre.
Heureusement, j'avais un patron qui suivait l'évolution des techniques. Quand j'ai quitté le métier, en 2003, pour faire autre chose avant de prendre ma retraite, je me souviens qu'on se connectait souvent à un réseau qu'on appelait Internet à l'époque, et on "déchargeait" plein de documents.
Pas de livres, mais certains rapports, des articles de presse. C'est vrai qu'on était plus productif qu'avec le Minitel. Il nous arrivait de transférer le document au demandeur par le réseau de télécommunication local, mais la plupart nous réclamaient une édition papier qu'on sortait sur une machine spéciale. Ça leur paraissait plus facile à lire et ça ressemblait à ce qu'ils avaient l'habitude d'avoir entre les mains..."

Européa manipule quelques livres, ouvre quelques pages, les repose, un peu songeuse.

"Cela vous arrive de lire encore, Mademoiselle ?
- Oui, en dehors des périodes de service dû à l'inter-communauté mondiale, pour essayer de comprendre la façon dont vous viviez à l'époque, mais je trouve ça lent. Je n'aime pas ce qui est linéaire, séquentiel. Il faut passer un temps fou avant d'arriver à un nouvel élément de connaissance. On n'est plus formé à ce type de lecture.
D'ailleurs, on n'édite plus ces liasses de pages. On a tout ce qu'on veut sur l'EVT[3]. Même pour la littérature ancienne, on zappe sur l'espace des travaux archéomédiatiques[4].
- Oui je sais, mon arrière-petit-fils travaille comme ça aussi...Moi, ça me dépasse, votre génération... Ça consiste en quoi, l'"intermédiation" ?
- Pendant la période de service, on s'installe devant son porteur[5] et on sélectionne le territoire de l'EVT qui vous est alloué par l'administration inter-communautaire. Cette année, je suis chargée de restructurer les éléments de connaissance appartenant au champ de la campanologie. Au fil des années, la population terrestre enregistre des milliers de messages, d'images, de mémoires académiques, de synthès[6]... dans chacun des champs de la connaissance universelle. Alors, de temps en temps, il faut peaufiner la cartographie cérébrale, éliminer les éléments non porteurs de connaissances nouvelles, lier en multidimensionnel des éléments enregistrés à des époques différentes ou par des communautés disjointes, reformater ou taguer certains éléments qui peuvent être utiles, par exemple à des découvrants, ou d'autres destinés à des phys[7].

C'est un travail qui demande une bonne compréhension des usages qui peuvent être faits des connaissances disponibles. Autant vous dire qu'ils sont variés. Il faut savoir anticiper les nouveaux usages, des détournements inattendus d'éléments de connaissances que les gens associent avec des éléments d'autres champs. Il y a vraiment des comportements très créatifs, qui jouent sur la transversalité. Cela fait partie de notre rôle de faciliter ainsi leur activité. Parfois, on hésite sur le type de relations à établir. Il y a des communautés tellement bizarres sur le globe qu'on ne sait pas toujours l'usage qu'ils peuvent faire de certains éléments ! Alors on entre en contact avec des collègues. On est plusieurs centaines à exercer ce service et on se retrouve au sein de la communauté AMI (Association mondiale des intermédiateurs).
On est en interrelations fréquentes, c'est assez sympa.
Finalement cela ressemble un peu à ce que vous faisiez vous-même quand vous étiez documentaliste. Je me souviens avoir rencontré le mot "indexation" dans le champ de l'infologie. Indexation, c'est bien le terme, n'est-ce pas ?
- Oui...Je ne comprends pas tout ce que vous me racontez, mais je vois que vous vous intéressez à l'histoire de votre métier... Euh, j'ai peut-être quelque chose dans cette pile de livres. Là, tenez : *Thésaurus du management*, édition 2001. Il n'y en a pas eu beaucoup d'exemplaires, mais c'était un bon outil, paraît-il. J'ai connu autrefois une personne qui a contribué à introduire de nouveaux descripteurs dans la deuxième édition. Maintenant on ne doit plus fabriquer ce genre d'outil, mais à l'époque c'était un gros travail. Elle me disait que pour mettre au point le recueil de termes, elle avait passé, pendant un an, un quart de son temps en réunion avec deux ou trois autres collègues pour discuter du sens des mots et les associer entre eux.
C'était une passionnée. J'avoue que ce n'était pas mon truc. Nous, on utilisait les mots du langage courant et on trouvait quand même ce qu'on recherchait. Ça se vendait cher, à l'époque. Tenez, le prix est encore marqué en francs en quatrième de couverture.

Ça devait être juste avant l'adoption de l'euro. Vous êtes trop jeune pour avoir connu les francs. Bah ! On s'y est fait ; Il a bien fallu... Bon, si ça vous intéresse, je vous le cède pour dix euros.

- C'est original, cette disposition des mots sans phrase... et la partie avec les schémas fléchés ! Je ne savais pas qu'ils avaient déjà inventé cette forme de représentation des liens... Oui, cela m'intéresse."

Après avoir tendu un billet et mis la trouvaille dans son sac, Européa remercie le vieux monsieur pour cette longue conversation.

C'est ce qu'elle aime aussi, dans les vide-greniers qui se tiennent dans les écozones : découvrir des personnages hors du commun, avoir une conversation en face-à-face sans porteur interposé, apprendre, un peu plus "physiquement" qu'à travers les éléments de connaissances virtuels, d'où l'on vient...

1 Désignation des anciens parcs naturels régionaux et de leur périphérie, où la vie d'autrefois est préservée. *(Ndlr)*
2 Au sens de service national ou service civil : temps de travail individualisé, modulé selon l'âge et librement négocié, incluant des temps d'acquisition et de production de connaissances, que chaque citoyen de 10 à 85 ans doit à la société en contrepartie d'une prise en charge à la carte. *(Ndlr)*
3 Comprenez « Espace Virtuel Terrestre », géré par le ministère intercommunautaire de l'Infopolis. *(Ndlr)*
4 Virtualisation organisée d'anciens supports. *(Ndlr)*
5 Dérivé de portail d'accès et de téléviseur portable. Il s'agit d'un équipement banal maintenant, polyvalent, créé vers les années 2015, en tissu biocomposite neuronal, à déploiement ajustable permettant, dans sa configuration maximale, d'obtenir un écran hémisphérique d'un mètre de diamètre grâce auquel on peut voir sur 180° des images holographiques. *(Ndlr)*
6 Artefacts multimédia de fiction. *(Ndlr)*
7 Jargon désignant des personnes qui travaillent une partie de leur temps de service dans le monde physique, sur le terrain : construction immobilière, culture alimentaire, fabrication d'objets, transport, etc. *(Ndlr)*

Documentaliste – Sciences de l'information 2003, vol. 40, n° 2

Document n° 5

COMPTE RENDU DE COLLOQUE

Les 25 ans de la BPI

Les 23 et 24 octobre 2002, plusieurs centaines de professionnels se sont retrouvés au Centre Pompidou pour célébrer le 25e anniversaire de la BPI (Bibliothèque publique d'information). L'occasion de revenir sur ses succès et de s'interroger sur l'avenir des bibliothèques publiques. Les concepts fondateurs de la BPI (encyclopédisme, actualité, libre accès) ont connu de tels bouleversements en 25 ans qu'il est certainement devenu nécessaire de les actualiser. Il faut noter ici qu'après la rénovation conduite par Martine Blanc-Montmayeur, Gérald Grunberg, le directeur de la BPI, souhaite désormais définir un nouveau projet pour l'établissement..

L'ENCYCLOPÉDISME : UN CONCEPT FONDATEUR MALMENÉ

L'encyclopédisme semble aujourd'hui remis en cause par les pratiques que génère Internet. Pour le philosophe Robert Damien, la bibliothèque tente, depuis l'Encyclopédie, d'ordonner la profusion documentaire. Chacun est désormais en mesure d'établir sa propre encyclopédie, mais la navigation hypertextuelle se heurte aux récifs, aux risques de noyade. Il revient à la bibliothèque d'inventer les équipements et les équipages qui permettront au lecteur de se faufiler à travers les mailles de la Toile. Claire Dartois, conservateur à la BPI, a rappelé que l'encyclopédisme est une démarche d'organisation, de sélection et de simplification des savoirs. Elle reste au cœur des missions de la bibliothèque qui doit évaluer et valider les ressources d'Internet afin que la culture de la recherche ne se réduise pas à celle de la requête. Les professionnels doivent néanmoins accepter que les usages « déviants » d'Internet empruntent des sentiers non balisés par eux. Le rôle du bibliothécaire se déplace donc de la fonction de choix et de sélection vers celle de formation.

DE L'ACTUALITÉ À LA MÉMOIRE DE L'ACTUALITÉ

On assiste à une marchandisation de l'information stratégique, qui tire sa valeur de son actualité. Dans ce contexte, les bibliothèques sont écrasées par la concurrence privée. Doivent-elles renoncer à traiter l'actualité ou réinventer les modalités de son traitement ? Pour Bernard Stiegler, philosophe et directeur de l'IRCAM, la bibliothèque doit pouvoir continuer à transformer l'information en savoir, à structurer les flux de l'information en concepts. Dominique Arot, secrétaire général du Conseil supérieur des bibliothèques, s'est livré à une enquête sur le traitement de l'actualité sur les sites Internet de plusieurs bibliothèques : les réussites sont rares. Patrick Bazin, directeur de la bibliothèque municipale de Lyon, a souligné que cela n'était pas le fait d'un retard, mais d'une inadéquation culturelle des bibliothèques au traitement de l'actualité et qu'il leur fallait restaurer la notion d'espace public. Pour cela, elles doivent apprendre à mieux s'insérer dans les réseaux de la ville et du monde. À la bibliothèque municipale de Lyon, cette démarche passe par la multiplication des annexes, des services et des animations hors les murs.

LIBRE ACCÈS, INFORMATION ÉLECTRONIQUE ET BIBLIOTHÈQUE À DISTANCE

Qu'est-ce que le libre accès à des documents qui ne sont plus visibles autrement que cachés derrière un écran ? Bien que la BPI ait choisi de privilégier le potentiel documentaire d'Internet, elle refuse d'être un cybercafé. C'est une manière de dire qu'Internet n'a pas réponse à tout, que les documents électroniques sont à traiter comme des imprimés. Gary Strong a raconté comment la Queen's Borough Library de New York, dont il est le directeur, a bâti une politique orientée vers les « nouveaux Américains ». Afin de répondre aux demandes d'une population multiculturelle, sa bibliothèque s'appuie sur un réseau d'annexes et sur son site Internet multilingue.

Qu'est-ce que le libre accès pour le public à distance ? Chris Batt a fait le bilan du programme « *Resource* » qui a conduit le gouvernement britannique à investir dans la construction d'un réseau d'équipements afin d'offrir à tous un accès gratuit aux nouvelles technologies de l'information. L'État espère ainsi encourager le développement d'une « citoyenneté à distance » et d'une participation sociale à travers le Web. Danielle Resche, conservateur à la BPI, a décrit l'organisation du service des réponses à distance de la BPI. Contre l'info-pollution, la BPI se veut écologique et met ses bibliothécaires au service des internautes. Ses projets concernent la mise en place d'un service de *chat* et le renforcement de la médiation humaine sur Internet. La Bibliothèque nationale de France, représentée par Caroline Wiegand, s'engage dans des actions complémentaires : accélérer la mise à disposition des périodiques qu'elle numérise, repenser son offre de ressources électroniques en cohérence avec celle des bibliothèques parisiennes, garantir la pérennité de l'archivage électronique.

CONCLUSION

Jean-Sébastien Dupuit a conclu le colloque en rappelant qu'avec la décentralisation, l'action de l'État se redéfinit. L'administration centrale souhaite se recentrer sur des projets transversaux de coopération et de partage des ressources électroniques. À ces fins, elle compte s'appuyer sur les projets que conduisent la BnF et la BPI.

La lettre des professionnels de l'information - janvier 2003

Document n° 6

forum international des bibliothèques de métropoles

mehdi gharsallah

6 projets hors du commun

Dans le cadre de la réunion préparatoire du Sommet mondial sur la société de l'information de Genève qui s'est tenu du 10 au 12 décembre, la ville de Lyon a accueilli le forum international des bibliothèques de métropoles. Deux questions président ces rencontres : quel rôle joue la bibliothèque dans la société de l'information ? et comment amener de nouveaux publics à la bibliothèque ?

La première phase du Sommet mondial sur la société de l'information (SMSI) de Genève le montre : l'enjeu principal est la réduction de la fracture numérique. A l'échelle mondiale, les états font des déclarations de principes (1) et des plans d'action. Ils « *s'engagent* », « *réaffirment* » et « *sont résolus* », mais à l'échelle locale, c'est une toute autre histoire. Dans les métropoles par exemple, où se côtoient riches et pauvres numériques, seules les actions concrètes font la différence.

maires et experts au rendez-vous

Environ 1 500 personnes s'étaient donné rendez-vous à Lyon les 4 et 5 décembre pour le Sommet mondial des villes et des pouvoirs locaux sur la société de l'information (cities e-world 2003), la version "collectivités locales" du SMSI. En dehors des conférences plénières qui donnent lieu à des discours institutionnels (2), le sommet permet d'accéder à huit forums thématiques et 12 conférences ciblées dont les participants, tous experts ou acteurs concernés, viennent présenter les problématiques, montrer les solutions mises en place et partager leurs connaissances. Quand Pekka Korpinen (vice-maire d'Helsinki, Finlande), Babba Hama Sidy Kane (maire de Dilly, Mali) et André Santini (maire d'Issy-les-moulineaux, Hauts-de-Seine) discutent et comparent leurs villes et la manière dont elles intègrent les TIC, c'est forcément intéressant.

C'est dans ce cadre que Patrick Bazin, directeur du réseau de bibliothèques de Lyon, organise le Forum international des bibliothèques de métropoles avec l'idée que l'accès à une information fiable et partagée est un enjeu de société majeur, et que les villes disposent d'un outil : les bibliothèques.

bibliothèques et TIC

C'est pour des raisons pratiques que le forum est limité aux bibliothèques de métropoles. Ces bibliothèques, souvent membres de l'Intamel (3), jouent un rôle prépondérant dans la société de l'information à l'échelle locale. Comme le dit Lise Bissonnette, présidente-directrice générale de la bibliothèque nationale du Québec : « *Les grandes bibliothèques publiques sont des lieux de résistance et de liberté. Il faut proposer aux citoyens une alternative, des espaces de cheminements culturels libres et des lieux indépendants de réflexion et d'échange.* »
Les bibliothèques ont donc leur place dans la réflexion sur la réduction de la fracture numérique au sein d'une communauté urbaine à tel point que Patrick Bazin déclare : « *Les bibliothèques qui proposent uniquement des livres vont se transformer en musées, elles ne pourront plus jouer leur rôle intellectuel d'outil de la démocratie, celui d'espace public du savoir.* »
Loin d'être uniquement technique, ce forum s'inscrit dans une démarche politique au sens large et les neuf projets présentés sont tous empreints de la conviction qu'il est du devoir des bibliothèques d'amener les citoyens au savoir, quels que soient les vecteurs de cette connaissance.
Parmi les neuf projets présentés, six retiennent véritablement notre attention (voir pages suivantes). Partout dans le monde, les bibliothèques se posent une question cruciale : quels services développer pour amener les habitants à la bibliothèque ? Copenhague, Helsinki, Los Angeles, Shanghaï, Singapour et Toronto montrent la voie… Suivez-le guide.

(1) smsi.francophonie.org
(2) Seul le discours du président sénégalais Son Excellence Maître Abdoulaye Wade se démarque en proposant un équivalent de la taxe Tobin pour combler la fracture numérique.
(3) International association of metropolitan libraries, présidée par Frans Meijer, directeur de la bibliothèque de Rotterdam, et qui regroupe les bibliothèques de villes de plus de 500 000 habitants.

↳ . . .

archimag février 2004 n°171

[redacted]penhague
[redacted] double Napster

• De tous les projets présentés au forum, celui de la bibliothèque de Copenhague, dirigée par Borge Sorensen, n'est peut-être pas le plus impressionnant en matière d'innovation mais il est sans aucun doute le plus numérique. Les usagers de la bibliothèque de Copenhague ont en effet la possibilité d'accéder à de très nombreuses ressources numériques. Des publications électroniques d'abord qui sont téléchargeables sur le site Downlaan.dk. Ces publications sont soit des périodiques, soit des ouvrages. Les fichiers téléchargés sur l'ordinateur du particulier sont marqués et disparaissent du disque dur à expiration du délai de prêt. Mais la bibliothèque va plus loin en proposant, à l'instar des Napster, eMule ou Gnutella le téléchargement de musiques au format mp3 ainsi qu'un lecteur permettant de lire ces fichiers. Là encore, les fichiers s'autodétruisent. Bien que la bibliothèque de Copenhague utilise l'exception légale qui concerne le prêt en bibliothèque, de nombreux éditeurs de musique s'opposent à cette pratique. « *Peu importe, nous savons que nous allons dans la bonne direction et nous sommes force de proposition pour que des accords soient signés avec les éditeurs* », annonce Borge Sorensen.

[redacted]s Angeles
[redacted] d'Internet, plus de livres empruntés

Susan Kent, directrice de la bibliothèque, comprend que le rôle des bibliothèques publiques a changé. Ne dépendant plus de collections limitées situées dans un bâtiment donné, la bibliothèque est maintenant à même d'offrir l'information à ses utilisateurs grâce à ses collections imprimées, électroniques et multimédias. La cible privilégiée de la bibliothèque de Los Angeles est les adolescents. On a donc créé un nouvel espace qui leur est réservé et ce sont les adolescents eux-mêmes qui l'ont conçu. Leurs demandes ? Pas d'adulte, des ordinateurs, de la musique, des endroits pour mettre ses pieds, des zones d'intimité... Leurs vœux ont été exaucés et force est de constater que ce projet est une véritable réussite. Mais la bibliothèque ne doit pas devenir une garderie, ni une zone de jeu. Son rôle est avant tout de diffuser la culture. Susan Kent fait cependant ce constat : plus il y a de postes reliés à Internet dans la bibliothèque, plus il y a de livres empruntés ! Voici un constat qui confirme bien que les médias ne se substituent pas les uns aux autres.

archimag février 2004 n°171

[redacted]*ingapour*
le temple chez les marchands

A Singapour, 80 % de la population de la ville passe au moins une fois par mois à la bibliothèque ! A en croire Peter Pak, responsable de l'offre des services délivrés par la bibliothèque, la recette est simple : « *Nous devons construire les bibliothèques là où sont les gens !* » Pour exemple, à la suite d'une enquête réalisée par un grand centre commercial, il s'est avéré que les usagers de ce centre préféraient voir construire une bibliothèque plutôt qu'une salle de cinéma. Il n'en fallut pas plus à son conseil d'administration pour solliciter la construction d'une salle de prêt et de lecture dans l'enceinte du centre. Dorénavant, entre une boutique de prêt-à-porter et un fast food, les chalands peuvent emprunter des ouvrages pour la semaine ou simplement se mettre "au calme" pendant quelques minutes en feuilletant la presse du jour. Ainsi les après-midi de lèche-vitrines sont aussi l'occasion d'accéder à la culture. Ce projet qui en choquera sans doute certains s'avère d'autant plus intéressant lorsqu'on sait que les centres commerciaux sont en grande partie fréquentés par des adolescents issus de quartiers populaires ; ils viennent essentiellement emprunter des disques et des DVD mais finissent toujours, paraît-il, par repartir avec un livre.

[redacted]*oronto*
téléphone-moi un mouton

Dans la ville la plus multiculturelle d'Amérique du Nord, les enjeux de l'accès à la culture, à la formation et aux savoirs en général sont colossaux. La très forte concentration d'immigrés à Toronto contraint la ville à réaliser des efforts particuliers dans leur direction. Si les finances ne le permettent pas, alors la bibliothèque n'hésite pas à faire appel à l'aide d'industriels comme Microsoft. Cette société a équipé la bibliothèque d'ordinateurs et permet d'assurer des ateliers de formation à Internet (comment utiliser Internet Explorer, Outlook, se créer un e-mail sur Hotmail ou utiliser le moteur de recherche MSN...). Choquant ? Sans aucun doute pour notre culture française dans laquelle on hésite à faire cohabiter savoir et business.Mais si la ville agit en direction des populations immigrées en difficulté, elle les met aussi à contribution en insistant sur le côté multiculturel de la population. Le projet "dial a story" (téléphone-moi une histoire) est l'un des aspects de ce positionnement particulier. Il est demandé à la population de téléphoner à un numéro spécial et de raconter une histoire dans sa langue maternelle (six langues sont acceptées). Un autre numéro permet d'écouter les histoires dans la langue que l'on souhaite. Et les livres dans tout ça ? C'est vrai qu'ils semblent passer au second plan, sauf en ce qui concerne les enfants qui sont la cible principale de cette bibliothèque. Les adultes se sentiront plus concernés par les ateliers d'aide à la recherche d'emploi, les cours de langues, les échanges culturels. La bibliothèque outrepasse son rôle ? Peut-être, mais les situations exceptionnelles entraînent des réactions qui le sont aussi.

↳...

archi.mag février 2004 n°171

[redacted]elsinki
la pompe à livre

• • • Dans la ville du Père Noël aussi, il y a des bibliothèques et elles n'ont rien à envier aux autres en matière d'innovation. A Helsinki, Maija Berndtson pilote la bibliothèque avec des projets innovants qu'elle présente avec humour et l'air de ne pas y toucher. Ainsi les deux projets phares de la bibliothèque sont la fameuse IGS (Information gas station) et une émission de radio qui complète intelligemment le service "ask a librarian" aujourd'hui courant.

L'IGS est une bibliothèque mobile ou fixe qui s'implante un peu partout en ville dans des endroits parfois incongrus mais toujours fréquentés, comme des stations de métro, des grands magasins, etc. Le concept de la pompe à essence permet donc, outre un design approprié, de fournir aux usagers un accès au catalogue de la bibliothèque, de commander un livre, de demander conseil et même d'emprunter parmi les "échantillons" de l'étal du jour.

L'émission de radio, quant à elle, permet aux auditeurs usagers de la bibliothèque d'écouter une émission culturelle, bien sûr mais aussi de demander conseil à un bibliothécaire voire de lui faire effectuer une recherche. Deux projets étonnants dont la réussite devrait donner des idées en dehors d'Helsinki.

[redacted]hanghaï
[redacted]oit le plus visité de la ville

Depuis l'ouverture du nouveau bâtiment en 1996, le nombre de visiteurs de la grande bibliothèque de Shanghaï ne cesse d'augmenter. Cette institution est la plus grande bibliothèque de Chine et affiche fièrement ses 9 000 visiteurs par jour. Pour arriver à ce résultat, plusieurs mesures ont été prises. Tout d'abord concernant l'accès. En effet, cette bibliothèque hybride qui a fusionné avec l'institut de l'information scientifique et technique est ouverte aux entreprises qui ont ainsi accès au centre de ressources. L'ouverture au public - douze heures par jour, 365 jours par an - est sans aucun doute aussi l'une des raisons de la réussite de ce projet. La bibliothèque classique est couplée avec une bibliothèque électronique, un intranet et une base de connaissance. On dénombre 20 000 visiteurs uniques par mois sur l'intranet. •

pour en savoir +

Copenhague
- *site de la bibliothèque : www.kb.dk*
- *site publications électroniques : www.downloan.dk*
- *site mp3 : netmus.kk.dk*

Helsinki
- *site de la bibliothèque : www.lib.hel.fi*
- *site de l'IGS : www.igs.kirjastot.fi*

Los Angeles
- *site de la bibliothèque : www.lapl.org*
- *espace adolescent : www.lapl.org.teenscape/index.html*

Shanghaï
- *site de la bibliothèque : www.library.sh.cn*

Singapour
- *site de la bibliothèque : www.nlb.gov.sg*

Toronto
- *site de la bibliothèque : tpl.toronto.on.ca*

archimag février 2004 n°171

Document n° 7

NTIC l'e-administration prend forme - Repères

Evolution du nombre de sites internet publics

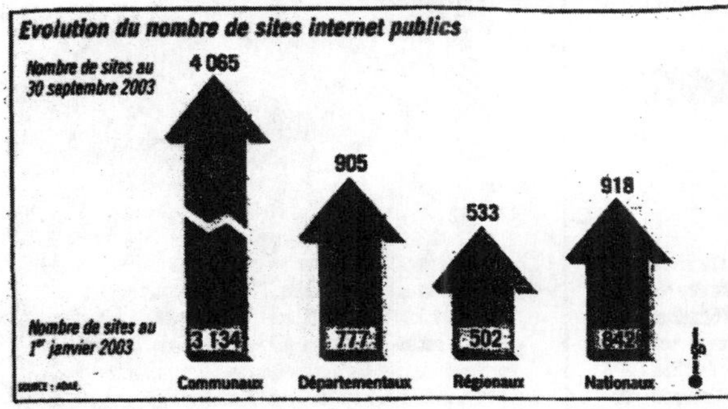

L'internet public français est en passe de devenir un acteur majeur de l'internet français, tant les administrations d'Etat et des collectivités locales et les autres établissements publics sont présents sur la toile. La plus forte croissance de cette présence concerne les communes et leurs groupements, avec un essor particulier en 2002 et 2003, puisque l'on passe de 2 386 sites communaux en janvier 2002 à 4 065 en septembre 2003. Il est aussi intéressant de constater qu'il y a plus de sites départementaux ou régionaux que de conseils généraux ou régionaux. Ce qui montre que ces collectivités ont su créer des sites spécialisés ou adaptés à différents publics, et ne se sont pas contentées de sites vitrines.

Equipement des établissements scolaires en France

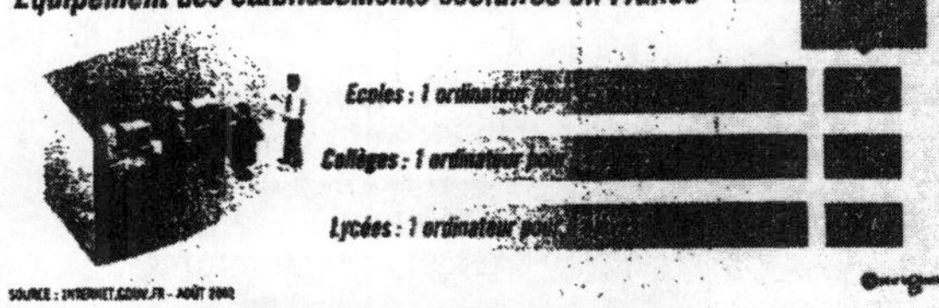

En 1997, les TIC devenaient de plus en plus indispensables dans les établissements scolaires. A l'époque, les recommandations du gouvernement proposaient des seuils indicatifs pour l'équipement des écoles : « Un micro-ordinateur pour 40 élèves en maternelle, un micro-ordinateur pour 25 élèves en élémentaire, un micro-ordinateur pour 15 élèves en collège, un micro-ordinateur pour 10 élèves en lycée et un micro-ordinateur pour 7 élèves en lycée professionnel. » En août 2002, ces objectifs sont atteints, et même dépassés dans les lycées et les collèges. Sans compter que, selon "internet.gouv.fr", auteur de cette étude, leur connexion à internet s'est largement généralisée. Le site ne précise cependant pas de quel type de connexion il s'agit, ni si elle est active pour tous les postes.

Qu'attendez-vous d'un site de ville?

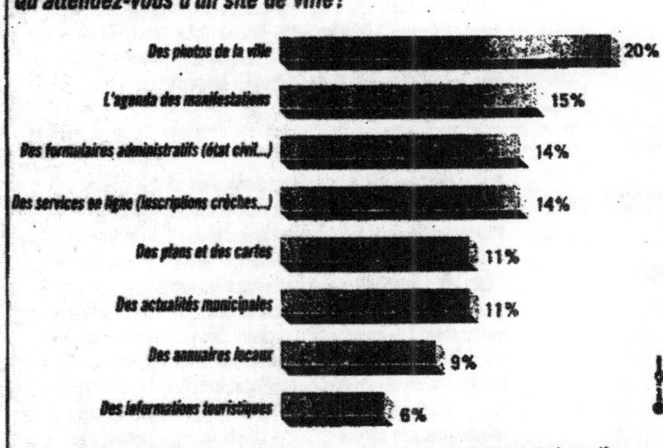

Ces chiffres ont de quoi décourager tout directeur de système d'information : 20 % des internautes n'attendent pas autre chose du site d'une ville que des photos de celle-ci ou l'agenda de ses manifestations (15 %). Le téléchargement de formulaires administratifs ou les services en ligne viennent immédiatement après, mais seulement après, comme si les internautes n'avaient pas encore conscience du potentiel des TIC pour organiser leurs relations avec les différentes administrations. Pour une fois, l'offre précède la demande. Ces chiffres, en tout cas, montrent que cette dernière a besoin d'informations de proximité...

15 DÉCEMBRE 2003 • LA GAZETTE

Les moyens mis en œuvre pour sécuriser les réseaux dans les collectivités locales et territoriales

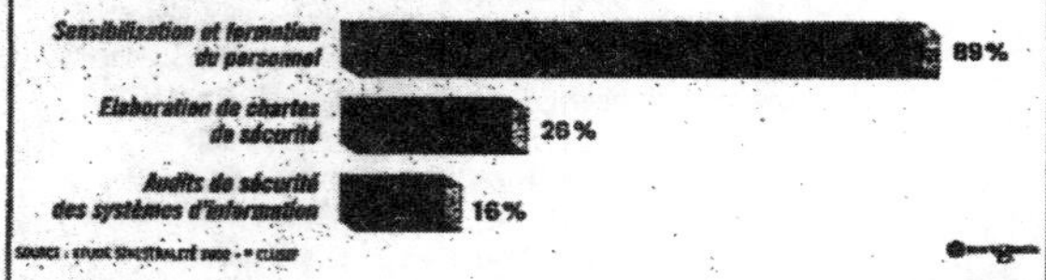

Les collectivités locales misent largement (89 %) sur la sensibilisation et la formation du personnel pour appréhender les questions de sécurité des réseaux. Mais elles utilisent moins ce canal que les services de l'Etat et les établissements hospitaliers, qui mènent ces actions dans 95 ou 97 % des cas. En ne recourant que dans 16 % des cas à des audits, elles se placent entre les services de l'Etat (14 %), et les établissements publics hospitaliers (29 %). Mais le Club de la sécurité des systèmes d'information français (Clusif), auteur de cette étude, précise que de nombreuses actions d'audit interne sont conduites sans en recevoir l'appellation.

21 millions

de personnes étaient internautes en France en mai 2003, alors qu'elles étaient 16,8 millions en mai 2002. En un an, la progression est spectaculaire : presque 25 %. En 2002, on comptait 665,6 millions d'internautes dans le monde, l'Europe arrivant en tête avec 190,6 millions d'internautes, contre 187,2 millions pour le secteur géographique Asie/Pacifique, qui arrive en seconde position devant les Etats-Unis, en troisième place, avec 166,7 millions d'internautes.

Les techniques mises en œuvre pour sécuriser les réseaux dans les collectivités locales et territoriales

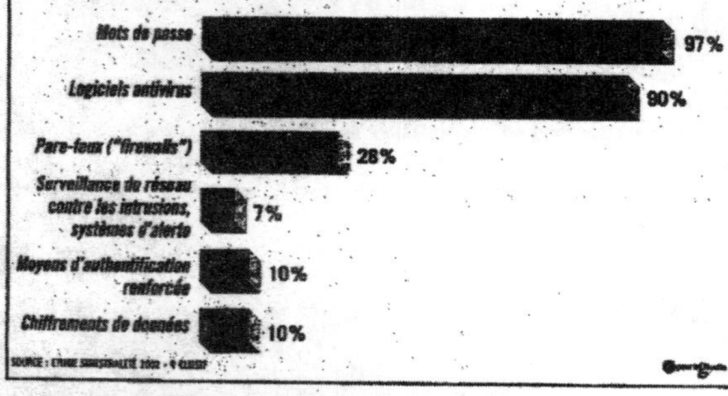

Les « outils classiques » de la sécurité informatique sont largement répandus dans tous les types de services publics concernés par l'étude du Club de la sécurité des systèmes d'information français (Clusif) : 100 % des administrations utilisent soit des mots de passe pour verrouiller les accès aux postes informatiques (et 97 % des collectivités) soit des antivirus (qui ne sont utilisés « que » par 90 % des collectivités locales). Les autres techniques de sécurisation informatique sont beaucoup moins utilisées, les collectivités locales montrant même un certain retard par rapport aux établissements hospitaliers ou aux administrations. Elles ne sont que 28 % à recourir aux pare-feu ("firewalls") (contre 59 % des administrations et 48 % des établissements hospitaliers). Elles surveillent également peu leur réseau (29 % des administrations le font).

L'ouverture des systèmes d'information

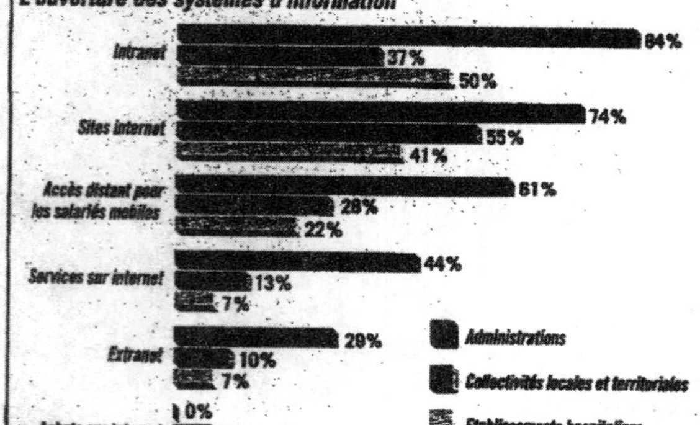

Qui a dit que les administrations de l'Etat étaient moins promptes à se saisir des technologies de l'information et de la communication (TIC) que celles des collectivités locales ? Ces chiffres montrent à quel point l'Etat les a introduites dans son fonctionnement quotidien, dans ses services centraux et déconcentrés. Ce qui explique notamment l'importance du recours aux accès distants pour les salariés mobiles (61 %) dans les administrations. Si l'on considère les disparités de taille des services administratifs des collectivités, les résultats qu'elles présentent ne sont néanmoins pas autant en recul que le laissent penser des chiffres bruts. Elles ont des TIC un usage correspondant à leurs besoins réels. En effet, pourquoi créer un intranet ou un extranet, dans de petites communes ? En revanche, les collectivités locales sont les seules à pratiquer ou offrir l'achat en ligne. Là encore, parce que cela correspond davantage à leurs besoins et au type de relations qu'elles entretiennent avec leurs administrés.

15 DÉCEMBRE 2003 • LA GAZETTE

Corrigé

Introduction

Les espaces publics de ressource documentaire que représentent les médiathèques ont dû s'adapter à de nouvelles demandes. La révolution Internet est bien sûr au centre de ces mutations, mais c'est aussi sous la poussée de nouveaux publics que les documentalistes ont été amenés à reconsidérer leur rôle et leurs outils.

La définition de ces nouvelles attentes sera donc l'occasion d'observer comment ont évolué récemment les moyens et les missions du documentaliste.

Les nouvelles attentes

Les nouvelles attentes des publics correspondent d'abord à de nouvelles données techniques. Internet s'est tellement répandu dans les entreprises et les foyers qu'il est devenu l'outil documentaire numéro un. Dès lors, les comportements ayant changé, il était devenu indispensable pour les médiathèques de « mettre en ligne » leurs catalogues et même certains contenus. Ainsi, la bibliothèque de Copenhague offre-t-elle de télécharger articles, ouvrages ou musiques sur son site, les fichiers s'autodétruisant à la fin du délai de prêt. Quant à elle, la médiathèque de Shangai a couplé au prêt de livres un service électronique et un réseau Intranet qui reçoit 20 000 visiteurs différents par mois.

Ce réflexe Internet est d'autant plus fort que tout le monde s'y est mis en même temps. Les milieux professionnels, bien sûr, mais aussi l'administration qui, en France par exemple, cherche à rendre toujours plus performant, plus simple et plus moderne un service public très ramifié. Les grands services de l'État, l'éducation, les collectivités territoriales, etc., ont mis en place des services télématiques de plus en plus adaptés, sécurisés et reliés entre eux. Si bien qu'au final, une partie de plus en plus importante de la population se comporte comme si Internet représentait la plus commode, voire la seule, porte d'accès à l'information.

Les médiathèques doivent aussi répondre aux attentes de nouveaux publics. Les brassages de populations ont considérablement mélangé les données culturelles. Le multiculturalisme des villes est un défi que doivent aujourd'hui relever les centres documentaires, avec leurs corollaires linguistiques. De même, l'ouverture croissante vers de nouvelles tranches de populations contraint les professionnels de la médiation culturelle à s'adapter. Les adolescents des milieux populaires viennent plus facilement vers la médiathèque à travers la musique, par exemple. D'une manière générale, les nouvelles données techniques et comportementales de la modernité ont poussé les documentalistes à innover, dans leurs outils d'abord, dans la définition de leurs missions ensuite.

De nouveaux outils

Les nouveaux publics viennent à la pratique des médiathèques grâce à différentes incitations : ce sont les centres de prêt qui viennent à eux, comme les « Info gas station » d'Helsinki, ou qui s'installent dans les centres commerciaux à l'exemple de Singapour. Pour les jeunes, c'est souvent la musique qui sert d'appât, ou Internet. L'emprunt de livres ne vient qu'après ; il est l'aboutissement d'une longue démarche de médiation. De même, les minorités linguistiques sont captées grâce à des supports oraux comme des émissions de radio, des histoires téléphonées, des cours de langues, afin de briser la frontière culturelle.

Le libre accès de tous les publics à l'information a été favorisé par l'utilisation très large d'Internet dans le domaine documentaire. La mise à disposition de tous les savoirs correspond tout à fait à l'esprit d'Internet, qui est un média essentiellement libre et gratuit, qui permet de diffuser à distance et autorise le dialogue. Ainsi, certains sites documentaires, à destination des étudiants, offrent-ils un service de questions/réponses ouvert 24h/24. Ainsi, les sites sont-ils de plus en plus spécialisés, adaptés de manière à être de plus en plus proches des besoins des utilisateurs.

Car Internet n'est pas ouvert à tous et il reste à réduire la « fracture numérique », tâche à laquelle s'emploient nombre de centres documentaires, d'abord en mettant des bornes Internet et Intranet à disposition des publics, ensuite en assurant le guidage et la formation des débutants.

Une nouvelle définition du métier

Ce rôle pédagogique est peut-être la première des nouvelles missions du documentaliste. Il se doit d'accompagner les nouveaux venus dans les bibliothèques pour les aider à franchir les obstacles techniques, symboliques et culturels qui les séparent de la connaissance. Accompagner, rassurer, éduquer, tels sont les termes d'une relation de service qui s'instaure désormais autour des nouveaux outils de diffusion des savoirs, entre les publics non initiés et les médiateurs que sont les bibliothécaires nouveaux.

La formation aux nouveaux médias de la connaissance est si primordiale qu'elle fait l'objet depuis 2001 d'un site spécifique destiné aux étudiants pour leur donner une méthode de recherche documentaire (CERISE : Conseils aux étudiants pour une recherche d'informations spécialisées efficace).

La tendance générale à une plus grande autonomie de l'usager chercheur ou étudiant, grâce à ces outils, permet aux personnels des médiathèques de conforter leur statut en faisant reposer leur légitimité sur la valeur ajoutée qu'ils octroient à l'information. À eux désormais d'être non seulement l'interface technique d'un catalogue, mais également ceux qui éclairent l'information, la trient, lui donnent sens en structurant la recherche autour des contenus et non seulement des intitulés. Ils ne sont pas des intermédiaires superflus entre la source d'information et l'usager, mais véritablement les médiateurs qui transforment l'information en savoir, l'indispensable trait d'union dans une relation intelligente à l'opposé d'une simple consommation de connaissances. Ses missions de veille, de sélection, d'orientation, de commentaire au besoin, sont les conditions pour éviter de réduire l'enquête du chercheur à une liste de requêtes bibliographiques.

Pour actualiser sa vocation encyclopédique, la bibliothèque publique d'information évoque même le rôle « écologique » de l'analyse et du tri d'une information devenue pléthorique et incontrôlée, afin de lutter contre ce qu'elle nomme « l'info-pollution ».

Conclusion

L'espace d'autoformation de la médiathèque de la Cité des sciences et de l'industrie de la Villette à Paris, par exemple, illustre bien l'adaptation des centres de documentation à l'évolution des attentes du public : à la croisée du champ pédagogique et du champ documentaire, la médiation prend tout son sens d'accompagnement adapté à un public très éclectique. En même temps, toute la ressource de l'outil informatique est employée pour exploiter pleinement la vocation d'Internet comme moyen d'accès libre à la connaissance.

Mais partout, les expériences qui ont fleuri dans le sillage de la révolution télématique ont toutes confirmé le même constat rassurant : plus la machine est présente, plus l'homme est nécessaire. Même les projets de « web sémantique » ou « Internet intelligent », même les prospectives les plus imaginatives sur l'usage des médias dans les prochaines décennies, ne font que renforcer l'idée d'une corrélation nécessaire entre accroissement de la masse d'informations et nécessité d'une médiation efficace pour transformer ces données en savoir.

4. Commentaire de texte (3e concours)

1. Archives

Sujet mai 2006

Durée : 3 heures

Coefficient : 3

« Au plaisir physique de la trace retrouvée succède le doute mêlé à l'impuissance de ne savoir qu'en faire ».

Que faire du passé ? Ni table rase ni socle sacré. C'est la question qui habite depuis toujours Arlette Farge, et au fond c'est une histoire de deuil. « Trouver la familiarité dans la distance », dit-elle, en faisant sienne la confidence de l'historien Michel de Certeau : « Un manquant me fait écrire ». « Moi aussi, c'est le manque qui m'a faite historienne. C'est pourquoi j'aime l'archive, parce qu'elle est trace et manque. Elle est source mais jamais preuve. C'est tout l'honneur de l'historien d'oser interpréter. Il est toujours un travailleur du présent. Il ne peut prétendre n'avoir aucun lien personnel et contemporain avec son objet. » Elle qui se sent si terriblement d'aujourd'hui n'a eu de cesse d'explorer la vie ordinaire du XVIIIe siècle, la sociabilité, l'art de la conversation, le rapport entre les sexes, l'individu qui peut se penser en dehors de la personne du roi. Ce XVIIIe siècle, elle tente de le voir avec les yeux des contemporains, pour qui la Révolution française ne fut pas le seul événement de l'Histoire.

En 1989, tandis que l'on en célébrait le bicentenaire, l'éloge de l'archive par Arlette Farge sonnait comme une exception. Il est devenu la règle. Aujourd'hui, elle s'inquièterait plutôt du contraire, de cette inflation d'archives, de recherche de traces, de cette angoisse du passé quand le présent patine et que l'avenir ne nous dit rien. Elle qui a compulsé les archives judiciaires sait bien le trésor de destins particuliers qu'elles recèlent et qui pourraient être autant de matière romanesque.

Mais, critique-t-elle, l'Histoire n'est pas l'accumulation d'histoires, l'empilement de cas ou de témoignages. « On retrouve dans l'historiographie le même travers que dans le journalisme : le recueil de témoignages comme autant de micros-trottoirs qui émiettent le savoir et sont autant de refus d'analyser le social. La génération des quadras historiens est ainsi très positiviste, méfiante à l'égard de tout système d'interprétation comme s'il était forcément totalitaire. Interpréter devient aujourd'hui un danger ! »

Dans *Le Bracelet de parchemin*, elle étudiait les « écrits sur soi » – lettres, croquis, adresses, petits mots trouvés sur les noyés du bord de Seine – et cherchait l'écriture de ceux qu'on croit illettrés pour donner voix et pensée aux sans-voix. « Pourquoi faudrait-il toujours faire parler le peuple en ouvrant les guillemets, comme s'il parlait une langue étrangère ? s'interroge-t-elle.

Parce qu'on préfère croire les humbles ne s'exprimant que par éructations, exclamations, vociférations… bref, un peuple sans pensée. »

Texte d'Arlette FARGE, extrait de l'article « Archiver », *Télérama* du 21 juillet 2004.

Nota :

– 1 point sera retiré au total de la note sur 20 si la copie contient plus de 10 fautes d'orthographe ou de syntaxe.

– Les épreuves sont d'une durée limitée. Aucun brouillon ne sera accepté, la gestion du temps faisant partie intégrante des épreuves.

Corrigé

Contrairement à ce que la phrase d'introduction laisse entendre, cet extrait d'un article titré « Archiver » ne parle pas tellement des archives, mais de ce qu'il convient d'en faire. Au fond, au lieu de résumer l'archivage aux deux faces traditionnelles d'un métier – trouver et classer –, Arlette Farge se concentre sur la question du doute : le doute qui conduit à authentifier le document, le doute qui pousse également à en interpréter la part d'ombre.

Dans ce passage, elle n'évoque ni l'invention du matériel documentaire – le « plaisir physique de la trace retrouvée » – ni « l'impuissance de ne savoir qu'en faire », autrement dit la difficulté de mettre ce matériel à disposition du public et des chercheurs dans les meilleures conditions d'accès. Ces deux sujets et leurs problématiques sont sans doute développés ailleurs dans l'article mais, dans la page citée, c'est le doute qui est mis en avant. On le comprend bien, c'est dans ce mot-clé qu'Arlette Farge situe tout l'attrait et la noblesse de l'archivage.

C'est dit clairement dès le début : le doute, c'est d'abord la salutaire suspicion dont il faut entourer chaque découverte – l'archive « est source mais jamais preuve ». Avec ce rappel, on reste dans les fondamentaux du métier. Archiver c'est aussi vérifier, enquêter, réunir en tout cas les éléments d'authenticité d'un matériel documentaire.

Ce côté « policier » de l'archiviste se confirme dans la prédilection affichée de l'auteur pour l'archive judiciaire. Aux marges de cet univers, l'auteur s'est intéressée en particulier à la reconstitution d'histoires singulières à partir des traces les moins probables – ou les moins probantes : les écrits, graffitis, dessins, etc., d'illettrés ; et les messages, carnets d'adresses… trouvés sur les noyés de la Seine. Par ce travail sur les documents les moins clairs et les moins sûrs, par cette recherche dans les traces les plus embrouillées, Arlette Farge ne prouve pas seulement qu'elle aime le défi de se confronter aux extrêmes de l'archivage. Elle entreprend d'éclairer sa conception de ce métier qui, selon elle, tire sa grandeur de l'interprétation.

Combler les vides, révéler ce que recèlent en creux les documents, relier des causes et des effets épars, décrypter sur et entre les lignes, voilà la noblesse du métier de l'archiviste. Et ce n'est pas un hasard si c'est un historien qu'elle invoque pour justifier sa position : « un manquant me fait écrire », a dit Michel de Certeau. Elle confirme : « Moi aussi, c'est le manque qui m'a faite historienne ». Qu'est-ce que combler ce « manque » ? Interpréter. Ce mot revient trois fois et il est par moment remplacé par « analyser ». « C'est tout l'honneur de l'historien d'oser interpréter. »

Certes, mais toute la question est de savoir si c'est aussi le métier de l'archiviste. Arlette Farge admet que, dans sa définition du métier, elle se heurte aux nouvelles générations qui voient l'archivage comme une activité froide, objective, laissant aux autres le soin d'analyser ou d'interpréter.

En tout état de cause, il faut reconnaître que son besoin de « combler les manques » l'amène à élargir les champs de l'archivage aux matériels non reconnus jusqu'alors. Elle enrichit les sources du savoir en sortant des registres classiques pour aller chercher les traces les plus obscures et donner ainsi « une pensée aux sans-voix ».

Sa conception très historienne de l'archive la pousse ainsi à fournir de nouveaux documents à l'étude et, refusant de trancher entre les deux domaines, elle alimente leur enrichissement mutuel : histoire et archives dialoguent et éclairent le même chemin.

2. Musée

Sujet mai 2006

Durée : 3 heures

Coefficient : 3

« Apprendre en s'amusant demeure le maître mot de bien des services éducatifs. Le problème est que parfois le plaisir parvient après un long et pénible labeur. C'est cette attente qui est devenue insupportable. Le plaisir doit être immédiat et rien ne saurait le reléguer. Philosophie pédagogique généreuse, dont on n'a pas fini de mesurer les conséquences C'est ce glissement qui nous semble symptomatique dans la transformation actuelle du musée, qui le conduit de l'apprentissage au plaisir d'apprendre, et de celui-ci au plaisir tout court. Qui ne se sera pas posé des questions sur la finalité des jeux offerts aux enfants dans les expositions ? Quand le jeu devient une finalité pour lui-même ou pour un vague contenu, le musée devient parc de loisirs. [...]

Le ludisme est devenu le maître mot et c'est du reste la demande majoritaire de ceux qui commandent des expositions : il faut que cela soit interactif et ludique. Le ludique est la nouvelle balise vers laquelle il convient de naviguer. Loin de se cantonner aux seuls enfants, l'argument est à présent valide pour tout un chacun. Il faut que l'on ne s'ennuie pas, que l'on ne voie pas le temps passer, bref que l'on puisse remplir le temps vide. Définition diamétralement opposée à ce que Malraux et toute la tradition classique comprenaient en prononçant le mot culture. [...] La perception de l'aura a laissé place à l'expérience du divertissement, ce que Walter Benjamin appelait une « esthétique de distraction ». Combien d'œuvres se résument au fait d'être amusantes ? S'il y avait encore des délires surréalistes, le *pop art* a vulgarisé l'idée du caractère fun et ludique des produits de la société de consommation qu'elle a accompagnée, davantage que dénoncée, sur le plan artistique. À présent, les foires et expositions d'art contemporain regorgent d'œuvres dont la seule motivation se résume à la distraction et à la dérision. Dès lors, le musée se remplit d'œuvres s'il est musée d'art, ou il se scénarise s'il est musée de société, avec cette même antienne de distraire ses publics, pour leur proposer une visite agréable. Si les gens sont contents, ils reviendront et ils seront des prescripteurs, conseillent les ingénieux porte-parole du marketing. C'est exactement la philosophie de la firme Disney pour produire ses films.

Le musée spectaculaire, résume François Mairesse, combine la prépondérance de l'image, de la technique, de l'événementiel (avec ses coups médiatiques) et du ludique, qui impose un caractère consensuel. Expérience, ludisme, sensationnalisme, spectacularisation, bien souvent au détriment de l'émotion et de la compréhension [...], il faut reconnaître combien le prétexte de se servir des premiers pour parvenir aux secondes, pris comme leitmotiv, est souvent un échec ou un alibi. Ce qui est plus grave, c'est la perte de sens que semble recouvrir la tendance. En renonçant à définir la culture dans son sens humaniste, demeurent *in fine* l'économie comme motif de l'action culturelle et par conséquent toutes les dérives vers la marchandisation des loisirs. »

Texte de : Serge CHAUMIER, extrait de « Introduction », dans *Culture & Musées*, n° 5 : *Du musée au parc d'attractions*. Actes Sud, 2005, p. 30-31.

NOTA :

– 1 point sera retiré au total de la note sur 20 si la copie contient plus de 10 fautes d'orthographe ou de syntaxe.

– Les épreuves sont d'une durée limitée. Aucun brouillon ne sera accepté, la gestion du temps faisant partie intégrante des épreuves.

Corrigé

Dans son pamphlet contre la « culture ludique », l'auteur oppose la tendance actuelle, qui veut que le musée soit divertissant, à une conception classique de la culture qui fait confiance à l'œuvre seule, avec son « aura », pour porter son message. Un tel propos peut passer pour archaïsant et trouble-fête. Celui qui se démarque d'un mouvement majoritaire prend le risque d'être ringardisé, ce qui en art n'est jamais pardonné.

C'est pourtant l'occasion de s'interroger, à travers le phénomène incriminé et les mouvements généraux de la culture, sur l'évolution du musée et sur la médiation qu'il convient d'établir aujourd'hui entre les collections et leurs publics.

L'auteur ne lésine pas sur les arguments les plus péjoratifs pour qualifier la tendance « spectaculaire » du musée actuel. Il la compare au marketing de la firme Disney, aux attractions des parcs de loisirs, et ne lui reconnaît comme seules motivations que des finalités économiques, sur le modèle de la société de consommation. Il note que la tendance ludique ne se limite plus au désir de capter un public enfantin, mais s'adresse désormais à tout le monde. Comme le confirme sa mention de « coups médiatiques », il suggère que cette « esthétique de la distraction » s'apparente aux méthodes de la télévision et de la publicité pour remplacer la quête de sens par la recherche du plaisir immédiat. Il s'attaque de même aux œuvres d'art contemporain qu'il soupçonne de ne fonctionner la plupart du temps qu'à coups d'émotion et de dérision, quand elles ne se contentent pas d'être juste amusantes. Pour conclure il revient sur la mission du musée pour affirmer que la tendance au musée spectacle, en imposant le jeu, la technique, l'interactivité et le sensationnel sous prétexte de capter des publics plus larges, est un échec. Il reproche au musée de s'inscrire dans la tendance générale à la « marchandisation des loisirs ». Il pense sans doute à la culture de masse qui, accompagnant le mouvement très souhaitable de démocratisation de la culture, a très souvent été l'occasion d'en pervertir le sens pour en faire un divertissement commercial, en même temps que se développaient les industries culturelles : édition, musique, cinéma, etc.

À l'opposé, Serge Chaumier donne quelques pistes sur ce qu'il considère comme l'authentique mission du musée : servir la culture au « sens humaniste » du terme, permettre de comprendre et de ressentir l'émotion au contact de l'œuvre, dans les musées d'art, ou des pièces d'une collection, dans les musées « de société ». Le sens du mot « humaniste » n'est pas éclairé davantage, sinon par opposition aux préoccupations mercantiles, et comme expression de ce que l'humain a de plus noble, c'est-à-dire son intelligence et sa capacité d'émotion esthétique. Il faut remonter vers le milieu de l'extrait cité pour trouver dans la référence à Malraux une indication plus explicite. Le grand ministre de la Culture du général de Gaulle, celui qui inventa pratiquement ce ministère, avait de l'œuvre une conception bien particulière et qui fit longtemps référence : il considérait que l'œuvre d'art suffisait. La seule mise en présence d'une statue khmère ou d'un tableau de Matisse devait produire dans le public des émotions et une compréhension immédiate. L'auteur utilise d'ailleurs le terme d'« aura », notion très malrucienne, pour désigner ce que dégage l'œuvre d'art sans avoir besoin des artifices qu'il dénonce. On voit qu'il fait référence à « toute la tradition classique » pour défendre sa conception d'un musée centré sur l'œuvre contre la vogue du divertissement.

Faut-il trancher ? Il est bien légitime pour un musée de vouloir élargir son public et d'utiliser, pour cela, des moyens qui marchent ailleurs. Il est tout aussi défendable de tenir à ce que l'œuvre soit respectée, d'une part, d'autre part à ce que le public soit éduqué, ce à quoi tend après tout ce que l'on nomme la culture. Mais ces deux attitudes, que l'auteur présente comme extrêmement opposées, ne sont-elles pas conciliables ? Pour y voir plus clair, prenons quelques exemples : Le Louvre, le musée d'Orsay, le musée Rodin, etc., illustrent la conception de Malraux : les œuvres y sont exposées purement et simplement. Si les visiteurs affluent (6 millions par an au Louvre), c'est par la qualité unique des collections. Soit. L'aura de la Joconde, pourtant pratiquement invisible aujourd'hui, fonctionne à plein. Prenons deux musées de conception moderne : la Grande Galerie du Muséum national d'histoire naturelle et le musée des Arts premiers du quai Branly à Paris. Pour qui a visité le premier il y a quarante ans, lorsqu'un mammouth en lambeaux précédait un amoncellement de squelettes dominé par ceux des baleines, ou le musée des Colonies de la Porte Dorée qui a alimenté celui du quai Branly, il n'y a pas de comparaison. La conception actuelle des musées présente un intérêt bien supérieur, même si l'on y trouve beaucoup de vidéos, des stations de repos et même des choses amusantes. Rien de tout cela ne semble, à la visite, contraire à l'éveil du public et à son intérêt pour les collections. La caméra discrète qui permet aux enfants de se voir faire des grimaces sur un écran de télévision, quand ils passent devant le groupe des grands singes empaillés, a le double mérite de faire oublier le côté macabre de la taxidermie sur des anthropoïdes, et de faire comprendre aux enfants, en un clin d'œil, à quel point l'homme est proche de ces animaux.

Cet exemple illustre bien le fait qu'il est possible de concilier la mission didactique du musée, culturelle au sens noble, et une séduction du public qui n'est pas coupable tant qu'elle demeure cohérente avec l'esprit des collections et le sens des œuvres. Plus on accumulera les exemples, plus on verra que l'auteur exagère et, que ce soit en province ou à Paris, dans les musées publics ou privés, il est visible que les conservateurs font passer largement leur mission culturelle avant tout et qu'ils sont à l'abri des dérives mercantiles. Mais à relire ses premières lignes, on peut imaginer que l'auteur a fait de sa propre culture un sacerdoce et qu'il a vécu son apprentissage comme « un long et pénible labeur ». Dès lors, on comprend mieux qu'il admette mal que l'on puisse « apprendre en s'amusant ».

III. Épreuves d'admission
(concours externe, interne
et 3e concours)

1. Conversation avec le jury à partir d'un texte (pour les trois concours)

1. Le but de cette épreuve

Une des épreuves d'admission consiste en une conversation à partir d'un texte à caractère culturel permettant de vérifier la culture générale et la motivation du candidat. (durée : 20 minutes, après une préparation de même durée ; coefficient : 3)

Pendant vingt minutes, le candidat doit lire et comprendre le texte qui lui a été remis. Il s'agit d'un texte ayant un rapport avec la culture et abordant des thèmes comme :

- l'échec scolaire ;
- le management culturel ;
- les particularismes culturels ;
- la liberté des médias ;
- les politiques culturelles de la ville ;
- les festivals ;
- le patrimoine ;
- la « World littérature » ;
- les nouveaux lieux d'exposition ;
- les jeunes et la presse ;
- le site : www.culture.fr ;
- le métier de libraire ;
- les difficultés rencontrées par les industries du disque face à l'Internet ;
- le patrimoine menacé dans le monde ;
- la démocratisation culturelle ;
- la mise en valeur de l'art contemporain ;
- etc.

Les textes sont souvent extraits des magazines et journaux *Sciences Humaines, Télérama, Le Monde diplomatique, Libération*.

Il est donc très important de lire la presse régulièrement et de se tenir informé des débats dans lesquels la culture est impliquée.

Pour vous préparer à cette épreuve, prenez un par un chacun des thèmes ci-dessus et écrivez ce que vous pouvez dire sur chacun d'eux. Si vous ne pouvez pas écrire une ligne, plongez-vous dans de la documentation et allez surfer sur Internet.

Tenir compte des conseils donnés pour l'épreuve orale.

Si vous êtes convoqué à cette épreuve orale c'est que vous avez déjà passé le cap de l'écrit et que vos compétences ont été reconnues meilleures que celles des candidats qui ont échoué. Cela doit donc vous donner un sentiment de sécurité et confiance en vous. L'épreuve d'admission doit donc être envisagée sereinement. Le jury veut découvrir ce qui ne passe pas dans l'écrit : vos qualités humaines, votre ouverture d'esprit, votre capacité à dialoguer, à analyser des problèmes.

2. Le jury

Le jury est composé de personnes qui sont là pour évaluer votre aptitude à occuper le poste pour lequel vous vous présentez. Ils ne sont pas là pour vous juger car *a priori* ils vous sont favorables, mais ils vont apprécier vos qualités de réflexion et votre capacité à travailler avec eux. Ils ne sont pas là pour ne voir que vos défauts, mais plutôt pour découvrir vos qualités et le petit plus qu'ils préféreront chez vous. Même si les questions ne portent pas sur vous, n'oubliez pas qu'à travers vos réponses, c'est vous que le jury apprend à connaître. À vous de mettre vos qualités en avant.

Le jury apprécie les réponses des candidats selon des critères bien définis sur une grille d'évaluation qui peut ressembler à celle-ci :

Grille d'évaluation

Compétences et savoir-faire	**Notation**
Appréhender le sujet (dégager les différentes composantes du problème)	....
Organiser sa pensée autour d'un plan structuré (qualité et richesse du plan)	....
Produire un message clair et fluide (articulation des idées, tonalité , intelligibilité)	....
Utiliser un langage adapté à l'interlocuteur (langage soutenu)	....
Produire des connaissances sur le sujet (richesse des connaissances)	....
Argumenter ses opinions	....
Se comporter en accord avec la situation (politesse, respect des usages)	....
Présenter le sujet et annoncer le plan	....
Répondre aux questions posées (précision et qualité de la réponse)	....
Se décentrer de son point de vue (capacité à prendre du recul et à nuancer sa pensée)	....
Total	....

3. Votre comportement

Pour vous rendre à cette épreuve, vous vous êtes habillé convenablement – classique plutôt qu'excentrique –, coiffé proprement. Veillez à avoir les mains et les ongles propres pour ne pas avoir l'air négligé. Le jury doit avoir une première impression favorable (les cheveux dans la figure et une tenue débraillée sont proscrits). N'oubliez jamais que l'on n'a qu'une fois l'occasion de faire une « bonne impression ».

Vous avez pris connaissance du sujet à traiter et vous êtes allé le préparer dans une salle où viendra vous chercher l'un des membres du jury.

En entrant dans la salle :

- avancez-vous devant la table du jury ;
- saluez l'ensemble des jurés en les regardant ;
- attendez que l'on vous invite à vous asseoir ;
- présentez-vous rapidement : nom, prénom ;
- lisez ou exposez le sujet que vous allez traiter ;
- tenez-vous droit, les mains posées devant vous et ne posez pas les coudes sur la table.

Le trac : lors de cette épreuve, vous êtes seul devant un groupe de personnes que vous ne connaissez pas et qui vous impressionnent. Elles vous regardent, parlent entre elles, écoutent vos réponses, sourient, ont l'air sévère...

N'oubliez pas que le jury fait passer des entretiens toute la journée, plusieurs journées de suite et que le temps lui semble très long. Si vous voulez attirer son attention, faites en sorte qu'il ne s'ennuie pas en vous écoutant : à vous de le captiver en lui racontant ce qu'il n'a pas encore entendu ou en le présentant de façon différente. Soyez souriant, ayez l'air à l'aise, de façon à surprendre agréablement le jury en vous distinguant de tous les candidats trop sérieux ou intimidés qu'ils voient défiler.

Enfin, respirez profondément, prenez votre temps avant de parler ; contrôlez votre débit de paroles et surtout ne vous répétez pas. Si vous avez peur de ne pas parler assez longtemps ou que le silence s'installe, la solution n'est pas de répéter sous une autre forme ce que vous venez de dire. Il vaut mieux parler lentement, laisser un blanc entre chaque phrase, afin de reprendre votre respiration. Le silence qui suit ce que vous venez de dire ne doit pas vous gêner ; il doit permettre au jury de réfléchir à vos paroles et à la façon dont vous les avez exposées.

4. Votre exposé

L'introduction

Elle doit vous permettre de présenter le sujet, d'en faire le tour d'une façon générale et d'annoncer le plan que vous avez prévu pour le développement.

Le plan peut ressembler à ceci :

- les problèmes ;
- les causes ;

– les solutions ;

– conclusion : les solutions qui pourraient être mises en place et ce qui existe dans d'autres pays.

Le développement de l'exposé

En vingt minutes de préparation, vous n'avez pas le temps de rédiger une dissertation, juste celui de jeter vos idées sur le papier :

– écrivez lisiblement afin de pouvoir vous relire facilement ;

– allez à la ligne pour chaque nouvelle idée ;

– utilisez un style télégraphique et des flèches pour lier vos idées entre elles.

Au moment de l'exposé, relisez vos notes discrètement, mais exprimez-vous avec des phrases construites. Vos feuilles sont posées devant vous, mais ne doivent vous servir qu'à soutenir votre exposé.

Remarque : la façon dont vous abordez les différents points du sujet à traiter, les mots que vous utilisez pour vous exprimer sont très importants. Il faut savoir introduire votre sujet et ensuite passer d'une idée à l'autre en montrant que vous n'énumérez pas, que vous ne récitez pas un cours, mais que vous exposez un thème qui vous intéresse et sur lequel vous avez des connaissances. Le plan que vous aurez construit pour exposer votre sujet doit transparaître à travers votre façon de le présenter même si vous l'avez annoncé dans votre introduction.

N'hésitez pas à utiliser les mêmes connecteurs logiques qu'à l'écrit : d'abord, premièrement, ensuite, d'une part, d'autre part, c'est pourquoi, en revanche, au contraire, en dernier lieu, finalement…

5. Conseils

Lors d'une épreuve orale, certaines attitudes sont à privilégier, d'autres à déconseiller car les membres du jury ne manqueront pas de les interpréter.

Ainsi, si vous répondez trop rapidement ou d'une façon trop catégorique, le jury en déduira que vous êtes trop sûr de vous, que vous ne cherchez pas à approfondir le sujet et que vous avez tendance à penser à la place des autres. Il faut donc se donner le temps de la réflexion pour pouvoir analyser rapidement les données du problème et y répondre d'une façon ouverte.

Si vous utilisez des formules toutes faites ou si vous montrez que vous avez des préjugés, on en déduira que vous manquez de sens critique et que vous pouvez être influençable.

Enfin, soyez sincère avec le jury. Si vous ne faites que les réponses que vous pensez être celles que le jury a envie d'entendre, sachez qu'il peut vous piéger en vous posant les mêmes questions formulées autrement et si vos réponses ne correspondent pas, vous êtes pris en faute. Il vaut mieux avoir confiance en vous, vous montrer naturel et jouer la carte de la sincérité.

Si, effectivement, le jury vous trouve apte à assurer la fonction pour laquelle vous concourez, c'est bien, vous vous épanouirez dans ce métier. Si, au contraire, vous n'êtes pas retenu, c'est que vous ne convenez pas réellement à ce métier et que vous devez vous orienter vers autre chose (ou tenter votre chance une autre fois).

6. Option : Bibliothèque

Questions d'entraînement

Texte 1 : Regards sur les publics

1. Quelle est la place du livre aujourd'hui ?

2. Les bibliothèques ont-elles encore un avenir ? Quel doit être leur objectif ?

3. À qui sont destinées les bibliothèques ?

Texte 2 : Évaluer pour évoluer

1. Le travail des bibliothécaires est-il compatible avec une approche marketing de l'offre et de la demande ?

2. En quoi une bibliothèque sert-elle la culture ?

3. Sur quels critères faudrait-il évaluer les bibliothèques ?

Texte 3 : Les dimensions politiques et stratégiques de l'évaluation des performances des bibliothèques.

1. Quels sont les outils de gestion d'une bibliothèque ?

2. Quels devraient être les critères d'évaluation d'une bibliothèque ?

3. Comment un bibliothécaire peut-il se tenir informé des besoins et des attentes du public ?

Texte 1

Dossier : Regards sur les publics

Compter

par Anne-Marie Bertrand

Dans le temps, les choses étaient simples : les gens venaient à la bibliothèque, s'inscrivaient, empruntaient des livres. Les bibliothécaires, l'âme en paix, comptaient les « lecteurs » et les « prêts ». Le nombre des lecteurs augmentait. Le nombre des prêts augmentait. Tout était à sa place. Dans les bibliothèques municipales en 1977 : 2 251 000 lecteurs, 51 532 000 prêts.

Aujourd'hui, la situation est beaucoup plus difficile à appréhender. Non seulement « les gens » viennent à la bibliothèque pour emprunter autre chose que des livres, non seulement les pratiques de consultation sur place prennent un autre visage et une autre importance, mais encore on peut fréquenter les services de la bibliothèque sans y mettre les pieds et sans émarger aux statistiques d'inscrits ni/ou aux statistiques de prêts.

Que veut dire compter, alors ?

Ce texte n'a d'autre ambition que d'essayer de répondre à cette question. D'abord en s'interrogeant pour savoir ce qu'on compte et dans quel but on le compte. Ensuite, en tentant d'aborder les résultats en fonction de différents points de vue : le point de vue historique (l'évolution des résultats dans le temps) ; le point de vue des moyens (les résultats sont-ils corrélatifs aux moyens disponibles ?) ; le point de vue du public (quels types de résultats l'évolution des pratiques permet-elle d'aborder ?) ; le point de vue de l'offre (les nouvelles activités des bibliothèques sont-elles quantifiables ?).

Compter : qui ? quoi ? pour quoi ?

Les statistiques concernant le public sont destinées, me semble-t-il, d'une part à mesurer l'activité de la bibliothèque, d'autre part à évaluer, autant que faire se peut, l'adéquation entre les services offerts et les attentes du public.

Mais, en ce domaine, que compter ? Compter les personnes : compter les inscrits, les usagers, les emprunteurs ou les entrées ? On voit que cette question simple n'est pas si simple que ça. Ni oiseuse : des décomptes effectués à la médiathèque de Nantes en 1987 montraient que le nombre des emprunteurs était tous les jours inférieur au moins de moitié au nombre des entrées [1]. Même si l'on fait la part des entrées multiples, ne prendre en compte que le nombre des emprunteurs serait donc grandement sous-estimer le public de la bibliothèque. Compter les emprunts, les communications sur place est plus fiable – avec les réserves d'usage que l'on connaît ; un livre emprunté n'est pas forcément un livre lu (ou, au contraire peut être lu par plusieurs personnes), un document communiqué n'apporte pas forcément la réponse cherchée.

Compter les emprunts par types de documents ou par documents unitaires n'a d'intérêt que purement informatif (le prêt d'ouvrages en basque représente 2,8 % des prêts) et peut même avoir des effets pervers (Bastien und Bastienne n'est pas sorti depuis six mois ; au pilon – non, pardon, à la braderie !). [2]

Croiser les données emprunts/emprunteurs peut apporter une satisfaction esthétique qui, comme telle, est bien sûr gratuite : vous chaut-il de savoir que les enseignants du secondaire empruntent plus de BD mais moins de guides de voyage que les femmes au foyer d'au moins trois enfants habitant à plus d'un kilomètre de la bibliothèque ? Par contre, d'autres corrélations peuvent être fructueuses, même si elles ne sont pas étonnantes : constater que le nombre d'emprunts augmente en même temps que les horaires d'ouverture, ou que le nombre d'inscrits diminue avec l'augmentation des tarifs...

À la question « pourquoi compter ? » je ne vois donc que deux réponses : on compte pour préciser des besoins et donc obtenir des moyens (crédits, locaux, emplois, etc.) ; on compte pour préciser des résultats et donc évaluer la satisfaction des usagers. Car, après tout, je ne vois pas de question plus importante que celle-ci et à laquelle on revient toujours : pourquoi viennent-ils dans les bibliothèques ? pourquoi n'y viennent-ils pas ? pourquoi n'y viennent-ils plus ? comment faire pour qu'ils viennent ?

Compter : l'évolution dans le temps

Les statistiques triennales de la direction du Livre [3] nous apportent des indications chiffrées.

	emprunteurs de livres	prêt de livres
1977	2 251 000	51 532 000
1980	2 609 000	59 310 000
1983	3 394 000	74 828 000
1987	4 236 000	86 308 000

À ces chiffres, il conviendrait d'ajouter les prêts d'autres documents[4].

Pour les livres, le pourcentage d'augmentation entre 1977 et 1987 est donc de 88,18 % pour les inscrits et de 67,48 % pour les prêts. Si l'on cumule tous les types de documents prêtés, on obtient, en 1987, 93 969 000 prêts de documents, soit une augmentation par rapport à 1977 (livres + disques) de 75,77 %. Ce qui signifie que, malgré la diversification des médias proposés, le nombre de prêts a moins augmenté que le nombre d'emprunteurs. Sur une évolution plus courte (1987 par rapport à 1986), les chiffres sont d'une crudité simplissime : pour la première fois depuis dix ans, le nombre d'inscrits a baissé dans les bibliothèques municipales : 4 317 000 inscrits en 1986, 4 236 000 en 1987. Le pourcentage d'inscrits dans la population qui s'est élevé, régulièrement, de 8,6 % en 1977 à 15,7 % en 1986 est redescendu à 15,1 % en 1987. Accident ou tendance lourde ?

Compter : l'évolution des moyens

Les mêmes sources statistiques[3] nous permettent de dresser le tableau ci-dessous

Principales données	Evolution 1977/87
dépenses totales *	+ 97,74 %
dépenses Investissement *	+ 142,75 %
dépenses fonctionnement *	+ 85,95 %
surfaces	+ 83,59 %
personnel total	+ 100,03 %
personnel qualifié	+ 144,63 %
acquisitions.	+ 61,81 %
inscrits	+ 88,18 %
prêts	+ 75,77 %

*(en francs constants sur la base INSEE)

Des statistiques plus fines sont plus intéressantes notamment dans le domaine de l'accessibilité des services : la surface des annexes a-t-elle augmenté autant que la surface des centrales ? Réponse : davantage ; les centrales ont globalement augmenté de 77,25 % de surfaces de planchers entre 1977 et 1987 et les annexes de 111,77 %. Mais leur nombre n'a pas augmenté dans les mêmes proportions : seulement de 39 %. Sur l'évolution des tarifs, les statistiques restent muettes. Enfin, sur révolution des horaires, Louis Yvert montre (*cf. infra*) que, pour les villes de plus de 20 000 habitants, la moyenne hebdomadaire d'ouverture est passée de 30 h 11 en 1980 à 29 h 24 en 1987.

Quels enseignements tirer de ces évolutions divergentes ? Je laisserai ce soin à plus qualifié que moi et me contenterai de quelques réflexions provisoires : un effort très important a incontestablement été accompli par les collectivités locales depuis dix ans (+97,74 % de dépenses), effort accompagné modestement par l'État en investissement (prise en charge de 16,2 % des dépenses d'investissement en 1987) et très médiocrement en fonctionnement (3,87 % en 1987 soit moins qu'en 1980, pourtant considérée comme une année noire).

Pour autant, cet effort n'a pas été couronné, dans les mêmes proportions, d'un succès public. Certes, il y avait, il y a, du retard à résorber, une mise à niveau à faire, qui n'est toujours pas terminée. Cependant, il conviendrait que des experts se penchent sur cette double question : est-ce que, là où elles existent, les centrales modernes (médiathèques) n'ont pas *grosso modo* atteint leurs objectifs et fait le plein de leur public et est-ce qu'une reprise de l'expansion ne doit pas, désormais, passer par un maillage plus serré d'équipements de proximité ? Une fois de plus, nous revenons à la cruciale question du réseau et de son organisation.

Compter : l'évolution des pratiques

L'évolution des pratiques du public a été traitée dans plusieurs ouvrages[5] auxquels il est utile (et intéressant) de se reporter. Je n'évoquerai ici que quelques aspects de cette évolution et leur poids sur les statistiques.

La demande croissante d'accompagnement de la formation permanente comme de la formation initiale n'apparaît pas dans les statistiques. Elle pèse cependant d'un poids toujours plus lourd sur les collections à acquérir, sur l'occupation, voire la saturation, des locaux, sur la disponibilité du personnel, généreusement mis à contribution par des nuées de collégiens, de lycéens, d'étudiants ou de demandeurs d'emploi en reconversion. Travaillant sur place souvent uniquement avec des usuels, ces usagers n'influent pas de manière quantifiable sur l'activité de la bibliothèque – sauf peut-être sur le nombre de photocopies effectuées.

La consultation sur place de documents divers (périodiques, livres, vidéos, etc.) est, elle aussi, difficile à mesurer. Seul est réellement compté le nombre de documents communiqués des magasins, ou le nombre de vidéocassettes diffusées. Mais tout ce qui est consommation plus diffuse n'apparaît pas : feuilletage, réponses aux concours, conversations, recherche d'adresse, consultation du catalogue, visite d'exposition, brefs instants de repos, écoute de disques, réservations effectuées, recherche bibliographique, etc. et tout ce qui peut relever de la fréquentation du service sans se traduire par l'emprunt ou la communication d'un document, tout ceci est absent des statistiques. Et est pourtant significatif de ce qu'on demande aux bibliothécaires comme qualification multiple, amabilité permanente et disponibilité sans faille...

Troisième exemple : les bibliothèques multimédias ont engendré des adhérents « multi-pratiquants », qui fréquentent le coin-périodiques, regardent des vidéocassettes, font une recherche sur place, empruntent des livres et des disques, etc. En ce domaine, les outils statistiques sont défaillants pour mesurer la réalité et l'importance de cette « multi-pratique ».

Tout n'est pas mesurable, bien sûr, mais sur ces quelques points je regrette que les chiffres ne puissent pas rendre compte de ces nouvelles pratiques, alors même qu'elles correspondent à l'objectif poursuivi, faire des bibliothèques non seulement des lieux de travail et de documentation, mais aussi des espaces d'accueil, de vie et de sociabilité.

Enfin, même si des études sont ponctuellement menées ici ou là, on aimerait en savoir plus sur les relations du public avec la bibliothèque : on sait[6] que les points sensibles sont les horaires (« c'est toujours fermé ! »), le carcan réglementaire (« on se fait toujours engueuler »), la difficulté du choix (« il y en a trop, on ne sait pas comment choisir ») et surtout, pour ceux qui ne fréquentent pas une bibliothèque, l'impression, ou même la certitude, que « ce n'est pas pour eux », que c'est un service destiné aux virtuoses, voire aux professionnels de l'écrit que sont les étudiants, les enseignants et les intellectuels et que, bien entendu, il n'y a rien là-dedans qui risque de les intéresser, eux, faibles lecteurs[7].

Compter : l'évolution de l'offre

Les « nouveaux territoires » qu'explorent depuis quelque temps les bibliothèques ne sont pas toujours mesurables. Distinguons ici deux types d'actions : celles qui consistent à mieux assurer l'information bibliographique ; celles qui consistent à améliorer la présence du livre dans la cité.

Pour l'accès à l'information bibliographique, je ne crois pas qu'existent de statistiques sur l'interrogation des catalogues *in situ*, pas davantage sur l'interrogation des catalogues à distance, et encore moins sur les possibilités d'accès à des sources bibliographiques sur CD-ROM. Mais, après tout, cette absence de résultats n'est que le prolongement de notre ignorance ancienne sur l'utilisation des catalogues dans nos bibliothèques – avec un petit peu plus d'acuité, car il s'agit là de nouveaux services dont on aimerait bien pouvoir évaluer l'utilité et la pertinence.

Quant aux actions nouvelles de diffusion du livre, elles peuvent être jusqu'à un certain point quantifiées : il existe des statistiques nationales sur le nombre de livres déposés par les BM dans les collectivités (577 000 en 1977, 2 212 000 en 1987) ou déposés par les BCP dans leurs relais. Peut également être connu le nombre de livres déposés selon le type de collectivités : où il apparaît, avec une constance remarquable, que ce sont les écoles qui bénéficient principalement des dépôts des BM (66,8 % des livres déposés en 1983, 66,5 % en 1987). Nouveaux territoires ? Vous avez dit nouveaux ?

Prenons l'exemple des actions menées en direction de la petite enfance. Ni les crèches, ni les PMI, ni les haltes-garderies ne sont identifiées dans les statistiques de dépôts de livres. Pas plus que ne sont quantifiées les actions de sensibilisation envers leurs personnels, ou que ne sont évoquées les actions de formation que les bibliothèques peuvent mener à leur égard, ni que ne sont évoqués les accueils spécifiques des bébés. Un « nouveau territoire » de ce type peut donc échapper complètement aux bilans statistiques, même s'il recouvre une part importante de l'activité de la bibliothèque, ou s'il est identifié comme une priorité dans la politique de lecture municipale.

Compter : en conclusion, le livre...

« L'usage de l'imprimé » connaît une évolution contradictoire : ces dernières années ont vu à la fois la prise de conscience des enjeux politiques et sociaux de la maîtrise de l'écrit et, dans le même temps, des lamentations médiatiques sur la fin du livre et l'approche de la barbarie.

Quel rapport avec les bibliothèques ? Un rapport consubstantiel : l'image du livre et l'image de la bibliothèque sont liées ; le rapport au livre et le rapport à la bibliothèque sont liés.

Or l'image du livre est ambiguë, équivoque : le livre est nécessaire mais ennuyeux, pratique mais ringard, porteur d'avenir mais condamné, pas cher mais élitiste, répandu mais réservé, etc. Bref, on sait que le livre est un outil démocratique, aux pieds ailés, de partage du savoir, de l'émotion et de la mémoire. On le « sait »... mais du dehors, de loin. Comme on « sait » que la Terre tourne autour du Soleil... mais ce qu'on voit, ce qu'on sent, c'est que le Soleil monte et descend sur l'horizon. Le livre présent partout, pour tous, ce n'est encore qu'un rêve d'intellectuel... tout comme la mort du livre et de la lecture n'est qu'un cauchemar d'intellectuels.

En attendant une hypothétique révolution copernicienne, la réalité est plus prosaïque : le livre n'est pas à la mode et son usage n'est que trop souvent une corvée utilitaire. Ce qui n'empêche pas que, en même temps, il n'y ait jamais eu autant de lecteurs dans la population française.

L'évolution de la place de la culture dans la société, l'évolution des pratiques culturelles sont, évidemment, au-delà de ce qu'a évoqué cet article. On ne peut cependant parler sérieusement des publics des bibliothèques sans les replacer dans ce contexte. Fournisseurs d'offre culturelle, attentives aux demandes, essayant de répondre aux besoins, tributaires (et partenaires) de l'évolution des pratiques, les bibliothèques ne peuvent seulement se décrire par des chiffres. Leur identité, leur utilité doivent être précisées par des enquêtes plus larges – est-il optimiste de compter que les pouvoirs publics s'intéresseront à cette question ?

Bulletin d'informations de l'ABF n° 151, 2e trimestre 1991.

1. Je n'emploie l'imparfait que parce que nous avons cessé de compter les entrées… mais le phénomène, à mon avis, perdure.
2. Les exemples cités sont purement imaginaires, bien entendu.
3. Direction du Livre et de la Lecture. *Bibliothèques municipales : statistiques 1987*, Paris, Imprimerie Nationale, 1990.
4. En 1987, 7 543 000 prêts de disques, 60 000 prêts de vidéocassettes, 12 000 prêts de logiciels, 9 000 prêts d'œuvres d'art, 37000 prêts de séries de diapositives.
5. Voir par exemple *Pour une sociologie de la lecture* (Cercle de la Librairie, 1988), Publics à l'œuvre (Documentation française, 1986), *Constances et variantes* (BPI, 1990).
6. Voir notamment Joëlle Bahloul, *Lectures précaires*, BPI, 1987.
7. Je ne parle pas ici des « non-lecteurs » techniques dont le problème est autre.

Texte 2

Evaluer pour évoluer

TABLE RONDE LIVRESHEBDO "LES BIBLIOTHÈQUES À L'ÉPREUVE DE LA MODERNISATION"

A l'épreuve de la modernisation, les bibliothécaires ne peuvent plus se dispenser d'évaluer leurs performances. Comment leur mission de service public culturel est-elle compatible avec une approche marketing de l'offre et de la demande? C'était l'objet d'un débat organisé par Livres Hebdo au Salon du livre le 19 mars, à l'occasion de la sortie de deux ouvrages sur le sujet aux éditions du Cercle de la librairie.

Sans cesse confrontés à de nouveaux enjeux économiques, les responsables de bibliothèques doivent revendiquer les moyens économiques pour s'adapter aux demandes de publics de plus en plus fluctuants. Mais sont-ils tenus, comme n'importe quelle entreprise, de rendre des comptes et de légitimer leurs investissements? *Livres Hebdo* a ouvert le débat le 19 mars dernier au Salon du livre de Paris, à l'occasion de la parution de deux ouvrages dans la collection « Bibliothèque » des éditions du Cercle de la librairie: *Manuel théorique et pratique d'évaluation des bibliothèques et centres documentaires* de Thierry Giappiconi, directeur de la bibliothèque municipale de Fresnes, et *Stratégie marketing des services d'information* de Florence Muet, consultante en développement des services d'information, et Jean-Michel Salaün, professeur à l'Enssib. Chaque livre (~~voir encadré p.78~~) contient une méthode pour aider les bibliothécaires à défendre leurs projets. Car, ainsi que

Bibliothèques : mille ans d'évolution

Thierry Giappiconi, BM de Fresnes : "Aucune bibliothèque ne peut répondre à tous les besoins de tous les publics. Il faut définir des objectifs précis."

Florence Muet, consultante en développement des services d'information : "Le marketing stratégique peut s'appliquer à n'importe quel type de service d'information, public ou privé. C'est une méthode pragmatique et créative."

Jean-Michel Salaün, Enssib : "Dès qu'un service s'adresse à un public, il est possible de lui appliquer un raisonnement marketing. (...) Les bibliothèques passent par des choix à faire, et donc des décisions à prendre."

l'a souligné François Colombani, directeur du Centre de gestion de la fonction publique territoriale des Bouches-du-Rhône: « *Dans un pays où 80 % des communes sont seules à financer la culture, faire de l'évaluation n'est pas si simple. Encore faut-il avoir des objectifs précis et trouver, dans la nomenclature de nos emplois, un évaluateur. La théorie existe déjà, mais dans la pratique, nous n'en sommes qu'au début.* »

La signification sociale de l'évaluation. L'évaluation des performances des bibliothèques et des centres documentaires n'est pas une discipline nouvelle et se trouve largement enseignée dans certains pays (anglo-saxons notamment) depuis les années 80. Dès 1998, la norme ISO 11620 offre aux bibliothèques des principes et des définitions standardisés pour mesurer les performances de leurs services. Danièle Lamarque, présidente de la chambre régionale des comptes de Haute-Normandie et membre du Conseil national d'évaluation, a cependant souligné combien la mesure des performances du service public n'est pas dans la culture française : « *Tout en plaçant très haut les exigences du service public, la France mesure peu et se cantonne à l'analyse des procédures. On en reste à des démarches trop descriptives.* » Le livre de Thierry Giappiconi fait donc figure de pionnier dans ce domaine et montre, en s'appuyant sur de très nombreux exemples puisés à l'étranger, que c'est possible. En France, la création du Conseil national d'évaluation dans les années 90 témoigne de cette volonté nouvelle d'apprécier des performances interministérielles, du moins en interne. « *Les bibliothèques, qui agissent à différents niveaux culturels, ont des missions de plus en plus complexes,* a poursuivi Danièle Lamarque. *L'évaluation telle que Thierry Giappiconi l'appréhende donne des milliers de clés pour mesurer les actions d'une bibliothèque et lui permettre d'atteindre les résultats qu'elle s'est fixés. Pour un organisme culturel, l'évaluation apparaît donc comme une fonction fondamentale de la démocratie locale.* »

Les bibliothèques sont-elles tenues, comme n'importe quelle entreprise, de rendre des comptes et de légitimer leurs investissements?

En quoi la bibliothèque sert-elle la culture et contribue-t-elle au dynamisme du marché? L'auteur montre qu'il faut dépasser la statistique traditionnelle, « *bavarde et dépourvue de valeur* », au profit d'indicateurs « *chiffrés, concrets et significatifs* »: quel est le nombre de documents par personne? Quel est le taux de pénétration de la bibliothèque? Quel est le taux de disponibilité des titres demandés? « *Dans ce livre, j'ai voulu fournir une méthode et des outils. Aucune bibliothèque ne peut répondre à tous les besoins, de tous les publics. Il faut définir des objectifs précis pour dialoguer avec les élus et communiquer avec les citoyens.* » Les collectivités locales, a rappelé Danièle Lamarque, sont obligées de rendre des comptes à leurs électeurs et pratiquent plutôt bien l'évaluation. On l'a récemment constaté à l'occasion de la dernière campagne des Municipales. La presse a publié de nombreuses évaluations de villes. Cette pratique doit pouvoir être développée pour les services culturels, sans que les enjeux financiers prennent pour autant le pas sur leur visée sociale. Pour leur part, Florence Muet et Jean-Michel Salaün affirment que « *dès qu'un service s'adresse à un public, il est possible de lui appliquer un raisonnement marketing* ».

Une aide à la décision. Les trois auteurs s'accordent pour dénoncer l'absence d'orientations de ces établissements. Faute d'objectifs précis, les décisions se limitent à des attributions de moyens selon des critères d'efficacité plus ou moins identifiables, « *assortis d'options tarifaires ou réglementaires aussi arbitraires que contraignantes* », comme l'écrit Thierry Giappiconi. Jean-Michel Salaün en fait un argument en faveur de la stratégie marketing qui aide à construire un projet. Dans son précédent ouvrage paru en 1992, *Marketing des bibliothèques et des centres de documentation*, il avait déjà esquissé ce qui lui semble être aujourd'hui l'instrument fondamental de la modernisation des bibliothèques. « *Si le marketing n'apparaît pas encore comme une évidence aux yeux de tous,* a-t-il insisté, *le livre que nous avons signé aujourd'hui avec Florence Huet explique en quoi il est un outil extrêmement intéressant pour les bibliothèques. Celles-ci passent par des choix à faire, et donc des décisions à prendre. Car pour nous, une bibliothèque n'est pas seulement une institution publique, un lieu soumis à des politiques publiques. C'est au responsable de proposer des choix.* » L'objectif de leur ouvrage est d'aider les bibliothèques à faire un repérage, des analyses précises et un diagnostic. Contrairement à l'évaluation qui permet de comparer un établissement à un autre selon des critères permanents, l'analyse marketing est plus centrée sur un territoire donné. « *Il est vrai,* a souligné Florence Muet, *que le marketing stratégique est une méthode globale pouvant s'appliquer à n'importe quel type de service d'information public ou privé. C'est néanmoins une méthode efficace, pragmatique et créative, en dehors de toutes* ●●●

Vendredi 6 avril 2001 - Livres Hebdo n° 420

Philippe Debrion, SAN de Saint-Quentin-en-Yvelines : "L'évaluation peut servir à valider ou non une stratégie marketing."

Martine Lamarque, chambre régionale des comptes de Haute-Normandie, Conseil national d'évaluation : "Pour un organismé culturel, l'évaluation apparaît comme une fonction fondamentale de la démocratie locale."

François Colombani, fonction publique territoriale des Bouches-du-Rhône : "L'administration doit montrer qu'elle sert."

●●● *considérations politiques, pour faciliter les arbitrages.* » Dans une société de plus en plus consumériste et exigeante, qui demande autant à un service public que privé, il faut savoir adapter son offre. Là où l'évaluation permet de justifier une politique culturelle, la stratégie marketing proposera, en premier lieu, de satisfaire au mieux les besoins d'un service et de ses usagers.

Encourager le dialogue. « *Mais qu'attend le public au juste?* » s'interroge Philippe Debrion, directeur des bibliothèques du SAN de Saint-Quentin-en-Yvelines. Quel public, quels usagers? Il ne faut pas seulement y voir des lecteurs. Tous les citoyens, au sens large du terme, auront à cœur de savoir où passent leurs impôts et pour quelle raison. « *Je ne suis pas usager d'une crèche, mais je sais à quoi elle sert et pourquoi je paye. L'évaluation sert aussi à cela* », renchérit Thierry Giappiconi. Ce que François Colombani résume ainsi: « *L'administration doit montrer qu'elle sert.* »

« *Pas si simple,* rétorque Jean-Loup Lerebours, directeur de la médiathèque d'Arles. *Communiquer avec le public, c'est le rôle du politique. Comment dialoguer avec l'élu? La remise d'un rapport d'activité annuel épais et complet ne déclenche pas systématiquement un débat passionné...* » Et selon la sensibilité de l'élu, peu s'en faut que celui-ci n'atterrisse dans la poubelle. Le bibliothécaire privé de ses responsabilités de gestion peut-il alors réellement s'approprier ce discours de la méthode? Thierry Giappiconi préconise que les rapports d'activité soient rendus publics au même titre que ceux de la RATP, par exemple, afin d'encourager le dialogue: fixer des objectifs non seulement à l'échelle locale mais aussi nationale. De son côté, Florence Muet a reconnu que la stratégie marketing qui vise à renforcer le pouvoir décisionnaire des conservateurs reste tributaire des pouvoirs publics.

C'est la raison pour laquelle Philippe Debrion considère les deux ouvrages comme complémentaires. Tout en émettant des réserves sur la réception de la notion même de marketing en bibliothèque, il a rappelé qu'elle était indispensable pour résoudre certaines contradictions de l'offre et de la demande. Toutefois, si le public est décideur, utiliser la demande du public comme seul critère de choix n'est pas toujours judicieux. « *L'évaluation peut servir à valider ou non une stratégie marketing* », a-t-il conclu. Pour Danièle Lamarque, si la mesure donne vraiment du sens au service public, trois questions restent sans réponse: qui est le destinataire des résultats de l'évaluation d'une bibliothèque : l'élu, le responsable de la bibliothèque, le citoyen, qu'il soit usager ou non de ce service? Quelles sont les conséquences de cette démarche? Quelle est sa fonction d'apprentissage pour les acteurs des bibliothèques? De quoi méditer, car la « saison » des évaluations postmunicipales va commencer pour un certain nombre d'établissements dans les communes qui ont changé de majorité.

CLAIRE NILLUS

Vendredi 6 avril 2001 - Livres Hebdo n° 420

L'évaluation n'est pas une sanction

Dans son manuel, Thierry Giappiconi s'attache à montrer l'importance de l'évaluation pour mener à bien un projet culturel.

Contrôle, inspection, enquête ou audit? Qui sait réellement ce qui se trame sous le terme d'évaluation? Le mot a un impact psychologique fort et un rien culpabilisant. L'auteur de ce manuel part du constat que de nombreux décideurs agissent comme s'il n'y avait aucun lien entre la maîtrise des dépenses et l'amélioration des conditions de fonctionnement d'une bibliothèque. Pourtant, la gestion des services publics se modernise et l'idée de rationaliser les coûts et les procédures est de plus en plus présente à l'esprit des responsables. Lorsque l'on parle d'évaluation, il est indispensable d'en préciser les objectifs, ce que s'emploie à faire Thierry Giappiconi. Il est aussi important d'adapter les instruments de l'évaluation à la spécificité des bibliothèques et de se demander dans quelle mesure les résultats apparents (prêts, nombre d'usagers) sont significatifs de la portée culturelle et sociale du service. Au-delà de la notion de contrôle et d'étalonnage, l'évaluation doit permettre de mener à bien des projets. Selon des critères spécifiques, l'appréciation des services va avoir des conséquences majeures sur le développement de la bibliothèque. Le manuel montre comment il est possible, grâce à la méthode d'évaluation qu'il propose:

– d'éviter les dérives bureaucratiques pour rompre avec le désordre observé dans la gestion de certains édifices publics, ce qui sème le doute sur la légitimité de l'institution ;
– de clarifier les orientations culturelles choisies: quelle est la visée sociale de la bibliothèque? la politique d'acquisition? Faut-il rendre la bibliothèque populaire? Quelle est la qualité de l'offre? Comment sélectionner l'information?
– de légitimer l'utilisation de techniques mercatiques au sein d'un service public d'information en les faisant apparaître comme un moyen et non une fin. Il ne s'agit pas de défendre un produit ou d'appréhender ce service en terme de marché mais de mieux cibler les attentes d'un public et de vérifier que l'offre réponde à la demande ;
– de démontrer que le contrôle de gestion n'est pas incompatible avec la mission culturelle, publique, gratuite et démocratique d'une bibliothèque. Cela évoque la recherche du moindre coût et d'une plus grande compétitivité. Mais les bibliothèques, au même titre que toute

organisation publique, doivent pouvoir évaluer le coût de leurs actions. Leur vocation culturelle en fait trop souvent le lieu du non-dit. Comment faire valoir que tel service est sous-développé ou que tel autre est d'une utilité contestable? Le coût ne doit pas être considéré seulement comme une dépense. Il est un indicateur d'efficacité qui prend son sens par rapport au service rendu ;
– de communiquer avec l'élu pour défendre un projet de service, augmenter les acquisitions, créer un nouveau service, recruter plus de personnel. L'évaluation fournit les arguments nécessaires pour la négociation ;
– de communiquer avec le citoyen: expliquer l'envergure d'un projet, son coût, ses enjeux ;
– de communiquer avec l'usager: pour expliquer certaines défaillances (heures d'ouverture, disponibilité des ouvrages, nombres de postes multimédias) ;
– de répondre à la double exigence de la démocratisation intellectuelle d'une bibliothèque: veiller à la qualité intellectuelle des produits tout en assurant une large audience à la connaissance et à la culture.

C. N.

Manuel théorique et pratique d'évaluation des bibliothèques et centres documentaires, de Thierry Giappiconi. Collection « Bibliothèque », éditions du Cercle de la librairie, prix : 249,26 F, 38 euros.

Ne plus avoir peur du marketing

L'ouvrage de Florence Muet et Jean-Michel Salaün devrait convaincre les sceptiques.

Cet ouvrage ne cherche pas à convaincre de la pertinence d'une stratégie marketing appliquée à un service public. Il s'applique plutôt à développer la méthode esquissée dans le précédent livre de Jean-Michel Salaün (*Marketing des bibliothèques et des centres de documentation*, éditions du Cercle de la librairie, 1992). Clair et détaillé, il aidera les sceptiques à s'approprier facilement cet outil de gestion venu du privé. En quoi cela consiste-t-il? A analyser des ressources (la bibliothèque) et des besoins (le public) pour établir un diagnostic (l'offre est-elle conforme à la demande) et définir des objectifs précis (obtenir les moyens d'ajuster l'offre à la demande). Chaque chapitre correspond à une étape de l'analyse. Avant de passer à l'étape suivante, on remplit un tableau de synthèse. Les notions empruntées au marketing traditionnel sont à chaque fois traduites en langage bibliothéconomique. Même si la démarche peut sembler trop mécaniste, elle passe en revue toutes les préoccupations d'un gestionnaire à l'épreuve de la modernisation: comment capter un public changeant, connecté à Internet et de plus en plus consumériste? Comment satisfaire une demande souvent plus sociale que culturelle? Peut-on faciliter la recherche d'emploi en donnant accès à l'information économique? Comment aider les étudiants à réussir leur intégration sur le marché du travail? Il n'existe pas d'utilisateur type d'une bibliothèque. Il faut apporter aux usagers le même niveau de service, pas forcément le même service. Le marketing a mis en évidence le caractère mouvant du public. Les auteurs multiplient les mises en garde: on ne peut pas prédire l'avenir d'une société en « turbulence ». En revanche, il est possible de faire l'analyse marketing d'une bibliothèque, en mesurant l'écart entre un besoin recensé et un service effectivement rendu. La méthode proposée fait correspondre à chaque élément de l'analyse des questions types. Exemples: pour faire l'analyse des moyens humains, on répondra aux questions suivantes, classées selon trois critères (quantité, adaptation, évolutivité): le nombre de personnes employées dans la bibliothèque est-il suffisant, trop important; le personnel a-t-il été formé pour les tâches qu'il a à accomplir? Est-il suffisamment compétent? Suffisamment motivé? (critères d'adaptation); Dispose-t-on d'un plan de formation continue? Prend-on en compte l'évolution des supports numériques? Peut-on embaucher ou débaucher? (critères d'évolutivité). Des critères d'analyse du public permettent de tenir compte de ses caractéristiques sociologiques (quelles sont les catégories socioprofessionnelles, l'âge, le degré d'instruction, vient-on consulter sur place ou à distance, le public est-il ponctuel, anonyme ou équipé NTIC ?), informationnelles (quels sont les différents usages de l'information: amélioration des connaissances, aide à la décision, moteur pour l'action, développement personnel, information de base ou spécialisée, degré d'urgence dans l'accès à l'information), ou comportementales (public autonome/assisté, actif/passif, volume d'information consommée, usager pressé ou non) et, enfin, de déterminer s'il s'agit d'un public actuel, potentiel ou relatif. Selon le même principe sont analysés tous les moyens internes d'un service (matériels, financiers, documentaires), toutes les offres de service (de proximité, à distance, face-avant, base-arrière). L'analyse externe du service se fait selon un repérage de l'ensemble des acteurs sociaux et politiques ayant une influence sur son activité. Ces différents niveaux d'analyse serviront, en deuxième partie du livre, à faire un diagnostic autour de la notion de mission et à mettre en place une stratégie pour atteindre des objectifs nouveaux.

C. N.

Stratégie marketing des services d'information, de Florence Muet et Jean-Michel Salaün. Collection « Bibliothèque », éditions du Cercle de la librairie, prix : 223 F, 34 euros.

Livres Hebdo, n° 240, Paris, 8 avril 2001.

Texte 3

(extrait)

I. Les dimensions politiques et stratégiques de l'évaluation des performances des bibliothèques

Nous proposerons d'abord, dans ce chapitre, de présenter le rôle de la fonction de contrôle dans le management des organisations, puis d'en exposer les différentes formes afin d'établir leur relation avec l'évaluation des bibliothèques et des centres documentaires.

Nous aborderons ensuite les aspects politiques et stratégiques de sa mise en œuvre dans les domaines :

1. culturel et social ;
2. mercatique ;
3. économique et financier.

Nous conclurons enfin ce premier chapitre en insistant sur les dimensions politiques et stratégiques de l'évaluation des bibliothèques.

La fonction de contrôle dans les organisations

Prévenir et limiter les dérives bureaucratiques

Si la raison d'être de toute organisation, publique ou privée, est bien de parvenir aux buts qui lui sont assignés, toute orientation, toute option, toute procédure devrait, en toute logique, n'être appréciée qu'au regard des résultats et des effets qu'elle produit.

Bien qu'elle semble relever du bon sens, chacun sait cependant que cette assertion est loin de refléter la réalité. Insensiblement, la routine, la pression du quotidien, les équilibres ou les compromis entre les parties prenantes établissent des écarts croissants entre la réflexion, l'action et les missions.

Ces glissements successifs génèrent des oppositions entre les différents échelons et composantes de l'organisation, ainsi que des erreurs stratégiques : activisme et expansion démesurée de l'offre, traitement étroitement technocratique ou bureaucratique des solutions techniques et administratives, méconnaissance de l'environnement, des attentes de la clientèle ou des besoins réels de la population à desservir, poids des préjugés et des pratiques, sujétion aux modes, défaut de prospective.

Peu à peu, des organisations en viennent ainsi à privilégier leurs exigences internes au détriment de leurs finalités externes et subordonnent leurs visées et leurs intérêts généraux à des objectifs étroits et à courte vue. Or, dans un contexte de concurrence exacerbée entre les entreprises ou d'exigence accrue d'économie des dépenses des services publics, le mal a toutes les chances de les conduire au déclin, voire de les faire disparaître.

C'est pourquoi, pour prévenir ces dérives ou y remédier, les techniques de management ont bâti des méthodes d'évaluation des performances qui visent à « garder le cap » d'objectifs soigneusement définis et à en vérifier le bien-fondé.

Rationaliser l'action

L'exercice de cette fonction de « contrôle » devient une composante aussi essentielle au management public qu'elle l'est au management privé. Elle a pour but de permettre aux organisations publiques de mieux répondre aux attentes de la collectivité et d'ajuster leurs services aux besoins de leurs usagers acquis ou potentiels.

Elle vise aussi à leur permettre de tirer pleinement parti de leurs moyens. Il est en effet de plus en plus présent à l'esprit des politiques et des gestionnaires que toute activité publique a « à la charge de son efficience, d'ajuster les ressources et les produits, elle est responsable d'une fonction de production. Pour ce faire elle dispose d'outils de gestion : comptabilité, gestion des ressources humaines, informatique, procédures d'organisation du travail, etc. ». (Meny, Thoening, 1989).

Cependant, le progrès de la fonction de contrôle au sein du management des bibliothèques et des centres documentaires repose sur l'adaptation de cette instrumentation à des besoins qu'il convient d'identifier, ce qui n'est pas toujours simple.

Les services documentaires internes des entreprises ou des administrations exercent une fonction dont la finalité ne doit pas être perdue de vue. Ils ont en effet pour rôle de contribuer à l'efficacité (qualité, compétitivité, productivité, etc.) des organisations qu'ils desservent. Quelle que soit la conformité de leurs services aux meilleurs usages professionnels, leurs résultats ne peuvent être par conséquent évalués qu'à leur capacité à répondre aux besoins des services, parfois en anticipant et en élargissant leurs attentes (en partenariat avec les services de recherche et de formation), selon une vision prospective, puis à obtenir le meilleur rapport entre le coût et l'efficacité de leurs services.

Lorsqu'il s'agit de bibliothèques ou de centres documentaires financés essentiellement par des fonds publics et desservant directement la population dans son ensemble (ou dans telle ou telle de ses composantes : étudiants, enseignants, chercheurs, professionnels, etc.), la performance devrait de même se référer, non à des formules ou des pratiques traditionnelles, mais à des objectifs d'intérêt public explicites, et satisfaire aux exigences d'une gestion rationnelle des collections et des services.

Toutefois, même si les missions, buts et objectifs des établissements sont clairement définis et ordonnés de façon cohérente (ce qui reste loin d'être la règle : dans combien de bibliothèques, tout particulièrement de bibliothèques publiques, s'est-on réellement et précisément accordé sur la nature du « métier » exercé par l'établissement, sur la question de savoir pour qui et pourquoi il s'exerce ?), l'évaluation des bibliothèques demeure difficile. Dans quelle mesure, en effet, les résultats les plus apparents (prêts, nombre d'usagers, etc.) sont-ils réellement significatifs de la portée culturelle et sociale du service rendu ?

Pour répondre à de telles questions, les critères d'évaluation doivent être affinés et combiner des approches quantitative et qualitative afin de mieux cerner la complexité des effets et des impacts des actions engagées. Mais on ne peut, ce faisant, éviter de se référer à des jugements qui relèvent de l'ordre du politique.

C'est pourquoi les indicateurs doivent être compris et admis par les décideurs (les citoyens, leurs représentants, les responsables des administrations, etc.) et leur bien-fondé périodiquement vérifié.

Aider à la décision et éclairer la conduite des actions

On pourrait donc penser que l'évaluation des bibliothèques demande du temps et de la sérénité. Or, ce sont là des conditions dont les autorités qui en ont la charge ne bénéficient pas. Bien au contraire, la durée des mandats électifs et le rythme des décisions budgétaires exigent des résultats tangibles, susceptibles d'éclairer à court terme les choix politiques et financiers, puis de les justifier, à moyen terme, auprès des électeurs et des contribuables.

Dans le cas des bibliothèques publiques, cette exigence s'impose d'abord aux élus des collectivités territoriales, pour qui les coûts d'investissement et de fonctionnement importants peuvent constituer des choix à court et moyen termes, alors même que l'impact social susceptible de justifier des décisions budgétaires impopulaires ne peut être apprécié qu'à long terme. Cependant, elle ne s'en impose pas moins aux dirigeants des bibliothèques ; non seulement parce que, partenaires de leurs autorités de tutelle, ils se trouvent tributaires de leurs contraintes, mais aussi parce que les besoins de leurs usagers et l'évolution rapide des opportunités techniques susceptibles d'y répondre leur imposent de prendre des décisions rapides..Cette responsabilité exige un système de contrôle souple et susceptible de fournir, à point nommé et à tous les échelons de l'organisation, les informations utiles à la prise de décision.

Il apparaît ainsi que, bien qu'il semble relever de la gageure, le contrôle de la performance des bibliothèques n'en reste pas moins indispensable à la maîtrise et à l'efficacité de leur gestion.

Il permet en effet d'abord d'apprécier dans quelle mesure l'organisation parvient à produire les effets attendus et constitue ainsi une référence déterminante pour l'aide à la décision politique et pour la définition des choix budgétaires qui la concrétise.

Il rend ensuite possible d'apprécier si les options stratégiques permettent de tirer le meilleur parti des moyens dont disposent les établissements.

Il offre enfin à chaque fonction, à chaque échelon de l'organisation, des instruments propres à suivre le déroulement et l'effet de son activité, puis à effectuer, sur le terrain, les ajustements nécessaires.

La nécessité de disposer de ces instruments de pilotage ne peut que nous inviter à adapter, à inventer et à perfectionner des méthodes et des outils susceptibles d'évaluer pertinemment, pleinement et le plus aisément possible l'activité des bibliothèques.

Cette fonction requiert un savoir-faire technique, par la connaissance des outils de l'évaluation et du contrôle ainsi qu'une aptitude logique, par la capacité à sélectionner et à adapter ces techniques aux besoins des visées stratégiques propres à chaque établissement ou réseau d'établissement.

L'art de sa mise en œuvre constitue ainsi (au même titre que les fonctions de production, financières, personnel ou mercatique) une « stratégie opérationnelle », c'est-à-dire une stratégie dont la problématique et l'instrumentation visent à faire jouer à chacune des fonctions complexes du management un rôle de « charnière entre la conception et l'exécution, entre ce que l'on veut ou doit faire et ce que les conditions techniques rendent possibles » (Beauffre, 1985).

Nature de la fonction de contrôle et d'évaluation

Il ne peut y avoir de gestion sans conscience de la mesure dans laquelle les missions et objectifs d'une organisation ont été atteints.

Les bibliothèques doivent, comme toute organisation, employer les outils de gestion susceptibles de maîtriser et d'améliorer leur gestion.

La problématique de l'évaluation des bibliothèques et des centres documentaires se distingue, au même titre que pour nombre de services publics, par la difficulté d'évaluer leurs résultats en termes de bénéfices culturels et sociaux.

Quelle qu'en soit la difficulté, l'évaluation de la performance des bibliothèques et centres documentaires s'impose comme une nécessité politique et stratégique.

Sa mise en œuvre requiert une instrumentation logique et une technicité spécifique dont l'art peut être considéré comme la conduite d'une stratégie opérationnelle, c'est-à-dire d'une stratégie visant à subordonner et orienter des savoir-faire techniques aux fins de la stratégie générale.

Manuel théorique et pratique d'évaiuation des bibliothèques et centres documentaires,
T. GIAPPICONI, Cercle de la Librairie, 2001.

2. Épreuve facultative écrite de langue *
(pour les trois concours)

Anglais

Durée : 2 heures
Coefficient : 1

Sujet mai 2006

EU sketches out plan for Internet library

Bookworms will be allowed to leaf through millions of pages online

Brussels – The European Commission sketched out plans on Thursday to build a European digital library to allow bookworms to leaf through millions of pages over the Internet. "Information technologies can enable you to tap into Europe's collective memory with a click of your mouse," EU Information Society and Media Commissioner Viviane Reding said in a statement.

The EU executive will co-fund with member states the setting up of a Europe-wide network of centres to scan millions of pages into an electronic format for the Internet. It was not clear how much money would be invested into the project. A public consultation by Brussels showed wide backing for the project but opinions were divided over copyright, particularly between cultural institutions and rights holders. The Commission will make proposals on copyright by mid-year.

The digital library will hold 2 million books, films, photographs and manuscripts by the end of 2008, rising to at least 6 million by 2010. The EU project faces several transatlantic rivals. Internet search engine Google has a Book Search project with libraries such as Harvard University, the Bodleian in Oxford, and the New York Public Library to digitise books. Another competitor is software giant Microsoft, which has announced an agreement with the British Library to make 100,000 out-of-copyright books freely available on the Internet.

Newsweek, March 2, 2006.

* non corrigée

Allemand

Durée : 2 heures

Coefficient : 1

Sujet mai 2006

Die schönste traurige Geschichte

Es ist ein dünnes Taschenbuch, gelb ist der Umschlag. *Nahe Jedenew* heißt es, was schon sehr ungefähr ist, denn wer oder was ist Jedenew und wer oder was ist demnach nah ? „Der Ort ist nahe Jedenew, wir hören die Jedenewer Bauern singen, Klarinette, Akkordeon spielen und hören ihre Lieder seit Stunden bereits, alte Partisanenlieder. Seit Stunden sitzen die Jedenewer Bauern im Wald hinterm Haus und trinken und lachen und singen und spielen, und nach Stunden erst, endlich, hören wir sie aus dem Wald heraustreten und singend in den Garten marschieren."

So beginnt Kevin Vennemann seinen Roman, seinen ersten. Vennemann ist jung, er ist 1977 geboren.

Der Roman erzählt von einfachen und schrecklichen und schönen Dingen, er erzählt, das versteht man nach und nach, von Mord und Plünderung auf einem jüdischen Bauernhof in Polen, er erzählt von Marian und Antonina und ihrer neugeborenen Tochter Julia, wie sie lachen und leben und wie sie sterben, er überspringt dabei Wochen und Monate und Jahreszeiten und verharrt1 doch bei jenem Tag, als die katholischen Nachbarn kamen und die jüdische Familie ermordeten.

Es ist dabei ein sehr musikalisches, durch sein Thema fast provozierend melodiöses Stück Literatur, das sich ganz aus einem Gefühl von Gegenwart speist2 und auf seine Art von der Vergangenheit erzählt. Es ist das Buch einer Generation, die sich nicht mehr die Frage stellt, wie sie sich zu deutscher Schuld verhalten soll – diese Geschichte ist für sie, das sagt *Nahe Jedenew*, vor allem eine Geschichte.

nach Georg Diez, *Die Zeit*, 12.02.06.

1. verharren = demeurer, persister
2 sich speisen = se nourrir

Espagnol

Durée : 2 heures

Coefficient : 1

Sujet mai 2006

Entre mitos y mítines

Ben Okri culmina su trilogía del niño-espíritu, que narra el nacimiento y los traumas de Nigeria. *Riquezas infinitas* cierra una historia iniciada hace quince años con *La carretera hambrienta.*

El nigeriano Ben Okri (1959) obtuvo el Premio Booker en 1991 por La carretera hambrienta (Espasa Calpe, 1994), primera parte de la trilogía que cierra Riquezas infinitas. En medio está Song of Enchantment. Okri, que desde 1980 reside en el Reino Unido (en Londres pasó años de gran penuria, incluso sin techo), ha publicado más novelas (véase por ejemplo Amor peligroso), ensayos y poesía. Pero la trilogía será probablemente su legado de mayor eco: se trata del relato ávido y enfebrecido de Azaro, un abiku, niño-espíritu que, según los mitos yorubas, tras morir se reencarna incesantemente, y que en la literatura de Okri simboliza las duras peripecias de Nigeria, país rico como pocos, violento e inflamable como quizá ninguno en África

Habrá quien al leer la trilogía del abiku (o al menos Riquezas infinitas) vea la relación entre el tono de Okri y los maestros de la literatura iberoamericana y hable de realismo mágico, por la mezcla de prodigios y detalles costumbristas que nutre el estilo de Okri. Pero las etiquetas valen de poco en este caso: un léxico directo, sin recovecos, sirve para tensar al límite la atmósfera de delirio y misterio que rezuma cada frase. Tampoco valdría hablar de prosa poética, aunque lírica y horror lo invadan todo en estas páginas. Ni cabe ceñirlo todo a la metáfora política, el rito de paso de la independencia: la lectura política y anticolonialista está ahí, pero empapada de mítines que se confunden con mitos, de mitos que irradian maldad intrínseca y también partidista. El horror es protagonista, pero también tienen peso los ángeles que lloran y bendicen.

Ben Okri, con imaginación torrencial, vuela a lomos de un África traicionada y esquilmada, pero inmortal. Azaro se introduce en los sueños de vivos y muertos, ve a través de los ojos de animales, se deja devorar por esa carretera que hierve y no tiene fin. Azaro aprende que, pese a la sangre y a la crueldad, la vida es "riquezas infinitas".

Miguel Bayón, *ELPAIS.es*, 11 de febrero de 2006

Italien

Durée : 2 heures

Coefficient : 1

Sujet mai 2006

Riappropriamoci del Neorealismo !

[...] È alquanto improprio paragonare la produzione neorealistica ad un sistema cinematografico. Si trattava più di un movimento estetico di rivoluzione, che investiva la radice etica, politica ed esistenziale dei valori su cui si fondava la società italiana del Dopoguerra; sottoponendoli ad un *processo di trasvalutazione*, proprio attraverso uno *sguardo cinematografico nuovo*, e che .pertanto diventava anche un *gesto politico*. Il Neorealismo, in. tutte le sue varianti storiche e stilistiche d'autore, ha infatti avuto come denominatore comune una missione specifica: mettere a nudo, in maniera spietata e affettuosa insieme, le contraddizioni della nostra società; ritrarne non solo le maschere delle relazioni di superficie, ma la cruda e profonda umanità, che infine coincide con i vizi e le virtù del corpo dell'umanità. intera.

Oggi dinanzi alla mondializzazione sfrenata dei consumi, questo movimento di presa di coscienza, di coraggio e di responsabilità, manca nel cinema italiano, in quello europeo e nel resto del mondo. Ecco perché, [...] bisogna réalizzare concretamente che *"investire sulla cultura, credere nella cultura, è una necessità per noi Italiani. Se funzionano i nostri musei, se funziona il nostro teatro, la musica, allora funziona meglio tutta la società italiana, e con essa l'economia. Il nostro carattere nazionale, la nostra italianità hanno viaggiato nel mondo grazie al cinema"*.

Mauro Aprile Zanetti, *E' Italia*, n° 36, 26 novembre 1999.

Grec moderne

Durée : 2 heures

Coefficient : 1

Sujet mai 2006

Στη Σόφια προτιμούν τα Ελληνικά

<u>Κίνητρο για χιλιάδες νέους η εργασία σε μία από τις 1.500 ελληνικές επιχειρήσεις</u>

Στον τρίτο όροφο του Πανεπιστημίου της Σόφιας, μέσα σε μια αίθουσα που μυρίζει φρεσκοβαμμένο ξύλο, μια ομάδα Βούλγαρων φοιτητών διαβάζουν από το πρωτότυπο Ελληνες λογοτέχνες και ποιητές, μαθαίνουν την ελληνική ιστορία, αναλύουν την ετυμολογία των ελληνικών λέξεων, σχεδόν με την ίδια ευκολία που χειρίζονται τη μητρική τους γλώσσα.

Η «ελληνική» σχολή βρίσκεται ανάμεσα στις τρεις δημοφιλέστερες ξένες φιλολογίες του Πανεπιστημίου, με αποτέλεσμα οι βάσεις εισαγωγής να γίνονται κάθε χρόνο υψηλότερες. Οι αριστούχοι φοιτητές, μάλιστα, βραβεύονται κάθε χρόνο από την ελληνική πρεσβεία και γίνονται ανάρπαστοι στην αγορά εργασίας. «Το τμήμα Νεοελληνικής Φιλολογίας του Πανεπιστημίου της Σόφιας "Αγιος Κλήμης της Αχρίδας" ανήκει στην έδρα της Κλασικής Φιλολογίας και ιδρύθηκε το 1992. Εχει 25 - 30 φοιτητές κάθε έτος και... 2.500 - 2.600 υποψηφίους ετησίως. Το πρόγραμμα σπουδών περιλαμβάνει περισσότερες από 1.500 ώρες πρακτικής εκμάθησης ελληνικών και ξεκινά ουσιαστικά από το μηδέν, με ένα ταχύρρυθμο πρόγραμμα 120 διδακτικών ωρών σε διάστημα ενός μήνα!

Γιατί τα μαθαίνουν

Καθώς ολόκληρος ο πλανήτης αποδέχεται την πλήρη κυριαρχία της αγγλικής γλώσσας, η αυξανόμενη δημοτικότητα των ελληνικών στη Βουλγαρία δείχνει παράξενη. Είναι αλήθεια ότι τα ελληνικά θεωρούνται μία από τις πλέον ανερχόμενες ξένες γλώσσες στη Βουλγαρία. Το κύριο ενδιαφέρον των νέων οφείλεται βέβαια στην οικονομική διείσδυση της Ελλάδας στη χώρα αυτή.

Στο ιδιωτικό εκπαιδευτικό ίδρυμα «Νέο Βουλγαρικό Πανεπιστήμιο» (NBU) (όπου επίσης διδάσκονται ελληνικά) μάς δίνεται η πρώτη ευκαιρία να θέσουμε και σε φοιτητές την κύρια απορία του ταξιδιού μας: Γιατί ένας νέος Βούλγαρος θέλει να μάθει ελληνικά; Κάθε απάντηση αποκαλύπτει και μια διαφορετική περίπτωση. «Εχω μείνει στην Ελλάδα 8 χρόνια.. Δεν βελτιώνω όμως τα ελληνικά μου με σκοπό να επιστρέψω, θέλω να τα χρησιμοποιήσω εδώ», λέει ο Στάνισλαφ. Η Ιλιάνα έχει διαφορετικά κίνητρα. «Τελείωσα κλασικό λύκειο, όπου έμαθα αρχαία ελληνικά. Από τότε είχα ιδιαίτερο ενδιαφέρον για τη γλώσσα και την εξέλιξή της » (...)

D'après un article de G. Lialos dans le quotidien *Kathimerini du* 09/04

Voir lexique page suivante

Lexique

Το κίνητρο : la motivation

Η επιχείρηση : l'entreprise

Η αίθουσα : la salle

Χειρίζομαι : se servir

Δημοφιλής : populaire

Με αποτέλεσμα...à υψηλότερες = de sorte que les critères d'admission deviennent chaque année plus élevés.

Οι αριστούχοι : les meilleurs (étudiants)

Γίνονται ανάρπαστοι : sont très demandés, on se les arrache..

Αγιος Κλήμης της Αχρίδα: Saint Clément d' Ohrid

Ιδρύω: fonder

Ο υποψήφιος : le candidat

Ουσιαστικά : littéralement

Ο ταχύρρυθμος : accéléré

Η πλήρης κυριαρχία : la domination complète

Η αυξανόμενη δημοτικότητα : la popularité croissante

Κύριος, α, ο: principal(e)

Η διείσδυση : la pénétration

Η απορία : l'aporie, la question posée, le questionnement.

Portugais

Durée : 2 heures

Coefficient : 1

Sujet mai 2006

Financiamento do desenvolvimento: em Paris, Kofi Annan apela à "criatividade"

Sublinhando as virtudes das fontes inovadoras de financiamento do desenvolvimento, Kofi Annan considerou hoje, em Paris, que estas deveriam completar, com a sua flexibilidade, as fontes tradicionais, cujos pilares continuam a ser a afectação de 0,7% do PNB dos países desenvolvidos à ajuda ao desenvolvimento e a abertura por todos os Estados do sistema mundial de trocas comerciais.

"Sejamos claros: seria demasiado optimista pensar que as fontes inovadoras de financiamento do desenvolvimento poderão, só por si, gerar fundos suficientes para realizar os Objectivos de Desenvolvimento do Milénio (ODM) e, ainda que alcancemos esses objectivos, continuará a existir uma grande miséria humana no mundo", declarou Kofi Annan, na abertura da conferência ministerial sobre as fontes inovadores de fmanciamento celebrada hoje em Paris, a convite do Presidente Chirac.

"É por isso que é ainda essencial que todos os países desenvolvidos continuem a tentar alcançar o objectivo de consagrar 0,7% do seu PNB à ajuda pública ao desenvolvimento e que todos os países se esforcem por construir um sistema comercial mundial mais aberto, mais equilibrado e equitativo e mais transparente", acrescentou o Secretário-Geral.

"As fontes inovadoras de financiamento não deveriam substituir as formas tradicionais de ajuda", mas sim "gerar ainda mais dinheiro e transferi-lo de uma maneira eficaz", pediu Kofi Annan.

Estas iniciativas, reconheceu, têm, no entanto, numerosas virtudes. "São concretas, visam uma população com capacidade de as suportar, podem ser introduzidas rapidamente e são flexíveis, pelo que com o tempo outros países as podem adoptar", sublinhou.

O Secretário-Geral saudou, nomeadamente, a Acção contra a Fome e a Pobreza, lançada por iniciativa da França, Brasil e Chile.

Prestou também homenagem ao projecto lançado pelo Presidente Chirac e o Presidente Lagos, do Chile, para criar uma taxa sobre os bilhetes de avião e um Grupo sobre o desenvolvimento da solidariedade, encarregado de o promover.

Saudou as discussões lançadas pela França e o Brasil sobre a afectação de novos recursos a um Fundo internacional para a compra de medicamentos, a fim de aumentar a produção e o fornecimento de anti-retrovirais às pessoas atingidas pela SIDA. "Seis milhões de pessoas precisam de anti-retrovirais imediatamente, mas só um milhão tem acesso a eles", disse Kofi Annan, exortando os Estados a associarem-se a esse Fundo.

(Baseado numa notícia produzida pelo Centro de Notícias da ONU a 28/02/2006)

anti-retrovirais = antirétroviraux

Néerlandais

Durée : 2 heures

Coefficient : 1

Sujet mai 2006

Telewerken

Hoe kun je werk combineren met je gezin? Wat kun je doen als je lichamelijke conditie niet goed genoeg is om elke dag naar je werk te komen of hoe voorkom je dat je dag in dag uit eindeloos in de files zit? In de meeste gevallen is de oplossing niet eens zo moeilijk: je kunt toch ook thuis werken?

Telewerken bestaat dan ook al weer een tijd. Het houdt in dat je thuis op de computer werkt door middel van een computerverbinding met het bedrijf waar je werkt. Natuurlijk lenen niet alle beroepen zich voor deze werkwijze, maar als je zou nagaan hoeveel mensen dagelijks bezig zijn met werkzaamheden achter de computer, zou je telewerken wel eens zien als een heel belangrijke ontwikkeling!

Telewerkers zijn productiever dan mensen die de hele week op kantoor werken. Dat blijkt uit een experiment dat bij drie organisaties in Drenthe is gehouden. Eén op de vier werknemers kan momenteel al telewerken. Vooral de toenemende files zitten de werknemers dwars. FNV[1] bondgenoten[2] noemt het opvallend dat vooral mannen aangeven dat ze (meer) thuis willen werken. Werkgevers kunnen niet meer direct controleren of de werknemer wel aan het werk is. Alleen het eindresultaat valt te beoordelen. Werknemers die telewerken krijgen veel meer vrijheid om hun tijd zelf in te plannen en winnen daardoor veel tijd die anders verloren zou zijn gegaan aan vervoer.

Technische oplossingen zijn nodig om alle aspecten van de huidige manier van communicatie ook mogelijk te maken voor virtuele communicatie. Kosten kunnen bespaard worden door een veel kleiner kantoor te bouwen. Er werken immers minder werknemers in het kantoor zelf. Misschien hoef jij over een paar jaren nooit naar kantoor!

Naar *Eigenwijzer: de digitale wegwijzer voor scholieren.* «www.schooltv.nl 2006.

1. FNV= Federatie Nederlandse Vakverenigingen = Confédération des Syndicats Néerlandais.
2. De bondgenoot = iemand met wie je samenwerkt ; iemand met hetzelfde doel.

Russe

Durée : 2 heures
Coefficient : 1

Sujet mai 2006

Пиршество музыки барокко

XII фестиваль «Безумный день» в Нанте

Виктор ИГНАТОВ,
Нант–Париж

По своим масштабам, популярности и значимости этот музыкальный фестиваль является единственным в мире: в конце января в огромном здании Международного центра конгрессов сразу в девяти его залах общей вместимостью 4110 мест параллельно идут 45-минутные концерты с 9 часов утра до полуночи. При такой организации фестиваля и благодаря низким ценам на билеты классическая музыка становится доступной многим тысячам слушателям, в том числе и детям, имеющим льготные билеты.

«Безумный день», который основал в 1995 году и возглавляет Рене Мартен, первые 5 лет длился два дня (суббота и воскресенье), затем – три, а последние 3 года – пять дней. Программа фестиваля ежегодно посвящается определенной теме; скажем, в 2001 году три дня царствовала русская музыка – состоялось 190 концертов, было продано 85 368 билетов.

Нынешний фестиваль (25-29 января) проходил по девизом «Гармония наций» и был посвящен музыке барокко шести европейских стран в 1650-1750 годы. Программа включала произведения как популярные, так и редко исполняемые; звучала музыка двенадцати композиторов – Баха, Вивальди, Генделя, Куперена, Пёрселла, Рамо, Скарлатти, Телеманна и других, менее известных авторов; были представлены сочинения разные по жанрам, формам и стилям; некоторые шлягеры, как например «Времена года» Вивальди, можно было услышать в исполнений нескольких оркестров.

[...]

РУССКАЯ МЫСЛЬ № 5 (4586), 9 – 15 февраля 2006

Arabe moderne

Durée : 2 heures
Coefficient : 1

Sujet mai 2006

ألعاب و كتب الأطفال تستقطب اهتمام زائري معرض فرانكفورت

مثّلَ الإقبال الكثيف للزّائرين على الجناح الجديد لِمعرض لُعب الأطفال و أجنحة دور النشر المتخصّصة في كتب الأطفال داخل معرض فرانكفورت الدولي للكتاب هذا العام ظاهرة مُلفتة و غير مسبوقة في تاريخ المعرض الذي اختتم فعاليات دورته ال57 مساء الأحد الماضي.
و حمل الجناح الجديد لألعاب الأطفال اسم جناح الألعاب و اللعب و أقيمَ للمرّة الأولى هذا العام كثمرة لبرنامج التعاون المشترك و المشاركة المتبادلة بين معرض فرانكفورت الدولي للكتاب و المعرض الألماني الدولي للعَب الأطفال في مدينة نورنبرغ. و شاركت 343 شركة كبرى من شركات لعب الأطفال العالمية في هذا الجناح الجديد بتقديم مجموعات متنوّعة من أحدث منتجاتها تراوحت بين الألعاب الاجتماعية و ألعاب التّسلية للمجموعات و الأفراد و الألعاب التعليمية و ألعاب التكوين و التركيب و الألعاب الخشبية و ألعاب القماش و الزينة و الزخرفة.
و حرصت الشركات المشاركة في الجناح على تنويع وسائل عرض منتجاتها و ابتداع وسائل جديدة لرفع معدّلات توزيعها فابتكرت ألعابا جديدة تحمل أسماء الشخصيات الشّهيرة في كتب و قصص و روايات الأطفال. و خصّصَ الجناح قاعة عرض خاصة لإطلاع الزّائرين طوال الأيام الخمسة للمعرض على نماذج لجميع لعب الأطفال الموجودة حاليا في الأسواق العالمية و نماذج أخرى للألعاب التي سَيتمُ طرحها في الأسواق خلال السنتين القادمتين.
كما أقيمت داخل جناح الألعاب واللعب ندوة الدور التربوي لألعاب الأطفال و حلقة نقاشيّة مشتركة بين أصحاب دور نشر كتب الأطفال و مسؤولي شركات اللعب حول وضع آلية مستقبلية لزيادة توزيع منتجاتهم و تسويقها بصورة مشتركة.

خالد شمت، الجزيرة نت، 2005/10/25

Latin

Durée : 2 heures
Coefficient : 1

Sujet mai 2006

Cicéron plaide pour l'attribution de la citoyenneté romaine à un poète grec.

Nam si quis minorem gloriae fructum putat ex graecis versibus percipi, quam ex latinis, vehementer errat : propterea quod graeca leguntur in omnibus fere gentibus, latina suis finibus, exiguis sane, continentur. Quare si res eae quas gessimus, orbis terrae regionibus definiuntur, cupere debemus, quo manuum nostrarum tela pervenerint, eodem gloriam famamque penetrare : quod quum ipsis populis, de quorum rebus scribitur, haec ampla sunt, tum iis certe qui de vita gloriae causa dimicant, hoc maximum et periculorum incitamentum est et laborum. Quam multos scriptores rerum suarum magnus ille Alexander secum habuisse dicitur ! Atque is tamen, quum in Sigeo ad Achillis tumulum adstitisset : "O fortunate, inquit, adolescens, qui tuae virtutis Homerum praeconem inveneris !" Et vere. Nam, nisi Ilias illa exstitisset, idem tumulus, qui corpus ejus contexerat, nomen etiam obruisset.

Cicéron, *Plaidoyer pour le poète Archias*, X.

Grec ancien

Durée : 2 heures
Coefficient : 1

Sujet mai 2006

Electre vient d'annoncer à Oreste l'arrivée de Ménélas, dont ils espèrent l'aide pour échapper aux conséquences du matricide. Mais elle ne peut le quitter dans l'état où il se trouve.

ΗΛ. Οἴμοι, κασίγνητ', ὄμμα σὸν ταράσσεται,
ταχὺς δὲ μετέθου λύσσαν, ἄρτι σωφρονῶν.
ΟΡ. Ὦ μῆτερ, ἱκετεύω σε, μὴ 'πίσειέ μοι
τὰς αἱματωποὺς καὶ δρακοντώδεις κόρας.
Αὗται γὰρ αὗται πλησίον θρῴσκουσί μου.
ΗΛ. Μέν', ὦ ταλαίπωρ', ἀτρέμα σοῖς ἐν δεμνίοις·
ὁρᾷς γὰρ οὐδὲν ὧν δοκεῖς σάφ' εἰδέναι.
ΟΡ. Ὦ Φοῖβ', ἀποκτενοῦσί μ' αἱ κυνώπιδες
γοργῶπες ἐνέρων ἱέρεαι, δειναὶ θεαί.
ΗΛ. Οὔτοι μεθήσω· χεῖρα δ' ἐμπλέξασ' ἐμὴν
σχήσω σε πηδᾶν δυστυχῆ πηδήματα.
ΟΡ. Μέθες· μί' οὖσα τῶν ἐμῶν Ἐρινύων
μέσον μ' ὀχμάζεις, ὡς βάλῃς εἰς Τάρταρον,
ΗΛ. Οἲ 'γὼ τάλαινα, τίν' ἐπικουρίαν λάβω,
ἐπεὶ τὸ θεῖον δυσμενὲς κεκτήμεθα ;
ΟΡ. Δὸς τόξα μοι κερουλκά, δῶρα Λοξίου,
οἷς μ' εἶπ' Ἀπόλλων ἐξαμύνασθαι θεάς,
εἴ μ' ἐκφοβοῖεν μανιάσιν λυσσήμασιν.
Βεβλήσεταί τις θεῶν βροτησίᾳ χερί,
εἰ μὴ 'ξαμείψει χωρὶς ὀμμάτων ἐμῶν.
Οὐκ εἰσακούετ' ; οὐκ ὁρᾶθ' ἑκηβόλων
τόξων πτερωτὰς γλυφίδας ἐξορμωμένας ;

EURIPIDE *Oreste*

3. Traitement automatisé de l'information (pour les trois concours)

Programme de l'épreuve orale facultative de traitement automatisé de l'information*

1. Les aspects techniques, notions générales :

– notions générales sur les différents types de réseaux, les principales fonctions des ordinateurs, les terminaux et les périphériques ;

– les logiciels : notions générales sur les systèmes d'exploitation et les différents types de logiciels : logiciels propriétaires, logiciels libres ; les fichiers ;

– l'Internet : notions générales et principales fonctionnalités ;

2. L'informatique et les nouvelles technologies de la communication dans la fonction publique :

– informatique et relations du travail ;

– informatique et organisation des services ;

– informatique et communication interne ;

– informatique et relation avec les usagers et le public ;

3. La société de l'information :

– les politiques publiques de l'informatique et des nouvelles technologies ;

– l'économie des nouvelles technologies de l'information et de la communication ;

– la sociologie des nouvelles technologies de l'information et de la communication : impact sur les compétences et les emplois ;

– le droit des nouvelles technologies de l'information et de la communication : maîtrise d'ouvrage et d'œuvre. Propriété intellectuelle ;

– informatique et libertés.

* Cette option est valable pour les concours des deux professions.

Exemples de sujets

1. Que pouvez-vous dire de la mise en place d'une application documentaire (cahier des charges) ?

2. Quelle différence existe-t-il entre mémoire vive, mémoire morte et mémoire de stockage ?

3. Quelles sont les différentes composantes d'une unité centrale ?

4. Depuis 2 ou 3 ans, de nouveaux types de terminaux apparaissent : compatibles Windows, multimédias, équipés de souris mais sans lecteur de cédérom ni lecteur de disquette, ces terminaux Windows sont de sérieux concurrents des micro-ordinateurs. Dans votre métier, comment voyez-vous l'utilisation de ces terminaux ? Quels en sont les avantages et les inconvénients ?

5. L'informatique est de plus en plus présente dans nos organisations. Comment faire face à d'éventuelles défaillances de ces systèmes ?

6. Qu'est-ce qu'un système d'exploitation, un pilote d'imprimante, l'unité de mesure en informatique, les composantes d'un ordinateur ?

7. Comment procéderiez-vous pour l'informatisation d'un service : progiciel ou développement de produit spécifique ; avantages et inconvénients de chaque solution.

8. Qu'est-ce qu'un microprocesseur ? À quoi sert un thésaurus ?

9. Comment réglez-vous un problème informatique ? (démarche à suivre, différents interlocuteurs.)

10. Qu'englobe le terme de bureautique ?

11. Définissez le rôle du processeur dans une machine à traiter l'information.

12. Citez trois types de mémoire que l'on peut trouver sur un micro-ordinateur, ainsi que leurs caractéristiques.

13. Effectuez le schéma des différents éléments nécessaires au fonctionnement courant d'un micro-ordinateur (unité centrale et périphérique).

14. Spécifier le rôle du système d'exploitation. Citer trois noms de systèmes d'exploitation, ainsi que leurs particularités principales.

15. Qu'est-ce qu'un logiciel intégré ? un logiciel intégrateur ?

16. Comment faire face au quasi-monopole de certains éditeurs de logiciels ?

17. Les logiciels libres, les logiciels propriétaires : quelle place leur accorder ? Quelles répercussions sur le plan économique et sur le fonctionnement ?

18. L'informatisation d'un secteur d'activités : choix d'un progiciel ou développement spécifique ?

19. L'utilisation des logiciels libres est en augmentation. Analysez cette situation, ses causes, ses effets, ses conséquences dans l'activité de la direction des systèmes d'information.

20. Quelles sont les démarches nécessaires pour renouveler le matériel informatique de son service ?

21. Comment protéger un ordinateur contre les virus ?

22. Que savez-vous de la sécurité des fichiers informatiques (CNIL, piratage, copies, précautions à prendre, etc.) ?

23. Quelles sont les contraintes techniques et organisationnelles de la loi informatique et libertés ?

24. À qui appartient un logiciel ? Qu'achète-t-on légalement lorsqu'on achète un logiciel ?

25. Qu'est-ce que la CNIL ? Quelles sont ses missions et ses pouvoirs ?

26. La sécurité informatique : quels sont les systèmes concernés ? Quels moyens mettre en œuvre ? Qu'est-ce qu'Intranet ?

27. Les différentes formes de « piratage informatique » ; les enjeux. Les moyens à développer pour l'éviter.

28. Que savez-vous du protocole de mise en ligne et des implications juridiques d'Internet ?

29. Quels sont les différents aspects de la cybersurveillance ?

30. Que savez-vous des aspects juridiques pour les usagers en informatique, les collectivités et les professionnels ?

31. Qu'est-ce qu'un routeur, une carte réseau, une adresse IP, la e-administration, la charte de l'utilisateur d'une salle multimédia ?

32. Quelle part du budget doit-on consacrer à la sécurité du système informatique et pourquoi ?

33. Que pouvez-vous dire sur la protection des données personnelles des utilisateurs ?

34. Quels moyens mettre en œuvre pour assurer la sécurité d'un système d'information tout en maintenant la continuité du service public ?

35. Que savez-vous sur la propriété intellectuelle des documents numériques ?

36. Que savez-vous d'Internet, d'Intranet, d'Extranet, du haut débit, de l'ADSL, des fibres optiques, des modems, du protocole TCP/IP ?

37. Vous arrivez dans une commune et devez mettre en place un accès internet. Comment procédez-vous ?

38. Quelle fiabilité accorder aux informations que l'on peut trouver sur Intranet et Internet ? Pourquoi ?

39. Quelles sont les précautions à prendre lors de la création d'un site Internet ? Quels en sont la méthodologie et les aspects juridiques ?

40. Quelles connaissances particulières dans le domaine de l'informatique et des nouvelles technologies de l'information doit-on attendre d'un agent d'établissement culturel ?

41. Quel est l'impact des systèmes d'information sur les différents métiers d'un établissement culturel ?

42. Quel est le rôle de l'informatique dans les bibliothèques ?

43. Parlez-nous de l'emploi des NTIC et du multimédia dans les collectivités locales.

44. Qu'est-ce que la GED ?

45. Quels sont les différents modes de circulation des revues dans une bibliothèque, un centre de documentation ?

46. Quel est l'impact des nouvelles technologies de l'informatique sur les métiers et les organisations ?

47. Quel est l'impact de l'Intranet sur une collectivité locale ? Que faut-il mettre en place pour que la hiérarchie soit respectée malgré la messagerie électronique et vérifier la véracité du contenu des messages internes ?

48. Comment procéder pour l'informatisation d'une bibliothèque ? À qui revient la réalisation des cahiers des charges, aux bibliothécaires ou aux informaticiens ? Quel est l'intérêt d'un fonctionnement en réseau ? Comment sauvegarder les données du serveur ? Qu'est-ce qu'un *firewall* ? Où le placer sur le réseau ?

49. Comment les systèmes d'information permettent-ils le travail partagé ?

50. Quels changements un système d'information peut-il induire dans la communication interne d'un établissement culturel ?

51. Quelle peut être l'incidence de l'intercommunalité sur les systèmes d'information dans les services culturels et patrimoniaux des collectivités territoriales ?

52. Comment peut-on procéder à la formation du public à l'informatique en médiathèque ?

53. Comment les technologies de l'information et de la communication peuvent-elles favoriser l'intégration du public handicapé dans les établissements culturels ?

54. Un système de gestion en bibliothèque est-il au service des usagers ?

55. Qu'apportent les systèmes d'information au public ?

56. Quels sont les services offerts par les cybercafés et les espaces publics multimédias ?

57. Quelles sont les caractéristiques techniques d'un scanner ?

58. Les technologies de l'information et de la communication ont-elles une incidence sur les pratiques d'écriture ? Sur les pratiques culturelles ?

59. Comment les technologies de l'information et de la communication peuvent-elles aider à valoriser le patrimoine d'un établissement culturel ?

60. Comment utiliser les TIC dans les actions culturelles de l'établissement ?

61. Que pouvez-vous dire du contrôle de l'accès à Internet dans les établissements culturels ?

Annexes

1. Loi n° 2002-5 du 4 janvier 2002 relative aux musées de France (Extraits)

L'Assemblée nationale et le Sénat ont adopté,

Le Président de la République promulgue la loi dont la teneur suit :

Article 1

L'appellation « musée de France » peut être accordée aux musées appartenant à l'État, à une autre personne morale de droit public ou à une personne morale de droit privé à but non lucratif.

Est considérée comme musée, au sens de la présente loi, toute collection permanente composée de biens dont la conservation et la présentation revêtent un intérêt public et organisée en vue de la connaissance, de l'éducation et du plaisir du public.

Article 2

Les musées de France ont pour missions permanentes de :

– conserver, restaurer, étudier et enrichir leurs collections ;

– rendre leurs collections accessibles au public le plus large ;

– concevoir et mettre en œuvre des actions d'éducation et de diffusion visant à assurer l'égal accès de tous à la culture ;

– contribuer aux progrès de la connaissance et de la recherche ainsi qu'à leur diffusion.

Article 3

Il est créé, auprès du ministre chargé de la Culture, un Haut Conseil des musées de France composé, outre son président :

– d'un député et d'un sénateur désignés par leur assemblée respective ;

– de cinq représentants de l'État ;

– de cinq représentants des collectivités territoriales ;

– de cinq représentants des personnels mentionnés aux articles 6 et 15 ;

– de cinq personnalités qualifiées parmi lesquelles figurent deux représentants de personnes morales de droit privé propriétaires d'un musée de France et un représentant d'associations représentatives du public.

Le Haut Conseil des musées de France peut être consulté ou formuler des recommandations sur toute question relative aux musées de France.

Le Haut Conseil des musées de France est consulté dans les cas prévus aux articles 4, 11, 13, 16 et 18.

Un décret en Conseil d'État fixe sa composition, ses modalités de désignation et de fonctionnement et les conditions de publication de ses avis.

Article 4

L'appellation « musée de France » est attribuée à la demande de la ou des personne(s) morale(s) propriétaire(s) des collections, par décision du ministre chargé de la Culture et, le cas échéant, du ministre intéressé, après avis du Haut Conseil des musées de France.

Lorsque la demande émane d'une personne morale de droit privé à but non lucratif, l'attribution de cette appellation est subordonnée à la présentation d'un inventaire des biens composant les collections, à la justification de l'absence de sûretés réelles grevant ces biens et à la présence, dans les statuts de la personne en cause, d'une clause prévoyant l'affectation irrévocable des biens acquis par dons et legs ou avec le concours de l'État ou d'une collectivité territoriale à la présentation au public, conformément à l'article 11. La décision attribuant l'appellation ainsi que l'inventaire joint à la demande font l'objet de mesures de publicité définies par décret en Conseil d'État.

Lorsque la conservation et la présentation au public des collections cessent de revêtir un intérêt public, l'appellation « musée de France » peut être retirée par décision du ministre chargé de la Culture et, le cas échéant, du ministre intéressé, après avis conforme du Haut Conseil des musées de France.

À l'expiration d'un délai de quatre ans à compter de la décision l'attribuant, l'appellation « musée de France » est retirée à la demande de la personne morale propriétaire des collections par le ministre chargé de la Culture et, le cas échéant, par le ministre intéressé. Toutefois, lorsque le musée a bénéficié de concours financiers de l'État ou d'une collectivité territoriale, le ministre de la Culture et, le cas échéant, le ministre intéressé ne peuvent retirer l'appellation qu'après avis conforme du Haut Conseil des musées de France. Le retrait de l'appellation prend effet lorsque la personne morale propriétaire des biens ayant fait l'objet d'un transfert de propriété en application des articles 11 et 13 ou acquis avec des concours publics ou après exercice du droit de préemption prévu par l'article 37 de la loi du 31 décembre 1921 portant fixation du budget général de l'exercice 1922 ou à la suite d'une souscription publique.

Article 5

Les musées de France bénéficient, pour l'exercice de leurs activités, du conseil et de l'expertise des services de l'État et de ses établissements publics.

Ils sont soumis au contrôle scientifique et technique de l'État dans les conditions prévues par la présente loi.

L'État peut diligenter des missions d'étude et d'inspection afin de vérifier les conditions dans lesquelles ces musées exécutent les missions qui leur sont confiées par la loi.

Des conventions conclues entre l'État et les musées de France dont les collections n'appartiennent pas à l'État ou à l'un de ses établissements publics peuvent préciser les conditions de réalisation des missions énoncées à l'article 2 et de mise en œuvre des dispositions de la présente loi.

Si une telle convention n'est pas conclue à l'expiration d'un délai de quatre ans après l'attribution de l'appellation « musée de France », celle-ci peut être retirée dans les conditions prévues au troisième alinéa de l'article 4.

Article 6

Les activités scientifiques des musées de France sont assurées sous la responsabilité de professionnels présentant des qualifications définies par décret en Conseil d'État.

Article 7

Les droits d'entrée des musées de France sont fixés de manière à favoriser leur accès au public le plus large. Dans les musées de France relevant de l'État, les mineurs de dix-huit ans sont exonérés du droit d'entrée donnant accès aux espaces de présentation des collections permanentes.

Chaque musée de France dispose d'un service ayant en charge les actions d'accueil des publics, de diffusion, d'animation et de médiation culturelles. Ces actions sont assurées par des personnels qualifiés. Le cas échéant, ce service peut être commun à plusieurs musées.

Article 8

Pour l'accomplissement des missions qui leur sont dévolues, les musées de France peuvent établir, sous forme de convention, des relations de partenariat avec les personnes morales de droit privé à but non lucratif qui se fixent pour objet de contribuer au soutien et au rayonnement des musées de France.

Article 9

L'État encourage et favorise la constitution de réseaux géographiques, scientifiques ou culturels entre les musées de France, auxquels peuvent participer des établissements publics de recherche et d'enseignement supérieur.

Article 10

Toute acquisition, à titre onéreux ou gratuit, d'un bien destiné à enrichir les collections d'un musée de France est soumise à l'avis d'instances scientifiques dont la composition et les modalités de fonctionnement sont fixées par décret.

Article 11

I. – Les collections des musées de France sont imprescriptibles.

II. – Les biens constituant les collections des musées de France appartenant à une personne publique font partie de leur domaine public et sont, à ce titre, inaliénables.

Toute décision de déclassement d'un de ces biens ne peut être prise qu'après avis conforme d'une commission scientifique dont la composition et les modalités de fonctionnement sont fixées par décret.

Lorsque le propriétaire des collections d'un musée de France ne relevant pas de l'État ou de l'un de ses établissements publics vend un bien déclassé, il notifie à l'autorité administrative son intention de vendre en lui indiquant le prix qu'il en demande.

L'autorité administrative dispose d'un délai de deux mois pour se prononcer.

À défaut d'accord amiable, le prix est fixé par la juridiction compétente en matière d'expropriation.

En cas d'acquisition, le prix est réglé dans un délai de six mois après la notification de la décision d'acquérir le bien au prix demandé ou après la décision définitive de la juridiction.

En cas de refus ou d'absence de réponse dans le délai de deux mois fixé au quatrième alinéa du présent paragraphe, le propriétaire recouvre la libre disposition du bien.

Les biens incorporés dans les collections publiques par dons et legs ou, pour les collections ne relevant pas de l'État, ceux acquis avec l'aide de l'État ne peuvent être déclassés.

En outre, une personne publique peut transférer, à titre gratuit, la propriété de tout ou partie de ses collections à une autre personne publique si cette dernière s'engage à en maintenir l'affectation à un musée de France. Le transfert de propriété est approuvé par le ministre chargé de la Culture et, le cas échéant, par le ministre intéressé, après avis du Haut Conseil des musées de France. Les dispositions du présent alinéa ne sont pas applicables aux biens remis à l'État en application des articles 1131 et 1716 bis du Code général des impôts.

III. – Les biens des collections des musées de France appartenant aux personnes morales de droit privé à but non lucratif acquis par dons et legs ou avec le concours de l'État ou d'une collectivité territoriale ne peuvent être cédés, à titre gratuit ou onéreux, qu'aux personnes publiques ou aux personnes morales de droit privé à but non lucratif qui se sont engagées, au préalable, à maintenir l'affectation de ces biens à un musée de France. La cession ne peut intervenir qu'après approbation du ministre chargé de la Culture et, le cas échéant, du ministre intéressé, donnée après avis du Haut Conseil des musées de France.

Les collections mentionnées à l'alinéa précédent sont insaisissables à compter de l'accomplissement des mesures de publicité prévues à l'article 4.

IV. – Toute cession portant sur tout ou partie d'une collection d'un musée de France effectuée en violation des dispositions du présent article est nulle. Les actions en nullité ou en revendication peuvent être exercées à toute époque tant par l'État que par la personne morale propriétaire des collections.

Article 12

Les collections des musées de France font l'objet d'une inscription sur un inventaire. Il est procédé à leur récolement tous les dix ans.

Article 13

Les biens des collections nationales confiés par l'État, sous quelque forme que ce soit, à une collectivité territoriale avant le 7 octobre 1910 et conservés, à la date de publication de la présente loi, dans un musée classé ou contrôlé en application de l'ordonnance n° 45-1546 du 13 juillet 1945 portant organisation provisoire des musées des Beaux-Arts et relevant de cette collectivité deviennent, après récolement, la propriété de cette dernière et entrent dans les collections du musée, sauf si la collectivité territoriale s'y oppose ou si l'appellation « musée de France » n'est pas attribuée à ce musée.

Toutefois, si, à la date de publication de la présente loi, le bien en cause est conservé dans un musée classé ou contrôlé en application de l'ordonnance n° 45-1546 du 13 juillet 1945 précitée relevant d'une collectivité territoriale autre que celle initialement désignée par l'État, la collectivité territoriale à laquelle la propriété du bien est transférée est désignée après avis du Haut Conseil des musées de France.

Les dispositions des alinéas précédents ne s'appliquent pas aux biens donnés ou légués à l'État.

Article 14

Les conditions de prêt et de dépôt des biens constituant les collections des musées de France appartenant à l'État ou à l'un de ses établissements publics sont définies par décret en Conseil d'État.

Le Haut Conseil des musées de France formule des recommandations sur la circulation, les échanges et les prêts de biens constituant les collections entre musées bénéficiant de l'appellation « musée de France ».

Article 15

Toute restauration d'un bien faisant partie d'une collection d'un musée de France est précédée de la consultation des instances scientifiques prévues à l'article 10.

Elle est opérée par des spécialistes présentant des qualifications ou une expérience professionnelle définies par décret sous la direction des professionnels mentionnés à l'article 6.

Article 16

Lorsque la conservation ou la sécurité d'un bien faisant partie d'une collection d'un musée de France est mise en péril et que le propriétaire de cette collection ne veut ou ne peut prendre immédiatement les mesures jugées nécessaires par l'État, celui-ci peut, par décision motivée, prise après avis du Haut Conseil des musées de France, mettre en demeure le propriétaire de prendre toutes dispositions pour remédier à cette situation. Si le propriétaire s'abstient de donner suite à cette mise en demeure, l'État peut, dans les mêmes conditions, ordonner les mesures conservatoires utiles, et notamment le transfert provisoire du bien dans un lieu offrant les garanties voulues.

En cas d'urgence, la mise en demeure et les mesures conservatoires peuvent être décidées sans l'avis du Haut Conseil des musées de France. Celui-ci est informé sans délai des décisions prises

Lorsque le transfert provisoire d'un bien dans un lieu offrant les garanties voulues a été décidé, le propriétaire du bien peut, à tout moment, obtenir la réintégration de celui-ci dans le musée de France où celui-ci se trouvait s'il justifie, après avis du Haut Conseil des musées de France, que les conditions imposées sont remplies.

Le propriétaire et l'État contribuent aux frais occasionnés par la mise en œuvre des mesures prises en vertu du présent article, sans que la contribution de l'État puisse excéder 50 % de leur montant.

Article 17

Le fait pour le fondateur ou le dirigeant, de droit ou de fait, d'une institution ne bénéficiant pas de l'appellation de « musée de France » d'utiliser ou de laisser utiliser cette appellation dans l'intérêt de cette institution est puni d'une amende de 15 000 euros.

Les personnes morales peuvent être déclarées responsables pénalement du délit prévu à l'alinéa précédent dans les conditions prévues aux articles 121-2 et 131-38 du Code pénal.

Article 18

I. – À compter de la date de publication de la présente loi, l'appellation « musée de France » est attribuée aux musées nationaux, aux musées classés en application des lois et règlements en vigueur antérieurement à la présente loi et aux musées de l'État dont le statut est fixé par décret.

II. – Les musées contrôlés en application des lois et règlements en vigueur antérieurement à la présente loi reçoivent l'appellation « musée de France » à compter du premier jour du treizième mois suivant la publication de la présente loi, sous réserve des dispositions qui suivent.

Avant l'expiration du délai prévu au premier alinéa, la personne morale propriétaire des collections peut transmettre aux services de l'État une demande d'obtention immédiate de l'appellation. Celle-ci est alors attribuée au musée concerné un mois après réception de la demande sauf si, dans l'intervalle, le ministre chargé de la Culture a fait connaître son opposition, par décision motivée, à la collectivité demandeuse.

Avant l'expiration du délai prévu au premier alinéa, la personne morale propriétaire des collections peut transmettre aux services de l'État son opposition à l'obtention de l'appellation.

Avant l'expiration du délai prévu au premier alinéa, le ministre chargé de la Culture peut, après avis du Haut Conseil des musées de France, s'opposer à ce qu'un musée contrôlé reçoive l'appellation « musée de France ».

Les musées contrôlés demeurent soumis aux lois et règlements en vigueur antérieurement à la présente loi jusqu'à l'expiration du délai prévu au premier alinéa ou, dans les cas prévus aux deuxième, troisième et quatrième alinéas, jusqu'à la notification par les services de l'État de l'acte attribuant ou refusant l'appellation « musée de France » ou de l'acte faisant droit à l'opposition de la personne morale propriétaire des collections.

Article 19

L'État peut maintenir à la disposition des musées de France relevant des collectivités territoriales, pendant un délai maximum de trois ans à compter de la date de publication de la présente loi, les personnels scientifiques mis à disposition en application de l'article 62 de la loi n° 83-663 du 22 juillet 1983 complétant la loi n° 83-8 du 7 janvier 1983 relative à la répartition de compétences entre les communes, les départements, les régions et l'État.

À l'issue du délai prévu au précédent alinéa, l'article 62 de la loi n° 83-663 du 22 juillet 1983 précitée est abrogé.

Article 20

Le Gouvernement présentera au Parlement, avant la fin de l'année 2002, un rapport relatif au droit à l'image et aux moyens d'en faire bénéficier les collectivités publiques pour les œuvres d'art dont elles ont la propriété ou la gestion.

Article 27

I. – Au premier alinéa de l'article 11 de la loi n° 87-571 du 23 juillet 1987 sur le développement du mécénat, les mots : « Les musées nationaux, ainsi que les musées classés définis par application de l'ordonnance n° 45-1546 du 13 juillet 1945 portant organisation provisoire des musées des Beaux-Arts, » sont remplacés par les mots : « Les musées de France ».

II. — L'article L. 1423-1 du Code général des collectivités territoriales est ainsi rédigé :

« Art. L. 1423-1. – Les musées des collectivités territoriales ou de leurs groupements sont organisés et financés par la collectivité dont ils relèvent.

« Les musées des collectivités territoriales ou de leurs groupements auxquels l'appellation "musée de France" a été attribuée sont régis par la loi n° 2002-5 du 4 janvier 2002 relative aux musées de France et soumis au contrôle scientifique et technique de l'État dans les conditions prévues par cette loi. »

VI. – À l'article 4 de la loi n° 92-1477 du 31 décembre 1992 relative aux produits soumis à certaines restrictions de circulation et à la complémentarité entre les services de police, de gendarmerie et de douane, après les mots : « aux collections publiques », sont insérés les mots : « et aux collections des musées de France ».

VII. – 1. Au deuxième alinéa du 2° de l'article 11 de la loi n° 95-877 du 3 août 1995 portant transposition de la directive 93/7 du 15 mars 1993 du Conseil des Communautés européennes relative à la restitution des biens culturels ayant quitté illicitement le territoire d'un État membre, les mots : « sur les inventaires des collections des musées » sont remplacés par les mots : « sur les inventaires des collections des musées de France et des autres musées ».

2. Le même article 11 est complété par un 4° ainsi rédigé :

« 4° Les biens culturels figurant à l'inventaire des collections d'un musée de France relevant d'une personne morale de droit privé sans but lucratif. »

VIII. – Dans le quatrième alinéa (3°) de l'article 322-2 du Code pénal, les mots : « ou un objet conservé dans des musées » sont remplacés par les mots : « ou un objet conservé ou déposé dans un musée de France ou dans les musées ».

IX. – Le dernier alinéa de l'article 37 de la loi du 31 décembre 1921 portant fixation du budget général de l'exercice 1922 est complété par les mots : « ou d'une personne morale de droit privé sans but lucratif propriétaire de collections affectées à un musée de France ».

X. – À l'avant-dernier alinéa de l'article 9-1 de la loi n° 92-1477 du 31 décembre 1992 précitée, les mots : « procéder à l'acquisition des biens visés au deuxième alinéa de l'article 9 » sont remplacés par les mots : « présenter une offre d'achat dans les conditions prévues au premier alinéa ».

Article 28

La présente loi est applicable à Mayotte.

Article 30

Le Centre national de la chanson, des variétés et du jazz est un établissement public à caractère industriel et commercial placé sous la tutelle du ministre chargé de la Culture. Il a pour mission de soutenir la création, la promotion et la diffusion des spectacles de variétés. Il contribue à la conservation et à la valorisation du patrimoine de la chanson, des variétés et du jazz.

Il est administré par un conseil d'administration et géré par un directeur.

Le conseil d'administration est composé de représentants de l'État et des collectivités territoriales, de représentants des professionnels du spectacle vivant, de représentants élus du personnel et de personnalités qualifiées désignées par le ministre chargé de la Culture.

Le président du conseil d'administration et le directeur sont nommés par décret.

L'établissement public bénéficie du produit de la taxe parafiscale sur les spectacles perçue au titre des spectacles de variétés. Ses ressources peuvent également comprendre, outre le produit de ses activités commerciales et toutes autres recettes autorisées par les lois et règlements en vigueur, les subventions et concours financiers de toute personne publique ou privée.

Un décret en Conseil d'État détermine les conditions d'application du présent article. Ce décret définit également les conditions dans lesquelles sont dévolus à l'établissement public les biens, droits et obligations de l'association dénommée Association pour le soutien de la chanson, des variétés et du jazz.

La présente loi sera exécutée comme loi de l'État.

JO n° 15 du 18 janvier 2002 page 1052

Rectificatif au *Journal officiel* du 5 janvier 2002, page 305, article 4, dernière phrase du dernier alinéa :

Au lieu de : « la personne morale propriétaire des biens », lire : « la personne morale propriétaire des collections a transféré à un autre musée de France la propriété des biens ».

2. Loi n° 79-18 du 3 janvier 1979 sur les archives (extraits)

Titre Ier : dispositions générales

Article 1

Les archives sont l'ensemble des documents, quels que soient leur date, leur forme et leur support matériel, produits ou reçus par toute personne physique ou morale, et par tout service ou organisme public ou privé, dans l'exercice de leur activité.

La conservation de ces documents est organisée dans l'intérêt public tant pour les besoins de la gestion et de la justification des droits des personnes physiques ou morales, publiques ou privées, que pour la documentation historique de la recherche.

Article 2

Tout fonctionnaire ou agent chargé de la collecte ou de la conservation d'archives en application des dispositions de la présente loi est tenu au secret professionnel en ce qui concerne tout document qui ne peut être légalement mis à la disposition du public.

Titre II : les archives publiques

Article 3

Les archives publiques sont :

1° les documents qui procèdent de l'activité de l'État, des collectivités locales, des établissements et entreprises publics ;

2° les documents qui procèdent de l'activité des organismes de droit privé chargés de la gestion des services publics ou d'une mission de service public ;

3° les minutes et répertoires des officiers publics ou ministériels.

Les archives publiques, quel qu'en soit le possesseur, sont imprescriptibles.

Les conditions de leur conservation sont déterminées par le décret en Conseil d'État prévu à l'article 32 de la présente loi.

Ce décret détermine les cas où l'administration des archives laisse le soin de la conservation des documents d'archives produits ou reçus par certaines administrations ou certains organismes aux services compétents de ces administrations ou organismes. Il fixe les conditions de la coopération entre l'administration des archives et ces administrations ou organismes.

Article 4

À l'expiration de leur période d'utilisation courante par les services, établissements et organismes qui les ont produits ou reçus, les documents visés à l'article 3 et autres que ceux visés à l'article 4-1 font l'objet d'un tri pour séparer les documents à conserver et les documents dépourvus d'intérêt administratif et historique, destinés à l'élimination.

La liste des documents destinés à l'élimination ainsi que les conditions de leur élimination sont fixées en accord entre l'autorité qui les a produits ou reçus et l'administration des archives.

Article 4-1

Lorsque les documents visés à l'article 3 comportent des informations nominatives collectées dans le cadre de traitements automatisés régis par la loi n° 78-17 du 6 janvier 1978 relative à l'informatique, aux fichiers et aux libertés, ces informations font l'objet, à l'expiration de la durée prévue à l'article 28 de ladite loi, d'un tri pour déterminer les informations destinées à être conservées et celles, dépourvues d'intérêt scientifique, statistique ou historique, destinées à être détruites.

Les catégories d'informations destinées à la destruction ainsi que les conditions de leur destruction sont fixées par accord entre l'autorité qui les a produites ou reçues et l'administration des archives.

Article 5

Lorsqu'il est mis fin à l'existence d'un ministère, service, établissement ou organisme détenteur d'archives publiques, celles-ci doivent être, à défaut d'une affectation différente déterminée par l'acte de suppression, versées à l'administration des archives.

Article 6

Les documents dont la communication était libre avant leur dépôt aux archives publiques continueront d'être communiqués sans restriction d'aucune sorte à toute personne qui en fera la demande.

Les documents visés à l'article 1er de la loi n° 78-753 du 17 juillet 1978 portant diverses mesures d'amélioration des relations entre l'administration et le public et diverses dispositions d'ordre administratif, social et fiscal demeurent communicables dans les conditions fixées par cette loi.

Tous les autres documents d'archives publiques pourront être librement consultés à l'expiration d'un délai de trente ans ou des délais spéciaux prévus à l'article 7 ci-dessous.

Article 7

Le délai au-delà duquel les documents d'archives publiques peuvent être librement consultés est porté à :

1° cent-cinquante ans à compter de la date de naissance pour les documents comportant des renseignements individuels de caractère médical ;

2° cent-vingt ans à compter de la date de naissance pour les dossiers de personnel ;

3° cent ans à compter de la date de l'acte ou de la clôture du dossier pour les documents relatifs aux affaires portées devant les juridictions, y compris les décisions de grâce, pour les minutes et répertoires des notaires ainsi que pour les registres de l'état civil et de l'enregistrement ;

4° cent ans à compter de la date du recensement ou de l'enquête, pour les documents contenant des renseignements individuels ayant trait à la vie personnelle et familiale et, d'une manière générale, aux faits et comportements d'ordre privé, collectés dans le cadre des enquêtes statistiques des services publics ;

5° soixante ans à compter de la date de l'acte pour les documents qui contiennent des informations mettant en cause la vie privée ou intéressant la sûreté de l'État ou la défense nationale, et dont la liste est fixée par décret en Conseil d'État.

Article 8

Sous réserve, en ce qui concerne les minutes des notaires, des dispositions de l'article 23 de la loi du 25 ventôse an XI, l'administration des archives peut autoriser la consultation des documents d'archives publiques avant l'expiration des délais prévus aux articles 6, alinéa 3, et 7 de la présente loi.

Cette consultation n'est assortie d'aucune restriction, sauf disposition expresse de la décision administrative portant autorisation.

Par dérogation aux dispositions du premier alinéa du présent article, aucune autorisation ne peut être accordée aux fins de permettre la communication, avant l'expiration du délai légal de cent ans, des renseignements visés au 4° de l'article 7 de la présente loi.

Titre III : les archives privées

Article 9

Les archives privées sont l'ensemble des documents définis à l'article 1er qui n'entrent pas dans le champ d'application de l'article 3 ci-dessus.

Article 10

Lorsque l'État et les collectivités locales reçoivent des archives privées à titre de don, de legs, de cession, de dépôt révocable ou de dation au sens de la loi n° 68-1251 du 31 décembre 1968 tendant à favoriser la conservation du patrimoine artistique national, les administrations dépositaires sont tenues de respecter les conditions de conservation et de communication qui peuvent être mises par les propriétaires.

Article 11

Les archives privées présentant pour des raisons historiques un intérêt public peuvent être classées comme archives historiques, sur proposition de l'administration des archives, par arrêté du ministre chargé de la Culture.

À défaut du consentement du propriétaire, le classement peut être prononcé d'office par décret pris sur avis conforme du Conseil d'État.

Le déclassement peut être prononcé soit à la demande du propriétaire, soit à l'initiative de la direction des Archives de France ; la décision de déclassement est prise dans les mêmes formes que la décision de classement, sous réserve des dispositions de l'article 21, deuxième alinéa, de la présente loi.

Article 12

Le classement de documents comme archives historiques n'emporte pas transfert à l'État de la propriété des documents classés.

Article 13

L'administration des archives notifie immédiatement au propriétaire l'ouverture de la procédure de classement.

À compter de cette notification, tous les effets du classement s'appliquent de plein droit.

Ils cessent de s'appliquer si une décision de classement n'est pas intervenue dans les six mois suivant la date à laquelle le propriétaire a accusé réception de la notification.

Article 14

Les archives classées comme archives historiques sont imprescriptibles.

Les effets du classement suivent les archives, en quelques mains qu'elles passent.

Tout propriétaire d'archives classées qui procède à leur aliénation est tenu de faire connaître à l'acquéreur l'existence du classement.

Article 15

Toute destruction d'archives classées est interdite.

Toutefois, par dérogation à l'alinéa précédent, lorsqu'il apparaît, lors de l'inventaire initial du fonds, que certains documents sont dépourvus d'intérêt historique, il peut être procédé à leur élimination dans les conditions prévues à l'article 4, deuxième alinéa, de la présente loi, en accord entre le propriétaire du fonds et l'administration des archives.

Article 16

Sauf autorisation de l'administration des archives, les archives classées ne peuvent être soumises à aucune opération susceptible de les modifier ou de les altérer.

Les propriétaires ou possesseurs d'archives classées sont tenus, lorsqu'ils en sont requis, de les représenter aux agents accrédités à cette fin dans des conditions fixées par le décret en Conseil d'État prévu à l'article 32 de la présente loi.

Article 19

Tout officier public ou ministériel chargé de procéder à la vente publique d'archives privées ou toute société habilitée à organiser une telle vente, ayant ou non fait l'objet d'une décision de classement, doit en donner avis à l'administration des archives au moins quinze jours à l'avance et accompagne cet avis de toutes indications utiles sur ces documents. Cet avis précise l'heure et le lieu de la vente. L'envoi d'un catalogue avec mention du but de cet envoi tiendra lieu d'avis.

En cas de vente judiciaire, si le délai fixé au paragraphe précédent ne peut être observé, l'officier public ou ministériel, aussitôt qu'il est désigné pour procéder à la vente, fait parvenir à l'administration des archives les indications ci-dessus énoncées.

Article 20

S'il l'estime nécessaire à la protection du patrimoine d'archives, l'État, par l'intermédiaire de l'administration des archives, doit exercer, sur tout document d'archives privées mis en vente publique, un droit de préemption par l'effet duquel il se trouve subrogé à l'adjudicataire.

L'État exerce également ce droit à la demande et pour le compte des départements, des établissements publics régionaux et de Mayotte. Il peut exercer ce droit pour le compte des communes et des fondations. Le même droit doit être exercé par la Bibliothèque nationale pour son propre compte.

En cas de demandes concurrentes, un arrêté du ministre chargé de la Culture détermine le bénéficiaire.

Article 21

L'exportation des archives classées est interdite.

Titre V : dispositions pénales

Article 28

Sans préjudice de l'application des articles 322-2 et 432-15 du Code pénal, toute personne qui, à la cessation de ses fonctions, aura, même sans intention frauduleuse, détourné des archives publiques dont elle est détentrice à raison de ces fonctions, sera punie d'un an d'emprisonnement et de 3750 euros d'amende ou de l'une de ces deux peines seulement.

Article 37

La présente loi, à l'exception de l'article 24, et du I de l'article 36, est applicable à la collectivité territoriale de Mayotte et au territoire des Terres australes et antarctiques françaises.

Pour son application dans la collectivité territoriale de Mayotte et dans le territoire des Terres australes et antarctiques françaises, à l'article 10, les mots : « ou de dation au sens de la loi n° 68-1251 du 31 décembre 1968 tendant à favoriser la conservation du patrimoine artistique national » sont supprimés.

Pour son application dans la collectivité territoriale de Mayotte, au 3° de l'article 3, après les mots : « officiers publics ou ministériels », et au 3° de l'article 7 ainsi qu'à l'article 8, après le mot « notaires », il y a lieu d'insérer les mots : « et des cadis ».

3. Décret n° 94-87 du 28 janvier 1994 relatif à la Commission supérieure des monuments historiques (extraits)

Titre Ier : organisation

Article 1

La Commission supérieure des monuments historiques, placée auprès du ministre chargé de la Culture, est chargée d'émettre un avis :

1° sur les propositions de classement parmi les monuments historiques des immeubles ainsi que des objets et immeubles par destination mentionnés respectivement aux articles 1er et 14 de la loi du 31 décembre 1913 susvisée et sur les propositions d'inscription sur l'inventaire supplémentaire des instruments de musique et orgues historiques ;

2° sur les programmes et les projets de travaux de conservation et de mise en valeur des monuments historiques ou de création d'œuvres d'art plastique dans les monuments historiques qui lui sont soumis.

Elle est également chargée d'étudier, avec le concours des services compétents, et de proposer toutes mesures propres à assurer la protection, la conservation et la mise en valeur des monuments historiques et de leurs abords.

D'une manière générale, elle émet un avis sur les questions relatives aux monuments historiques que le ministre soumet à son examen, en application du troisième alinéa de l'article 37 de la loi du 31 décembre 1913 susvisée.

Article 2

La Commission supérieure des monuments historiques est divisée en sept sections ayant respectivement les compétences suivantes :

1° première section : architecture et vestiges archéologiques, classement parmi les monuments historiques et travaux s'y rapportant

La première section comprend deux sous-sections :

a) première sous-section : classement parmi les monuments historiques

Une délégation permanente de la première sous-section examine les propositions de classement parmi les monuments historiques qui lui sont soumises. Elle émet sur ces propositions des avis au nom de la sous-section ou elle se prononce pour leur présentation devant la sous-section. Les propositions de classement d'office sont toujours soumises à la première sous-section ;

b) deuxième sous-section : travaux sur les monuments historiques

2° deuxième section : travaux aux abords des monuments historiques

3° troisième section : objets d'art, classement parmi les monuments historiques et travaux s'y rapportant

4° quatrième section : patrimoine industriel, scientifique et technique, classement parmi les monuments historiques et travaux s'y rapportant

5° cinquième section : orgues, buffets d'orgue et instruments de musique, classement parmi les monuments historiques et travaux s'y rapportant

6° sixième section : parcs et jardins, classement parmi les monuments historiques et travaux s'y rapportant

7° septième section : grottes ornées, classement parmi les monuments historiques et travaux s'y rapportant

Article 3

Le comité des sections de la Commission supérieure des monuments historiques examine les questions générales autres que celles qui relèvent de la compétence des sections définies à l'article 2 et propose toutes mesures de nature à faciliter l'approche pluridisciplinaire des questions relatives aux monuments historiques.

Article 4

La Commission supérieure des monuments historiques est présidée par le ministre chargé de la Culture. En son absence, le directeur du patrimoine ou son représentant préside les sections, les sous-sections, la délégation permanente de la première sous-section et le comité des sections, à l'exception de la deuxième section qui est présidée par le directeur de l'architecture et de l'urbanisme ou son représentant.

Titre II : composition

Article 8

La Commission supérieure des monuments historiques est composée de membres de droit et de membres nommés par le ministre chargé de la Culture.

Les membres de la commission autres que les membres de droit sont nommés par arrêté du ministre chargé de la Culture pour une durée de quatre ans. Ils peuvent être nommés dans plusieurs sections et sous-sections. Ils ne peuvent siéger dans la même section à des titres différents.

La perte de la qualité en raison de laquelle un membre a été nommé entraîne la vacance du siège correspondant.

Il est pourvu, dans un délai maximum de trois mois, aux vacances survenues pour quelque cause que ce soit en cours de fonction plus de six mois avant la date du plus proche renouvellement. Les nouveaux membres siègent à la commission jusqu'à la date à laquelle aurait normalement cessé le mandat de ceux qu'ils remplacent.

Les membres de droit peuvent se faire représenter et les membres nommés autres que les personnalités qualifiées peuvent se faire représenter par leurs suppléants nommés dans les mêmes conditions qu'eux.

4. XXe édition des Journées du patrimoine

Jean-Jacques AILLAGON, ministre de la Culture et de la Communication, a souhaité que la vingtième édition des Journées du patrimoine, qui aura lieu les samedi 20 et dimanche 21 septembre 2003, soit placée sous le thème du patrimoine spirituel.

Sur l'ensemble du territoire, ce thème permettra de valoriser le patrimoine associé aux grands courants de pensées, religieux, philosophiques, intellectuels et moraux. Il sera l'occasion de mettre l'accent sur la charge spirituelle et intellectuelle de nombreux édifices et sites autant que sur leur valeur architecturale ou esthétique.

Ces journées permettront naturellement d'approfondir la connaissance du patrimoine religieux, dans toute sa diversité, dont le public ne connaît souvent que les cathédrales et les grandes abbayes majeures et dont le ministre a voulu souligner l'importance en installant récemment le Comité du patrimoine cultuel. Le thème pourra être appréhendé non seulement dans une démarche privilégiant la singularité du monument mais également dans une approche thématique et territoriale, à travers par exemple les retables baroques des églises des Hautes-Pyrénées, les églises fortifiées de la Thiérache, les synagogues d'Alsace, les églises cisterciennes, etc.

Le public aura également l'occasion de découvrir :

– le patrimoine cultuel créé depuis la loi sur la séparation des églises et de l'État en 1905, par exemple : les chantiers du Cardinal ou le mobilier liturgique et les vitraux contemporains réalisés dans les églises protégées au titre des monuments historiques ;

– les éléments du patrimoine emprunts de spiritualités « autres » comme les sites mégalithiques, les lieux de dévotion révolutionnaire (le mur des Fédérés), les lieux d'utopie (la saline royale d'Arc-et-Senans)... ;

– les sites culturels ou naturels exceptionnels que l'homme a investis de ses rêveries ou de ses dévotions : le Mont Saint-Michel, la Montagne Sainte-Victoire, les châteaux dits cathares, le Mont Sainte-Odile, le désert cévenol protestant… ;

– les sites attachés à une mémoire partagée, lieux de recueillement et de méditation, parmi lesquels les cimetières militaires de Normandie, les champs de bataille de 1914-1918, le camp de concentration du Struthof, les bagnes de Guyane et les Îles du Salut ;

– tous les lieux de création où le souvenir de l'écrivain, du philosophe, du musicien, du peintre, de l'artiste…, est encore vivant : la maison de George Sand à Nohant, le château de Combourg… ;

– d'anciens sites religieux que leur activité de centres de rencontre a auréolés d'un nouveau rayonnement : Royaumont, Fontevrault, etc. ;

– des musées dédiés à l'art sacré ou installés dans des édifices d'origine religieuse, tel le musée d'art et d'histoire de Saint-Denis (ancien carmel de Louise de France).

Par ailleurs, ces deux journées rendront hommage à l'action de Prosper Mérimée, dont on célèbre cette année le bicentenaire de la naissance, dans l'élaboration d'une doctrine du patrimoine. Cette commémoration permettra d'apprécier ainsi l'évolution de la notion de patrimoine depuis les premières protections décidées à l'initiative d'un des premiers inspecteurs généraux des monuments historiques. La direction de l'architecture et du patrimoine et le Centre des monuments nationaux organisent une exposition itinérante « Tour de France de Prosper Mérimée en 100 photographies » présentée à partir de l'été 2003 successivement dans cinq monuments nationaux.

Enfin, les Journées du patrimoine offriront la possibilité à tous les visiteurs d'exprimer leur solidarité et leur soutien à la restauration du château des duc de Lorraine à Lunéville, ravagé en janvier dernier par un terrible incendie.

Les Journées du Patrimoine sont organisées à l'initiative du ministère de la Culture et de la Communication/direction de l'architecture et du patrimoine et sont mises en œuvre par les directions régionales des affaires culturelles (DRAC) avec le concours des architectes en chef des monuments historiques et des services départementaux de l'architecture et du patrimoine.

La manifestation reçoit le soutien du Centre des monuments nationaux, du réseau des Villes et pays d'art et d'histoire, de la Fondation du patrimoine ainsi que de nombreuses associations de propriétaires privés au premier rang desquelles les Vieilles Maisons françaises et la Demeure historique.

Cette année encore Carrefour, le Crédit Agricole et la Fondation du Crédit agricole Pays de France apporteront leurs concours financiers à ce grand rendez-vous culturel de la rentrée, et, pour la première fois, la confédération de l'Artisanat et des petites entreprises du bâtiment (CAPEB) va rejoindre les partenaires de cette manifestation nationale.

5. Institutions et écoles du patrimoine

1. Les services de l'administration centrale

Direction de l'architecture et du patrimoine

8, rue Vivienne, 75002 Paris

Tél. : 01 40 15 80 00

Internet : //www.culture.fr

Créée par l'arrêté du 21 septembre 1998, par la fusion de la Direction du patrimoine et de la Direction de l'architecture, celle-ci étant revenue au ministère de la Culture en 1995 après plus de vingt ans de rattachement au ministère de l'Équipement, la **Direction de l'architecture et du patrimoine** a pour mission :

– de favoriser la création architecturale et de promouvoir la qualité architecturale dans les espaces bâtis ou aménagés, notamment dans les espaces protégés en raison de leur intérêt historique, esthétique ou culturel, de recenser, étudier, protéger, conserver et faire connaître le patrimoine archéologique, architectural, urbain, ethnologique, photographique et les richesses artistiques de la France ;

– de suivre l'activité des architectes et de veiller à l'application de la législation les concernant ;

– d'observer les conditions d'exercice des métiers du patrimoine et de veiller au maintien de leurs savoir-faire, de participer à l'organisation de l'enseignement, de la formation et de la recherche concernant l'architecture et le patrimoine.

La Direction de l'architecture et du patrimoine incite les services centraux et déconcentrés de l'État et ses établissements publics à prendre en compte la qualité architecturale.

Elle apporte son concours à la politique de sauvegarde et de mise en valeur des sites et veille à la prise en compte de la qualité de l'architecture et de la protection du patrimoine dans les actions d'aménagement du territoire, du paysage et de la ville.

Elle diffuse la culture architecturale et patrimoniale, met en réseaux les différents acteurs et mène des actions d'animation et de valorisation de l'architecture et du patrimoine.

La Direction a été conçue pour rendre lisibles les grandes politiques de chacun des services, tout en assurant la cohérence et la complémentarité de ceux-ci.

Dans les régions et les départements, l'action de la Direction de l'architecture et du patrimoine est relayée par des services placés dans les Directions régionales des affaires culturelles (DRAC) et par les Services départementaux de l'architecture et du patrimoine (SDAP).

Les services d'administration centrale comprennent une inspection générale, deux missions et sept sous-directions :

– mission de la communication,

– mission du patrimoine ethnologique,

– sous-direction de la coordination et des affaires générales (secrétariat général),

– sous-direction des métiers et de la promotion de l'architecture et du patrimoine,

– sous-direction des études, de la documentation et de l'inventaire,

– sous-direction des espaces protégés et de la qualité architecturale,

– sous-direction de l'archéologie,

– sous-direction des monuments historiques,

– sous direction des enseignements et de la recherche architecturale et urbaine.

2. Les métiers du patrimoine dans la fonction publique

a) Conservation :

– conservateur du patrimoine, spécialité « monuments historiques »,

– conservateur régional des monuments historiques,

– conservateur du patrimoine, spécialité « archéologie »,

– conservateur régional de l'archéologie,

– conservateur du patrimoine, spécialité « inventaire général »,

– conservateur régional de l'inventaire,

– conseiller sectoriel à l'ethnologie,

– conservateur des antiquités et objets d'art ; conservateur délégué des antiquités et objets d'art,

– jardinier : chef de travaux d'art ; technicien d'art ; maître ouvrier d'art,

– technicien des services culturels, spécialité « maintenance »,

– attaché territorial de conservation du patrimoine.

b) Restauration :

– architecte en chef des monuments historiques,

– architecte urbaniste de l'État, spécialité « patrimoine »,

– vérificateur et réviseur des bâtiments de France,

– vérificateur des monuments historiques,

– technicien des services culturels, spécialité « bâtiments de France »,

– adjoint administratif, filière « bâtiments de France ».

c) Documentation :

– photographe (filière métiers d'art),

– documentaliste,

– secrétaire de documentation.

d) Recherche :

– ingénieur de recherche,

– ingénieur d'étude,

– assistant ingénieur,

– technicien de recherche.

e) Animation :

– administrateur des monuments historiques,

– conférencier des monuments historiques.

3. Les métiers du patrimoine dans les villes et pays d'art et d'histoire

Sur tout l'hexagone, 120 ville peuvent se prévaloir de ce label national.

Les professions :

– animateur du patrimoine agréé par le ministère de la Culture et de la Communication,

– guide-conférencier des villes et pays d'art et d'histoire.

a) École du Louvre

L'École du Louvre est une école d'enseignement supérieur qui dispense des cours d'archéologie, d'épigraphie, d'histoire de l'art, d'histoire des civilisations et de muséologie. Elle prépare avant tout des conservateurs de musée, mais forme également des commissaires-priseurs et des spécialistes de différentes disciplines concernant la conservation et l'animation du patrimoine. Créée en 1882, l'école est dotée d'un statut d'établissement public à caractère administratif dépendant du ministère chargé de la Culture. Elle propose trois cycles d'études et la préparation aux concours de conservateur du patrimoine.

École du Louvre

Place du Carrousel

75038 Paris cedex 01

Tél. : 01 55 35 18 00

www.ecoledulouvre.fr

b) Le Centre des hautes études de Chaillot

Sur deux ans, il propose à des architectes déjà expérimentés un cycle d'études spécialisées en architecture, traitant des questions liées à la conservation, la restauration ainsi qu'à l'adaptation, la transformation ou la réutilisation des édifices et des villes historiques. Couvrant l'ensemble du champ architectural, urbain et paysager, cette formation fait appel aux connaissances historiques, culturelles, techniques, administratives et législatives nécessaires.

Elle permet d'acquérir des connaissances indispensables pour les concours d'Architectes en chef des monuments historiques et d'Architectes et Urbanistes de l'État.

Le Centre délivre un diplôme qui permet d'accéder aux domaines de la réhabilitation, de la restauration, de la mise en valeur des édifices et des centres anciens, dans l'exercice libéral ou comme salarié d'une collectivité publique ou parapublique. Les architectes diplômés peuvent en adhérant à l'association porter le titre d'architecte du patrimoine.

Centre des hautes études de Chaillot

Palais de Chaillot, 1, place du Trocadéro 75116 Paris

tél : 01 47 04 39 88 - fax : 01 47 04 81 20 - mél : chec@culture.fr

6. Coordonnées des délégations régionales et des Centres interrégionaux de concours (CIC)

CNFPT – Siège
10-12, rue d'Anjou
75381 Paris Cedex 08
Tél. : 01 55 27 41 61

ALSACE – MOSELLE
5, rue des Récollets – BP 4093
57040 Metz Cedex 01
Tél. : 03 87 39 97 40

AQUITAINE
Centre interrégional des concours
Immeuble « Le Guyenne »
7A, terrasse du Front du Médoc
33075 Bordeaux Cedex
Tél. : 05 56 99 93 50

AUVERGNE
23, Place Delille – BP 397
63011 Clermont-Ferrand
Cedex 1
Tél. : 04 73 74 52 20

BOURGOGNE
Centre interrégional des concours
33, rue de Montmuzard
BP 37904
27079 Dijon Cedex
Tél. : 03 80 72 31 45

BRETAGNE
Centre interrégional des concours
2D, allée Jacques Frimot
CS 71104 – 35011 Rennes Cedex
Tél. : 02 99 54 80 54

CENTRE
6, rue de l'Abreuvoir – BP 33
45015 Orléans Cedex 1
Tél. : 02 38 78 94 94

CHAMPAGNE-ARDENNE
1, esplanade Lucien Péchart
BP 3046 – 10012 Troyes Cedex
Tél. : 03 25 83 10 60

CORSE
57, avenue de Verdun
Route du Salario
20000 Ajaccio
Tél. : 04 94 32 06 81

FRANCHE COMTÉ
3 bis, rue André Boulloche
Planoise – BP 2087
25051 Besançon Cedex
Tél. : 03 81 41 98 49

LANGUEDOC-ROUSSILLON
337, rue des Apothicaires
Parc Euromédecine
34196 Montpellier Cedex 5
Tél. : 04 67 61 77 77

LIMOUSIN
CHEOPS 87
55, rue de l'Ancienne École
Normale d'Instituteurs – BP 339
87009 Limoges Cedex
Tél. : 05 55 30 08 70

LORRAINE
39, rue de Beauregard – BP 3604
54016 Nancy Cedex
Tél. : 03 83 95 51 51

MIDI-PYRÉNÉES
9, rue Alex Coutet – BP 1012
31023 Toulouse Cedex
Tél. : 05 62 11 38 00

NORD PAS-DE-CALAIS
Centre interrégional des concours
10, rue Meurein – BP 2020
59012 Lille Cedex
Tél. : 03 20 15 69 69

BASSE NORMANDIE
17, avenue de Cambridge – CITIS
14209 Hérouville-St-Clair
Cedex
Tél. : 02 31 46 20 50

HAUTE NORMANDIE
20, quai Gaston Boulet – BP 4072
76022 Rouen Cedex
Tél. : 02 35 98 24 30

PAYS DE LA LOIRE
19, rue des Arènes – BP 85217
49052 Angers Cedex 02
Tél. : 02 41 24 26 26

PICARDIE
Site Friant
190, av. du général-Foy
80011 Amiens Cedex 01
Tél. : 03 22 33 78 20

POITOU-CHARENTES
13, rue Saint Hilaire – BP 384
86010 Poitiers Cedex
Tél. : 05 49 50 34 34

PROVENCE-ALPES-CÔTES D'AZUR
Centre interrégional des concours
Le Mansard – Bât. C
1, place Martin Luther-King
13090 Aix-en-Provence
Tél. : 04 42 52 28 80

RHÔNE ALPES (Grenoble)
440, rue des Universités
BP 51
38042 Saint-martin-d'Héres
Tél. : 04 76 15 01 00

RHÔNE ALPES (Lyon)
18, rue Edmond Locard
69322 Lyon Cedex 05
Tél. : 04 72 32 43 00

PREMIÈRE COURONNE
Centre interrégional des concours
145, avenue Jean Lolive
93695 Pantin Cedex
Tél. : 01 41 83 30 00

GRANDE COURONNE
11, rue Boileau
78008 Versailles Cedex
Tél. : 01 39 49 64 00

GUYANE
36, av. Pasteur – BP 493
97332 Cayenne Cedex
Tél. : 05 94 30 28 88

GUADELOUPE
30, bd Félix Eboué
BP 575
97108 Basse Terre Cedex
Tél. : 05 90 99 07 70

MARTINIQUE
Centre interrégional des concours
Croix de Bellevue
Avenue Condorcet
BP 674
97207 Fort-de-France Cedex
Tél. : 05 96 70 20 70

RÉUNION
4, rue Camille Vergoz
BP 822
97476 St Denis de la Réunion
Cedex
Tél. : 02 62 90 28 28

Réalisation : Michelle Bourgeois
Achevé d'imprimer en février 2007 par France Quercy, Mercuès
Dépôt légal : février 2007 - N° d'impression : 70448/
N° d'éditeur : 7870
Imprimé en France